阅读北理

（第二辑）

上（树人篇）

北京理工大学党委宣传部　组织编写
蔺　伟　王　征　韩姗杉　主　编

北京理工大学出版社
BEIJING INSTITUTE OF TECHNOLOGY PRESS

版权专有　侵权必究

图书在版编目（CIP）数据

阅读北理．第二辑．上，树人篇/北京理工大学党委宣传部组织编写；蔺伟，王征，韩姗杉主编．—北京：北京理工大学出版社，2020.9

ISBN 978-7-5682-8673-2

Ⅰ．①阅… Ⅱ．①北… ②蔺… ③王… ④韩… Ⅲ．①北京理工大学－概况　Ⅳ．①G649.281

中国版本图书馆 CIP 数据核字（2020）第 169216 号

出版发行 / 北京理工大学出版社有限责任公司	
社　　址 / 北京市海淀区中关村南大街 5 号	
邮　　编 / 100081	
电　　话 /（010）68914775（总编室）	
（010）82562903（教材售后服务热线）	
（010）68948351（其他图书服务热线）	
网　　址 / http：//www.bitpress.com.cn	
经　　销 / 全国各地新华书店	
印　　刷 / 三河市华骏印务包装有限公司	
开　　本 / 710 毫米 × 1000 毫米　1/16	出版人 / 丛　磊
印　　张 / 17.25	责任编辑 / 申玉琴
字　　数 / 240 千字	文案编辑 / 申玉琴
版　　次 / 2020 年 9 月第 1 版　2020 年 9 月第 1 次印刷	责任校对 / 周瑞红
定　　价 / 169.00 元（全 3 册）	责任印制 / 李志强

图书出现印装质量问题，请拨打售后服务热线，本社负责调换

编　委　会

主　审　包丽颖

主　编　蔺　伟　王　征　韩姗杉

副主编　王朝阳　吴　楠　戴晓亚

编　委（按照姓氏笔画排列）

马　瑶　刘晓俏　纪慧文　吴翼飞　辛嘉洋

张雯娟　和霄雯　季伟峰　赵　琳　赵安琪

哈　楠　姜　曼　徐梦姗

前 言
PREFACE

新闻宣传工作是高校宣传思想工作的重要组成部分，是加强高校意识形态阵地建设的重要途径，也是展示高等教育改革发展成就的重要窗口。高校新闻宣传工作对内服务于学校的中心工作，围绕学校的办学理念、人才培养目标定位、校园文化、大学精神等，面向师生宣传党的教育方针和政策，传达学校改革发展的目标、规划、思路和举措，使学校的办学理念成为师生共同的精神文化和价值追求，激发师生凝心聚力、同向同行；对外具有展示、塑造、公关、疏导的功能。对大学校园这所"大课堂"而言，新闻宣传工作是一种无形的课堂和育人渠道的有机延伸，也是促进学生全面发展的有力载体和手段。

在学校党委的坚强领导下，北京理工大学党委宣传部把坚持正确的政治方向放在首位，始终坚持正面宣传、坚持团结稳定鼓劲，紧紧抓住"思想线""舆论线""文化线""育人线"四条工作主线，坚持落实"两个巩固"的根本任务，牢牢掌握新闻舆论的主导权话语权，涵养化育一流大学文化。

"安邦定国，文以载道"。在当今的全媒体时代，高校新闻宣传工作要坚持脚踏实地，贴近师生，把学校形象展示好、把学校故事讲述好、把师生诉求表达好，凝聚师生，汇聚发展正能量。2014年以来，北京理工大学党委宣传部在新闻"采、编、发"联动上下功夫，积极构建舆论引导新格局，组织专业采编力量，整合新闻宣传资源，精心策划报道选题，推出了"阅读北理"深度报道栏目，以"一文+一图"的形式倾情讲述北理工故事，在学校主页最显著位置予以呈现，同时通过学校官方新媒体矩阵、新闻网、校报等多媒体平台同步辐射。这些人物、故事、校园风物犹如满天星斗，闪耀在北理工的各个角落里。在北理工这个博大精深的"实验室"里，采编人员运用手中的笔、桌上的键盘、掌上的照相机，以生动的语言和精美的图片为材料，"烧制"出斑斓华章，"淬炼"出带有深刻"北理工印记"的篇篇故事，为学校新闻宣传插上了网络的翅膀、美文的翅膀、思想的翅膀。

2017年年底，《阅读北理》第一辑出版，受到广泛好评。为延续这一优良的工作传统，党委宣传部对2017年下半年以来"阅读北理"深度报道栏目中的优秀文章进行了挑选编排，推出《阅读北理》第二辑。本书聚焦立德树人根本任务，聚焦人才培养中心工作，聚焦服务国家重大需求，聚焦瞄准世界科技前沿，充分反映了学校在奋力建设中国特色世界一流大学新征程上的新形象。全书涵盖党建思政、人才培养、学科建设、师资队伍、科学研究、国际交流、校园建设、大学文化等多方面内容，分录在"矢志一流""立德树人""岁月风采""人物故事"四个篇章，并将科技类报道单独成册。全书集中展现了北理工人矢志一流的北理工梦想、任重致远的北理工品格、锐意鼎新的北理工创造、潜心育人的北理工故事、可爱可敬的北理工家园。

《阅读北理》，打开她，北理工与你同行。

目 录
CONTENTS

矢志一流篇

学生心里的温暖中心 ……………………………………… 003
不忘初心　走向百年 ……………………………………… 010
建"双一流"必须瞄准世界水平 ………………………… 015
用情怀和专业做一本好书 ………………………………… 022
用改革为建设一流鼓足风帆 ……………………………… 029
书写"家"文化，建设一流实验区 ……………………… 035
书写决胜脱贫攻坚的北理工答卷 ………………………… 044
新理念，新机制，建设一流新平台 ……………………… 061
多措并举、精准发力，构筑宜学宜居"智慧北理"新生态 …… 076
北理工教育基金开创公益救困新模式 …………………… 082

立德树人篇

让北理工品质走进"一带一路" ………………………… 089
有创意，很创新，宿舍变为"太空舱" ………………… 096

这样的学习，让我既温暖又兴奋 ……………………………… 103
以 OBE 理念推动人才培养持续改进 …………………………… 111
不忘育人初心、牢记时代使命 …………………………………… 118
"这样的课程，可以多来几门" …………………………………… 135
毕其业于一"文" ………………………………………………… 143
"小本"的"顶级 SCI"诞生记 ………………………………… 152
"学术味道"，让大学英语华丽变"金课" …………………… 159
让"金课"为一流人才培养奏响华章 …………………………… 169
我理"大物"，一直在路上 ……………………………………… 176
在北理工，这堂"数学课"，很精彩 …………………………… 187
筑实一流大学建设的思想政治工作"生命线" ………………… 200
让传统文化在北理工精彩绽放 …………………………………… 216

岁月风采篇

回眸四十载，经心筑梦，管奏华章 ……………………………… 227
与改革开放同行，绽放设计艺术之花 …………………………… 238
陈荩民：爱国奋斗的"五四先驱" ……………………………… 248
1949，北理工的新中国初记忆 …………………………………… 257

矢志一流篇

学生心里的温暖中心

——学生事务中心发展建设工作纪实

"您好,您的京工飞鸿快件到了,请签收。"当你在北理工校园里接过这样的快递,千万不要诧异,送来"飞鸿"的可不是校门外蹲守的快递小哥,他们是学校的"乡村"信使。这是北京理工大学学生事务中心具有代表性的一项服务。

2016年4月,学校深化综合改革,大力进行机构调整,北京理工大学学生事务中心(以下简称"中心")正式成立。中心本着"穿针引线、必求甚解、服务育人"的工作思路,定位于发挥集成平台的作用,围绕人才培养,将原有的学生教育管理工作中服务保障和事务性的工作进行整合并剥离出来,一方面有利于教育管理部门聚焦于核心业务,一方面有利于更好地提升服务保障质量,实现对学生群体的高水平服务。

自成立以来,中心不断找准角色定位,提供校园后勤、综合管理、校园共享等一站式精细化、智能化服务,创新"互联网+"思维,深化对人才培养的全方位信息化支撑,优化事务办理,"让学生坐下来,聚焦学习成长"。

用人性化的服务,为学生带来良好的用户体验

"不仅仅是办事的中心,更应该是学生心里的暖心之家",带着这句朴实的理念,中心用优质的服务温暖学生。

良乡校区行政楼一层大厅,在学校的整体规划和资源整合下,这里不仅建立了管理部门进驻、并以值班的模式面向学生开展服务的学

生综合服务大厅,之后成立的学生事务中心也在此办公。每周7天,每天12小时的"敞开式"工作模式更使这里逐渐成为良乡校区学生办理各类事务的主要场所。目前,学生综合服务大厅提供有业务办理窗口和自助终端两大类服务。办事窗口可以解决学生在校证明开具、文件投递、公寓门禁、宿舍调整、证件照拍摄、代办医疗费报销、户籍卡借用等各类校园生活中遇到的问题,极大提高了服务学生的办事效率,节约了学生们的时间。

学生事务中心办事窗口

为学生办事的专属中心,不仅要能跑腿,还要专业化。在事务中心成立之前,学生办理诸如户籍卡借用、医药费报销等业务时需要往返于两校区之间,花费至少半天的时间,还可能因为对政策不了解、对环境不熟悉、排不上队等情况白跑一趟。中心在与相关部门沟通后,依托"京工飞鸿"平台,扩展了代办服务,学生不仅可以在良乡校区进行预约和相关材料的提交,窗口服务人员还会从学生的角度出发,积极做好"顾问"服务,为学生提供单据和材料审核指导,最大程度帮助学生提升材料的审核通过率,提升办事效率。数日后,学生事务中心完成代办业务的流转,学生即可在良乡校区拿到办结的资料,省去了两校区间的奔波。

"中心启用了学生助理团队,让勤工助学、研究生助理参予事务大厅的窗口服务。由学生为学生提供服务,这样的工作模式使服务者和被服务者都获益良多。"中心主任郝洪涛介绍。一方面,办事大厅的工作人员作为提供服务者,他们能有效提升自我服务和自我管理意识,并且参与大厅工作后,学生会从一个新的视角对校务运行有更加直观的理解,有助于对学校产生更深的情感联结;另一方面,前来办事的同学作为被服务者,他们能感受到来自同学的相互服务和帮助,感受到优质的服务态度,获得良好的办事体验,从而增加对学校工作的满意度。

在大厅窗口值班的学生助理林娜和王晨斌都来自化学与化工学院,他们向记者介绍道:"我们上岗前都要经过培训,老师每天都要跟我们强调服务态度和工作效率的重要性,鼓励大家为办理事务的学生提供一流的用户体验。"每周值班 15 个小时,平均每天接待 80 余人的咨询,林娜表示,虽然工作不轻松,但一点也不觉得苦。"这里的老师们确实在全心全意为学生服务,比如舒适的座椅、温馨的笑脸墙、收纳箱和理容镜的添置,为的就是让我们感受家一般的温暖。学校尽心尽力为我们服务,我们这点辛苦不算什么。"

服务学生,有据可依

"以精准数据推动工作流程的优化。"中心成立伊始,就将优化学生办事的各种流程作为工作重点,力争"让学生坐下来",这主要依靠的就是"让数据跑起来"。

2016 年,中心接手学校数字迎新工作,秉承该项工作的既有思路,进一步加强信息化数字化建设,通过建设基础数据系统,革新传统的人工录入模式,为各类校内业务提供信息化的支撑与服务。迎新中,中心通过"一卡通"的集中发放,不仅缩短了学生报到的等候时间,减轻了学院材料发放的工作量,更重要的是准确地掌握了学生报到的

京工飞鸿助理培训

"大数据"。以本科生为例,通过数据分析,新生来校报到人流高峰集中分布在报到日的上午 7 点至 11 点,到中午之后开始逐渐下降,下午 2 点学生基本完成报到。宏观准确的数据为来年迎新的人力物力分配提供了重要支持。

不仅在迎新工作中,在宿舍管理及奖助勤贷等资助工作中,数据也发挥着不小的作用。"我们开发的宿舍管理系统中,每间宿舍用不同颜色直观显示使用情况,上面的数字表示空闲床位数,"中心副主任康慨介绍,"以往,管理人员使用 Excel 手工记录安排床位,不但无法做到统计分析和预测,准确性也难以保证。使用宿舍管理系统,不但实现了数据准确,可以计算出未来某天的良乡所有宿舍楼的使用情况,更重要的是通过数据共享,为学校其他部门的工作提供了支持。比如四六级考试报名时,教务处就用我们的住宿信息来确定学生应在哪个校区参加考试。"

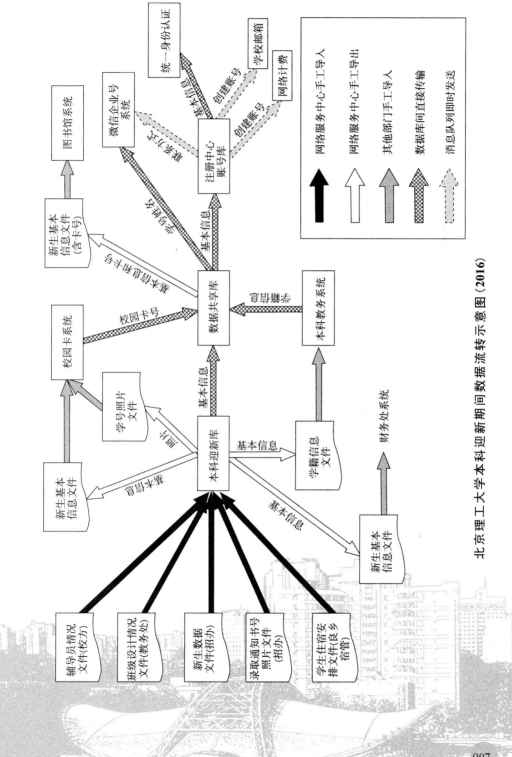

北京理工大学本科迎新期间数据流转示意图（2016）

"互联网+"时代，信息化为人才培养垒筑高地。近两年，学校信息化建设取得了迅速进展，整体框架已初具规模，正是依托学校的信息化基础服务平台，中心才能在较短时间内围绕服务学生的中心任务，开发出多个信息系统，同时也为学校信息化建设做出了积极贡献。

转换角色，成为学生的事务顾问

作为学校的支撑与保障类机构，学生事务中心自诞生之日起就定位于服务者角色，而不是管理者。因此，中心围绕服务人才培养的根本任务，力争实现"三聚焦"，即聚焦于各部门管理与服务的适度剥离，研究流程，设计过程，组织建立专门的服务力量来实现服务配置，不仅提升学生的服务体验，还要降低管理部门的工作压力，让学生聚焦学习，让部门聚焦管理。

为此，中心不仅要有效地协助管理部门剥离服务业务，同时还要和学生"站在一起"，面向管理部门进行沟通。与管理部门沟通的过程中，相较学生群体，中心有着明显的优势，而这种优势的目的就是为学生服务。

在以往的管理模式下，有些部门既承担着行政职能又承担着服务职能，自身工作压力大，有时对学生需求的响应不及时，涉及多部门协同办理的事情还可能出现部门间的协调等困难。中心自成立之初，就旗帜鲜明地将服务作为自己的角色定位，一方面主动搜集学生需求，主动承担起与管理部门的协调工作，通过设立办事大厅，开展各项数字化服务，使得学生办事层级减少，办事效率提高，学生可以节约出更多的时间用于科研、学习。

主动服务的背后不仅仅是工作要求，更蕴含着角色转变带来的推动效应。面向管理部门高效办事，既是学生的需求，也成为中心的目标，共同把事办好，不是口号，而是发自内心的追求。

找准角色，还推动着以人为本的工作创新。"京工飞鸿"正是这种主动创新工作的亮点之一。为了着力解决两校区文件材料递交和流转的不便,事务中心经过调研策划,结合学生勤工助学和研究生助理工作,开设了两校区文件快递业务,通过全流程的微信操作,依托校车的运送,在学生助理团队的服务下,实现了文件两校区传输的"零费用、当日达",解决了40余公里的文件材料传送问题,大大提高了师生的工作效率。在开展学生服务的同时,考虑到在良乡校区长期工作的教师需求,事务中心在部分代办业务中也为良乡校区的教师提供相应的服务,让教师在良乡校区工作更舒心。

人才培养是大学的根本任务,也是当前"双一流"建设的核心目标,但"全员育人"并不是一句口号,而是通过找准角色,切实举措来让我们的学生真正感受身边的点滴关爱,让他们能够聚焦发展、健康成长。

文:党委宣传部王朝阳
图:学生事务中心
2017年5月2日

不忘初心　走向百年

——写在北理工良乡校区运行十周年纪念之际

1940年9月1日，一批来自中华大地的有志青年，冒着战火的硝烟，在中国西北延安，为自己找到了一方求学天地——自然科学院，执自然科学抗日救亡。在杜甫川前简陋的窑洞瓦舍中，孕育了学校的红色基因和精神原点，北理工图强而生，学基始奠，创业启程。

1949年7月，在建国大业的隆隆炮声中，一条辗转华北、砥砺耕耘、薪火相传的红色轨迹，跟随党中央，延伸至北京。

20世纪50年代，从黄城根到北京西郊，北理工成为新中国第一所国防工业院校，服务国家，特色发展，铸下矢志军工的忠魂，开创了"京工岁月"的辉煌。

2007年9月17日，在京西南，一批莘莘学子从祖国各地纷至沓来，来到了一片充满希望的欣欣校园，北理工良乡校区这块热土自此升腾，为瞄准世界一流、铸就百年荣光打下磐石之基。

为百年腾飞打下坚实基础

世纪之初，北京理工大学进入国家"985工程"建设行列，建设世界一流大学，成为全体北理工人新世纪的梦想。到2040年，学校建校100周年时，建成世界一流理工大学，将学校发展的轨迹标定，从此，北京理工大学开始了一场牵动全身的变革。

迈向世界一流，铸就百年梦想，不仅需要代代北理工人的拼搏奋斗，更需要强有力的办学资源支持，让我们的智慧与汗水能够落地生花。瞄准世界一流提升办学实力，开拓良乡校区，让我们奋进的步伐

/ 矢志一流篇 //

北理工良乡校园

愈发扎实。

千亩沃土,画卷舒展,北理工人以服务国家重大战略需求、瞄准世界学术前沿的有力笔锋,谋篇布局,人才培养、创新交融、京津冀协同发展……,越来越多的精彩篇章在良乡校区写就,也逐渐描就出一所中国特色世界一流理工大学清晰的轮廓。

创业不止,奋斗不息

在京西南建设新校区,北京理工大学在校史上写下了新的一笔。2002年,良乡校区破土动工,这是继1940年以来,学校第三次大规模开辟新校址;也是继1953年以来,学校第二次进入双校区办学模式,而相比从黄城根到北京西郊的搬迁,良乡校区的运行,使我们步入多校区办学的常态化。

回首往昔,创校之初,抗日救亡的慷慨壮志,西北淳朴的高天厚土,将延安精神注入全体北理工人的血脉,代代相传。创业需要奋斗,

校园一景

以服务国家战略和民族复兴为己任的创业,更需要保持艰苦奋斗的作风,"撸起袖子加油干",北京理工大学就是这样一所敢创业、创大业的学校。在战争年代,是艰苦奋斗让我们为挽救民族危亡前仆后继,薪火不灭;在祖国建设时期,是艰苦奋斗让我们为共和国国防科技事业写下笔笔精彩;在改革开放时期,更是艰苦奋斗让我们完成五个历史性转变,迎来世纪交替的重大发展机遇。

在良乡建设新校区,将一片荒芜化作缤纷满路,为万千师生的工作生活设计好规则秩序,牵动全校之力。与此同时,学校面向"双一流"建设的步伐,必须不停、不慢、不弱,挑战可谓不小。如何实现北理工的第三次创业,唯有艰苦奋斗。

新时期的艰苦奋斗是个什么模样?不是窑洞大学的简陋,不是颠沛流离的艰辛,也不是筚路蓝缕的白手起家,而是伴随着良乡校区建设的十余年,北理工师生坚守本职、爱岗敬业、团结一致,化转变为共识,以共识谋发展,共同支持学校的发展壮大。良乡校区愈发精彩的背后,是北理工艰苦奋斗的光荣传统。艰苦奋斗的光荣传统从未远离我们。

理工桥

崭新未来,充满希望

自2007年良乡校区正式运行,至今已经整整十年。师生总量从数千渐升近万,从满足师生学习生活的基本条件,到一批高水平科研平台的投入运行,良乡校区对学校"双一流"建设的"红利"逐渐释放。

十年来,良乡校区的建设发展,一个"新"字成为常态,新局面、新挑战、新模式、新思维……,层出不穷的"新",潜移默化中改变着每一位北理工人的工作和生活。新变化让我们拥有更多的新空间、新平台、新设施,办学条件的新提升,令我们时时振奋。建设良乡校区,让我们时刻以创新的思维和魄力,直面新挑战,解决新问题,取得新成果,创新的活力在北理工的这片沃土之上不断涌动。

新洗礼,带来的是北理工人对未来美好的憧憬,是播撒在心间的希望。学校发展建设的活力,感染着新一代北理工人,建设世界一流的历史使命与责任,必须被这代人扛起!

七十七年来,一代代北理工人政治坚定、服务国家的爱国精神,实事求是、求知创新的科学精神和艰苦奋斗、自强不息的创业精神写就华章,"延安根、军工魂"的精神文化内核熠熠生辉。

千年交叠,带着面向新世纪的憧憬,又一代北理工人,勇担历史重任,抢抓发展机遇,上下同心,攻坚克难,奋斗不息,在北理工"世界一流"的宏伟志向中,写下一笔最有力的"良乡"!

面向百年,不忘初心,在以习近平同志为核心的党中央领导下,在建设中国特色世界一流理工大学的伟大征途中,良乡校区将成为北理工以理科、文科、新兴交叉学科为主的人才培养基地和科学研究基地,同时逐步成为科技成果孵化、高新技术产业培育基地。

过往十年,良乡校区在学校的发展史上树立起一座新的里程碑,热爱良乡已经成为一种习惯!

憧憬未来,良乡校区必将成为北京理工大学"双一流"建设的续力之所,也必将成为每一位北理工人的自豪所在!

文:黎轩平

图:郭广泽、李中石、高小栋、张天佑

2017 年 9 月 16 日

/ 矢志一流篇 //

建"双一流"必须瞄准世界水平

——北理工学科国际评估工作纪实

"近5年来,北理工数学学科的学术进展是非凡的且令人印象深刻。"这是2016年北理工数学学科国际评估中,来自美国威斯康星大学的应用数学领域专家Amir Assadi对学科近年来建设与发展的评价。

"十三五"期间,是学校围绕国家"双一流"建设宏伟战略,集中发力的关键阶段,建设"双一流"必须要瞄准世界水平。"开展学科国际评估是'双一流'建设的助推器,从国际视角对学科目标定位、学科方向、师资队伍、人才培养、科学研究、国际交流、资源配置等方面进行综合评价,提升学校和评估学科的国际影响力。以评促建,是提升学科水平、加强学科内涵建设的要求,也是实现北理工建设世界一流大学和一流学科目标的内涵要求。"北京理工大学校长胡海岩院士说。

"到2020年,要力争达到主干学科专业通过国际评估认证。"北理工在建设"双一流"的征程中,这样给自己提出了脚踏实地的要求。2014年年底,学校制定学位授权点合格评估方案,鼓励学科国际评估,至2016年年底,完成了机械工程、数学两个一级学科的国际评估,打响学校参与学科国际评估的第一枪,成为国内率先对学科授予点进行全方位学科国际评估的高校之一。

全球专家"会诊",为学科建设"把脉"

"学科国际评估是学科建设和高校自我评估的重要组成部分。在学科建设发展到相对成熟阶段后,我们邀请了来自全球各地的'高级大夫'为学科发展'把脉'。国际评估为学科发展起到'有病治病、没病防病'的作用。"北理工发展规划处处长李镇表示。

面对学科国际评估，北理工尚无先例，国内开展过的学校和学科也鲜有参考，学校决定先挑选少量学科进行试点，再在其他学科推广。进行试点的学科，要具有一定的实力和水平，国际化程度较高，具有代表性，试点后可推广，学院和学科有非常高的积极性。基于以上原则，学校在慎重挑选和分析后，决定工学门类的机械工程学科和理学门类的数学学科率先开展学科国际评估的试点工作，学校在相关政策和经费上予以全力支持。

2015年伊始，机械与车辆学院便成立了由学院领导、学科带头人组成的领导小组和由学科责任教授、学科组秘书和学科干事组成的工作小组，形成每周一次的例会制度。在广泛开展国内外调研的基础上，经过多次讨论，最终确定了评估报告提纲。"摸着石头过河"，没有可借鉴的经验，机械工程学科便走出了属于自己的一条路。近两年的时间，不分寒暑假和节假日，例会从未间断，寒暑假里更是集中精力准备评估，一干就是个把月。

通过对机械工程学科进行国际评估，评估组专家一致认为：机械工程学科整体上处于亚洲一流水平，其中本科生教育、研究生教育、师资队伍等方面为亚洲一流水平，社会贡献、教学设施、科研设施三个方面为世界一流水平。通过对数学学科进行国际评估，评估组专家一致认为北理工数学学科在本科生教育领域已经达到了世界先进水平，部分教师和论文也已经达到了世界先进水平，总体实力具有国际竞争力，整个评估过程组织得力，材料翔实，报告精准。

国际评估使学校深入了解和掌握了学科专业现有水平，明确了在国内外同类学科专业的相对位置。同时，评估组专家不吝建言献策，从学科发展方向、国际化程度、国际知名度的提高等宏观视角，到办公场所、设施等具体细节，找出了不足，提出了与国内外同类学科专业的发展差距，为今后的发展指明了方向、奠定了良好的基础。

"机械工程学科国际评估是该学科首次在国际学术平台上接受检阅，

机械工程学科国际评估反馈会

是学科发展进程中的一个里程碑事件,我们向建成世界一流学科的目标迈出了成功而坚定的一步。"机械工程学科责任教授苑士华说。

以评促建,整合优势资源,打造一流学科

《统筹推进世界一流大学和一流学科建设实施办法(暂行)》提出,我国将以学科为基础,支持建设100个左右学科,着力打造学科领域高峰,以一流学科建设带动高校整体建设。"无论是一流大学还是一流学科,都是竞争出来的,就是俗话说的'是骡子是马,拉出来遛遛'。"教育部部长陈宝生如此强调。

"流水不腐,户枢不蠹",竞争是释放活力的内生动力。建设世界一流,用国际尺子来衡量,过程和结果一样重要。一方面要通过国际评估将精品学科推向国际,一方面要在评估过程中,形成精品意识,整合资源打造学科高峰,从而形成学校的学科高地。准备、参与评估

的过程,就是进一步梳理优势学科资源,为集中力量打造一流学科积蓄力量的过程。

"学校规划开展国际评估的学科应是在教育部评估中排名前10名或者前10%的学科。"北理工发展规划处副处长王茹介绍。2014年,学校确定了14个学科开展国际评估工作;2016年,试点了机械工程、数学;2017年,对力学、光学工程、仪器科学与技术、信息与通信工程、电子科学与技术开展学科国际评估。

数学学科国际评估是数学学院2016年的一件大事,几乎学院所有的老师都参与了评估工作。为了更好地完成评估工作,数学学院成立了教学组、科研组、师资队伍组、综合组等准备小组,进行了一年多的准备工作。尤其是在科研方向的凝练方面,评估小组成员不仅对大量数据进行了梳理,还邀请了中科院数学与系统科学研究院王跃飞院长、巩馥洲副院长、曹道明所长、北京大学数学科学学院陈大岳常务副院长以及佐治亚理工大学数学系郁星星教授等国内外知名专家,为学院建言把关。加班加点为常事,通宵达旦亦不奇,最终五易其稿,完成了评估材料。尤其在"亮点"(highlights)方面,经过多轮讨论与修改,实现了由集中各位老师的优秀学术成果向突出研究方向的系列重要学术成果的转化,最终确立了以研究方向的学术亮点为牵引的方式,整体展示了师资队伍的科研水平,获得了与会国际评估专家的一致好评。

数学与统计学院院长田玉斌教授说:"国际同行专家的认可,尤其是对本科生教育和青年教师学术水平的高度评价,极大地提升了数学学科发展国际一流学科的自信心。"

"国际评估重在提升一流学科的水平和国际影响力,以评促建,集中优势资源,着力解决学科发展有'高原'无'高峰'的问题,让学科建设大步迈向世界一流,"北京理工大学副校长陈杰说。

评估即是交流,递出学科的国际名片

评估既是国际业界的评价,也是一场重要的国际展示和交流。开展学科评估，并不是简单的组织专家评审，而是一场以评促建的建设过程。调研走访则是评估开展前学习准备的必要环节，在确定试点学科后，发展规划处与相关学院、学科集中开展了国内外的走访调研等准备工作，积极与已经做过学科国际评估的清华大学、北京大学、上海交通大学、浙江大学联系，与相关学科一起进行了调研，认真学习了这些高校国际评估的先进经验。

这样的取经之路也搭建了学校、学科与国内外一流高校交流的新平台。通过评估专家的口碑，展示学科风采，树立学校形象，也是组织学科国际评估的另一层战略意义。

数学学科现场评估报告会

预评估环节是北理工为迎接现场评估特设的演练环节，帮助查找评估准备中的问题，对学科建设发展提出建议。预评估专家阵容强大，机械工程学科10位预评估专家全部为国务院学位委员会机械工程学科评议组成员，数学学科邀请的专家均为国内外知名数学专家。一些专家通过听取现场汇报、参观实验室，与学校教师深入交流，有了进一步的深入了解。预评估对提升学校声誉和影响力有很大的促进作用。

国内外评估专家参观机械学科相关实验室

加强国际交流、向国内外宣传北理工学科建设成就，这一理念贯穿于北理工学科评估工作始终。在评审阶段，来自世界各地一流大学的知名教授亲临现场，开展三天的现场评估与考察。前期精心的准备、青年师生"一对一"的细致接待，现场观摩带来的直观感受与冲击，两次学科国际评估成功地将北理工的精品学科推向国际舞台，向世界传递了北理工"领头雁"学科的名片，提升了学科的国际影响力、声誉度；与此同时，进一步拓展了学校师生的国际视野，加强了学校与世界一流大学的交流与合作，行之有效地提升了北理工的国际化进程。

"由于研究领域等问题，我们之前一直习惯于关起门来自己干，取得了很多成果但外界鲜有人知，就更不用说走出国门了。这次国际评估，我们将能够展示的东西展示给国际知名专家，通过专家们的认可和惊讶，可以看出我们是具有很强实力的，我们也更自信了。同时，我们的教授也能更好地把握面向国际前沿、服务国家战略的着力点！"

学校党委书记赵长禄说。

文：党委宣传部马瑶、王征
图：新闻中心郭强
2017年10月9日

延伸阅读：

学科国际评估是以世界一流大学学科发展水平为标准，以国际同行专家评议为手段，以促进学科建设为目的的"诊断式"评估。2014年，国务院学院委员会、教育部下发了通知，鼓励有条件的单位和学位授权点开展国际评估。2015年，国务院下发了《统筹推进世界一流大学和一流学科建设总体方案》，明确提出要重点建设一批国内领先、国际一流的优势学科和领域，打造更多学科高峰；要积极参与国际教育教学评估和认证。

用情怀和专业做一本好书

——北京理工大学出版社"矢志一流"发展纪实

"2013年刚来到北京理工大学出版社时,我就在思考两个问题:一个是我们的特色是什么,另一个是我们应该把什么事干出特色。"这是社长林杰回想自己刚到理工社工作时,面对工作的思考。正是带着这种思考,经过和社委会成员及同事们的反复探讨,他们得到了答案:"大学,出版"。从这四个字出发,理工社带着"科技传播、文化传承"的使命,走上一条"矢志一流"的发展之路。

2018年3月,国家出版基金年度资助项目正式公布。北京理工大学出版社组织策划的《陆战装备科学与技术·坦克装甲车辆系统丛书(第一辑)》等4个申报项目全部入选,从全国近580家出版社中脱颖而出,入选数量位居全国并列第二位。而在另一项出版界关注度很高的评价指标上,理工社的表现同样出色。在2018年3月发布的《2017年馆配市场分析报告》中,理工社在全国图书馆系统采购图书的销量排名位居全国出版社第十位、大学出版社第二位。

2013年至今,理工社已连续6年共11个项目获得国家出版基金资助,所获出版资助总额超过千万元。

国家出版基金是继国家自然科学基金、国家社会科学基金之后的第三大国家设立的基金,旨在鼓励和支持优秀公益性出版物的出版。国家出版基金对于一个出版社的意义就相当于国家科学技术进步奖对于一所学校的意义,重要程度显而易见。值得一提的是,本年度在三个固定申报名额的基础上,理工社还额外获得一个申报名额,最终满额申报,满额入选,这既是理工社近年来的发展积淀,也是对理工社工作质量的高度肯定。

/ 矢志一流篇 //

国家出版基金项目——"航空航天科技出版工程"丛书

不忘初心　服务学科是一流发展的航向

"现代兵器火力系统""航空航天科技出版工程""中间弹道学"等 11 个项目入选国家出版基金项目；《智能作战机器人》荣获第五届中华优秀出版物图书奖；"车辆动力系统集成设计""新能源汽车关键技术研究""现代光学与光子学技术及应用"等 32 个项目入选"十二五""十三五"国家重点出版物出版规划项目。这都是理工社聚焦学科特色与学科优势，精确定位、精准发力，全力推进学术出版精品建设，策划出的一批高水平力作。

"出版社也是一个企业，大学出版社的发展是不是要充分考虑市场需求？"理工社用多年来的实践做出了回答。理工社将服务学科建设放在第一位，瞄准国家重大战略需求，始终立足学校的专业特色和学科优势确立学术出版方向。为了加强学术出版工作，理工社还专门成立了学术出版中心，使"科技传播"的使命，落地生根。

"连续多年入选国家出版基金项目，这在业内是很难得的。"谈起近年来探索学术出版的心得,林杰介绍了理工社的"秘诀":"针对国家出版基金项目的策划,我们起步时都把国家的重大战略需求作为着眼点,然后挖掘与学校特色学科契合度最高的选题作为切入点。再由学校牵头,借助国家出版基金这个协作平台,与其他高校和科研院所紧密合作,由点及面,拉动相关学科,整合领域权威专家团队,深耕细作,共同完成图书的编著。"正是凭借这些高质量的出版物,理工社的学术出版树立了品牌,赢得了口碑。

据统计,近五年来,围绕学校重点建设的学科,理工社共出版著作四百余种,其中校内作者出版的著作就达三百余种。可以说,服务学校的学科建设,理工社人从未犹疑。"接下来,我们的目标是汽车类、兵器类学术著作出版要做到全国第一,'千招会不如一招精',我们将坚决贯彻赵长禄书记和张军校长在2018年学校工作会的工作部署和指示,全力支持学校'双一流'建设,在服务学科建设、文化建设方面扎实工作、积极应对挑战,争做第一,敢做唯一。"理工社全体同人干劲儿十足,对未来信心满满。

"未来,理工社将提供专项资金,作为'高效毁伤及防护''运载装备与制造'等学校重点建设的学科及学科群优秀学术著作的出版资助费用。"理工社将紧紧围绕学校一流学科的建设,深度参与到学校"双一流"建设之中,全力以赴,提供相应的支撑与保障。

时代担当　传播文化是一流发展的使命

"我们是大学出版社,'大学'体现在服务学校的学科建设、科学研究和人才培养,而'出版'的根本就是要把弘扬社会主义核心价值观、向读者传播正能量作为首要任务,留下一些珍贵的、启迪人的、感化人的优秀作品。"理工社人是这样说的,也是这样做的。

2013年,《基因的故事:解读生命的密码》荣获国家科学技术进步奖二等奖,这本由范春萍编审与外单位合作并由理工社2010年出版的图书获此殊荣,这是一个里程碑事件。一本书能够获得国家科学技术进步奖二等奖，这在出版界非常难得，但此次获奖更大的意义在于，它坚定了理工社出版社会科学类书籍的信心，也为理工社打开了一扇新的窗户。

2014年，理工社出版的《滚蛋吧！肿瘤君》获得中国文化艺术政府奖最佳动漫出版物奖。谈到《滚蛋吧！肿瘤君》一书的策划，策划编辑魏诺仍然感慨不已。魏诺起初接触到文稿内容，因为是关于癌症与死亡的沉重话题，她并不能确定市场的接受程度。但是经过和作者的多次接触，她发现作者是一个对生活充满感恩、乐观幽默且积极向上的女孩儿，作者用诙谐可爱的漫画将自身真实的抗癌经历表现出

中国文化艺术政府奖最佳动漫出版物
——《滚蛋吧！肿瘤君》

来，其内心的强大与满满的正能量，深深地感染了魏诺。"正能量不是一个口号，而是融在生活点点滴滴的细节中，拥有正能量的人和事，会在无形中感染和影响着周围的每一个人。我们需要把这样的人和事做成一本好书，让它去影响更多的人，这本书的社会效益已经远远大于其经济效益了。"魏诺始终坚信着。2015年8月，《滚蛋吧！肿瘤君》一书被改编为同名电影上映，用微笑的眼泪和强大的力量感染着更多的人。

2015年，正值纪念中国人民抗日战争暨世界反法西斯战争胜利70周年之际，理工社围绕"铭记历史、缅怀先烈、珍视和平、警示未来"为主题策划出版了《宪兵父亲的遗言》一书。这是一本日本普通民众撰写的关于反思侵华战争的日文著作，作者的父亲是一位参与过侵华战争的日本宪兵，其视角独特，具有重要的文化价值。正是看到了这

本书蕴含的深远意义，理工社高度重视，第一时间与作者仓桥绫子女士取得联系，真诚沟通。被理工社的诚意所打动，仓桥绫子女士表示很支持此书在中国出版。据本书责任编辑王佳蕾介绍："该书在引进版权之际，正值日本右翼势力扩张发展，这给本书的版权引进造成了一定的困难。但我们经过与仓桥绫子女士的多次沟通，以及与日本出版社前后十几轮的版权谈判，最终拿到本书的出版权。"引进版权之后，为保证图书的翻译质量和内容质量，理工社特邀北理工外国语学院日语系主任周晨亮副教授担任翻译，周晨亮在访日期间还特地拜访了仓桥绫子女士，针对书中的细节与作者本人进行充分沟通，力求准确表达，在译著中辅以详细的注释和背景介绍，便于读者理解，精益求精，确保图书高品质呈现在读者面前。

图书出版后，理工社还分别赴侵华日军南京大屠杀遇难同胞纪念馆、中国人民抗日战争纪念馆和侵华日军第七三一部队罪证陈列馆进行图书捐赠，引起强烈社会反响。该书不仅入选国家 2015 年主题出版重点出版物项目，同时也为南京大屠杀档案入选世界记忆遗产名录做出了贡献，取得了良好的社会效益。

除此之外，《再造一个地球：人类移民火星之路》《基因组：人种自传 23 章》等多种图书获得国家级奖项，《献给世界的壮丽史诗——外国人看长征》《军工的记忆》等 4 个项目连续三年入选国家新闻出版广电总局[①]和教育部的主题出版项目。理工社在培育大众类出版物上精雕细琢，硕果累累。

用情怀与专业　绘就一流蓝图

从 1985 年建社至今，理工社已经发展成为拥有 200 多名员工、销售码洋达到 4.4 亿人民币、年出版新书品种约 1 500 种的总体规模。发展的背后，离不开理工社人的情怀与专业。

---

① 现为国家广播电视总局。

/ 矢志一流篇 //

北京理工大学出版社员工合影

把理工社当作是学校对外交流的一个窗口和一张名片，始终是全体理工社人心中的责任。秉承这个信念，理工社一直坚持正确的出版方向，严把意识形态关，注重图书内容的精彩，重视出版质量的提升，始终把社会效益放在第一位，踏踏实实地做好每一本书，不断为读者奉上丰盛的文化盛宴。

"当一份平凡的工作和一个伟大的工程联系在一起，这份工作也会变得不再平凡。尤其每次为学校出版一本有影响力的图书，我都会觉得特别自豪。北理工就是我们的初心，我们都对学校有着浓厚的情感，做好学校的这张名片，是我们的使命与责任。现在理工社无论做什么，都会以学校为圆心，凝聚成一股强大的向心力，使大家的目标变得更加明确。"社长助理李炳泉回忆自己在理工社工作 11 年的点点滴滴时说。

虽然，理工社员工的平均年龄只有 35 岁，但这支年轻队伍的专业素养却十分深厚，并且有着一种北理工人特有"军工品格"。他们对待自己很专业，每一个理工社人都对自己有着严格的要求，每策划一本书之前，都主动学习大量相关领域知识，立足科技发展的前沿，对比同行竞争优势，力求做到"知己知彼，百战不殆"，挖掘发光点，策划精品书；他们对待每本书很专业，无论是图书纸张材质选择，还是内部排版设计，无论是封面颜色选取，还是环衬样式制作，都亲力亲为，力求做到完美，不留遗憾；他们对待同伴很专业，彼此信任，互相接纳，可以为封面配色集思广益，也可以为排版设计群策群力，良好的工作氛围，给每个人都带来强烈的认同感与归属感；他们对待作者很专业，每一个理工社人都有很强的服务意识，"能为作者再做点儿什么""怎样为作者提供更多的附加值"，不断换位思考，力求最大限度地实现作者的想法与意愿。正如周立伟院士在理工社建社三十周年庆典上所说："我所有的书都是在北京理工大学出版社出版的。"这是对理工社最好的鼓励与认可。

　　蓝图已绘就，正当乘风破浪；任重而道远，更需策马扬鞭。展望未来，北京理工大学出版社将继续坚持正确的出版方向，继续扎实深耕学术出版，为服务学校"双一流"建设、服务国家科技创新和文化繁荣，持续贡献力量。不忘初心，砥砺前行，唱响主旋律，踏上新征程！

文：党委宣传部吴楠

图：北京理工大学出版社

2018年5月11日

/ 矢志一流篇 //

用改革为建设一流鼓足风帆

酷暑渐退，金秋将至。"成立九大书院，本科招生再创佳绩，人才汇聚态势初现，建立教师荣誉体系，科研获奖取得新突破，'大部制'机构调整，校园环境迎来大改善，附属实验学校开学在即……"2018年时间过半，对建校78载的北京理工大学来说，成绩可圈可点。在一项项举措和成绩的背后，瞄准"双一流"，北理工的"改革"二字，扎实落地，意义深远。

北理工中关村校园

坚持目标导向，要具有系统化思维

改革发展必须要有明确的目标，目标可以发挥引领作用。北京理工大学面向"双一流"建设，以2020年、2030年、2040年为节点，分别制定了短期目标和长期愿景，这就是学校建设一流的发展路线图和时间表。改革发展除了要以目标为导向，还必须具有系统化的思维，抓好宏观、中观、微观三个层面，系统推进"双一流"建设，系统提升办学水平。

建设良好校园生态，厚植土壤，营造氛围。如要叶茂，必固其根，要做好"双一流"建设内涵发展这篇大文章，必须建设一流的校园生态，也就是要抓好校园政治生态、学术生态和宜学生态建设，夯实软实力。首先要旗帜鲜明地坚持以习近平新时代中国特色社会主义思想为指导，贯彻落实党的教育方针，把好社会主义办学方向，营造风清气正的校园政治生态；要以政治生态为保证，强化人才是第一资源的理念，加强师德师风建设，维护师生在教学科研活动中的主体地位，营造崇尚真理、追求卓越的校园学术生态；要以政治生态和学术生态为基础，强化以师生为本的理念，打造与高水平人才培养体系和高水平创新活动相适应，有效保障学生潜心学习，教师专心育人、钻研学术的物质条件和文化氛围，营造和谐美丽的校园宜学生态。校园生态建设，政治生态保方向，学术生态提内涵，宜学生态惠师生。要以"功成不必在我"的责任担当抓好校园生态建设这个系统性、长期性工程，为"双一流"建设厚植土壤、营造氛围。

坚定发展自信，增强发展定力，找准定位，久久为功。"双一流"建设是中国高等教育面向新时代新要求的系统性工程，高校应明晰定位，走出特色，在学校内部亦如此。学校层面要强化系统功能的完整性，注重体系性建设。作为子系统的各学院、各部门要准确把握功能定位、主责主业，工作谋划要立足自身发展现状和学校整体目标愿景，围绕中心工作、核心使命，服务大局，找准发力点和增长点，摒弃"小而全"的旧观念，工作才能"上台阶"。

强化系统思维，在落实上下真功夫，全维度提升工作水平。改革发展就要经历解决历史问题、直面发展问题的攻坚期，要突破发展瓶颈，就要善于从系统层面看问题、谋工作，把握好宏观、中观、微观三个层面。要坚持以习近平新时代中国特色社会主义思想为根本遵循，面向国家重大战略需求做好宏观战略的谋划和决策；围绕学校工作部署和发展愿景，立足自身发展现状做好中观战术的把握与制定；以提高执行力为核心，做好微观战役的组织与开展。工作之间要统筹，部门之间要协调，这样才能确保各项工作在宏观上理念一致，在中观上互为犄角，在微观上协同推进，实现上下一盘棋，确保工作部署落实到位。

将改革引向深入，必须攻坚克难

2018年是北理工的改革之年，学校陆续重点推进了人事制度、人才培养、科技创新、平台建设等方面的改革。在此基础上，学校还系统推进了以机构改革为重点的内部管理体制机制改革，以使各项改革举措得到更好的组织保障。

推进深化综合改革意义深远，必须统一思想、齐心协力。深化综合改革，是校党委进一步贯彻落实习近平总书记"5·2"重要讲话精神，进一步贯彻落实中央"四个全面"战略布局，进一步贯彻落实中央关于建设世界一流大学和一流学科的决策部署，进一步深化巡视整改的重要举措。深刻认识深化综合改革的重要意义，必须要具有政治高度，严守政治纪律和政治规矩，服从大局、把好方向、主动作为，针对事业发展薄弱环节做出有益探索。深化改革也是凝聚力量的过程，只有全校上下齐心协力促改革、谋发展，才能确保各项改革举措顺利实施，早见成效。

推进深化综合改革，必须要抓好生产力和生产关系。"双一流"建设要强化内涵发展，也就是要系统地提升人才培养质量和科技创新能力，这就是在提升生产力；深化机构改革，保障各项改革举措实施，这就是在进一步建立和优化适应现阶段生产力发展需求的生产关系，本质上就是要推动学校的管理、组织、服务能力有效、高效、实效地为学校办学目标的实现提供保障。同时，一流的大学内部治理体系也是一流大学建设的重要内容和重要标志。实施内部管理体制机制改革，要实现五个"有利于"：有利于加强党的全面领导，贯彻中央决策部署，保证社会主义办学方向；有利于党委各项决策部署的统筹执行和落实落细；有利于促进事业发展，培养德智体美全面发展的社会主义建设者和接班人,形成高水平人才培养体系,建设高素质教师队伍,打造一流科技创新能力;有利于贯彻以师生为中心的理念,更好地服务和保障教师潜心育人、钻研学术,学生专心学习、增长才干;有利于在党委领导下行政管理、学术治理、保障服务、监督执纪等机制相互融合、相互配合、互动互为,更好地激发师生学习、育人、创新活力。除此之外,还要通过信息化推动管理流程再造,围绕新的管理架构构建系统完备、科学规范、运行高效的运行机制。

机构改革必须平稳过渡,要坚守岗位。机构改革势必涉及新旧机构、新旧人员的交接过渡,能否平稳过渡关系着改革的成功与否,这其中坚守岗位尤为重要。机构的主要负责人就是第一责任人,要确保各项工作无缝衔接,确保各岗位人员安排平稳有序;新的机构启动运行前,各项职能尚未完全梳理清晰前,旧机构不能停止运行;到新岗位工作的领导人员,在原机构改革完成前,不能终止原岗位的工作,要确保机构改革工作有条不紊。在机构改革过程中,要提高站位,要有对学校事业发展的责任感和使命感,杜绝"消极怠工、回避改革",杜绝"新官不理旧账"。

事业发展,关键在人

习近平总书记在全国组织工作会上指出,要"着力培养忠诚干净担当的高素质干部,着力集聚爱国奉献的各方面优秀人才"。为学校"双一流"建设再上新台阶积聚力量,必须加快实施"人才强校"战略,建设高素质人才队伍和干部队伍。

优秀的人才队伍要矢志爱国奉献、勇于创新创造。人才引领发展具有极其重要的战略地位,因此要实行更加积极、更加开放、更加有效的多模式、多元化人才引育机制,这就需要我们坚持按需择优、引育并重、校院联动,以学科带平台,以平台汇队伍。人才发展体制机制改革还要进一步深化,要大幅提升人才服务保障能力和水平。完善人才培养机制,改进人才评价机制,健全人才激励机制,最大限度把广大人才的报国情怀、奋斗精神、创造活力激发出来。同时要加强教师教育培训,广泛宣传表彰爱国报国、为学校教育事业发展做出突出贡献的优秀人才,引导教师"弘扬爱国奋斗精神、建功立业新时代"。

干部队伍要忠诚干净担当,在新时代有新作为。工作成效看落实,落实好坏靠干部。选拔任用干部要坚持以德为先、任人唯贤、人事相宜的原则,还要建立源头培养、跟踪培养、全程培养的素质培养体系,管思想、管工作、管作风、管纪律的从严管理体系和崇尚实干、带动担当、加油鼓劲的正向激励体系,教育引导干部加强党性修养、严守纪律规矩、提升综合素质。要着眼近期需求和长远战略需要,选拔培养有专业背景的复合型领导干部和优秀年轻干部,干部队伍结构和梯队建设要不断优化。

BIT

领导干部自身能力素质和执行力要不断提升。机构改革，必须要调整部分机构职能和人员配备。改革，目标越是清晰，力度越是空前，对领导干部的考验也越巨大。面对新形势新岗位新要求，领导干部要服从大局，既谋新账、也理旧账，保证工作交接平稳连贯、新旧机构运转不断线，确保综合改革与事业发展换挡不失速；要主动适应新形势，分析新问题，把握新机遇，面对本单位职责要求分析自身不足，围绕新目标新要求、新岗位新职责补短板，努力克服本领恐慌和能力不足问题；要坚持发扬党的理论联系实际、密切联系群众的优良作风，把广泛开展调查研究作为做好工作的基本功，自觉向实践学习、拜人民为师，敢于投身实践，着力抓好落实，善于在实践中调整工作思路，完善工作理念，将学校各项工作落实落细。

人生万事须自为，跬步江山即辽阔。新时代，面对建设"双一流"的宏伟目标，全校上下要以舍我其谁的使命感、不进则退的危机感、时不我待的紧迫感和勇于担当的责任感，不断深化综合改革，不断推进事业发展；要解放思想、凝心聚力，稳扎稳打，人盯人，事接事，环扣环，一步不能停，一步不能偏，一步不能错，集小胜为大胜，打赢综合改革之战，闯出世界一流大学建设的北理工之路！

文：黎轩平

2018 年 8 月 30 日

/ 矢志一流篇 //

书写"家"文化，建设一流实验区

——北京理工大学西山实验区建设发展侧记

距北京理工大学中关村校区 15 公里，背靠风景秀丽、景色宜人的西山风景区，坐落着北理工在京最重要的教学科研实验基地——西山实验区。

西山实验区

1956 年，在苏联专家的指导下，我校建立起专业的坦克实验室，这其中就包括选址京西冷泉建设的占地 55 亩的西山坦克试验场。2001 年，作为"211 工程"建设项目，学校在西山购地 100 亩，建成西山火工区实验基地。经过多年的发展建设，西山实验区占地总面积达到

035

210.4 亩，建筑总面积将近 4 万平方米，一批我校高水平的实验平台入驻其中。

攀登科学高峰，建设世界一流大学，离不开一流的实验平台。西山实验区作为学校在京承担高水平、高强度科学实验任务的专属校区，21 世纪以来，发生了翻天覆地的变化。瞄准一流，西山实验区的建设者们，以"爱家"之情，用一个个坚实的脚印，让实验区如家般温暖，书写下北理工人建功立业的奋斗精神。

家，兴于一砖一瓦、一草一木

工欲善其事，必先利其器，建设一流的实验区，首先就要构建良好的基础设施和工作环境。正是带着这样的理念，两年多来，西山实验区将基础建设放在工作首位，变化显著。

"以前，学校的合作单位要来西山实验区都找不到学校大门，学生打车过来跟司机师傅只能说到邻近的驾校，师生在西山实验区工作学习，缺少对学校的自豪感和归属感。"机电学院爆炸重点实验室的冯治建老师回忆道。

一流的校区，一流的环境，从门开始。西山实验区南北院校门的改造工程自 2016 年年初被提上了日程，2017 年 9 月份开始整体规划，2018 年正式完成。"南院大门的改造，设计方案讨论过至少有七八个版本。"西山实验服务中心综合室主任耿俊明亲历了实验区校门的改造，"我和同事曾经顶着高温烈日，在河北香河 2 000 亩露天石材市场中，为修建大门挑选石材。"如今，取材自大理石的大门简洁明净，端庄谦和，一侧的立柱如同火炬般象征着延安精神的薪火相传，整齐排列的南门镂空孔洞又在厚重之中平添一份灵动。从校门规划设计，到建筑材料的选择，再到施工中的精心监管，迎送师生出入，标志明显、形象崭新的实验区校门，凝结着实验区管理者的心血和奋斗。

西山实验区的环境提升，不仅仅停留在入口。春华秋实，让师生们在校园内感受到自然的美，更是实验区管理者们的追求。建设一流环境，不仅要有大刀阔斧的勇气，更要有绣花般的耐心与细心。

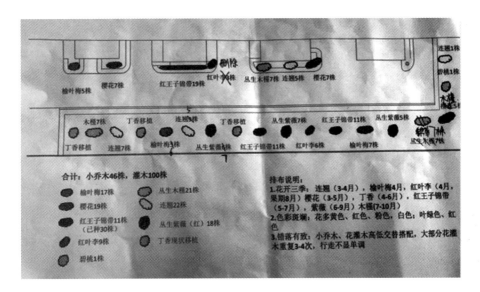

西山实验区植被分布示意图

"这是我们自己设计的园区植被分布。"耿俊明拿出一沓 A4 纸，上面手绘着各个植物在园区示意图上的分配，包括它们的颜色和花期，"我们都是自己去种植的地方亲自测量，比如你走过这条小路，你会发现这条小路边的植物，榆叶梅、樱花、木槿都是交错出现的。为了显得不单调，我们充分考虑了花色、花期以及植株的高矮。你再看这里，北院这条路边是红王子锦带和连翘组成的彩色锦带景观，这是因为种植区域面积和地下管网，种不了开花的小乔木……"说起实验区里的绿化植被，耿俊明如数家珍。

除了做好"看得见"的环境改造，"看不见"的"内功"更是西山实验建设的重点。2017 年夏季学期，学校对西山实验区食堂的后厨及餐厅的地面、墙面、屋顶全面翻新；后厨功能区域重新划分；水、电、气、下水线路重新铺设……改造后的食堂焕然一新，不仅如此，西山实验区食堂借装修改造之际还建设了一面文化墙，以文字及图片的方式，展示重寻"延安根"、回溯"军工魂"、心系"国防情"、畅想"北理梦"四个主题，充分发挥了食堂的育人功能。

在多部门的共同努力下，食堂改造、锅炉房改造、中转室改造、南北院大门和围墙改造、楼宇环境改造、主干道改造……，两年来西山实验区的基础设施实现了质的飞跃。"师生在实验区工作，如何让他们感受到校园如家般的和谐幸福，这种获得感是我们努力的目标。"西山实验服务中心副主任范强锐这样分享了自己的看法。

家，暖在一字一句、一举一动

"中秋节假期，整个群里报饭的只有我和另外一个同学，我在群里问，两个人食堂开饭吗？食堂的师傅们说只要有人来，就有饭吃！"每当回忆起这段"食堂包场"的特殊经历，长期在西山实验区学习工作的材料学院研究生卢飞朋仍然十分感动。

"报饭"对于其他校区的师生来说也许十分陌生，但是这已经成为西山实验区的一项最平常不过的"生存技能"，也是一项最为人性化的贴心服务。由于承担的实验工作具有极大的不确定性，导致每天来西山实验区师生数量浮动较大，为了帮助食堂掌握就餐人数，最大限度地节约粮食，师生们就自发成立了一个微信"报饭群"，大家每天在群里报数，既方便了食堂掌握伙食规模，也保障了师生自己的就餐质量。

然而就是这"管吃饭"的群，一不留神，却又向前"进化"了。一直聚焦师生需求的实验区管理服务者，却十分"留神"地将这一点暖心烛光，点燃成"热烈"服务师生的熊熊火焰，"家中暖意融融"。

"有一次，一位同学在'报饭'群里说希望把实验室的电路故障做一下排查和维修，自此之后群里学习、科研的需求逐渐增多起来。"卢飞朋说。面对群里日益增多的服务需求，实验区管理服务者们，敏锐地意识到这一新媒体平台搭建起的信息桥梁，从此微信群里多了几位"专业群主"，每当群中出现任何服务需求或者实验区相关问题，都可以得到实验区工作人员的及时反馈和解决，"报饭群"也开始向"一站式"综合服务平台华丽转身。"只要在平台上反映一下，一站式服务有求必应，能解决的尽量都去解决，不能立刻解决的协调其他部门也要想办法尽快解决。学生老师的需求就是对我们工作的要求。"长期在群里搜集师生需求的中心办公室唐伟老师介绍说。

西山实验区服务管理人员在汛期时送学生安全离开

强服务，重质量。一流的实验区，必须要有一流的服务质量和服务效率。西山实验服务中心工作人员给自己制定了"四个一"服务标准，即"一站式服务、一刻钟答复、一次性告知、一日内解决"。一站式服务，平台提供报饭、报修、问题咨询、通知发布、信息分享等多项服务；一刻钟答复，师生在平台上所提出的任何问题或需求将在一刻钟内给予解答；一次性告知，办理的事项或咨询的问题将一次性详细告知师生，减轻师生反复咨询、往返奔波的负担；一日内解决，实验室各项零星维修任务一日内解决完毕，为师生安心科研创造便利条件。

"记得有次晚上下雨，我突然记起来有个实验设备可能会被雨淋，可我已经回中关村了，我就在群里问有没有人在我们实验室附近，请帮我们盖一下设备。"机车学院肖建伟同学回忆说。实验区值班老师得到消息后，立马奔赴现场。同时，在附近的同学也在群中发言说："那个位置离我们很近，我去看看。"最后，到场师生一起将设备盖好，还在群里发布了现场处置后的图片。

实验室工作

正是因为有了优质的"四个一"服务,脚踏实地地帮师生解决问题,所有来西山实验区的师生都自发加入这个便捷的信息平台,"西山群"从一开始的几十人,已经发展成两个群五百多人,成为一个温暖幸福的"家庭群"。"有问题找服务中心"也慢慢成为所有在西山从事学习工作师生的共识。

家,融成一心一意、一朝一夕

"不论是建设优美的环境,还是为师生提供优质的服务,将实验区建设成有归属感的'幸福家',归根结底,还要为学校建设一流的实验平台,提供有力支撑,这是我们工作的核心。"范强锐这样点出了实验区工作的关键。

"对于我们实验室来说,西山实验区提供的支持,十分给力,有目共睹!"长期在西山实验区工作的王文杰老师说。爆炸科学与技术国家重点实验室,为我校相关学科建设发挥了不可替代的作用,承载着许多重大课

实验室

题和重点项目。2001年,实验室从中关村校区逐渐搬迁到西山实验区开展基础研究实验,也成为这里最重要的实验平台之一。

"先不说实验区对供水供电、楼宇卫生这种基本保障做得非常到位,让我感受最深的就是做实验需要的各种试剂,在西山实验区这边可以做到取用手续随到随办,后备试剂补充及时。"王文杰补充说。

在西山实验区的基础研究基地,实验室各项研究工作进展顺利,师生们在良好的环境下,潜心科研,成绩频出。自搬迁至西山后,不仅获得十余项国家级科技成果奖,还顺利通过了历次国家重点实验室的评估,特别是在2018年,实验室在国家重点实验室评估中更是取得了"优秀"的优异成绩,这其中离不开实验区的有力保障和支持。

国家阻燃材料工程技术研究中心,在西山实验区被称为"阻燃楼",是我国阻燃领域唯一的国家级工程技术研究中心。2014年正式投入使用的阻燃楼,可以说是西山实验区利用率最高的实验室,也是开放度最高的实验室。"以前学生不愿意来,现在实验区环境好了,功能全了,有了家的感觉,学生都不需要强制要求,就自愿来了。"阻燃工程中心主任杨荣杰教授说,"你问我环境好到什么程度,这么说吧,工程中心每次检查的验收都不需要突击,随到随查,保质保量!"

阻燃楼

优美和谐的大环境，滋润陶冶着师生们的心灵，孕育出积极向上的校园文化。"优美的环境，让我们发自内心的愉悦，有一种想表达的冲动。"秦建雨，这位高分子专业的博士生，每每看到阻燃楼中一幅幅"唯美651"摄影大赛的摄影作品，总是很自豪："我们阻燃楼里挂着的全是'唯美651'的成果！651取名门口的651路公交。"杨荣杰介绍说，"除了举办摄影大赛，引导学生发现西山实验区的美，我们还把二层会议室改为了休息间，让学生在繁重的科研之余有个休息的场所。到了夏天，我们还在楼外的藤蔓下举办夏日晚会。我们是一家人，温暖幸福应该是每位家人的感受。"

目前，五个学院的高水平专业教学和科研实验室入驻在实验区，其中包含爆炸科学与技术国家重点实验室、北京电动车辆协同创新中心、电动车辆国家工程实验室、国家阻燃材料工程技术研究中心等7个省部级以上实验室和2个省部级以上检测中心。

晨光熹微，冷泉东路，北理工西山实验区门庭整洁，稳重端庄，绿植萦绕，有条不紊，如家温暖。

"管理水平一流,服务保障一流,环境文化一流",西山实验区一流蓝图铺卷,在建设中国特色世界一流大学奋进之路上,将继续抒写笔笔精彩。

文:党委宣传部王朝阳,学生记者赵卢楷

图:党委宣传部郭强

2018 年 12 月 8 日

书写决胜脱贫攻坚的北理工答卷

——北京理工大学定点帮扶方山县工作纪实

"经研究，批准方山县退出贫困县。"2019 年 4 月 18 日，山西省人民政府发布通知，包括北理工定点扶贫的山西省吕梁市方山县在内的 17 个县（区）正式脱贫摘帽！

2015 年 8 月 21 日，国务院扶贫办联合八家单位印发《关于进一步完善定点扶贫工作的通知》，北理工作为新增的 22 个中央扶贫单位之一，定点扶贫山西省吕梁市方山县。自此，北理工动员全校之力，整合校内外资源，坚决助力方山县打赢脱贫攻坚战。

截至 2018 年年底，在校地双方的共同努力下，方山县贫困村由 118 个减至 7 个，贫困户由 20 015 户 51 486 人减至 283 户 670 人，贫困发生率由 45% 减至 0.63%，为方山县脱贫攻坚交上了满意答卷。

总动员，吹响脱贫攻坚"北理号角"

"让贫困人口和贫困地区同全国一道进入全面小康社会是我们党的庄严承诺！"新时代，精准扶贫是党和国家的战略选择。作为中国共产党创建的第一所理工科大学和新中国第一所国防工业院校，近 80 载砥砺奋进，北京理工大学始终将党和国家的需要作为自己的初心和使命。

面对定点帮扶方山县的重任，学校党委高度重视，组织全校深入学习贯彻习近平总书记关于扶贫工作的重要论述，并结合"延安根　军工魂"红色基因和吕梁革命老区精神，确定了"红色基因　同根同源"的精准扶贫总基调。

上下同欲者胜。为打赢这场脱贫攻坚战，汇聚合力，画出最大同心

省政府文件

圆，北理工全校师生动员起来。学校成立以党委书记和校长为组长的定点扶贫工作领导小组，30余次召开会议研究部署定点扶贫工作，校领导先后共计21次前往方山县调研，现场部署指导扶贫工作。学校统筹人才培养、科学研究、社会服务以及校友企业等方面资源，有效形成了党委统一

北京理工大学

扶贫工作调研

领导、党政齐抓共管、党政办公室统筹协调、全校各单位全员行动、校友及社会力量广泛参与的全员全方位"大扶贫"格局。

学校先后印发2017年、2018年、2019年精准扶贫工作计划，颁布《北京理工大学干部校外挂职管理办法》等文件，并组织专家调研形成《方山县脱贫奔小康战略规划（2018—2035）》，为方山县脱贫攻坚工作提供理论依据和技术指导。

三年来，学校共组织全校师生、校友、社会力量近2 000余人次开展帮扶工作，学校投入帮扶资金810余万元，引进帮扶资金1 800余万元，培训基层干部900余人次，培训技术人员3 000余人次，购买农产品150万元，帮助销售农产品3 100余万元。此外，学校定点扶贫工作多点开花，特色项目开展有声有色，培育了8家农特创业企业，劳务输出1 000余人次，捐赠设备110套，捐赠图书5 000余册，赠送服装1 032套。学校扶贫工作得到山西省和吕梁市党组织和政府高度肯定，多次作为典型案例被媒体广泛报道。

出实招，构建精准扶贫"北理模式"

打赢脱贫攻坚，需要出招精准，招招落实。秉承"全员全方位扶贫"工作理念，学校健全精准帮扶工作制度，突出重点、全面发力，构建了以教育扶贫、科技扶贫、产业扶贫、公益扶贫为主体，以党建扶贫贯穿始终的"4+1"北理工精准扶贫体系。

"志智"双扶拔穷根。扶贫先扶志，治贫先治愚。三年来，学校充分发挥"双一流"大学在教育和人才方面的优势，聚焦教育扶贫，用优质的教育资源激发和增强方山县贫困群众内生动力，为阻断贫困代际传递贡献北理力量。

"去年，我们就带着孩子去参加北理工的暑期学校了，今年网上报名更方便了。希望通过暑期学校能够培养孩子的学习兴趣，增强学习信心。"2018年7月14日，方山北理工暑期学校又迎来开学的日子，众多家长从全县各地赶来报名。

扶助学校教育

方山北理工暑期学校夏令营

方山北理工暑期学校是北京理工大学打造的教育扶贫品牌工作项目。自2016年7月1日开学以来,三个暑假,共有370余名北理工师生为 3 000 多方山中小学生提供了剪纸、书画，机器人、无人机等丰富多彩的课程。目前，方山北理工暑期学校已经成为方山县青少年素质教育的重要平台之一，产生了广泛的社会影响，在方山县深受欢迎。2018 年，暑期学校还组建了首期"方山北理工暑校之星"北京夏令营，将暑期学校的教育延伸到首都北京。不一样的学习体验，开阔了学生们的视野，帮助其打开梦想的大门。

理工助学服务

此外，北理工还向方山县派驻研究生支教团，连续三年共选派 3 批 24 名优秀研究生赴方山县实施长期支教志愿服务；设立多项精准扶贫奖助学金，累计投入 40 余万元，300 余名贫困学生获得资助；建立了"爱心书屋"等多个教育实践基地。

立体式多层次也是北理工教育扶贫的特点，学校策划实施了"情系方山·扬志立渔"立体式扶贫培训专项项目；通过"红烛点亮助力计划""星火致富助力计划""公仆领航助力计划"等一系列"走出来""请进去""送上门"的培训，完成了对方山县中小学校长、电子商务创业人员、县乡村三级领导干部的培训全覆盖。

"靶向出击"促转型。科技扶贫，是高校的优势所在。北理工在科技扶贫方面始终坚持精准对接、精准施策，尽锐出战，助力县域经济转型升级。

专项培训

科技扶贫

"北理有技术，有人才，帮助方山企业转型升级，实现跨越，是我们的目标。"当前，方山县处于经济转型发展关键时期，北理工优势科技资源可有效填补方山县民营企业一直面临的技术和人才缺口。三年来，来自北理工的50余名知名教授专家，先后6批次实地调研方山民营企业，为其出谋划策。目前，北理工已在球墨铸造、耐火材料与超级电容、生物提取、煤矸石粉煤灰循环利用等新领域与方山县企业实现技术升级对接，促成凌云集团等知名企业与庞泉重工等方山县企业达成合作。在学校的全力帮扶下，企业科技有了新突破，产品有了新销路，企业实现新跨越。

扶贫视察

常务副校长梅宏院士和校友樊邦奎院士、王沙飞院士、吴建平院士、廖湘科院士等作为吕梁市转型发展专家顾问和大数据发展咨询委员会委员，先后奔赴吕梁，为吕梁发展大数据产业把脉问诊，促使吕梁由"挖煤"变为"挖数据"；学校与吕梁市签署《关于数字扶贫方山县的合作框架协议》，推进方山县数字旅游建设、智慧旅游建设；在北武当镇打造"画家村"艺术画廊，推广县域旅游。

产业扶贫

产业"造血"助增收。产业兴则经济活,经济活则农民富。三年来,北理工大力支持方山县发展技术型和劳动密集型产业,实现家门口创业就业,以创业带动就业,以就业实现脱贫,精准发力,以肉牛养殖和电子商务为支点,撬动县域特色产业发展,持续提升"造血"功能。

2016年11月22日,北理工校友企业恒都农业集团与方山县正式签订战略合作协议。2018年,学校、企业、地方三方联合成立"北理工方山肉牛产业工作站",依托方山县2万头肉牛育肥基地,计划以肉牛惠农收购为基础,开展肉牛育肥、加工、销售等全产业链合作,实现"一个口子进牛、一个基地育肥、一个销售渠道"。目前,全县牛存栏达2.8万头,实现了建档立卡户"户均一头牛",每头牛将增收超过1 000元。

发展电子商务

北理工为方山经济打造了电子商务的新引擎。2017年,北理工派驻挂职干部牵头完成方山县电子商务的顶层设计和规划,推进实施"国家电子商务进农村全国示范县"项目。在北理工的帮扶下,方山县走出了"电商+X"的电商扶贫新路子,"电商+龙头企业(合作社)+农户"产业扶贫、"电商+扶贫车间+X产业"就业扶贫、"电商+双创基地+企业孵化"创业扶贫相结合的全新模式为方山县脱贫攻坚插上了"互联网+"的翅膀。截至目前,方山县已引进京东金融等帮扶资金1 500万元,建成可承载70 000件/天物流配送中心,全县物流配送成本降低50%。依托"一方粮川"等公共品牌,累计销售农特产品超3 100万元,惠及贫困户超2 100人。

被授予"特殊贡献单位"

产业扶贫是扶贫工作由"输血式"向"造血式"转变的重要手段。北理工因地制宜聚焦劳动密集型产业和劳动力转移:累计投入45万元在异地移民搬迁安置点建设"扶贫车间",并依托校友企业开展订单式"服装加工",每年至少带动500名贫困人口增收2万元以上,使易地扶贫搬迁真正"搬得出、留得住、能致富";成立线上合作社、孵化京工方绣品牌,让农村妇女刺绣编织的"金手艺"转化成"金受益";助力推广"吕梁山护工",北理工工作站帮助吕梁山护工就业600余人次,实现贫困人口稳定增收3万元/年。

惠民公益暖人心。扶贫融真情，爱心无止境。贫困群众的"表情包"始终是扶贫工作的"晴雨表"。北理工始终将人民群众放在扶贫工作中心，团结社会扶贫力量，开展公益扶贫。

在方山县峪口镇桥沟村日间照料中心的餐厅里，十多位老人边说边笑，津津有味地享用着肉烩菜和大米饭。从2018年12月初开始，桥沟村70岁以上的老人、1至2级残疾人、五保户按照每人15元钱的标准免费吃上了早餐和午餐。"现在一到饭点就来餐厅吃饭，还不用花钱，真是做梦也没想到！"74岁的老党员严根虎介绍，村里提供的早饭有小米粥、汤面、煮鸡蛋和牛奶，午饭有肉菜和大米饭、面条，等等。不花钱，味道好，无论就餐环境还是服务态度都非常贴心，吃着也暖心。暖心的举措背后，是北理工针对村中老人因其子女外出打工，无人照料早餐午餐的情况，精准实施的"暖心"公益扶贫举措。"每月学校提供1万元的费用，不足部分再由村里自己解决。"来自北理工的桥沟村第一书记的刘伟光介绍说。

暖心餐

为特殊群体提供早餐和午餐，是北理工暖心帮扶的一个缩影。为青少年捐赠图书、给贫困户送温暖、开展医疗帮扶、建设健康小屋……"暖心窝"的实在事不胜枚举。方山县人民笑称："北理工这门远亲是我们向幸福进发路上的贴心人!"

服装捐赠仪式

暖心汇聚大爱,在脱贫攻坚工作中,北京理工大学教育基金会也充分发挥公益属性和优势,不断促进社会帮扶资源汇聚发力,取得明显效果。2018年,北理工教育基金会与中国红十字基金会、腾讯公益慈善基金会一起受到民政部的通报表扬。

敢创新,打造桥沟模式"北理品牌"

2019年3月6日,方山县桥沟村村民薛其平一大早又跑到大棚摘西葫芦,这个七分地的大棚,春节以来,上市蔬菜已经收入16 000多元,这让薛其平笑得合不拢嘴。

桥沟村,是北理工定点包联的贫困村,"十年九旱,靠天吃饭"曾是这里的真实写照。2015年,全村人均收入仅有3 000多元,建档立卡贫困户共有37户127名。正是在这里,北理工派出的挂职干部们传

大棚蔬菜

承'延安根、军工魂"的红色基因,扑下身子,用自己的才干接续书写出"桥沟模式"这一北理工扶贫报国的精彩篇章。三年来,学校通过各项精准扶贫措施,为村集体和农户创收超 100 万元,桥沟村于 2017 年实现了整村"脱贫摘帽",2018 年贫困发生率降为 0%。

"桥沟模式"

2016 年起,北理工驻村第一书记坚持问题导向,充分调研,立足实际,创造性地提出了以政府推动、集体主导、农民参与、社会支持、市场运作的"桥沟模式",打造了桥沟村脱贫致富的源动力。实效明显的"桥沟模式"也被国务院扶贫开发领导小组等各级单位高度认可并广泛推广。2018年，在北理工专业团队的建议下，桥沟村利用新开垦的110亩土地，搭配种植果树6 268株，并在果树之间种植柴胡等中药材，散养蛋鸡，构建了完整的果园"生态链"，成功打造了"林畜结合"的立体性采摘果园，"桥沟模式"再升级。

另外，"桥沟模式"发挥成效，并不仅仅是聚焦发展问题，还聚焦贫困村的干部群众思想问题。例如针对桥沟村党组织生活不严格、支部战斗堡垒作用不明显等问题，驻村第一书记就将北理工"党群零距离"经验引入桥沟，完善党员责任帮扶贫困户制度并建立党员干部轮岗值班制度，发挥基层党员在脱贫攻坚中的先锋模范作用。通过三年多的建设，桥沟村党支部的凝聚力和战斗力显著增强，连续被评为吕梁市"五个好"党支部和方山县脱贫攻坚先进基层党组织。

桥沟村村貌

如今，走进方山县峪口镇桥沟村，绿色覆盖满山，累累果实挂枝头；村落整齐划一、窗明几净，环境优美宜居……一幅欣欣向荣的乡村新画卷正徐徐拉开。

有作为，展现扶贫路上"北理担当"

在北理工的扶贫攻坚工作中，有这样一群人，他们告别妻儿、离开北京，一切为了祖国需要；他们四处奔走、洽谈合作，只是为了帮助方山从贫困中突围；他们跑山蹚沟、驻村住村，完全为了老乡们的安康生活……他们，有个共同的名字——北理工扶贫干部。学校先后选派了驻方山县挂职副县长刘博联、赵汐，驻方山县桥沟村"第一书记"刘渊、刘伟光。

脱贫攻坚，需要逢山开路、遇水架桥的魄力与担当。北理工两任挂职副县长刘博联、赵汐接续奋进，发展农村电商、创办暑期北理工

工作在扶贫第一线

学校、筹建扶贫车间、引进校友企业……，他们准确抓住校地优势的精准衔接点，勇于创新、甘于奉献，为方山脱贫提供方向、开辟渠道、添加动能。

脱贫攻坚，需要安下心、扎下根、带好头。北理工两位驻桥沟村第一书记刘渊、刘伟光，匍匐实干一心为民，深入田间地头，成为农民群众最熟悉的外来人、最信任的带头人、最贴心的解忧人。而他们最常说的一句话是"咱们是自己人"！

"过些年孩子长大了，我要带她来桥沟村看看，告诉她这个美丽乡村，是爸爸奋斗过的地方。"刘伟光驻村300日，妻子怀孕无法陪伴照顾，甚至孩子出生时都没能守在家人身边，这位桥沟村村民爱称的"小刘书记"，在即将离开桥沟村时充满感情地说道："我永远是桥沟村人。"

北理工挂职干部的勇于创新、甘于奉献，获得了方山县干部和群众的一致认可，其中刘博联获评2018年中央和国家机关脱贫攻坚先进个人。

刘博联获评"脱贫攻坚先进个人"

脱贫攻坚是一场号角嘹亮的使命之战，北理工全校动员，团结各方、群策群力、倾情参与、聚沙成塔。

脱贫攻坚是一场深谋远虑的尽锐之战，北理工志智双扶，精准发力，使命担当，授人以渔，标本兼治。

传承红色基因的北理工不忘初心、牢记使命，与方山县人民一起以一流的标准和一流的实绩，将脱贫攻坚这篇大文章书写在吕梁革命老区的红色土地上！

2019，方山县顺利脱贫摘帽，北理工定点帮扶写下精彩的"逗号"，这不是终点，而是全新的起点。面向未来，巩固脱贫成果，全面迈向小康，北理工与方山的精彩故事仍将继续上演，未来可期！

文：党委宣传部韩姗杉

图：方山县，北京理工大学

2019年5月1日

新理念，新机制，建设一流新平台

——北理工材料学院先进材料实验中心建设纪实

材料科学与技术是信息、电子、自动化等高新技术与科学的基础和先导，纵观国内排名顶尖的理、工科类高校学科设置，材料学科均占有基石地位，甚至发挥龙头作用。近年来，北理工材料学科发展水平不断提升，学科排名逐年攀升，不仅 QS、USNews 等世界大学学科排名进入世界前一百名、ESI 世界排名前 1% 行列，还进入国家"双一流"建设学科名单，成为北理工的重点优势学科之一。

然而，学校材料学科不断攀升发展之际，也面临着多种挑战，其中先进实验平台资源的日益紧张，逐渐成为学科发展的最大隐忧之一。如何破解发展中的瓶颈问题？在学校的大力支持下，材料学院写下一张漂亮的答卷。

2018 年年底，北京理工大学先进材料实验中心正式建成，这个面积 1 284 平方米，拥有总价值 3 000 万元仪器设备资产的高水平实验平台，不仅充分体现了"现代化、集约式、开放型"的建设理念，也是首个学校依托学院建设的公共实验平台。新理念、新机制、新平台已崭露头角，为"双一流"建设注入强劲动力。

精谋细划，"立制"先行

"2016 年 10 月 20 日，在良乡分析测试中心正式运行那天，校党委书记赵长禄提出要加速打造一流实验平台，力争'十三五'期间，大幅推动学校实验平台建设。随后，学校成立了时任校长助理龙腾牵头筹备组织的平台规划建设工作小组，全面推进实验平台建设工作。材

先进材料实验中心

料学院精心准备,经过充分论证,最终获批建设先进材料实验中心。"资产与实验室设备处副处长兰山回忆说。

建设之初,先进材料实验中心就拥有非常清晰的定位:立足材料科学的国际前沿及国民经济和国防建设的重大需求,致力于服务新材料的制备、表征及其应用研究,并成为提升人才培养、科学研究、学术交流以及社会服务水平的重要平台。

"材料学科处于上升的关键期,但人才队伍不断壮大与实验室面积日益紧缺之间的矛盾,面向国际学术前沿与缺乏先进实验平台支撑之间的矛盾,标志性成果全链条创新与独立封闭的研究条件之间的矛盾,逐渐凸显。建设这一平台就是以先进实验条件建设为突破点,以体制机制创新为切入点,瞄准材料科学世界前沿提高加速度!"材料学院院长庞思平这样分析了实验中心建设的初衷。

面对"双一流"建设,学校始终坚持大力投入,通过资源调整,在中关村校区5号实验楼为先进材料实验中心提供了充足的建设空间,还划拨了1 000万元的专项建设经费。虽然"粮草充足",但是在实验中心建设之初,学校却坚持"稳中求进",把坚持精谋细划作为建设高水平公共实验平台的先决条件。

从2016年年底启动论证,直到2017年暑期实验中心才正式立项。在论证过程中,实验平台规划建设工作小组牵头召开论证沟通会十余次,材料学院优化建设方案十余版。在制定建设方案期间,为打造一流实验室,本着"集众家之长,取自我之道"的理念,材料学院书记、院长带队到清华大学、北京大学、上海交通大学、西安交通大学、西北工业大学等多所知名学校进行专项走访、调研、取经。从实验室的硬件建设、制度保障、人员配备、信息化建设,到实验室的每一个小细节,都一一关注和细细询问。在大量翔实调研的基础上,建设团队心里越来越有底,实验中心的建设蓝图逐步清晰和明朗起来。

材料学院的建设方案不仅包括环境改造和仪器设备等"硬件条件"

学校实验平台规划建设小组召开会议

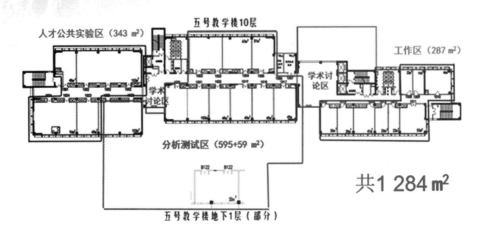

材料学院先进材料实验中心平面图

材料学院相关负责人赴西北工业大学调研

建设方案,还包括花大力气完善细化的管理机制等"软件条件"建设方案。共制定了管理办法、入驻协议、对外服务办法、门禁系统管理办法、仪器托管管理办法、学生自主上机办法、应急处理程序等大大小小20多项制度,整套管理文件加起来足有200多页。

除了管理制度的科学严谨，实验中心的运行还充分体现了"服务"理念，也就是始终将服务"双一流"建设作为自己的使命。这一点，材料学院张加涛教授颇有感触："实验中心建成前，我们在往校外送样品和等待测试上要浪费很多宝贵的时间。自从中心建成后，制备出新材料样品马上送到 10 层，很快就能在中心的测试平台进行 XRD、XPS、红外光谱等测试，大大缩短了测试的周期，提高了科研效率。而且，实验中心非常重视师生的反馈意见，会根据我们的需求及时调整设备及测试项目。大家真切感受到了拥有自己的测试实验平台的便利性。"

除了提供设备资源的集约化支持外，实验中心还精心设计，对优秀科研成果给予奖励。"我们采用'分级式'管理模式，将用户根据成果产出及信誉度等指标分为不同星级，对于成果产出多的用户，中心可以为测试费用'免单'或优惠，这样的激励机制就是为了更好地带动成果产出，营造良好的科研学术氛围。这也充分体现出服务一流建设是中心的工作目标。"材料学院副书记、副院长刘艳这样介绍。

"小投入"撬动"大资源"

材料科学不能"纸上谈兵"，对材料结构、性能和表征等研究都离不开现代化的分析测试手段，因此高水平的仪器设备是提升科学研究水平的前提。"材料学科的发展依赖仪器，都说巧妇难为无米之炊，其实做饭的锅也很重要！"张加涛这样比喻道。

对于拥有价值 5 亿元仪器设备的材料学科群来说，盘活设备是一项极为浩大的工程。面对现存设备中能够提供公共服务的仪器设备被大量分散在各个课题组，开放程度不高且无法统一管理的现状，材料学院打破传统思维，认真思考如何用"小投入"撬动"大资源"。首先通过"利旧与共享"托管学院各实验室的一部分设备，推动大型仪器设备开放共享，同时根据学科发展和材料分析测试研究体系的需要，使用学校支持资金购置新仪器。

材料学院讨论仪器托管管理办法

"确立理念、统一思想很重要，要提前把道理和老师们讲清楚。设备托管在实验中心，第一，可以节约自己的实验空间，第二，不必承担高昂的设备维护费用，第三，也是最重要的，设备有专人管理，功能开发更充分，可以为更多人提供服务，一举多得。老师们理解了这些，自然就会配合工作。因此，在征集仪器设备的时候，困难没有想象中的大，目前中心已经有托管设备17台。"刘艳介绍说。

X射线光电子能谱（以下简称XPS）是通过光电效应原理获得物质表面化学组成的一项技术，也是材料分析中的一项基本测试。材料学院郝建薇教授课题组多年来一直负责学院微区扫描XPS设备的运行和维护。"XPS的利用率很高，不光课题组内使用XPS进行材料表面分析，校内外的很多课题组都将样品送来测试。"课题组博士生石慧介绍说。她也是这台设备的主要操作人之一。正是这样一台"热点"设备，在实验中心成立之后，郝建薇站在学科发展角度和设备日常使用实际，将XPS设备交给实验中心管理。此后，这台XPS设备不仅得到了规范统一管理，设备保管使用环境也大大提升，保持了更好的工作状态，在方便校内外课题组送样测试的同时，大大提高了仪器的使用效率，更为重要的是设备的托管节约了师生的工作精力，可以让课题组更好地聚焦于科学研究本身。

实验员宋廷鲁为学生讲解 XPS 样品制样技巧

随着老师们对这种托管模式的逐步认可，除了托管原有的旧设备，在采购新设备时，老师们首先想到的就是交到实验中心统一管理。材料学院吴川教授将一台新购置的台式扫描电镜直接托管到实验中心，他表示："这台设备是我们课题组开展科研工作所必需的，但并不能达到每天使用的频率。据我所知还有很多课题组有测试需求，于是我们将设备托管到实验中心共享，既方便了大家又避免了重复购置。实验中心还为设备配备了一名具备多年电镜操作经验的实验员老师，保证设备随时处于良好的状态。我们课题组的师生在使用设备时也能得到实验员老师的耐心专业的指导。今后，如再购置分析测试类设备，我还是希望能托管到实验中心，最大限度地开放共享。"

在实验中心，仪器设备不仅可以实现托管，还可以实现专管。材料学院黄木华特别研究员对核磁共振波谱仪有着近20年的使用经验,实验中心建成后,他成为一台400M核磁的特聘管理员。特聘的意义在于,黄木华不仅可以更加方便地使用仪器,也凭借其在核磁方面的专业知识和经验,肩负起仪器的日常维护、测试服务、技术咨询和新功能开发,还为本科生开设核磁方面的通识选修课。有了实验中心的支撑,黄木华也成为深耕核磁技术领域的专家,不仅积极参加行业的学术交流,还被推选为北京理化分

400M核磁特聘管理员黄木华

析测试学会波谱学会分会的理事兼副理事长。"实验中心不仅要提供分析测试服务,还要利用高水平人才来激活设备、盘活设备,特聘管理员的作用就在于此。"庞思平表示。

截至目前,初建成的先进材料实验中心的分析测试区已拥有30台公用大型设备,总价值3 000万元,通过"利旧与共享",实现了1 000万元"小投入"撬动3 000万元"大资源"。在这30台设备中,既有通用型仪器,又有瞄准国际前沿的高端高值仪器,可提供核磁、电镜、X射线系列、元素分析、色谱、光谱、力学和热性能、聚集和吸附性能等分析测试服务,已面向全校开展了分析测试类服务1 000余次。

实验中心现有5名专职实验人员,全部具有硕士及以上学历,设备管理经验丰富。谈到在实验中心的工作感受,陈寒元老师说道:"作为一名实验技术人员,能在这个平台工作,我感到很幸运。实验中心工作环境干净整洁,管理严格规范,同事团结热心、积极向上,工作

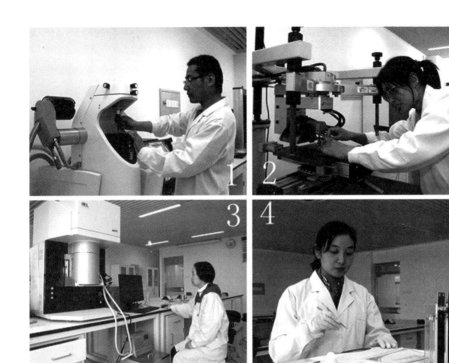

实验室工作

1. 实验员彭禄做动态热机械性能分析；2. 实验员李红进行 X 射线应力分析仪样品安装；

3. 实验员范蕾操作 BELSORP maxll 全自动多站式微孔材料物理吸附分析仪；

4. 实验员阎承伟进行差式扫描量热仪测试

氛围风清气正。中心为我们提供了优质的工作平台及经常性的校内外培训机会，我学习到多种测试技能，并掌握和精通几项专属测试项目，自己的特长和兴趣得到了很好的发展。"宋廷鲁老师也深有同感："在参与实验中心建设过程中，我切身感受到了学校和学院上下一心共建一流平台的决心和力度，也使得我们这些在中心从事具体实验工作的老师对待工作丝毫不敢放松。看到测试量与日俱增，收到师生们众多好评，大家虽然工作忙碌却很有获得感。同时，我和中心的其他老师也不断提升自己的工作技能，与领域内的专家经常沟通，也申请了校内开放实验课程，希望能向着专家型实验技术人才的方向努力，与平台共成长。"

实验员陈寒元正在和学生用扫描电子显微镜测试样品

实验中心聚焦人才培养，搭建了上机操作、课程实践、讲堂学习三位一体的基于实验平台的学生实验能力培养模式。实验中心的仪器设备面向全校学生开放，经过培训的学生可预约自主上机，在提升学生实验能力的同时，也提升了设备在非工作时间的使用率。对于教学工作，实验中心实行免费使用的支持政策，鼓励老师们依托中心的仪

第11期"材料分析测试技术学堂"举办，MicrotracBEL公司资深工程师为师生讲解物理吸附分析技术的基本原理及最新应用

器设备资源开设课程。目前,实验中心已开设了"有机材料结构分析实践""无机材料物理性能与表征技术""核磁共振波谱技术在先进材料研究中的应用"等多门课程,为教学工作注入了新的活力。学校学术讲座众多,却鲜有分析测试技术类的讲座,实验中心首创"材料分析测试技术学堂",邀请国内外分析技术领域的专家开设系统化高水平的讲座,目前已成功举办11期,深受广大师生欢迎,填补了学校高水平实验技术系统培训的空白。

为"青椒"成长培植沃土

近年来,在学校实施"强师兴校"战略的背景下,材料学院不断加大引进高层次人才的力度,学科人才队伍逐渐壮大。但由于缺乏公共研究平台、大型仪器分散、配套研究条件建设周期长等,不利于青年人才科研学术工作的开展。因此,改善科研条件、增加办公面积、改革实验室机制,成为人才队伍建设和学院学科发展迫在眉睫的工作。

先进材料实验中心在建设时,试点建设公共实验室,打破了固定

先进材料实验中心公共空间

实验室分配模式,采取流动使用模式,按照"条件准入、签约入驻、流动使用"的分配方式,遵循"准入退出、流动使用、统筹管理、规范运行"的管理原则,为优秀青年教师和高层次引进人才快速启动研究工作提供阶段性实验用房。中心建成不到三个月,已有8名青年人才和1名客座教授签约入驻。校长张军在视察实验中心时,对这种模式给予了充分认可。"我们特别注重对青年人才的支持,着力保持公共实验平台的流动性和活力。"材料学院党委书记张青山介绍说。

先进材料实验中心人才入驻签约会

"我在加州大学洛杉矶分校(UCLA)读博时,就体会到建立这样一个实验平台的便利性,它可以让我们一边做合成,一边迅速地做分析,因此当我听到学院要建立这样的一个实验中心时非常高兴,得知自己可以入驻更是激动不已。"材料学院陈棋教授这样分享自己的感受,"公共实验室就像是一个流动性质的孵化平台,帮助青年教师成

学生在实验室做实验

1. 学生进行功能材料合成实验；2. 学生在观察有机染料在氙灯照射下的降解情况；
3. 学生在太阳光模拟器上准备光催化实验；4. 学生在进行纳米自组装材料样品的制备

长、成熟。这是'青椒'的成长沃土！"

材料学院李霄羽教授也是公共实验室的第一批入驻者。"我所从事的研究，包含了很多不同的方向，有机合成、高分子合成、高分子组装、材料性能测试等都有所涉及，因此对实验室的空间和条件有所要求。当入驻公共实验平台的时候，我感到无比激动，这里完全可以和以前在国外所见过的世界一流实验室条件相媲美，觉得研究团队终于能有足够的地方开展实验，自己终于能大展身手！"

除了提供公共实验平台外，实验中心还用心地将研究方向相近的教师集中在相近区域做邻居。例如，研究半导体纳米晶材料的张加涛教授，研究钙钛矿、太阳能电池的陈棋教授，研究纳米晶太阳能的李红博教授和研究量子点、OLED 的钟海政教授就是同一个实验室大区的邻居。这样一来，不仅仪器设备可以更好地共享使用，也更容易在相邻交往中迸发出交叉创新的火花。

张加涛、陈棋、李红博、钟海政公共实验室一角

"拎包入住"的实验条件、"一站式"集成材料合成与表征的实验模式、"年轻化""国际范"的交叉融合氛围，使得实验中心建成不久，就高效催生了一批高水平的研究成果。张加涛教授课题组在金属@半导体纳米异质结构的光电催化、电催化等研究方面取得了系列进展，发表了包括 Adv. Energy Mater.、Nano Energy、Adv. Functional Mater. 等顶级材料类杂志文章；钟海政教授受邀担任 The Journal of Physical Chemistry Letters 副主编；陈棋教授课题组在国际顶级学术期刊 Nature Communications 上发表了题为"Strain engineering in perovskite solar cells and its impact on carrier dynamics"的研究论文；李霄羽教授在国际著名期刊 Polymer Chemistry、Angewante Chemie International Edition、Nature Communications 上各发表了一篇研究论文，其中 Polymer Chemistry 上的论文还被选为封面文章；何春林教授在新型含能材料研究方面取得重要进展，相关成果发表在 Journal of Materials Chemistry A 期刊，并被选作热点文章。

新时代，新使命，新征程。面向"双一流"建设，先进材料实验中心的建设,既是学校下大力气、加大力度建设一流实验平台的缩影,也是学校深化综合改革、深入推进"双一流"建设的具体举措之一。建设中国特色人民满意世界一流大学,北理工接续奋斗、久久为功!

文:党委宣传部王朝阳

图:党委宣传部郭强,材料学院

2019年5月11日

多措并举、精准发力,构筑宜学宜居"智慧北理"新生态

自20世纪90年代起,北京理工大学的校园信息化建设开始起步,发展至今大致经历了三个阶段。20世纪90年代末的起步阶段,校园网初步建成,信息化的核心是网络基础设施建设;进入新世纪,建设数字校园成为信息化工作的主要方向,信息化建设重点转向信息系统建设,教务、人事、财务、资产等一批信息系统陆续建成,统一身份认证、数据交换与集成平台日趋完善;2012年以来,伴随移动互联网时代的到来,信息技术推动管理模式改革的成效日趋明显,"数字迎新""微信企业号"等信息化建设成果,悄然改变着我们的校园生活,用户需求、数据治理和流程再造等成为新的焦点,"智慧化"成为北理工信息化建设的主题词。2015年学校成立信息化办公室,建立完善了统筹信息化建设的工作机制,数据隔断、系统林立的局面开始扭转,信息化建设大协同的局面逐步显现。

新的时代对教育信息化提出新的要求。2018年,教育部发布《教育信息化2.0行动计划》,提出要推进新时代教育信息化发展,结合国家"互联网+"、大数据、新一代人工智能等重大战略任务,努力构建"互联网+"条件下的人才培养新模式、发展基于互联网的教育服务新模式、探索信息时代教育治理新模式。当前,教育信息化不仅是重要的国家战略,更是学校加快"双一流"建设,提升科学治理水平,实现内涵式发展的内在需求。在此背景下,做好北理工的信息化建设,还要抓住三个关键。

北理工

信息化,要让师生有更多"获得感"

北京理工大学始终坚持以立德树人为根本任务,在推进校园信息化建设过程中就要切实践行"以师生为中心"的理念,服务教学质量的提高和学生综合素质的提升,实现以人为本、服务至上。因此,师生的"获得感"是衡量信息化建设的关键评价指标,而提升"获得感"就必须聚焦在满足师生校园学习、工作和生活中的实际需求,这也是信息化建设的出发点。

2018年,学校建成了32间科技含量高、设计人性化的智慧教室;2019年夏季学期良乡校区全部教室安装了电子班牌系统,教学基础设施的信息化、智慧化,让学生乐学、优学;2019年下半年,无纸化试卷评阅系统上线,北理工教师告别批改纸质试卷的传统方式,试卷经过集中扫描按题切分,不仅可以让教师在网上高效批改,节约体力与精力，阅卷系统还可自动分析答题情况，帮助教师改进教学过程，有效提升教学质量。

方便师生办事始终是信息化建设的重点。2018年，学校建设了"网上综合服务平台"，目前已经上线200余项办事流程，其中80余项校园事务可直接在线办理；2019年下半年，位于研究生楼一层的教师服务大厅建成投入使用，并与微信企业号、网上综合服务平台一并打造线上线下相结合的校务服务体系。

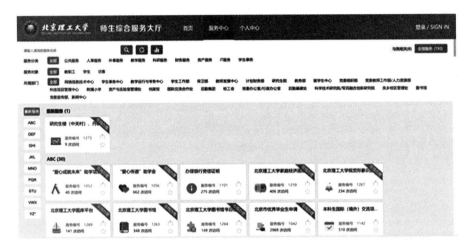

北理工师生"网上综合服务平台"

信息化，要推动大学治理现代化

信息化对高校发展建设的重要意义在于其推进了大学治理理念和观念上的变革。要充分利用信息化手段打破部门藩篱、管理瓶颈以及观念障碍，发挥信息化在教学、科研、管理、生活服务等方面支撑保障作用，以信息化手段推动管理流程再造，着力建设一流的信息化科研和育人环境，提高学校决策、管理和服务水平，推进学校治理体系和治理能力的现代化。

近年来，北理工迎新工作堪称信息化提升工作效能的典型案例。

学校自2012年起实施"数字迎新",从初期仅实现"无纸化"到现在实现"新生未入校,数据已流转,手机扫一扫,发卡即报到"。通过网上预报到系统实现信息采集反馈、费用缴纳、管理体系构建的前置,有效消除了报到当日人流与信息流的密集叠加,实现了对招生、教务、学生、后勤等多部门工作流程改造的"反驱动"。迎新报到工作的流程再造,有效提升了管理效能,使迎新报到从烦琐的办理入校手续变为一场温馨热烈的"嘉年华"。

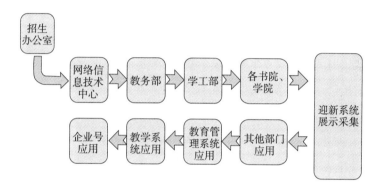

新生数据流转示意图

学校还于2017年9月启动新版公文网上流转系统,配合微信企业号的提醒推送,公文流转不仅时间大大缩短,还打破了办公事务审批的空间限制。在此基础上,因私出国审批、公共会议室资源预约等多项功能陆续上线,显著简化流程,提升办公效率。2019年,学校启动了一体化教学管理系统建设,合并本科生与研究生教学管理工作,提高排课效率和质量、提升教学资源利用率,为本科生大类培养和书院制改革、本硕博贯通式培养提供有效保障。2019年下半年,"数据"和"流程"仍然是学校信息化建设的关键词。学生综合数据平台在整合学生教学管理数据资源的基础上,支撑人才培养,通过数据挖掘,提高学生工作效率与质量;学校数据资产管理规范化和数据标准制定工作也将大力推进。

信息化，要支撑科研管理和科技创新

信息化技术已经成为促进科技资源交流、汇集与共享，变革科研组织与活动模式，推动科技转型的重要手段之一。面向学校"双一流"建设目标，要抓住国家加快推动新一代信息技术产业发展的契机，增强学校科技创新能力，同时通过信息化建设不断优化科研管理方式，为科研工作提供良好环境和基础保障。

这其中，大型高性能计算平台和科技数据平台首当其冲。当前，各学科在科研工作中都对高性能计算资源的需求十分迫切，部分已采购高性能计算设备呈现规模小、管理弱、共享低的特点，每年学校用于租用校外高性能计算资源的费用不在少数。为解决这一瓶颈问题，2019年学校在"双一流"建设规划中，立项建设校级高性能计算中心，并在信息化专项经费中给予配套支持。到2020年，学校高性能计算中心对"双一流"建设的推动作用将得到充分发挥。

2019年下半年，学校推出统一的"科技数据平台"，通过采集国内外权威检索的授权数据，结合机器学习算法，自动形成包括论文、基金、专利等数据在内的教师科研成果数据库，不仅形成北理工科研成果的核心资源库，促进科研发展和学科交叉融合，也将有效解决教师在各类申请、评价过程中，重复填报个人学术成果的问题。

学校信息化建设工作任重道远，坚持以师生为中心，支撑学校人才培养和科学研究，推进大学治理现代化是信息化工作长期坚守的目标。面向新时代，学校将坚持贯彻落实党和国家关于网络强国、数字中国、智慧社会的战略部署，不断以信息化推动大学治理与校务服务现代化，加快构筑与中国特色世界一流大学相适应的校园信息化体系，为构建宜学宜居的"智慧北理"校园新生态书写新的篇章。

北理工"科技数据平台"

文:信息化办公室,党委宣传部
图:信息化办公室,刘聪颖
2019年9月23日

北理工教育基金开创公益救困新模式

2013年4月开始,北京理工大学教育基金会创设"大爱"救助基金。该基金项目在社会热心人士和校友捐赠、学校领导的大力支持下而设立,旨在向突患重大疾病和突然遭遇重大事件的学生、校友及其家庭提供一定的物质资助和心灵慰藉。截至目前,"大爱"救助基金已经救助了65人,总救助金额累计达279.5万元。

关于北理工教育基金的报道

随着基金系统的不断完善,目前基金会建立起"大爱"救助基金、"爱心筹"、"善行北理"医疗资助基金三位一体的基金救助体系,救助对象不只面向在校生,无论是入学前、医保暂时没有生效的准新生,还是刚毕业、没有"五险一金"的毕业生,抑或是毕业多年的校友,只要有着"北理工"的身份,在突患重大疾病和突遭重大变故的时候,都能获得一定程度的资金救助。

"大爱"救助基金和"爱心筹"解决燃眉之急

"如果没有这笔钱,我不知道还能不能迈入大学的殿堂。"2019年9月,张强和其他大学新生一样,如期到北京理工大学睿信书院报到,而在刚接到录取通知书时,他还一片茫然。

张强出生在河南省一个普通的农村家庭,2011年,他不幸患上了进行性脊肌萎缩症,这是一种极为严重的肌肉病,当同龄人都在自由自在奔跑的时候,他却早早被禁锢在了轮椅之上。由于行动不便,父母不得不留下来陪读,没有经济来源,家庭生活因此更加困顿。

收到通知书时,张强既欢喜又担忧。"生活不能自理,父母需要陪读,病情需要进一步治疗,那么租房钱、学费、医疗费都在哪呢?"张强抱着试一试的心理给学校写了一封求助信,没想到一个月后,学校相关部门和基金会的老师敲响了他家的门,把3万元"大爱"基金交到了他的手里,解决了张强的燃眉之急。

北理工的"爱心接力棒"不仅为未入学的新生和在读学生所设,已经毕业的学生和校友也可以享有援助。2019年3月15日,一位女博士牵动了数千北理工人的心,在北理工教育基金会的"爱心筹"平台上,一场紧急的爱心救援争分夺秒地展开。8个小时、3 000余人、30余万元的筹款,无数的祝福和鼓励,为这位身患重症的女生伸出了强有力的援助之手。

这位女博士的名字叫李华,是北理工宇航学院2012级硕博连读研究生,2018年6月从北理工博士毕业,被航天系统某单位招录为博士后。正当李华准备迈向新的工作岗位时,却被诊断为重度脑胶质瘤,治疗费用至少需要50余万元。李华家庭贫困,母亲也刚刚做完手术,还有20万元欠款未还,而因为尚未签约,无法享受医保支持,所有治疗费用需自费承担。无奈之下,李华家属在母校基金会面向校友和师生的"爱心筹"平台发出筹款信息,短短8小时就完成了筹款目标。"人生总有低谷,祝愿你早日战胜病魔,拥有自己理想的生活!""加油,桃花开了,希望你每年都能看到美丽的桃花。""虽然不认识,但在一层楼学习了两年。师姐加油啊!"在平台项目下,不少捐赠者留下了简短而又感人的祝福语,鼓励这位花样年华的校友与病魔积极抗争。

"医疗资助基金"为贫困学生购买医疗保险

同时,"大爱"救助的资金并非"取之不尽、用之不竭",虽然是直接拨款,但捐助金额有限;"爱心筹"是在师生和校友群体发起的针对患病学生医疗费的捐助项目,虽然可以在短时间内筹集更多金额,但没有可持续性,需要被救助者的真实信息反复在网上传播,让被救助者失去了尊严,时间久了,也会引起捐助者的"捐助疲劳",同时,国家相关法规政策逐步出台,这种模式已经停止使用。

那么,是否还有其他办法,可以让捐助方式"点面结合、深度互补、主动防范"呢?北理工教育基金会担心的问题,也是热心公益事业的北理工1992级校友宋竞一直思考的问题。在参与多次捐助后,她意识到,用保险这个"杠杆",可以以很低的代价覆盖高昂的医疗费用,让患病学生家庭免受灾难性的经济打击,正因为费用低,校友们捐助的钱可以为更多学生"买保障",帮助到更多学生。于是,宋竞尝试自费为10位北理工贫困学生购买了医疗保险,效果非常好。这个做法得到了基金会的认可:医疗基金额度足够高,具有可重复性,同时克服了"大爱"基金额度低和"爱心筹"需频繁发起的不足。2019年10月,"善行北理"医疗资助基金在北京理工大学1992级9名校友发起人的支持下应运而生,并纳入北理工教育基金会救助项目中,成为该基金会最新的救助模式,目前已为31名贫困生购买医疗保险。

为受助者身份认定 设立健全管理制度

北京理工大学目前在校学生 27 678 人,其中家庭困难的学生比例为22%。尽管国家、学校已经构建了多级医疗保障体系,但是一些重大突发疾病的发生,还是会给学生的求学生活带来很大压力,尤其是本身就存在家庭经济困难的学生。

"每一笔资助都要用在刀刃上!"北理工基金会新闻发言人余海滨告诉北京青年报记者,从明年开始,基金会将赶在新生入学前做好认定工作,为每一个符合条件的家庭经济困难学生买上医疗资助保险。余海滨表示,家庭经济困难学生的认定基于国家家庭经济困难学生认定工作体系和《北京理工大学家庭经济困难学生认定工作实施办法》两个文件。

把"大爱"给予最需要的人,自然也离不开健全的管理制度。"大爱"基金隶属于北京理工大学教育基金会,按照国家相关管理规定,设有专门的管理委员会,对每笔捐助均详细登记以备查证。"大爱"基金的获得采取申请制,申请人必须按要求填写申请表格和个人情况说明,并出具相应的证明材料。依据制度,本着对每一分善款负责的态度,基金会将安排第三方对申请者进行考察,实地走访,获取第一手材料。在各项情况属实的前提下,基金会将召开评审会,讨论资助细节,使申请者得到实实在在的帮助。

实施援助后,基金会还会在学校和基金会的官方网站上发布专题报道,弘扬公益精神、传播大爱理念,同时这也是对捐款人的高度负责,使捐款者明确善款去向。透明公开是对捐赠者公益之举的最佳回馈。

"救助加保险的模式将校友们的善念传递给需要帮助的北理人,而规范化的制度与流程正是坚实的桥基。"余海滨说。但是任何一个救助方案都不是完美的,只要基金会在《慈善法》的指导下,坚持初心,以救助效果为本,不断优化实施方案,一定能让这种大爱延续下去,让这种公益善举传承下去。

文:北京青年报
2019年11月25日

立德树人篇

/ 立德树人篇 //

让北理工品质走进"一带一路"

——为"一带一路"培养"中国型"工程人才

"唯有教育能让一个国家向着完美的方向迈进。能够在我的祖国从事教育工作,将我所学传递给下一代,我倍感光荣。感谢北京理工大学对我的培养,以及其对巴基斯坦建设做出的贡献。"这是材料学院2012级博士毕业生,来自巴基斯坦的Fida Rehman的一段感言,现在的他已经是巴基斯坦科学技术大学的一名副教授。

巴基斯坦不仅是中国全天候的战略伙伴国家,在当下,更是中国"一带一路"倡议中重要的沿线国家之一。"一带一路"作为中国首倡、高层推动的国家战略,对我国现代化建设与和平崛起于世界之林,意义深远。面对新世纪国家重大任务,秉承中国共产党创办的第一所理工科大学、新中国第一所国防工业大学"两个第一"光荣传统的北京理工大学,自然当仁不让:发挥优势,主动布局,培养"中国型"工程人才,让北理工品质融入"一带一路"的建设洪流。

服务国家需求,培养"中国型"工程技术人才

2015年3月,中国"一带一路"倡议正式发布,继承和发扬"丝绸之路精神",把中国的发展同沿线国家发展结合起来,发展的关键是基础产业,结合的关键则是人才。因此,北理工围绕这两个关键,结合自身国际化发展战略和工科优势,谋篇布局,将培养"中国型"国际化工程技术人才,作为服务国家需求,抓住发展机遇,建设"双一流"的重要切入点之一。

2013年9月,当习近平总书记在哈萨克斯坦首次提出"一带一

路"的概念后,学校立即主动布局留学生工作,调整扩充留学北理招生计划,对"一带一路"沿线国家进行充分调研和详细论证,重点搭建了覆盖"一带一路"沿线40个国家的高层次招生平台。留学生年增长率基本保持30%以上,连续三年全国第一。目前,北京理工大学共有在校留学生2 000余名,这其中来自"一带一路"沿线国家的学生人数占到了70%以上。

留学生授课现场

近年来,在做好招生工作的同时,学校还特别注重留学生培养质量的提升,重点加强工程类全英文授课专业建设,开设本科、硕士全英文专业16个,其中9个为工程类优势专业,所有博士专业均可实施全英文授课和培养国际学生,约有300位工程领域的高水平教师长期参与留学生的授课和培养。如知名材料专家曹传宝教授十年来,倾心培养了9名优秀的"巴铁"学生,成为校园佳话,目前这些学生已经作为优秀的北理工人,或回国任教,或留华发展。

学校在不断提升留学生培养质量的同时,还主动与"一带一路"沿线国家合作开展留学生培养项目。2012年,分别与沙特政府和阿美石油公司合作，开始接收沙特政府奖学金和企业奖学金学生；2013年，与卡塔尔使馆合作，开始接收卡塔尔政府奖学金学生；2015年开始，与以色列内塔尼亚学院在短期MBA项目开展合作，并单独设计课程和培养方案。

工程优势突出，国防特色鲜明，北理工吸引了众多优秀的"一带一路"沿线国家学生留学。学校在此基础上，积极整合筹措资源，主动开拓建设高水平招生平台和生源基地，"留学北理"的吸引力和培养质量得到全面提升。经过多年来的不懈努力，北理工培养出一批批具有中国情怀、国际视野、知华友华、学有所成，能够肩负"一带一路"建设的高层次"中国型"国际化工程人才。

为"一带一路"培养有"用武之地"的高水平人才

在努力提高留学生教育质量、强化支持保障体系建设的同时，北理工还充分认识到，为"一带一路"培养高水平人才，若要取得实效，必须要让学生有"用武之地"。因此，就业指导、社会实践、创新创业等全过程的教育引导就成为北理工留学生培养的重要环节。

在巴基斯坦，你很可能会乘坐到来自中国的公交车，时常看到路上奔驰而过中国卡车，在推动中巴客货运汽车贸易中，有位北理工人做出了自己的贡献。2013年，硕士毕业于北理工机械学院的巴基斯坦留学生阿外思，供职于中国交通建设集团，运用所学知识，结合对自己国家的熟悉了解，阿外思深入沟通中巴两国的用户和制造企业，做出了突出成绩。"在北理工的学习和体会帮助我既能让中国的客车获得其他国家的认可，又能让巴基斯坦用上这么高质量的公交车。现在公司已经在巴基斯坦建立了售后服务产业。中国为巴基斯坦增加了就业岗位，巴基斯坦反馈使用问题促进中国客车更好的发展，这是我能做的一种贡献。"

为了给优秀留学生创造更多在华就业和实习的机会，学校与中关村科技园区海淀园管委会、中关村"一带一路"产业促进会等携手，努力构建留学生社会化服务体系，提升来华留学深度体验。

2017年3月28日，学校与中关村"一带一路"产业促进会签署了"藤蔓计划"合作协议，并设立"北京理工大学中关村'一带一路'产业促进会外国留学生就业实习基地"。签约当天，学校还举办了首场"藤蔓计划"对接活动暨外国留学生就业实习专场招聘会，30家企业代表和北理工300余名外国留学生参加了活动。据初步统计，当天参会的30家企业共收到学生简历近400份。

"藤蔓计划"对接活动暨北理工外国留学生就业实习专场招聘会现场

留学生无论回国，还是在华就业，在北理工练就的扎实本领，都为其发展打下了良好基础，相当一批博士毕业生回国后均在其本国一流大学担任重要教职，或在世界各地开展研究工作，也有部分学生留华任教。"我是幸运的，北理工的培养和中国政府的来华留学生就业政策让我找到了满意的工作。"这是毕业于管理学院的2011级博士生、来自巴基斯坦的玛丽亚的（Maria）感受，毕业后她任教于北京印刷学院。

真情实感育人才,留学北理一家人

古代丝绸之路是一条贸易之路,更是一条友谊之路。因此,今天为"一带一路"沿线国家培养人才,除了传授知识,更要传播友谊,真情实感始终是北理工留学生培养的重要特色。

20世纪70年代,一位名叫伊克拉姆的巴基斯坦年轻人,成为巴基斯坦第一批赴中国学习的留学生,与中国结缘;进入新世纪,已经成为坦克工程师的伊克拉姆,再度求学中国,与北理工结缘。

伊克拉姆家族合影

至深的感情,来自在北理工求学期间学校和导师的亲切关怀和悉心指导,宾至如归。随后,伊克拉姆陆续将自己5个子女送到北理工读书,他们相继取得硕士或博士学位。北京,也成了他们一家人的第二故乡。

建设世界一流大学,北理工留学生培养始终服务国家战略需求,致力于培养未来在其所在国对华战略中有话语权的学生,也就是要培养能够维系对华友谊、传播中国和北理工文化的高端校友人才。

已经是一名汉语教师的泰国留学生林明杰,在北理工留学期间,凭借演唱《千里之外》和《月亮代表我的心》两首中国歌曲,不仅摘得北理工留学生中心举办的首届外国留学生歌曲大赛一等奖,成为一位留学生"明星"歌手,还登上学校"深秋歌会"的大舞台,与中国学生同台交流,结识中国朋友,收获友谊。流利的中文,准确的发音,见证着他在中国的成长与进步,北理工成为他实现人生梦想的坚实基础。

要使留学生们通过亲身感受,实现亲华、爱华、友华,学校不仅提供一流的教育与管理服务,还会积极传递爱华、爱校的正能量,潜移默化地培养留学生对学校、对中国的感情,这是北理工留学生培养的一个长远目标。

发挥合作优势,"一带一路"桥头堡上揽人才

云南省在"一带一路"中将建设成为面向南亚、东南亚的辐射中心。自20世纪末,北京理工大学就与云南省深入开展省校合作。2016年,双方签署《全面战略合作框架协议》,在新形势、新常态下深化合作,积极主动融入"一带一路",共同打造面向南亚、东南亚的桥头堡。目前,双方已共同建立了昆明北理工科技孵化器有限公司和北京理工大学昆明产业技术研究院。

正是凭借着省校合作的良好基础,北理工留学生中心与昆明北理工科技孵化器有限公司共同成立云南·北理工"一带一路"外国留学生工作站。这一创新的工作模式,将依托学校办学传统、办学实力和外国留学生教育管理经验,充分发挥北理工科技孵化器有限公司的地域优势和资源优势,深入开拓"一带一路"沿线东南亚国家高层次海外生源基地,吸引东南亚国家更多优秀学生留学北理工。

北理工还与云南省各高校积极推进外国留学生海外招生平台和培养基地的共建,在国际交流与合作上联合开展人才培养。2016年,已共同完成2期70余名留学生在北理工的短期培训;与昆明市科技局共同搭建"一带一路"高级人才培养平台,已招收20余名老挝本科留学

/ 立德树人篇 //

赴马来西亚招生现场

生；随后同大理大学共同开展艺术类留学生的短期访学工作，与国土资源学院合作共建留学生预科基地和双学位合作项目。

发出"一带一路"倡议，中国关注世界的互联互通，聚焦于共同发展。在面向国家高等教育"双一流"战略，努力实现"北理梦"的关键时期，秉承学校光荣的办学传统，主动服务国家需要，积极响应"一带一路"的伟大倡议，是北理工建设中国特色世界一流理工大学的当然之选。

文：党委宣传部王征、赵洁
图：留学生中心
2017 年 5 月 12 日

有创意，很创新，宿舍变为"太空舱"

在"太空舱"中学习和睡觉；

垃圾桶"随叫随到"；

用桌子"代替"电脑；

宿舍谁最后一个关灯、拉窗帘再也不用争吵。

近日，北京理工大学"黑科技宿舍"的动图在网上走红，被多次转发，大多网友以为这间宿舍的改装出于学自动化的"理工男"之手，没想到却是一群学设计的"95后"学生创作。

"黑科技"宿舍：投影键盘；会动的垃圾桶

10月29日，记者来到了北京理工大学中关村校区这间传说中的"黑科技"宿舍，打开门后，发现这间宿舍和其他房间无异，标准的4人上床下桌，那么，"黑科技"究竟藏在哪里呢？

宿舍的宋善台正在座位上修改论文，由于论文需要在15:30之前交，他特意从外边赶回来，做最后的修改。记者走近一看，他没有开电脑，而是用手指在桌子上敲打文字。原来，他使用了投影键盘。打开这个工具，桌子上就会投出一个像键盘一样的影子，在桌子的键盘上打字，通过蓝牙，打好的字就可以显示在手机屏幕上，文章修改完直接通过手机发到老师邮箱。"着急的时候就不用再等待电脑开机了。"宋善台说，如果早晨交论文的话，还可以把键盘"投"在床桌上，这样"不出被窝也能提交，基本上桌子就可以代替电脑。"

记者注意到，宿舍里的垃圾桶有些与众不同，下边有4个轱辘。"这是我们用遥控车的底盘改造的。"黄晓峰说。他学的专业是产品设

投影键盘在桌上打字

计,对于产品的内部构造"门儿清",他将遥控车的底盘安在了垃圾桶下边,只要按一下遥控,垃圾桶就"随叫随到"了。

可移动的垃圾桶

黄晓峰在介绍会动的垃圾桶时,屋里的空调自动打开了,温度被调到了 25℃/辅热。然而在场的所有人都没有碰过空调遥控器。"一定是舍友在外边开的空调。"黄晓峰说。宿舍里有温度传感器,宿舍外的人可以通过手机感应宿舍温度,通过手机控制宿舍空调,提前打开预热,进屋时就不会那么冷了。果然,过了一会儿邓亚东回到了宿舍。

夜幕降临，18:30，宿舍的最后一个成员林宇楠也打完篮球回来了，他打开门的一刹那，屋顶上那圈 LED 亮了起来，窗帘也随之自动拉上。看到北青报记者惊讶的表情，林宇楠介绍说，并非自带特异功能，而是因为宿舍里也装有门窗传感器，晚上回来的时候，只要一打开门，灯就会亮，窗帘也可以随之拉上，这就省去了不少时间。

一推门，宿舍灯就自动亮起

学生们在研究"装修方案"

学生:灵感源于宿舍日常生活

"你看到的被称为'黑科技'的使用,其实来源于我们宿舍日常生活的需求。"安装"黑科技"的发起人邓亚东说。

这群"95 后"是北京理工大学大三的学生,今年刚刚从良乡校区搬到中关村校区,住进了一个新宿舍。作为设计与艺术学院的学生,他们"不放过任何一次学以致用的机会",商量着新宿舍是不是要"装修一下",恰巧邓亚东在网上看到一个"奇妙宿舍改造计划"的活动,如果创意被认可,就可以获取一笔资金对宿舍进行改造。四个人一拍即合,决定拿出一个创意。四个人决定用"未来科技"作为创意的主题,将宿舍设计成"未来的模样"。

他们找到学院团委书记欧阳哲老师,由欧阳哲老师带队拟出创意方案,通过上网买材料、宿舍改装,用了两周时间全部完成。

"我们的整体设计是一个太空舱。"邓亚东说。他打开 27 日晚上拍的照片,宿舍四个同学都坐在自己的座位上,房顶中央的白炽灯被关上,从床边和房顶四周延伸过去的 LED 灯带闪着蓝色的光,从门口看去,确实像是进了一个微型舱内。

邓亚东介绍说,这个创意来自《星球大战》,电影中蓝光的特效让他有一种身居宇宙的感觉,于是他们在屋子里装上了 LED 灯带,打开开关时,也能泛起蓝光。为了更好地衬托这道蓝光,他们又在墙壁上贴了黑色环保壁纸,在地上铺了灰色反光材料的地胶,"让蓝光从天花板到地面再到墙壁遥相呼应"。这样的设计让他们的宿舍生活充满了情调,就好像把宿舍搬到了宇宙中。

那些"黑科技",都是为"未来科技"的主题设计,灵感都来源于生活。四个人都比较细心,把在平日里在宿舍中遇到的问题汇总起来,借着这个机会在网上搜索相关的智能设备,把这些科技成果引进了日常生活中。

"林宇楠的床离灯开关最近,每天他关灯后都要摸黑上床,于是我们就从网上搜到了智能开关。"邓亚东说,"这样他可以先上床再关灯、拉窗帘,也可以调节灯的亮度,营造睡觉的氛围。"他们还有一个"起夜灯",在黑暗中感应到人体运动就会亮起来,这样夜间上厕所的同学就不会打扰到别人。至于网上调侃的那个"防火防盗防楼管"的报警器,邓亚东笑着说:"没有那回事。"其实就是一个感应系统,门外有人经过时警示灯会响,这样宿舍戴着耳机的人也能知道外面有人来了。

"但是这些'黑科技'都要在宿舍有电有网的条件下运行。"宋善台补充说。宿舍一旦停电停网,这些"黑科技"就马上被"拉黑"了。

老师:一直支持学生课外科技创新活动

对于网友提出的学生自己改造宿舍是否存在安全隐患问题,邓亚东回答说,做这些改造,没有改装宿舍的任何一条线路,即使装了LED等,其功率也在30瓦左右,"这与学校宿舍限定功率在400瓦至500瓦之间并不冲突",LED灯也没有网友想象得那么费电。27日下午他们开了两个小时,也用了"不到一度电"。

学校宿管中心在28日对这个"黑科技"宿舍进行了全面检查,发现没有任何安全隐患。宿管中心相关负责人介绍说,学校一直鼓励和提倡在校学生美化居住的宿舍环境,但是同时,宿舍安全事关每个人的生命财产安全,即使学生意识到改装宿舍时不存在安全隐患,也要提前向宿管中心报备,由专业人员在进行全面细致地调查后,确定在没有安全隐患的前提下,支持学生在宿舍里"玩玩创意"。

北京理工大学设计与艺术学院团委书记欧阳哲介绍说,学院一直支持学生课外科技创新活动,经常组织学生参加创新创意类的比赛,用寓教于乐的方式来丰富学生们的课余生活,此次宿舍改装,正是"这群有才的孩子"从生活中发现创意的点,又能将所学的设计学专业知识用于实践的成果。

对话：文科生也可以玩转"黑科技"

北京理工大学设计与艺术学院4个大三学生用"黑科技"改装了宿舍，目前的宿舍不仅有太空舱的特效，还有各种智能化装置便于宿舍生活，他们每天的日常生活就像是在演科幻大片。记者对话改装宿舍的发起人邓亚东，他特别想强调的是，他们不是理工大学的"理工男"，文科生也可以用创意玩转"黑科技"。

记者：你们之前接触过这些"黑科技"吗？

邓亚东：我们虽然是学设计专业的学生，但对这些"黑科技"很感兴趣，经常在电视上、网上看到一些新的智能产品的广告，包括我们学校理工科的学生也有一些科技成果，我们能近距离接触到，所以其实对"黑科技"并不陌生。

记者：同样是玩"黑科技"，你觉得文科生和理工科生有什么不同？

邓亚东：我觉得理工科的学生侧重于发明创造的过程，而我们设计与艺术学院的学生侧重于用户体验部分。简单讲，就是他们负责"生产科技"，我们负责"使用科技"。就像这次改装宿舍，根据日常一些实际问题，找到适合我们的科技，同样能把"黑科技"玩得特别嗨。

记者：你们在改造宿舍时用没用到所学的设计学专业知识？

邓亚东：当然用了啊。我们这次对宿舍的改造，不仅实用，也要美观。比如"太空舱"部分，就是学室内设计专业的宋善台设计的，他提出要"通过LED灯带的线条延伸突出线让舱内看上去更深一些"，我提出要在桌子上贴一些藏蓝色桌布，和顶上的灯光呼应，再把床往前挪动一点地方，呈现出"色彩的空间感"。

记者：你说你们这次宿舍改装是"玩的创意"，你觉得创意在哪儿呢？

邓亚东：每天回宿舍不觉得是回宿舍，而是回"太空舱"，你觉得这个不是创意吗？还有就是很多大学生觉得宿舍就是睡觉的地方，其实我不这样认为，你在宿舍生活的每一个细节，都能影响你的"大学幸福感"。如果你根据一些问题，提出了自己的设计理念，并结合时下成熟的科技将理念变为了现实，体验获得了最大化满足，这就是创意。

文：北京青年报刘婧

图：冯煜辉，北京青年报

2017 年 10 月 30 日

这样的学习,让我既温暖又兴奋

——机械与车辆学院深化人才培养改革工作纪实

2017年1月19日,一场特别的"展览会"在中心教学楼一层大厅举办,百余名师生齐集一堂,结合现场的展板和实物,交流火热。这是机械与车辆学院举办的"以研究项目驱动的全员全过程专业导师制"学生成果展示与答辩会。来自能源与动力工程专业近30位专业教师、75名2013级全体本科生悉数到场,多元化地展示了44项学生课外研究项目的成果,引人注目。

能源与动力工程专业课程设计成果展示会

这样的展示,综合体现了机械与车辆学院秉承"学术为基、育人为本"的理念及大力实施人才培养综合改革后的建设成效。学院通过实施以研究项目为驱动的专业导师制,搭建了全员全过程的育人平台,为本科生创新精神和实践能力的精细化和个性化培养提供支持,进一步加强学生的自主学习和科研创新能力培养。

让育人"全员全过程"

人才培养是大学的核心工作,而抓好人才培养,就必须从学生的成长特点出发,立足全员、全过程育人。

"伴随社会的发展,教育理念的进步,我们逐渐认识到,大学本科期间正是挖掘和培养学生研究兴趣的重要阶段,如能给予学生积极的引导和鼓励,将有效激发其学习的主动性和创造性,为学生进一步的发展奠定良好基础。而这一切,有赖于师生之间有效的交流沟通。"教务处处长栗苹这样分析。

聚焦这一关键,在成为学校综合改革人才培养试点单位之际,机械与车辆学院举全院之力,整体设计人才培养的方案和举措。而围绕学生的成长成才,如何加深师生之间的交流沟通,加强教师在学生成长成才中的指导作用,成为摆在机械与车辆学院面前的一道命题。

"让教师在每位同学的个性化发展过程中提供帮助和支持,并且这种帮助和支持要覆盖所有学生、每个阶段!"机械与车辆学院在认真总结已实施8年的本科生导师制基础上,带着新理念给出了解题的第一步。

"本科生导师制并不是一个创新做法,但是抓实抓细,突出全员全过程,也确实对我们的工作和理念提出了更高的要求。"总体负责机械与车辆学院人才培养综合改革工作的常务副院长胡纪滨这样说。

机械与车辆学院"全员全过程"导师制,面向学院全体本科生,在二年级时采取师生双选,并确保每位学生在每个学习阶段都有明确的指导教师,形成除课堂教学以外,专业学习、科技创新、道德品质和人格养成等各方面都具有一定帮助的关系,在这种可以深入沟通的指导关系下,学生可以充分表达个人想法并展现研究兴趣。同时,通过教师的全程指导,一方面可实现学生对发展路线的科学设计,另一方面也最大程度上提升了大学育人资源的使用成效。

2016年10月,机械与车辆学院完成了2015级本科480余名学生与120余名专业教师间的双选,导师们正式开始了对学生在学习、生活、工作、心理等方面的全方位"陪伴"。

"全员全过程"导师双选会

2009级本科、现已硕士毕业的葛彦悟,与其本科毕设、硕士导师黄英教授的缘分便源于这种"陪伴"。"刚开始我和他聊学习、聊生活,熟悉后发现他对我研究的一个方向感兴趣,于是就让他进了我的课题组,跟着我的博士后一起研究。"黄英教授看似轻松的回忆,其实大大影响着葛彦悟的成长发展,他在本科期间曾发表两篇会议论文,研一就发表了SCI论文,成绩的背后都离不开黄老师与他高频次的交流及悉心辅导。

春风化雨,润物无声。师生之间密切的沟通,也大大增强了学生对学校、学院的归属感。在近几年由第三方机构麦可思公司完成的

《北京理工大学社会需求与培养质量年度报告》报告中，机械与车辆学院的学生在学校认可度和专业满意度方面，呈现了明显增长的趋势。

"不得不说，全员全过程导师制已经成为我们人才培养工作中的重要法宝！"机械与车辆学院本科教学副院长冯慧华不无自豪地说。

人才培养需要"精细化、个性化"

"全员全过程"导师陪伴制，虽然能够给本科学生提供全面、全过程的个人发展指导，但针对学生的不同特点，还需要合适的培养资源，才能实现有效成长，特别是培养"拔尖创新"人才，更加需要精细化和个性化的有力支持。

因此，机械与车辆学院又拿出了解题的第二步——"项目驱动"，为"全员全过程"导师陪伴制增加了强有力的助推器。学院遴选能源与动力工程专业作为试点，实施项目驱动机制，强化对学生创新精神、实践能力等方面的精细培养，进一步加强学生的自主学习和科研创新能力培养。

经过充分调研，该专业学生参与课外研究意愿达到100%，在此基础上结合培养方案与导师制度，能源与动力工程专业将原来4周的专业课程设计改革成为历时三学期的学术研究与创新实践教学环节。在这个教学环节中，导师可以根据学生的能力和兴趣，以及未来发展方向，充分尊重他们的个性和想法，灵活制定课程选题和形式。例如学生参加校内外创新大赛的研究项目可以成为该课程的选题，这就让学生课外科技创新与人才培养体系形成交集，真正体现了精细化、个性化培养的改革理念。

"能不能自己设计一辆迷你动感单车？"这是进入本科三年级后焦慧超和任培荣两位能源与动力工程专业同学心中的"小愿望"。幸运的他们，成为"项目驱动"机制下第一批获益的学生，他们选择了左正兴教授作为指导教师。心中对创新的期望，在高水平的专家倾心指导与帮助下，一步步从设想变成现实。调查、研讨、确立目标与方案，

研究型课程研讨会

再对功能、结构进行设计与仿真,最后运用3D打印技术,真真正正地做出了动感单车的实体模型。

"这种经历对我来说,是弥足珍贵的,老师的陪伴指导,让我感受到一种学习的温暖,将想法变成现实的过程更是让我兴奋不已、获益匪浅,虽说课程设计告一段落,但是这个项目不会停止,我们的创新研究之路也已经起航。"焦慧超在项目总结时这样郑重地写道:"直到有一天,你在淘宝遇见了它。"在课程设计中,学生经历了从最初的想法,到付诸行动,并到最终实现,这一切,最大的动力源自内心的兴趣与热爱,导师,则为其一路保驾护航。

"整个过程中,每一次的争论都在深刻地挑战我对于这个项目的理解,每一个细节的设计都激发了我的工程意识,而这一切都是我们自发的!"同学们至深的感受,正是"以项目驱动的全员全过程专业导师制"最鲜明的特点,这样的改革举措,不仅将学生的科学研究能力与科研素质培养提前至本科阶段,更为重要的是在指导与资源的双重保障下,保护了学生的创新兴趣，激发了专业潜能，品味到自主学习的美妙。

制度是基础，教师是关键

通过从"全员全过程"到"项目驱动"，机械与车辆学院探索出一条适合自身，以学生为本的人才培养改革之路。

但是，纸面上的措施必须通过实干才能化作扎实的成绩，改革取得成效，得益于机械与车辆学院规范的制度保障体系，还有一支高水平、高素质的教师队伍。

在整个改革实施过程中，学院对本科生导师明确责、权、利，落实具体实施方案，形成了比较完善的管理规定与评价体系，还通过设立选题、开题、中期检查、项目答辩和成果展示等环节，对学生研究效果和能力达成形成了明确要求，有效地推动了导师指导的规范性，促进了与学生之间的互动，值得一提的是学院要求指导教师必须在第七学期给予量化成绩，从而更好地对学生培养进行质量监控。

"以研究项目驱动的全员全过程专业导师制"的深化改革试点，得到了学校的大力支持，并对实施方案提出意见建议，机械与车辆学院将本次改革作为全院人才培养工作全面改革的突破点，不仅整合全院资源重点支持，全院教师也统一认识，积极参与，经过一年半的努力，终于取得阶段性的成功，成果丰厚。

"即使我们建立了一套较为完善的导师激励和约束机制，但培育人才，还是要依靠老师们的一份为师敬业之心。经常有老师跟我说，如果想要带好一个本科生，其所花费的时间和精力并不亚于带一个硕士，甚至一个博士。的确，工作负担确实增加了不少，但是老师们却干得非常认真，乐在其中！"每每说到"以项目驱动的全员全过程专业导师制"项目，发起和负责人黄英教授总是禁不住感叹。

能够深化"以学生为本"的人才培养改革，除了制度的设计保障，导师们的"给力"是改革成功的关键。项目开启之初，能源与动力工程专业整合了所属5个研究所所有教师，构建了一支主要由教授、副教授组成的指导团队。虽然老师们科研、教学和管理任务繁重，但却想尽办法克服困难，保证与学生的互动交流，密切关注学生动态，认真指导学生创新研究。

"这些老师，综合发挥了他们的学术魅力和人格魅力，充分尊重学生的兴趣特长，并对每位学生进行个性化指导，还把人生感悟和思想认识积极融入学生成长成才过程，教育学生恪守学术诚信、永攀科学高峰。他们的积极性和责任心，让我感动！"副院长冯慧华表示。

"正其义不谋其利，明其道不计其功"，这或许是对本科生导师们最真实的写照。在这支队伍中，有治学严谨的业内专家，也有国际化背景的青年才俊，他们费尽心思琢磨"有趣"，激发学生兴趣，也勇于尝试"新鲜"，探索未知领域，虽然他们性格阅历不同，教育方式各具特色，但唯一相同的是那颗对学生负责的心。"春风十里，不如一路有您陪伴！"学生们这么说。

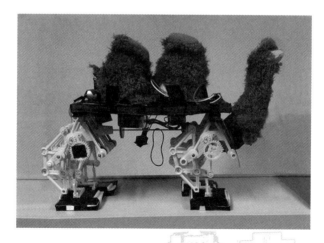

学生设计成果：骆驼机器人

"我们将在'以项目驱动的全员全过程导师制'改革实验试点的基础上，进一步完善体制机制，增强专业教师在本科生学业规划、实践与研究能力、创新精神等培养中的参与度与贡献，力争在两年内推广至全学院所有本科专业，使之成为提升学院人才培养效能的核心利器。"展望未来，胡纪滨这样说。

党的十九大报告中指出要"加快一流大学和一流学科建设,实现高等教育内涵式发展",而人才培养是高等教育内涵式发展的重要组成部分。改革创新没有终点,人才培养永远在路上,仍然任重而道远。

文:党委宣传部韩姗杉

图:机械与车辆学院

2017 年 11 月 2 日

以 OBE 理念推动人才培养持续改进

——北理工专业建设工作推进纪实

2017 年 6 月 29 日,参加完"机械制造工程学 A"考试的同学纷纷离开考场,而对于这门课的主讲教师焦黎来说,"考试"却才刚刚开始,由机械工程专业责任教授组织的课程评价会,将要对这门课程的教学目标达成度进行考核评价,有了这个评价,焦黎才能进行下一轮的课程建设和讲授。

"机械制造工程学 A"课程评价会

基于评价的持续改进,是华盛顿协议框架下国际实质等效认证所倡导的理念之一。"机械制造工程学 A"作为机械工程专业的核心课程,是我校立项进行 OBE 规范化改造的课程之一。课程根据其承接的毕业要求指标点,从工程知识、问题分析、设计/开发解决方案、研究、环境和可持续发展等方面细化教学目标,以教学目标为导向设计教学大纲、教学内容、教学策略和考核办法并开展教学,然后进行目标达成情况的评价。通过实施课程的 OBE 改造,任课教师和学生都更加清楚课程在知识、能力、素质等方面的教学要求,对教师的"教"和学生的"学"均产生了显著的促进作用。

OBE 与 Washington Accord

OBE(Outcome Based Education),即成果导向教育,亦称能力导向教育、目标导向教育或需求导向教育,是指教学设计和教学实施的目标是学生通过教育过程最后所取得的学习成果。自 1981 年由 Spady 等人提出后,OBE 理念和方法被公认为是追求卓越教育的有效方法,受到世界各国著名大学的重视。作为国际化程度最高、体系最完整的本科工程教育国际互认协议——《华盛顿协议》(Washington Accord),全面接受了 OBE 理念并将其融入工程教育专业认证中。2013 年 6 月,中国加入《华盛顿协议》,2016 年 6 月,中国成为《华盛顿协议》正式成员,这意味着中国工程教育认证结果将在《华盛顿协议》正式签约国和地区实现互认。因此,面向世界一流大学建设,将 OBE 理念作为我校本科专业建设改革的方向,意义深远。

反向设计,正向实施,以 OBE 理念重构课程体系。

"我们想让学生取得什么样的学习成果?"

"为什么要让学生取得这样的学习成果?"

"如何有效地帮助学生取得这些学习成果?"

"如何知道学生已经取得了这些学习成果?"

在北理工新版本科培养方案第一次修订会上,主持人一连串的发问,引发了与会者们的思考与讨论。2015 年,北理工全面启动新版本科培养方案和课程大纲的修订工作,在教学设计过程中落实 OBE 理念,成为此次修订的重要工作。

成果导向教育倡导反向设计原则。新版培养方案根据专业对毕业生在毕业五年后能够达成的职业和专业成就提出培养目标,由此确立

/ 立德树人篇 //

北理工召开人才培养大讨论本科教学专题工作会

学生毕业要求，明确学生毕业时应该掌握的知识和能力，并将其细化为知识能力指标点，用矩阵图的方式说明课程体系与毕业要求指标点的对应支撑关系。教师根据支撑矩阵关系编写课程教学大纲，设计课程教学目标、课程内容、教学方法、考核方式等。

学校新版本科培养方案在修订时不仅需要充分体现反向设计、正向实施的原则，使得"需求"既是起点又是终点，还明确了三个要求，即学校人才培养目标定位的先进性、符合专业人才毕业能力素质要求的可实现性，以及有利于多元化人才成长的灵活性，以此来最大程度地保证培养目标与结果的一致性。值得一提的是，我校2016版培养方案还通过各类课程模块的高弹性组合，提供了多条专业人才成长路线，具有"模块化、多元化、高弹性"的特色。带着全新理念的新版本科培养方案为形成与国际接轨的教育模式奠定了良好的基础。

2017年，学校启动了面向世界一流大学的专业核心课程对标建设，其核心指导思想是选取世界一流大学课程作为标杆,按照OBE理念对课程目标、课程内容、教学模式、教材建设、师资队伍、达成评价等方面进行改革,逐步实现与世界一流大学课程的实质等效。

用OBE理念引领专业持续改进,不断提高人才培养质量

"北京理工大学的化学工程与工艺专业是一个基础研究与工程实践应用相兼容的专业,培养具有解决复杂工程问题的复合型人才是我们的目标之一,按照OBE理念设计人才培养体系,对我们专业的持续改进提出了很高的要求,也起到了极大的推动作用。"化学与化工学院教学副院长张小玲介绍说。

2014年,北理工化学工程与工艺专业第一次通过了中国工程教育专业认证。之后,该专业进一步以OBE理念引领专业持续改进,使人才培养过程更加规范,质量保障体系更加健全;进一步改善了化工实验室、化工技术基础实验室等实验教学平台条件,建成了2 080平方米的化工实验教学中心,包括总价值700余万元的215台(套)仪器设备;按照OBE理念对毕业设计进行改造,在毕业设计的各个环节强调了对相关能力指标点的支撑;并于2017年以"无机化学""精细化工专业实验""环境安全与绿色化学"等课程作为试点,开展构建基于OBE理念的在线开放课程资源,为专业持续改进起到推动作用。

"我们将认真研究专家的反馈意见,继续改进,建成一个更加符合'以学生为中心,以学习成果为导向,不断持续改进'等OBE理念的化学工程与工艺专业"。伴随着认证反馈会上王晓锋副校长代表学校的表态发言,我校2017年工程教育专业认证专家现场考查活动顺利结束。在这次为期3天的现场考查中,中国工程教育认证协会专家组详细考查了化工原理实验室、化工技术基础实验室等实验教学条件和人才培养体系后,专家组在认证反馈会上表示:"在持续改进方面,北理工的化学工程与工艺专业是我们见过的做得最好的一个专业!"

为加快以OBE理念引领专业持续改进的步伐,北京理工大学在

化学工程与工艺专业全国工程教育认证现场考查反馈意见交流会

2016年22个专业启动OBE改造的基础上，2017年进一步扩大到27个专业。2017年6月，教务处出台《北京理工大学本科专业评估实施方案（试行）》，按照OBE理念全面启动专业评估和认证工作，计划从2017年至2020年，分期分批对全校所有专业启动OBE规范化改造和评估认证工作。毕业设计OBE改造的试点范围进一步扩大到机电、机械、光电、信息、自动化、计算机、化学化工和生命等8个学院的所有专业。

从试点至全面推进，建立与国际接轨的质量保障新体系

作为我国高等教育质量保障体系的重要组成部分，工程教育认证将为我国高校广大工科学生打开未来的国际工程执业通道，并有助于提升专业的国际认可度和影响力。

基于这一认识，北京理工大学从2010年就开始启动了工程教育专业认证工作。2011年，光电信息工程专业成为学校第一个通过认证的

专业。此后,学校在大力实施 OBE 改革的同时,按照学科专业一体化的发展思路,综合考虑各专业综合实力、受益学生人数等因素,分批次积极推动各专业实施国际实质等效认证、国际认证和国际评估。

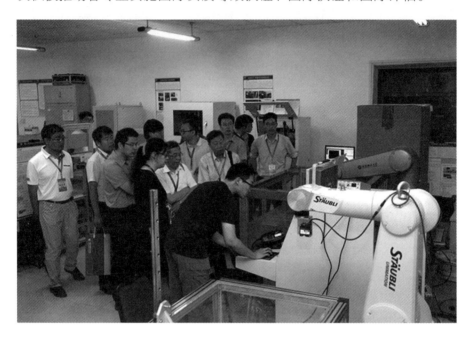

机械工程专业全国工程教育认证专家实地考察

截至 2017 年,北京理工大学已有安全工程、机械工程、车辆工程、光电信息科学与工程、测控技术与仪器、电子信息工程、电子科学与技术、通信工程、自动化、计算机科学与技术、软件工程、材料科学与工程、化学工程与工艺共计 13 个专业通过中国工程教育认证,覆盖全校 6 989 名学生,占工科专业在校学生的 72.3%。通过认证专业数量居全国高校第二、北京市高校第一。

此外,管理与经济学院于 2011 年顺利通过了 AMBA 的初次认证,成为我国第 10 所通过此项认证的管理学院;2014 年通过了 EQUIS 认证,成为我国第 14 所通过 EQUIS 认证的管理学院;并于 2016 年通过了 AACSB 的预认证。2016 年以来,机械、数学、力学、信息与通信工程、电子科学与技术、光学、仪器科学与技术等学科及所属专业陆续进行了国际评估。

经过 8 年的努力，我校专业认证已经从试点走向全面推进，专业建设工作取得初步成效。伴随着认证工作的不断推进，北理工初步建立了以学生为中心、以成果为导向的本科教学质量保障新体系。在此过程中，还培养了一批对 OBE 理念有深刻理解的认证专家、管理人员和教师，为建立与国际接轨的教学质量保障体系奠定了基础。

"我们通过对任课教师、教学管理人员进行 OBE 理念和专业认证等系列培训，使'以学生为中心，以学习成果为导向，不断持续改进'三大理念逐渐深入人心并落实到日常教学活动中，逐步实现了以教为中心向以学为中心、终结性评价向发展性评价、重知轻行向知行合一的三大转变。"教务处副处长林海这样说。

2017 年 9 月，北京理工大学正式入选全国 36 所世界一流大学 A 类建设高校。展望未来，在"双一流"建设过程中，学校将继续以 OBE 理念推动本科人才培养的规范化、科学化、国际化建设，按照国际实质等效认证的要求和世界一流大学的标准加强专业内涵建设，着力提升专业的国际认可度和国际影响力，为建设世界一流大学奠定坚实的基础。

文：教务处，党委宣传部韩姗杉、王征

图：教务处

2017 年 12 月 1 日

不忘育人初心、牢记时代使命

——北京理工大学贯彻落实全国高校思想政治工作会议精神一周年回顾

2017年是党的十九大胜利召开的一年,是贯彻落实全国高校思想政治工作会议精神的开局之年,是学校"双一流"建设的关键之年。一年来,学校党委坚决贯彻落实党中央的决策部署,自觉从党和国家事业发展全局、厚植党的执政基础的高度切实加强党的领导,坚决贯彻党的教育方针,坚持社会主义办学方向,落实立德树人根本任务,全面加强和改进思想政治工作,为学校事业发展注入了强劲动力。

谋篇布局　推动会议精神落实落地

北理工继承延安时期的办学经验,不断汲取徐特立教育思想的精髓,始终坚持"学术为基、育人为本、德育为先"的办学理念。"党的事业就是我们的奋斗方向""培养红色国防工程师的摇篮""培养引领国防建设和经济社会发展的高素质创新人才",成为北理工以实际行动践行办学理念的生动写照。

全国高校思想政治工作会议召开后,学校党委第一时间全面学习宣贯、迅速推动落实,再次印证了今天的北理工人没有忘记先辈筚路蓝缕艰难创校的初心和使命,在为党和人民培养人才的办学道路上行稳致远。

第一时间学习宣传会议精神和上级要求,按照"早、全、谋、实"的思路,迅速将大会精神在全校师生群体中传播开来。先后召开党委常委会、党委全会、校党委中心组学习(扩大)会、党群工作会,持

/ 立德树人篇 //

续传达学习会议精神,研究部署相关工作。

加强统筹谋划,抓好顶层设计,全力推动会议精神融入实际工作,激发新动能。成立了全面贯彻落实全国高校思想政治工作会议精神领导小组,书记和校长一起担任组长;确立了党委统一领导,党政工团齐抓共管,党委宣传部牵头协调、统筹推进,各学院各部门各单位主动参与、通力配合的"大思政"工作格局;出台《关于加强和改进新形势下学校思想政治工作的实施方案》,设计并实施"四个计划",提出 57 条具体举措;配发责任清单和任务清单,明确要求各单位抓落实、待检查……

北京理工大学思想政治工作会议

上下同欲者胜,画就"最大同心圆"。6 月 22 日,学校思想政治工作会议召开,党委书记赵长禄就深入贯彻落实全国高校思想政治工作会议精神,加强和改进学校思想政治工作做出再动员、再部署:"我们必须要把思想政治工作始终摆在关键位置,始终作为重大使命,加强和改进学校思想政治工作不放松。"

"我们将以习近平总书记的讲话为指导,坚持把立德树人作为基层党组织建设的重要任务来抓,把思想政治工作贯穿到教育教学和管理服务全过程。"机械与车辆学院党委书记左正兴的发言代表了全体基层党务工作者的心声。

一年来，学校成立了党委教师工作部；深化了"十育人"工作机制；配齐建强思想政治工作队伍和党务干部专职队伍；实行思政课教师专业技术职务评聘单评单列、一线辅导员职称和职员职级"双线"晋升；实行党政班子成员交叉任职；推动领导干部上讲台讲授思政课……

一系列组合拳持续发力，各级党组织、各单位牢固树立"人人都是思想政治工作者"意识，以提升人才培养能力为第一要务，纷纷围绕大会精神出举措、拿实招，推动全员全过程全方位育人落地生根。

思想引领　高擎新时代的思想火炬

"知者行之始，行者知之成。"从本质上说，任何教育都是为了改造主观世界，解决好世界观、人生观、价值观这个"总开关"问题。学校党委坚持以理想信念教育为首要任务，把握教师和学生"两个主体"，实现"使广大师生听党的话、跟党走"的效果。

思想是本，行动是形，本正则形立。以思想自觉引领行动自觉，关键是要用习近平新时代中国特色社会主义思想武装师生头脑，高擎新时代的思想火炬，点燃每一个师生心中的"中国梦"。

一年来，全校范围内开展"爱国情　强国梦　报国行"主题教育实践活动，用社会主义核心价值观引领知识教育，浸润师生思想品行，以课堂讲授、社会观察、情感体验为一体进行世情党情国情教育，拓展形势政策教育新模式，《习近平谈治国理政》、习近平总书记经典语录……成为党员领导干部、师生骨干的案头卷、工具书。

波涛蓄势，风必先起；峰岩竞秀，春自东来。

2017年10月18日，党的十九大胜利召开。当天，全校2 000余终端集中观看开幕会盛况。一时间，话报告、谈体会、论思想、见行动……新时代、新思想、新战略、新目标、新举措、新征程成为师生热议的词汇。学校党委坚持提高政治站位，牢固树立"四个意识"，把学习宣传贯彻党的十九大精神作为首要政治任务抓紧抓实抓好，以党的十九大胜利召开为契机不失时机地对全校进行了又一次的思想发动，带领师生大步快走奋进新征程。

集中观看党的十九大

邀请中央宣讲团成员、工信部部长苗圩，北京市宣讲团成员、首都经贸大学党委书记冯培入校做辅导报告；开展习近平新时代中国特色主义思想研究阐释；成立党的十九大精神宣讲团；承办第十一届北京中青年社科理论人才"百人工程"学者论坛；组织思政课教师参与市级集体备课；推动党的十九大精神"零时差"进入思政课；面向全校二级党组织下发学习辅导专稿……第一时间，党的十九大精神在北理工进学术、进学科、进课程、进培训、进读本。

北理工机械工程专业大二学生李众一团队带着他们的《百年中国：从世界舞台的边缘走向中央》走上了北京高校学生思政课公开展示现场；马克思主义学院青年骨干张雷奔赴学校定点扶贫的山西省方山县宣讲十九大精神，参与教育扶贫……北理工，一直在致力于传递党的主张这一时代最强音！

十九大精神辅导报告

北京高校学生思政课公开展示

树立价值标杆,引领道德风尚,系好民族赖以维系的精神纽带。

一年来,学校大力培育和践行社会主义核心价值观,将之内化为师生的行为准则和行动自觉。

将社会主义核心价值观全面融入教育教学之中，推进社会主义核心价值观进课程、进教材、进头脑。教务处、研究生院指导专业学院结合课程实际，发掘和运用各学科蕴含的思想政治教育资源，把做人做事做学问的基本道理、社会主义核心价值观的要求、实现民族复兴的理想和责任融入各类课程教学之中，写入新修订的教学大纲，使各类课程与思想政治理论课同向同行，形成育人合力；开设"名家领航"系列辅导课，以王越院士、毛二可院士、周立伟院士为代表的名师大家上讲台讲授学科前沿辅导课，让他们的家国情怀报国行动感染教育师生；树立国防教育社会实践团标杆，2017年策划组织的"中国精神学习宣讲行动""立足国防军工百团行动"，发出赴延安、井陉、南昌、遵义等地主题实践团队150支。

坚持教育者先受教育，塑造人类灵魂的工程师。

一年来，学校党委着力抓教师思想政治工作，培育和带动广大教师的积极性，带动他们成为塑造学生品格、品行、品位的"大先生"。

让传道者首先明道、信道。健全教师政治理论学习制度，实施教师每月半天理论学习，推动青年教师中国特色社会主义理论学习五年全覆盖；打造"鸿鹄学堂"青年教师成长训练营，重点突出政治理论教育的关键环节，把师德与政治素养教育作为青年教师入校"必修课"；举办2017年暑期海归青年教师培训班，为引进人才打上鲜亮底色……

"青年教师应当紧扣大学的使命与职责思考职业发展，保持清醒的头脑和警惕性，克服急功近利的浮躁心理，静心教学与科研，真心关爱学生，从与领航导师的交流中有所启迪，走好学术生涯的每一步。"校长胡海岩在"名师领航"导师聘任仪式暨交流会上对青年教师提出了期望。10月10日，龙腾、胡更开、吴嗣亮、庞思平等首批33名高水平学者为青年教师担任领航导师。

锤炼教师"四个服务"使命担当。引导教师积极参与北理智库、中国高等教育学会素质教育研究分会、国家航天局空间法律中心等机构工作，为党和国家事业发展提供咨询建议；选派孔子学院驻外教师、科技副县长、贫困地区对口支援干部,北理工在用实际行动助推"中国梦"。

文化铸魂 让"红色基因"永不褪色

北理工人坚信,5 000多年文明发展中孕育的中华优秀传统文化,在党和人民伟大斗争中孕育的革命文化和社会主义先进文化,积淀着中华民族最深层的精神追求,代表着中华民族独特的精神标识。走好中国特色的高等教育道路,要努力展示中华文化的独特魅力。

学校大力推动中华优秀传统文化融入教育教学,专门召开了中华优秀传统文化课程建设研讨会,研究通过建引结合、创新实践和制度保障等办法,进一步完善"传统文化课程"建设;启动中华优秀传统文化进课堂,建设了《名家论坛——文化艺术系列讲座》等一批中华优秀传统文化通识课程群和网络课程。

"延安根、军工魂是北京理工大学特有的文化基因!"党委书记赵长禄在接受新华社记者采访时这样讲到。

北理工人始终铭记党创办第一所理工科大学、新中国第一所国防科技院校的初心,牢记培养又红又专接班人的使命,紧密结合办学历史和光荣传统,把延安精神和军工文化作为思想政治教育活生生的教材,以先进的大学文化和大学精神培育内在价值情感,铸就办学治校的"灵魂"。

遵循根脉,系统实施延安精神和军工文化教育和培育。将"延安根、军工魂"教育元素融入课堂教学;修订学校人才支持计划、科技创新计划,优先支持国防军工特色人才及项目;建设新校史馆,更加充分展示学校不同历史时期的办学成就,打造校园新的文化地标;将校史校情教育作为新生入学、新教工入职的"北理工第一课",在北理工人中传播延安精神和军工文化的火种;加强校史校情深度挖掘和研究,凝练学校办学特色。

国防教育浸润心田,号召青年学生把青春和理想融入国防事业。

学校建立健全国防教育工作体系,出台《加强学生国防教育工作

参观校史馆

方案》《引导学生投身国防军工激励方案》,打造了一批具有影响力的品牌活动,强化学生国防军工情结。

组织校内外宣传力量重点挖掘、大力宣传展示学校国防传统和优势。聚焦学校历史及改革发展重要成果,聚焦师生身边榜样,深度报道一流人才培养、一流学科建设、国防科研成就、典型人物事迹,以有温度、有品质、有影响的深度报道感染师生,激发师生军工报党报国情怀。"装甲车""火炸药""卫星""雷达""无人机"等闪亮词汇感染着北理工师生把先进技术"书写"到祖国尖端武器装备上。

大力开展群众性文化体育艺术活动,朋辈相长,奏响时代旋律,书写青春篇章。青年学生参与其中,立心铸魂,成风化人。

一年来,举办文化艺术展览 11 场,参观人次达到 6 000 人以上;组织各类体育赛事、文化、艺术活动 100 余项;"一二·九"大合唱、"一二·九"长跑成为校园文化的青春符号。

学生课外科技创新蔚然成风。举办校第十四届"世纪杯"竞赛,收到作品 1 889 件，参与人数 5 000 余人。在第十五届全国"挑战杯"竞赛中获一等奖 3 项；在第三届"互联网+"大学生创新创业大赛中首获金奖；获全国和国际科技竞赛奖 86 项，如学生团队在阿联酋获国际机器人比赛冠军。

丰富多彩的校园文化活动

举办"12.4"国家宪法日"学习贯彻党的十九大精神　共筑共享法治中国"主题展览；不断加强校园综合治理，提升校园绿化美化水平……2017 年，学校获得"首都文明校园"称号。

阵地建设　筑牢主旋律正能量高地

作为新时期意识形态建设的前沿阵地，高校肩负着学习研究宣传马克思主义、培养中国特色社会主义事业建设者和接班人的重大使命。学校党委把责任放在心上，把工作抓在手上，主动建设、主动管理。

课堂主阵地传播真理，传递中国力量和中国自信。党委常委会、校长办公会专题研究思想政治理论课建设；召开思想政治理论课建设专题会；党委书记、校长上讲台讲思政课，参与思想政治理论课集体备课；坚持学校领导听课督导制度……一年来，思想政治理论课在教学体系中的重要地位愈发凸显。

讲好思想政治理论课

推动思想政治课"四个贯通"改革实践，使思想政治课和学生日常思想政治教育贯通，和社会实践贯通，和校史校情教育贯通，和学生党建工作贯通。

将"延安根、军工魂"学校红色文化基因融入思想政治课程，强化教学改革，打造特色，着力增强课程吸引力、感染力。在教学内容、课堂案例、VR技术应用等教改项目中突出学校"延安根、军工魂"红色基因；进一步深化理论与实践相结合的教学模式，形成多部门协同、多层次推进的学生实践育人体系。将实践成果作为学生德育考评、党员发展和参选评优的依据。

VR 技术应用于课堂

强化新媒体格局下的阵地意识，培育健康向上的网络舆论生态，精心打造反映学校教书育人和改革发展动态的网络舆论空间。

一年来，学校加紧培育形成一批具有影响力的校园新媒体平台。"i北理""i北理小研"微信平台实现对在校本科生、研究生的全覆盖；建立网络思政教育辅导员专项工作室4个，建成校、院两级成熟网络平台26个，发表文章400余万字，点击量达到300余万次，"延河星火"工作室获批北京市委教育工委社会主义核心价值观新媒体传播工作室。

人在哪儿，我们的工作触角和工作手臂就要延伸到哪儿。

学校鼓励思想政治工作者成为使用新媒体开展工作的"行家里手"，形成了若干示范性工作品牌。计算机学院倡导"五微一体"打造"互联网+"思想政治教育新模式，以"微党课""微视频""微故事""微心声""微支部"为依托开展师生党支部"一体化"共建，用师生喜闻乐见的表达方式和话语体系提升了思想政治工作的时代感和感召力。新出台的《北京理工大学管理职员评聘办法（试行）》将优秀网络文化成果作为工作业绩体现。

唱响主旋律，提振精气神。及时、真实、可靠、可亲、可敬、可读，入脑、入心、接地气……一年来，学校在做大做强正面宣传上下功夫，让主流舆论爱听爱看、产生共鸣，使先进典型让人信得过、看得懂、学得到。

全年围绕学习宣传贯彻党的十九大精神、全国高校思想政治工作会、《北京高校党建和思想政治工作基本标准》入校检查、本科教学审核评估（人才培养工作）、"双一流"建设、高端人才队伍建设、科技创新、良乡校区建设十周年纪念等专题，精心筹划，推出特别策划深度报道38篇；聚焦中心工作、针对师生思想动态，及时推出"黎轩平"时评，发布学校声音；新设"新闻特写"栏目，报道学院特色工作；建立起"报道+时评+回声"的互动式宣传方式；主动策划外宣，外媒报道同比增长超70%，学校知名度、美誉度进一步提升，主流舆论引导力、传播力和影响力进一步增强。光明日报"砥砺奋进的五年"迎接党的十九大专刊整版报道我校办学育人成果。

打造新时代团学组织，建好党联系青年的桥梁和纽带。制定实施《北京理工大学共青团改革实施方案》和《北京理工大学学生会组织改革方案》，构建校党委领导下的"一心双环"团学组织格局，共青团服务青年能力稳步提升。

管好各类宣传思想文化阵地。严格执行"一会一报"制度，建管结合，守土有责、守土尽责、守土负责，绝不给不当言论、错误观点提供传播渠道。

党建强基　打造引领发展的强大引擎

习近平指出，办好我国高等教育，必须坚持党的领导，使高校成为坚持党的领导的坚强阵地。

伟大时代领航奋进，大潮奔涌砥柱中流。

一年来，学校党委坚持向以习近平同志为核心的党中央看齐，在学校各项事业中把方向、管大局、做决策、保落实，做好师生的"主心骨"。

着力强化学校党委管党治党、办学治校主体责任。坚定不移贯彻落实党委领导下的校长负责制；切实把握"集体领导、党政合作、科学决策"三个关键点,不断增强班子思想政治素质和办学治校能力;坚持领导班子成员自觉履行"一岗双责",严格规范"三重一大"事项的决策程序,建设政治坚定、作风过硬、清正廉洁、师生信赖的领导集体。

党的事业根基在基层、血脉在基层、源泉在基层。学校党委坚持抓党的基层组织不放松,立足薄弱环节,坚持整顿改进,切实打造"一个组织一座堡垒、一个党员一面旗帜",让基层党组织成为团结师生的核心、教育党员的学校、攻坚克难的堡垒。

2017年党支部书记培训

2017年,学校接受中央第五巡视组专项巡视,把握巡视契机,坚决落实巡视整改,全面加强学校党建和思想政治工作。"以巡视监督为动力,凝心聚力、深化改革,将中国特色世界一流大学建设推向新阶段。"11月,《北京高校党建和思想政治工作基本标准》入校检查专家组对学校党建和思想政治工作情况给予了充分的肯定。

抓党建述职评议向基层延伸。在院级党组织书记抓思想政治工作和党的建设述职评议的基础上，全面推行基层党支部书记抓思想政治工作和党的建设述职评议考核工作。

扎实推进"两学一做"学习教育常态化制度化。全校614个党支部召开了"两学一做"学习教育专题组织生活会，9名校领导班子成员、175名院级党组织班子成员以普通党员身份参加了专题组织生活会；学校党委对全校31个院级党组织开展组织生活情况开展了专项督查，查阅299个党支部的支部工作手册记录，针对共性问题开展整改。

强化"一切工作到支部"的鲜明导向，严把教师政治关、师德关。教师晋职晋级、评奖评优等工作须征求党支部意见；在教师各类申报材料增加"思想政治表现"项，突出政治表现考核，由基层党支部进行师德评价，实行"师德一票否决制"。

实施"打铁立德"行动计划。开展学生党员教育管理行动；完成2 300余人次积极分子、发展对象、学生党支部书记培训；实施"党员先锋工程"，落实学生党员责任区，每个支部配备理论学习导师，发放1 000元经费……学生党员骨干活跃在基层组织的最前线。

强化保障　融通育才造士之道

做好高校思想政治工作，不单单是党务部门或者思想政治理论课教师的职责，也是高校各个部门、所有高校教师和管理人员的共同责任，是教书育人的要求所在。"守好一段渠、种好责任田"是对学校每一个单位、每一名教职员工的共同要求。

一年来，学校把思想政治工作作为一项人心工程用心经营，遵循教书育人规律，遵循学生成长规律，围绕师生、贴近师生，准确把握师生的关注点，提升思想政治工作的针对性、实效性。

深化人才评价改革，用好考核评价这一"指挥棒"。

教师评价突出品德、能力和业绩，克服唯论文、唯数量等倾向，重点考核教师师德师风、人才培养等内容，支持个性化发展，实现人尽其才;从制度设计上推动教授为本科生上课;大力选树师德和"三育人"标兵,产生144个先进个人和集体。光学精密仪器课群研究型教学团队荣获全国五一巾帼标兵岗。

青春校园、朝气蓬勃;春风化雨、润物无声。学校在落实全国高校思想政治工作会议精神的过程中,把握"育人"这一核心要害,用"发展人""服务人"助力"依靠人""塑造人"。

培育学生健康心态。加强心理素质提升、心理危机预防与干预体系建设,开展新生入学普查访谈和"五困"排查,开设本科生必修选修课和研究生心理素质大讲堂……在大学生成长成才的关键时期,学校致力于让这些青年人的心灵充满阳光。

助力学生成长

提供学生发展支持。开展学业指导工作,为学生提供一对一学业辅导累计约1 000小时,帮助学生解决个性化学业问题;推进学生事务便捷化服务,两校区学生综合事务大厅开展7×12小时"一站式"服务;

推动实施学生发展性资助,不断扩大"海外计划""城市生活"等面向家庭经济困难学生的品牌项目覆盖面;开展毕业生就业指导,引导毕业生到西部去、到基层去、到祖国最需要的地方建功立业,2017 年,本科以上层次毕业生到国防系统就业比例占直接就业人数的 30.6%。

凝心聚力,共同为师生撑起一片天!

学校进一步拓展实验教学资源平台资源,推进材料学院、生命学院、信息学院的公共实验平台建设,大力建设良乡实训楼相关实验教学平台。

召开留学归国人员协会负责人座谈会、筹备成立学校党外知识分子联谊会,打造归国留学人员和无党派知识分子的联谊交友、信息交流和业务成长的桥梁。

退休不褪色,夕阳更生辉。强化学院关工委工作职能,发挥老同志的育人作用;聘请老党务工作者担任学校党建和思想政治工作专家,鼓励老同志发挥余热贡献力量。

党建和思想政治工作专家聘任仪式

宁静书香,学海泛舟,有他们保驾护航。学校加强保安员队伍建设,采用军事化训练体系,通过业务学习、桌面推演、实战演练等形式提高业务能力,保障师生安全宁静的学习工作环境。

"高校的核心使命是立德树人,人才培养是中心工作,'四个服务'是办学面向,以人民为中心是根本理念。把握核心使命归根到底是提高人才培养能力和提高科技创新能力。"在全国高校思想政治工作会议召开一周年之际,党委书记赵长禄接受新华社记者专访,系统介绍了学校党委贯彻落实全国高校思想政治工作会议精神、深入推进全员全过程全方位育人的关键所在——所有工作都要为人才培养和科学研究服务。

文:黎轩平

图:党委宣传部

2017年12月25日

/ 立德树人篇 //

"这样的课程,可以多来几门"

——北京理工大学慕课建设纪实

"What is material?"(什么是材料?)

"What is mechanics?"(什么是力学?)

"What is the mechanics of materials?"(什么是材料力学?)

这样的三连问,来自一个北理工人"朋友圈"的"爆款"小视频,黑白电影般的画面里,几位老师"酷帅"亮相,站在高速旋转的车床前,被拍摄得宛如好莱坞大片中的主角。然而,这酷似电影般的视频,却来自"材料力学"慕课的宣传片,这也是北理工的第一门全英文慕课。

慕课(MOOC,即大规模在线开放课程),作为互联网和高等教育结合的产物,自 2012 年以来迅速在世界范围兴起。慕课打破了教育的时空界限,颠覆了传统大学课堂教与学的方式,逐渐成为高校教育主导权、话语权争夺的重要阵地和焦点领域,被喻为世界教育史上的"一场海啸"。2015 年,在《教育部关于加强高等学校在线开放课程建设应用关于管理的意见》中提出以"高校主体、政府支持、社会参与"为方针,构建具有中国特色的在线开放课程体系和课程平台,为我国高校在线开放课程的建设与应用指明了方向。

北京理工大学高度关注、研究慕课建设及其发展趋势,并从建设之初就确定了慕课建设要体现"北理特色、一流水平",将其列为学校长期教研教改的重要工作之一。2018 年年初,教育部公布首批国家精品在线开放课程认定结果,作为国际上首次由官方评选推出的慕课精品课程,所推出的 490 门课程代表了中国慕课的最高水平。其中,北京理工大学有 7 门课程从 3 000 门课程中脱颖而出,入选数量位居全国高校前列。在第三届中国大学在线开放课程论坛中,北理工荣获"中国大学在线开放课程论坛2017年度优秀组织奖"。

获评2017年度优秀组织奖

"这样的学习,我喜欢"

"最开始,我选择用韩伯棠老师的慕课来预习,是为了能提前感受韩老师课堂上的精彩。"说起预习的初衷,许雅琳出发点非常简单。但是,当她发现慕课学习的方便后,便把慕课自学变成了课下复习的重要手段。"在课堂上学习'单纯形法'这一概念时,我没有很好理解,所以在课下就用慕课来帮助学习,结果发现慕课内容不仅很吸引人,最重要的是能随时随地、反反复复地学,以往课堂上没能及时掌握的重点难点,有了慕课以后,就再也不用发愁了。用慕课学习,我很喜欢。"

"二维码扫一扫,究竟扫到的是什么?"在大学计算机慕课中,类似"二维码是什么?"的每周一个小故事,其实是课程的"知识扩展"模块,除此之外,还有"虚拟实验""软件应用""百家视点"等,这

/ 立德树人篇 //

"管理运筹学"慕课

些都是教学团队为了增强课程吸引力精心设计的创意教学模块。"通过多元和灵活的课程模块配置,程度不一的读者都能在我们的慕课上找到自己的切入点,现在不仅有大学生参与,很多高中生也加入了我们的慕课学习,打响了北理工计算机的品牌。"该课程负责人李凤霞介绍,"截至目前,大学计算机慕课已累计为 25 万人次的学生提供了课程服务。"

学习者的选择就是对慕课教学质量的真实评价。"有次跟在广东上大学的高中同学聊天,得知他们老师要求每位同学都必须上咱们北理工韩伯棠老师的慕课。"许雅琳诧异之外,更多的是自豪,"这样的课程,可以多来几门!"

截至目前,北理工共建设了包括数学、物理、计算机、生命、管理学等多个门类在内的 41 门慕课,累计上课人次近 200 万,在线开放课程的数量和质量在国内均位居前列。

"这样的课程,我们很用心"

"编程可以很艺术,也可以很浪漫。编程这么有趣,怎么忍心不拉你下水？"作为中国最年轻的大学慕课课程负责人，北理工计算机学院副教授嵩天已然成为一名慕课"网红"，而开头这句诙谐幽默的话语，正是他为 Python 语言程序设计课精心设计的"广告词"。

嵩天副教授在学校录播教室进行慕课录制

2018 年 3 月 13 日，第 6 次改版的 Python 语言程序设计以全新内容、全新视频、全新模式再次上线。"随着互联网技术的发展，编程语言更新换代的速度越来越快，我们所教授的内容也必须及时更新，与社会发展并跑或是领跑。"不断改版的背后，是教学团队以学习者为中心，对教学质量的精益求精。正是这种较真，让 Python 语言程序设计获评国家级精品在线开放课程，累计选课达到 32.1 万人次，用户量持续增加。

为了将线性代数这门基础数学课程搬上慕课，教师孙良带领团队，将十几年的成熟教案全面推翻，按照慕课特点，重新架构，拿出了 630 分钟的 66 个精彩小视频。慕课能否精彩，台前幕后都是硬功夫。相较传统课程，慕课不仅要围绕知识点，将线下课堂的"大口咀嚼"改为线上的"小口细品"，所呈现的课程视频也必须达到高标准。"刚开始缺乏经验，不顺利的时候，曾经出现了录制一整天最后只能挑选出 10 分钟视频可用的情况。"主讲微积分的徐厚宝作为学校第一批慕课的开拓者，回忆起几年来的慕课之路，感慨良多。

"大学物理"慕课教师团队

慕课为了实现学生对学习的自主安排，并保证学习质量，要求必须提供"全天候"的在线答疑、讨论和指导，这对教师提出了全新的挑战。"以前答疑只能向老师当面请教，自从选修大学物理的慕课翻转课堂后，答疑可以随时在网上提出。有一次我晚上九点提问，老师九点半就回复我了，让我出乎意料。"2015级电子科学与技术专业的徐晨，对"客服效率"觉得不可思议。

这不可思议的背后，倾注了教师团队不分昼夜地辛苦付出。"胡老师已经成了'低头族'了，开了慕课以后，她就做到实时通过手机在线回答学生们的问题。"教务处负责慕课建设的刘畅，谈起"大学物理"主讲教师胡海云，佩服不已。

无论线上线下，教师永远是课程的灵魂。颠覆传统的课堂，网络让课程的受众更广泛，交流更密集，慕课内容必须经得起时间和空间的考验。这种以"以学生为中心"的课程模式，对教师的要求，只有更高。因此，北理工遴选了一批教学水平高、责任心强的教师投入慕课建设之中,不仅有国家级教学名师韩伯棠,北京市教学名师李凤霞、胡海云、张京英、薛庆,还有深耕教学一线、深受学生喜爱的徐厚宝、孙良、赵自强、嵩天等一大批优秀教师。

"慕课受众面如此之大,在提高全民文化素质和科学素质,提升学生获得感和幸福感中能发挥特别积极的作用,学校有需要,学生有需求,我们义无反顾。"韩伯棠老师说。

"为学生呈现最精彩的慕课"

早在 2005 年,计算机公共基础课程教学团队就开始了对网络教学的探索,将在线讨论、在线教学管理、翻转课堂等新概念引入教学实践中,所建设的"网络教学支撑平台"不仅开创国内高校先河,也催生了北理工的网上学习社区,显现了"前慕课"的特点。

2012 年起,学校设立"信息技术与教育教学深度融合专项"经费,每年投入近 400 万元经费,全面启动了慕课课程建设,并采取自主建设、优质课源引进和多校共建方式推动慕课内涵式发展。2017 年,"坚持'以学生为中心'的教学理念,深化研究型课程教学改革。借鉴慕课平台,实施翻转式、混合式教学,引导学生主动参与课程学习,提高课堂教学质量……主要基础课程群、所有公共课群的网络化课程全覆盖。"运用慕课等"互联网 +"教学模式,已列入北理工《一流大学建设高校建设方案》。

作为互联网时代教育产品,要想打造精品,必须汇集优质资源,提供有力的技术保障。2013 年年底,学校教务处与党委宣传部合作,充分挖掘校电视台的技术优势,共同建立了慕课制作基地,让老师们不出校园就可以方便地享受专业化录制技术支持。"我们将一大一小两个录播室进行了改造,教务处为教师们配备了平板电脑等设备,校电视台安排专人指导,基本满足了老师们的各种录制需要。"校电视台副台长秦军老师介绍说。五年来,基地共承担了 36 门慕课的录制工作,录制时长总计约为 3 000 小时。

/ 立德树人篇 //

"我们录课一般都是集中在暑假期间，相关部门的同志也陪着我们加班加点，为课程顺利制作提供周到的服务。"徐厚宝十分感慨。

高玄怡老师在录制"电工和电子技术实验"的慕课课程

除了资金保障和平台建设，学校通过教改立项等方式，培育了"慕课背景下线性代数课程混合式教学模式的研究与实践"和"基于慕课面向多元化专业人才培养的大学物理模块化分层次混合式教学模式与方法的探究与实践"为代表的一批北京市教育教学改革立项，引导基于信息化课程建设和教学模式的改革实践，有效推动慕课教学水平提升。

另外，为了推动更多的教师采用慕课等信息化手段开展教学，为慕课建设营造氛围，学校还建立了"乐学"校内网络教室，每学期可为近千门课程提供服务，并提供全过程的网络教学支持，有效地解决了多校区教学、师生异地交流等问题。目前，校内"乐学"与校外"中国大学MOOC网"，共同形成了北理工信息化课程平台。MS（慕课＋小规模限制性在线课）和 MR（慕课+研究型课程）教学模式，慕课+线下课堂等改革也已经取得成效。

学生在"乐学"校内网络教室里进行自学

"要进一步推进教学模式 MDP 的建设"，2018 年学校又将"课前慕课，通过信息化平台先期开展学习，掌握基本知识；课上 Discuss，开展讨论；课后 Project，以实际的项目锤炼学生的探究能力"作为教学改革的新要求和新方向。

未来，在新一轮世界科技革命带动下，信息技术与教育教学将继续加大深度融合，慕课迎来 2.0 模式，如何在互联时代进一步激发学生自主能动性和创造力，慕课必将发挥越来越重要的作用，也将为学子们带来更多意想不到的精彩！

文：党委宣传部韩姗杉、王征

图：教务处，校记者团

2018 年 3 月 25 日

/ 立德树人篇 //

毕其业于一"文"

——北理工本科毕业设计(论文)工作纪实

"几经易稿,终成拙文,掩卷深思,情涌心头。……今兹有幸,忝列师门,周玲函丈,诲尔谆谆,句句耳畔,伏身书案,依稀眼前。斧正毕业论文之细,传道授业之深,令生动容不已。……答疑解惑,拨学生之云雾,指点迷津,浇心中之块垒。上下融洽,亦师亦友,实人生之大幸也,不禁手之舞之足之蹈之。……进德以明理,力学以精工。"

上面这段文采斐然、情真意切的骈体文,出自北理工信息与电子学院 2014 级信息工程专业本科生黄建开的毕业论文致谢,字里行间中流露出师生之间的浓浓真情。能够有如此真情实感的表达,源自黄建开在毕业设计中的收获满满,而这沉甸甸的收获背后,离不开学校的重视与投入、教师们的精心指导和同学们的倾心付出。

毕业设计(论文)是大学本科阶段最后一个综合性、创造性的教学实践环节,也是对大学生在校期间所学基础理论、专业知识和实践技能的全面总结,全面检验了学生的综合能力和素质。同时,本科毕设的质量也是衡量指导教师教学水平、学生毕业及学位资格认定的重要依据。一流的大学,要培养一流的人才。聚焦人才培养中心工作,本科毕设必须精雕细琢,使之成为人才培养过程中的画龙点睛之笔。

近年来,北理工充分发挥自身优势,借助卓越大学联盟、本科教学审核评估、工程专业认证等平台和契机,在本科毕业设计(论文)工作中,逐步实现了多环节的规范化管理,充分结合科研、工程实际和社会需求,在国际化视野下开展选题,并引入 OBE 等先进理念持续

北理工本科毕业设计（论文）

改进，全面提升毕业设计（论文）教学质量，使之服务于一流人才培养的总目标。

为你打造一款高质量的毕业设计

"我的毕业设计题目是'手机3D玻璃模压成形技术'。这次能和全国机械行业的未来高手们同台竞技，不仅加深了我对毕业设计的理解，让我的创新思维得到了极大启发，也是对我毕设质量的一个肯定。"这是徐特立学院2014级本科生王子凡在毕业设计获奖后的一段感言。

2018年5月26日，从中国机械行业卓越工程师教育联盟第二届"恒星杯"毕业设计大赛决赛现场传来喜讯，包括王子凡在内的北理工4名2014级参赛同学全部获奖，其中银奖1个、铜奖1个、佳作奖2个。比赛取得优异成绩，不仅有学生的刻苦努力，也折射出了北理工多年来在人才培养，特别是本科毕业设计质量管理方面下的苦功、练的硬功。

王子凡高水平的毕业设计并不是"天上掉下来的馅饼"。从选题之初,其导师机械与车辆学院教授周天丰就为他选择了一个"一看就不容易"的课题,此后,高标准、严要求一直贯穿了王子凡的毕业设计全过程。"第一次我做出来一个成品,无论是工艺参数还是其他方面都已达到了毕业要求,但是导师觉得还可以更好,并没有让我停止研究,而是不断推动我进行优化。"谈起最开始被"毙掉"的那个成果,王子凡虽然"耿耿于怀",但却是心怀感激。"也正因为这样,我最后答辩时候拿出来的成品,无论是直接观感还是企业反馈都得到了一致好评。"

针对本科毕业设计质量提升,教务处不仅制定有《本科生毕业设计(论文)工作管理规定》(简称《本科毕设规定》),还在每年的11月份中下旬,为各个学院发放一份详细的年度本科毕业设计(论文)工作安排。这份本科毕业设计工作安排,不仅对毕业设计各阶段任务进行了充分细化,还将内容具体落实到了教学院长、专业责任教授、系(室)主任、教学干事以及教务处等相关责任人,可谓高标准、严要求。同时,各学院在《本科毕设规定》等一系列毕业设计管理文件和工作安排的基础上,还会根据学科专业的特点,进一步出台相关工作细则,为毕业设计(论文)工作提供规范化的制度保障和管理服务保障。

"在完成答辩工作后,我们还会要求每一位同学按导师要求及答辩小组意见进一步修改毕业设计(论文),确保所有材料都必须经指导教师检查,并按规范格式打印装订后,才能装入专用资料袋,提交统一存档。"负责信息与电子学院毕业设计(论文)管理工作已二十多年的教学干事陆军老师这样介绍。

除此之外,学校还会对毕业设计(论文)的工作进度及质量进行阶段性的检查和抽查,及时发现和解决在开题、中期、论文检测及答辩等各个环节中出现的问题。

2018年4月底,教务处邀请卓越大学联盟(E9)成员的相关专家

信息与电子学院本科毕业设计（论文）资料室

教务处组织卓越大学联盟成员相关专家开展
2014级毕业设计中期检查意见反馈座谈会

开展了2014级本科毕业设计（论文）中期检查工作，这也是我校自2015年以来，连续第4次组织联盟高校专家开展毕业设计答辩观摩走访或中期检查，为我校对毕业设计（论文）的质量和进展进行全过程监控,提供依据。

"这次检查,给我的感受很深。北理工毕业设计、毕业论文的管理工作非常到位、非常规范,学生中期报告的质量也很高,体现了北理工学生的优良学风,指导教师具有高度的责任心,有很多值得我们借鉴的地方。"天津大学实践教学督导专家刘俊吉教授在此次中期检查后的专家反馈座谈会上,对我校的毕业设计(论文)工作给予了高度评价。

送你一款国际视野的毕业设计

加拿大西蒙菲莎大学位于美丽的温哥华市,是北美顶尖的综合性公立研究型大学,其人机交互HCI、计算机科学和商科位居世界前列。在西蒙菲莎大学机电系统工程系的产品设计与优化实验室中,有这样一群充满热情、严谨认真,并享受着科研乐趣的年轻人,其中有一位是来自北理工宇航学院2014级飞行器设计与工程专业的本科生席晨阳。她远渡重洋来到枫叶之国,投身这个世界先进水平的实验室中,要在4个月内,在北理工龙腾教授及西蒙菲莎大学Gary. G. Wang教授的共同指导下,完成题为"误差驱动下的代理模型优化"的毕业设计。

谈起在加拿大的学习经历,席晨阳感到受益匪浅。她与来自世界各地的同学一起,在实验室里专注于算法细节的推导,聚焦于分析算法存在的问题,不断在改进策略中挑战自我。虽然有时也会为一个问题争得面红耳赤,但也能一起解锁美食美景、感受太平洋的壮阔美丽。

"这样的出国毕设经历,是我青春时光中最珍贵的回忆,也是我本科期间成长最多的一个阶段,我从一知半解到最终完成毕设,内心的成就感完全冲散了过程中的那些沮丧和艰难。"席晨阳回忆起刚结束不久的海外毕业设计,感受深刻,"这短短四个月的海外毕设经历,我将终生难忘!特别感谢学校能给我这样的机会,让我能够有这样一段学习、生活的体验!"

让席晨阳收获至深的机会,就是我校为提高学生综合能力和满足专业培养目标,与海外高校开展的毕业设计(论文)或交换生项目。

**北理工宇航学院 2014 级飞行器设计与工程专业
本科生席晨阳在实验室撰写毕业论文**

该项目实行双导师制，学生前往国（境）外高校进行研究和实践，完成毕业论文，回国后用英语完成答辩，取得毕业设计学分。

"学生前往海外进行毕业设计，不仅可以拓宽他们的国际视野，更有机会深度学习感受世界科技的前沿水平，而我们要做的，就是积极主动地为他们提供机会。"教务处本科生国际教育室于导华老师道出了学校的工作初衷。

目前，北理工已与美国、加拿大、德国、俄罗斯、英国、意大利、法国、荷兰、西班牙、澳大利亚、日本、立陶宛、爱沙尼亚、葡萄牙、瑞典、爱尔兰、韩国、以色列等国家或地区的近 60 所著名高校开展了毕业设计（论文）或交换生合作项目。

除了远赴海外参加毕业设计（论文），学校还组织学生前往国内高水平科研院所、国家重点企业、尖端科技公司或校外基地等单位进行毕业设计（论文），并安排校内外双导师进行联合指导，确保毕业设计质量，同时注重结合具有实际应用价值的项目开展选题，鼓励学生结合毕业设计选题探索创业，在培养学生的创新创业意识的同时，为他们提供实践机会。

/ 立德树人篇 //

北理工能源与动力工程专业 2014 级本科生在俄罗斯
萨马拉国立研究大学进行毕业设计（论文）答辩

带给你一款新理念的毕业设计

"我们对毕设提出更高的要求、更严的标准，强调所有毕设选题都必须结合工程应用。"光电学院教学副院长黄一帆在向中国工程教育专业认证专家介绍学院的本科教学工作时，特别强调了学院毕业设计工作的特色。

2018 年 6 月初，北理工光电信息科学与工程专业接受了中国工程教育专业的第二轮认证。该专业早在 2012 年就成为我校首个通过工程教育认证的专业。在专业认证中，学院的毕业设计工作和质量，得到了专家组的高度赞许。

为了培养一流人才，学校启动了一系列的人才培养改革举措，其中之一就是深化实施 OBE（Outcome Based Education，成果导向教育）

机械与车辆工程学院能源与动力工程专业责任教授张卫正（左一）带领该专业2014级本科生在山东日照双港活塞协同育人研究实践基地进行毕业设计答辩

全国工程教育认证专家组查阅光电信息科学与工程专业毕业设计（论文）资料

理念，而按照 OBE 理念对本科毕业设计进行改造是一项重点工作，这要求毕业设计各环节必须对学生相关能力指标点提供有效支撑。自 2016 年开始至今，机电、机械、光电、信息、自动化、生命、化学与化工等学院已经开始进行了本科生毕业设计（论文）的 OBE 试点改造。在 OBE 理念的推动下，毕业设计（论文）在问题分析、设计/开发解决方案、工程与社会、沟通、终身学习等认知水平及综合能力方面，聚焦人才培养，大幅改进。而"毕设选题结合工程应用"，正是这一改进中的重要举措。

"我一直觉得能将自己所学知识应用到衣食住行等日常生活中，是一件特别酷、特别吸引人的事情。"光电信息科学与工程专业 2014 级本科生王枫宁在毕业设计中可谓"梦想成真"。在毕业设计选题时，王枫宁一眼就相中了陈思颖教授设计的"基于激光诱导荧光的食用油荧光光谱预处理"这一题目，之后在导师的指导下，他开始了自己用荧光光谱去处理分析食用油的研究。"最一开始是这个题目吸引了我，后来发现这并不是个简单问题，我基本上把四年所学知识全用上了。"

"OBE 理念的实施，有助于学生在最后一个培养环节中运用基础理论、专业知识和实践技能，在教师的指导下主动完成毕业设计（论文）任务，从而更加有利于本科毕业设计（论文）工作在人才培养的过程中发挥全面检验和培养学生综合能力和素质的作用。"教务处处长栗苹这样认为。

"舟大者任重，马骏者远驰"。建设中国特色世界一流大学，培养世界一流人才，是新时代学校的发展目标。答好新时代一流人才培养的考卷，就要创出一条一流人才培养的北理之路，而这任重道远，需砥砺前行！

文：教务处贺聪，党委宣传部韩姗杉

图：教务处

2018 年 7 月 11 日

"小本"的"顶级SCI"诞生记

能源危机和环境污染问题已成为阻碍经济发展的首要问题，也是世界各国关注的焦点。在众多新能源技术中，太阳能电池（也称为太阳能发电技术或光伏发电技术）成为最具有应用前景的方向之一。随着光伏发电技术的迅速发展，杂化卤化物钙钛矿成为最有希望的新一代光伏材料。

在不到八年的时间里，钙钛矿太阳能电池获得了 22.7% 的光电转换效率，其性能已超过了多晶硅太阳能电池，被 Science 杂志评选为 2013 年度十大科技突破之一，并被誉为"光伏领域的新希望"，受到诸多科研人员的青睐。在这其中，就有一位年仅 22 岁，来自北京理工大学材料学院材料化学专业的 2015 级本科生李宗麒。他在导师的指导下，凭借自己的勤奋与努力，在钙钛矿太阳能电池研究领域中有了自己的位置。

2018 年 5 月 24 日，作为一名大三在读学生的李宗麒，在导师陈棋教授的指导下，以第一作者身份在能源领域顶级期刊 Joule 发表题为 "Cost Analysis of Perovskite Tandem Photovoltaics"（钙钛矿叠层光伏成本分析）的研究成果。

兴趣的"种子"在北理工落地生根

高中时期，李宗麒就对清洁能源及太阳能电池相关领域有着浓厚的兴趣，他通过网络慕课平台，自学了国外该领域的最新研究技术与研究进展，由于当时国内慕课的发展还不完善，李宗麒的自学主要是通过慕课平台来进行。"全英文的授课形式对当时的自己来说是一个很

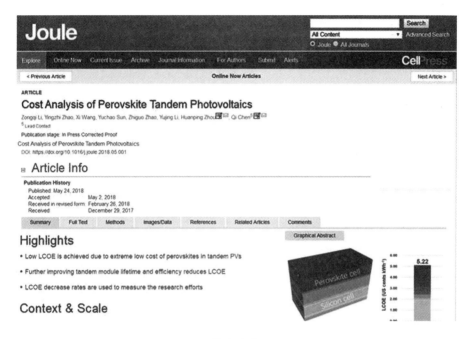

发表文章

大的挑战，为了达到更好的学习效果，每次听课前我都会提前预习课程内容，以便在听课过程对所学的知识有更深刻的理解。我想这就是兴趣的力量。"李宗麒说。即便是在备战高考期间，李宗麒也挤出时间继续学习，积累大量的该领域知识，为他升入大学进入实验室开展课题研究，打下了良好的基础。

2015年，怀揣着这颗"太阳能电池"兴趣的种子，李宗麒如愿成为北京理工大学材料学院材料化学专业的一名本科生，而学校的人才培养模式，更为这颗种子的生根发芽提供了沃土。在学校每年秋季的实践学期，各个学院会根据不同专业学科方向的特点，为学生量身定制相应的实践课程。

李宗麒所在的材料化学专业，会要求学生们提前进入实验室，深入了解各个科研方向，挖掘自己的兴趣点及潜在科研能力。这种实践课程的设置，让李宗麒觉得有一点"小兴奋"。他积极咨询实验室里各个课题组的研究方向，在了解到陈棋教授课题组目前正在重点关注钙钛矿太阳能电池的产业化研究后，他主动与陈棋教授沟通交流，并于大二下学期正式进入课题组，在陈棋教授的指导下，正式进入叠层钙钛矿太阳能电池生产成本的研究中。从此，李宗麒正式开启了良乡校区上课、中关村校区做实验的两校区奔波模式。

纸上得来终觉浅，绝知此事要躬行

"最初进入实验室的时候，我依旧把主要精力放在学习基础知识上，认为只有具备了足够的基础知识才能对实验本身有足够的理解。"李宗麒沿用之前的学习模式，继续通过 Edx、Coursera、MIT 等网络公开课，学习半导体和太阳能电池的相关领域知识。然而，由于理论知识过于抽象，李宗麒逐渐意识到，学习中遇到的一些问题，并不能完全从理论课程中找到解决方法，从而导致科研进展缓慢。为此，李宗麒和指导教师进行了深入交流。"陈老师为我指定了一位课题组组长，要求我协助学长完成实验内容，熟悉实验的操作流程，在实践过程中发现问题并尝试解决。"陈棋教授为李宗麒提供了新的思路。

"在制备实验中用到的有机试剂，需要提前对其进行提纯，理论上，应该是提纯次数越多试剂越纯净，可是实际操作中并非这样。"在实际操作中，提纯次数越多，试剂反而更易受到外界环境的氧化进而被腐蚀。这些从实践中总结的小经验，是书本上的理论知识无法取代的。"在实验过程中，除了锻炼自己的操作技能外，还可更好地将理论知识与实践经验相结合，对所研究的课题内容有了更直观的认识和更深刻的理解。"李宗麒豁然开朗。

通往成功的路上，往往还需要克服困难的毅力与恒心。在李宗麒最初收到 Joule 期刊审稿人意见时，受到了不小的打击，这份意见涉及计算模型的更改、研究对象的替换、所有数据基础的确认与更新、补充信息的修改、实验数据图表的重新绘制、文章陈述的修改，等等。在大多数人眼中，在一个月的规定时间内完成修改，几乎不可能。但是，李宗麒和团队的伙伴们没有放弃，而是迅速制订工作计划，全身

李宗麒与指导教师陈棋教授

心投入文章的修改工作中。"让我印象最深的一次是对新的计算模型进行设计,从晚上 11 点开始,我们通宵工作,直到第二天下午 2 点与陈老师讨论确认后,才回到宿舍休息。虽然辛苦,但是在两周内,我们就重新确定了计算模型、研究对象和核心数据与假设,为文章的修改打下了很好的基础。"李宗麒回忆说。

寒假期间,李宗麒依旧每天按照已定工作进度,完成对每个研究对象的成本计算以及成果图制作,这样的状态一直持续到春节。"在大年三十的晚上,陈老师还在通过电话和我确认实验数据的合理性。"对于陈棋老师的倾心指导,李宗麒心怀感恩。

"小本"发出"大文章"

"骐骥一跃,不能十步;驽马十驾,功在不舍。"在老师的指导和团队的共同努力下,李宗麒以第一作者身份在能源领域顶级期刊 Joule 发表题为"Cost Analysis of Perovskite Tandem Photovoltaics"的研究成果。他在文中详细地分析了两种叠层钙钛矿太阳能电池的生产成本,通过预测平准化度电成本（Levelized Cost of Electricity，LCOE），详细探讨了叠层太阳能电池技术路线对于钙钛矿光伏产业化的重要意义，并预言了钙钛矿太阳能电池未来发展的可能技术走向。

钙钛矿材料由于其带隙可调，所以能够和不同吸光材料组合起来，成为具有优异光电性能的叠层电池材料。研究表明，通过调节钙钛矿吸光层的带隙，钙钛矿/晶硅太阳能电池和钙钛矿/钙钛矿太阳能电池的理论光电转换效率分别可达到39%和34%。

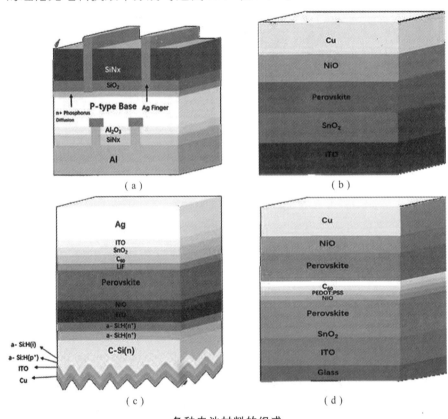

各种电池材料的组成

（a）PERC多晶硅电池材料组成；（b）单结钙钛矿电池材料组成；
（c）钙钛矿/晶硅叠层电池材料组成；（d）钙钛矿/钙钛矿叠层电池材料组成

在太阳能电池材料领域，通常用平准化度电成本（LCOE）来衡量发电实体在系统寿命周期内单位发电量所消耗的成本，这是决定发电技术能否商业化的成本估算标准。而对于钙钛矿叠层技术的太阳能电池材料，尽管存在商业化的可能性，但是目前尚未有相关的 LCOE 测算方法和研究。而李宗麒及其合作者，正是针对这一空白，采用"自下而上的成本模型"，对钙钛矿光伏组件的制备成本进行估算，并进一步计算光伏系统的 LCOE。他们在特定的假设下，通过比较四个有代表性的光伏组件，研究发现钙钛矿光伏组件的材料成本要低于多晶硅光伏组件。

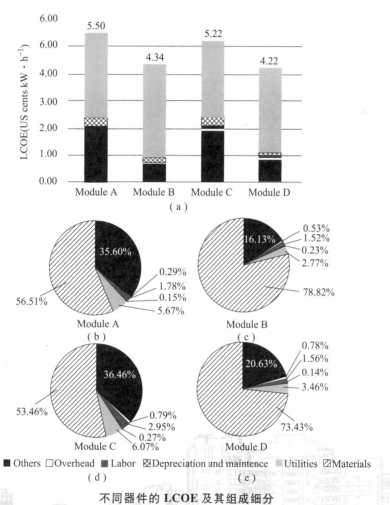

不同器件的 LCOE 及其组成细分

(a) 四种器件的 LCOE（美分/千瓦时）；(b)~(e) 四种器件的 LCOE 组成细分

除此之外，李宗麒和团队成员，还针对组件效率和寿命进行了研究，首次提出了 LCOE 下降率（LCOE decrease rate）的概念，用来指导和规划钙钛矿光伏和叠层钙钛矿太阳能电池的技术发展路线。他们所发表的论文从商业化的角度为钙钛矿太阳能电池领域的发展方向提供了参考。

回想自己第一篇 SCI 论文的诞生过程,李宗麒觉得自己很幸运。"虽然经历过实验的失败,但是都能在陈老师的指导下,及时寻找到解决问题的方法,遇到困难时,可以得到老师和课题组小伙伴们的帮助,心中又充满力量。"李宗麒说,"在本科阶段能够提前进入实验室,不仅可以在科研中拓展解决问题的思路,也锻炼了自身的团队协作能力,这对于今后的科研工作,受益良多。"

"本科生提前进入实验室,可以通过实践为知识找到出口,这是知识内化最有效的手段之一。同时,在实践中提高学生的科研鉴赏力,拓宽视野和格局,这为培养一流的复合型人才奠定了重要的基础。"在谈到学生本科阶段进入实验室的培养模式时,陈棋教授这样说。

文:党委宣传部吴楠

图:新闻中心郭强

2018 年 9 月 15 日

/ 立德树人篇 //

"学术味道",让大学英语华丽变"金课"

——北理工"学术用途英语"课程建设纪实

"到了研究生阶段,我发现自己阅读英文文献的效率还不错,撰写英文学术论文也得心应手,做全英文的课题汇报交流也比较流畅,回想起来,我们大学一二年级的时候上的与众不同的大学英语,对我现在的研究生学习研究很有帮助!"已经是一名研究生的徐特立英才班2013级学生张海鸣,每每在学习中使用英文开展研究学习,总不免想起几年前自己上过的全新模式的"大学英语"。而张海鸣和他的小伙伴们正是北理工"学术用途英语"的首批授课对象。

5年时光,在北理工,"大学英语"这门大学中最常见的课程,从"通用"转向"学术用途",华丽变身,充分激发了学生的学习动力和专业志趣,成为一门有深度、有难度、有挑战度的"金课",让学生受益匪浅,为培养一流人才提供有力支撑。

"从通用英语向学术英语转变,发生在国家大学英语改革大背景下,是全体外语人的集体智慧和共同努力的成果,我们的团队走在了前面。努力要把英语教学变成学校'双一流'建设的助推剂,这样的教改,学院必须不遗余力地支持!"学院党委书记杨晖代表学院领导班子明确表态。为支持课程改革,学院多次召开党政联席会,想办法从现有的办学资源中挖潜优化,为教改团队提供专门的场地和资金保障,成立学术英语教学研究中心,支持教师参加学术交流,提供出国深造机会,并在职称评聘、教学科研立项等方面给予倾斜。学院党委通过加强系务会建设,鼓励支持大英党支部成员在团队中勇挑重担、攻坚克难,并通过支部间的研讨交流,将教改成果深入推广,辐射全院。

在这创新探索的背后,外国语学院叶云屏教授及教学团队,用不

团队老师在集体备课

懈的奋斗,写下了北理工人建功立业新时代的精彩一笔。2017年,北京理工大学"本硕博一体化培养模式下的学术用途英语课程建设"荣获北京市高等教育教学成果一等奖。

为大学英语插上"学术"的翅膀

"我承担一个班的课程并不能解决问题。英语课程需要大改!"

2013年3月,学校要为即将招生的"徐特立英才班"重新设计"本硕博连读贯通培养模式"下的英语课程,使之符合拔尖创人才培养的整体目标,时间紧,任务重,选择任课教师一时不尽如人意,当外国语学院的领导找到外国语言文学硕士点专门用途英语研究方向负责人叶云屏教授的时候,她给出了上面这句掷地有声的答案。

伴随着社会经济的飞速发展,大学的国际化程度和人才培养标准不断提升,大学生群体对于英语学习的需求,早已不是停留在日常生活交流层次上,能够熟练使用英语进行研究学习,成为世界一流人才的必备能力。然而,传统的大学英语在课程设置、管理模式、教学方向等方面,远远不能满足这样的要求,这也成为国内大学英语教学之惑。

作为国内最早从事学术用途英语领域研究与教学的学者之一,北京理工大学外国语学院叶云屏教授带领教学团队,用一场历时五年的"大学英语之变",推动大学英语从"通用"到"学术",为培养一流人才做出了实实在在的贡献。

"通用英语主要是指人们在日常工作生活中使用的英语,而不是在专业领域或学术情境下使用的英语,其内容与学术研究和专业学习无关,体裁、修辞结构和表达形式不一定符合国际规范,这是通用英语最明显的局限性。而学术英语听说读写的内容都有一定的专业性和学术性。"叶云屏是这样谈及通用英语和学术英语的区别的。

正是为英语插上"学术"的翅膀,北理工的英语课堂悄然发生变化。"以阅读为例,通用英语教学材料注重趣味性、通俗性和可读性,如名人轶事、散文杂谈、报刊文章、名胜古迹、小说节选等,文章长度最好在一千字以内,以便老师在规定的时间内能够逐字逐句把文章给学生解释清楚。而学术英语都是挑选具备学术英语特点的真实材料作为教学材料,最典型的材料是学术期刊上的论文。"外国语学院英语教师张剑这样介绍。

除了重视利用专业文献作为教学内容外,北理工"学术用途英语"教学还在课堂上采用小组活动和"同伴辅导"教学方式,强化课堂的互动性,将发展交际能力的原则贯穿课堂教学各个环节。外国语学院闫鹏飞老师分享了自己的教学实例:"为了让学生掌握'Problem-solution'(解决问题)这一宏观结构模式或思维图式,我们选择能源危机这一专业领域作为教学内容,在学生阅读一篇数千字专业文章前,我们将学生分成小组,讨论思考解决能源问题的途径,每当学生提出一种解决方案,教师就引导他们分析其中的缺点,让学生再提出另一个解决方案,如此反复,直到提出一个最佳解决方案。当然,这些讨论和交流都是全英文的。"

学生在小组讨论阅读材料

除此之外,北理工的"学术用途英语"课程,也转变了考核理念,突出以考促学,考试内容涵盖听说读写四个方面,既有平时测验,也有期末考试,将过程评估和终结评估结合起来综合评价,并要求学生将课程所学与自己的专业学习紧密结合。严格而科学的考核,让学生们体会到从"不轻松,痛并快乐着"到"收获颇多"。

2013级徐特立学院学生丰致鹏对考核作业中的英语大作文写作感受深刻:"我们写作训练贯穿了整个学期,在结合自己的专业,学写文献的 system(体系)与 process(过程)部分时,我需要用尽可能准确的词汇去描述'基于扩频通信技术的无线电测距过程',这让我钻研了半天,表达测距过程的专业英文词汇非常多,需要反复查词典,而且科学过程除了用英文描述清楚,还得让读者能理解,所以我仿照书上进行了比喻,比如书上是把 current(电流)比作 liquid(液体),我就把 signal(信号)比作 traveler(旅行者),从而能够比较形象地解释科学的过程。"

从2013年到2018年,五年间,一场打破思维定式,采用以"用途"为导向的"学术用途英语"使得北理工的英语教学实现了六个转变:从"通用"到"学术用途";从"英语知识学习与应试"到"用英语读写专业文献和学术交流";从"词、句层面"到"语篇、语类层面";从"简易读物"到"与学生专业相关的真实学术语篇";从"教师讲授、学生学习"到"教师引导、学生实践";从"以考试为主"到"综合多种评价方法"。

2016年11月,由中国学术英语教学研究会会长、上海高校大学英语教学指导委员会主任、复旦大学蔡基刚教授担任组长的专家组认为北理工"学术用途英语"课程"理念新颖,实施科学,在全国同类教改研究中处于领先水平。"

"学术用途英语"改革,不是精彩瞬间

从"通用"到"学术"的变革,并不是一两堂课上的精彩瞬间,北理工的"学术用途英语"教学改革是一次大学英语教学体系的重新构建。"我们经过了十几年的研究和准备,心里有了路线图,等机会出现时,可以说课程设计几乎是一气呵成的!"在叶云屏教授心中,学术英语课程体系建设不是空中楼阁,而是在科学研究的基础上,精心构思和设计,确保教学目标的循序渐进和教材的体系化建设。

"学术用途英语"教材

北理工"学术用途英语"课程一共16个学分,学生在大学前四个学期完成四个阶段的学习。"课程第一学期的首要任务是帮助学生实现从中学到大学的英语学习理念和学习方法的转变,材料多为科技新闻报道;第二学期则加大真实语料的输入,帮助学生克服阅读长文章的恐惧心理,教学重点是语篇层面,阅读材料多为热门科技领域的通俗化学术文章;第三学期引入专业基础课程原版教材章节、专著和技术报告;第四学期则开展与学术能力紧密相关的阅读与写作教学,学习学术论文写作的研究语类,撰写立项申请书、研究计划、实验报告等。"外国语学院沈莉霞老师介绍说。

建设"学术用途英语"的教学体系,教材编写是关键。叶云屏教授带领团队也把教材建设作为教改的突破口,并且充分坚持"相关性、真实性、典型性"原则。"我们编写的教材,完全突出的是学术用途,编写的文章不仅与学校专业特色密切结合,还积极采用原版期刊文章、原版报告、论文和教材,必须呈现学生需要掌握的、各种学术语篇中常用语言的各层面特征。"外国语学院杨敏老师如是说。

除了"三原则"外,每一堂课的教学材料,必须具备该堂课教学目标中有关学术英语的特点,同时能为课堂教学活动提供支持。外国语学院张剑老师介绍说:"为了强化训练文献综述阅读与写作技能,教材编写就要选择文献综述语言特征最为明显的文章。但在专业内容上还要考虑低年级学生接受程度。为此,我们浏览了ScienceDirect.com上的数十种期刊,阅读了 *Exploring Engineering: An Introduction to Engineering and Design* (《工程与设计导论》),*Engineering Fundamentals: An Introduction to Engineering* (《工程原理》),*Automotive Engineering: Powertrain, Chassis System and Vehicle Body* (《车辆工程》) 等英语原版教材与专著,经过数十次筛选,才选出了理想的材料。另外,为了寻找讲述研究课题音像资料,我们从 BBC 和 VOA 的节目中大海捞针,找到专门采访科学家的节目。可以说每一个词句的筛选,背后都凝结着课题组教师反复的思考和无数次修修改改的心血。"

从 2013 年到 2016 年,团队编写了与课程体系紧密配套的《理工专业通用学术英语》系列教材，包括基础篇、提升篇、拓展篇和应用篇共计230万字，还编辑讲座、讲课、报告、访谈和科技新闻等配套教学音像材料4套。

值得一提的是，"学术用途英语"在课程建设中，还将思想品德、心理素质教育和人文素养的培育融入其中，很好地体现了课程思政的要求。"我在第一个学期，给学生设计了一整个单元的课程，讨论'成功的科技工作者具备哪些素质''为什么科学研究中诚信最为重要''科学伦理是什么'……这样不仅将学术英语教育与学术素养、学术品德教育融为一体，也让学生从对语言层面的关注转移到对内容的关注。"外国语学院张剑老师继续补充介绍说。

2013级徐特立学院张滋林对此颇有感触："我们的阅读材料内容发人深省、触动心弦，阅读后我们更加对科学研究怀有严谨和敬畏之心，并且在每一次的写作中，老师都强调学术诚信，这让我们不仅获得了语言层面的提高，更是在品德方面，有了进一步思想的升华。"

白手起家，建功立业形成"向心力"

建设中国特色世界一流大学，就要培养一流的人才。北理工"学术用途英语"课程改革取得成绩的背后，离不开一群奋斗的北理工人，他们聚焦一流人才培养，在新时代建功立业。

2012年11月19日，北京理工大学召开人才培养工作大会，制定了《关于拔尖创新人才培养的若干意见》。2013年4月，学校正式启动实施"明精计划"，并成立"徐特立学院"，当年开始招收第一届"徐特立英才班"，学校明确提出大学英语课程必须要按照拔尖创人才培养目标进行课程设计。设计全新的课程，时间紧，任务重，应者寥寥。当学院分管领导联系到叶云屏时，才有了那句"课程需要大改"的"意外"回答。

"虽然，我入校后就进入英语专业教研室工作，但我很了解公共英语课程教学中的问题和需求。"1987年，叶云屏硕士毕业分配到北理

开展教学研讨

工工作,成为外语系第一个有硕士学位的英语教师。"当时,很多理工科的研究生,请我给他们的英语论文挑挑语言上的问题,我发现这些论文里的英文表达大多比较'弱'。"正是从那时起,叶云屏就立足北理工,将科技英语文体作为自己的研究方向,后来又拓展为专门用途英语和学术用途英语,她也成为国内最早从事该领域研究与教学的学者之一。2011年,她建立的"专门用途英语"研究方向,也使北理工成为国内最早有该研究方向的学校之一。经过长期的耕耘,叶云屏在承担繁重教学任务之余,每年平均发表教学科研论文2~3篇,部分成为热点论文,她也受邀担任中国学术英语教学研究会常务理事。

2012年6月,叶云屏还申请参加了美国俄勒冈大学语言研究所主办的专门用途英语最佳实践培训项目,两个半月时间,她与国外同领域专家进行了充分的交流和讨论,这也让叶云屏对"学术用途英语"课程建设有了清晰的思路。2013年,徐特立英才班英语课程建设任务,给了叶云屏一个将理想变为现实的好机会。

面对挑战,叶云屏一切从零开始。没有教学大纲,没有合适教材,更没有师资队伍,学术用途英语教学团队最初的几位成员除了学院专门用途英语研究方向的几位研究生导师外,就主要是承担徐特立英才班英语教学任务的八位老师。后来,由于课程教学效果良好,2015年,教务处又将该课程在宇航、机械、信息和自动化四个学院的全体新生中推广,一时间,教学力量捉襟见肘,迫切需要更多的教师加入其中。

令人感动的是,本来已准备提前退休的周兰、吴业军两位老师,闻讯后决定推迟退休,留下来迎接新挑战,为青年教师的业务转型树立了好榜样。目前,"学术用途英语"课程的教师队伍已经逐渐增加到30多名。

谈及为何要加入"学术用途英语"课程教学团队,教师杨敏说:"2012年,我在美国的波士顿地区访学,在向一些中国留学生了解情况时,大多数人都认为国内的大学英语对他们在国外研究学习帮助不大,这让我很惭愧,但也让我思考怎样才能真正让学生达到其从事学术研究所需要的英语水平。回国后,正好遇到学校启动'明精计划',我就积极加入了学术英语教学团队。作为团队的首批成员,我参与了全部教材的编写和修订,在叶老师的指导下,不仅提高了自身教学水平,也找到了工作定位和职业发展方向。"

如今,这支队伍仍在不断茁壮成长。"我们遴选骨干,通过参加国内外研修班和学术会议、组织专题研讨、集体编写讲义、设计教学活动、集体备课、全程听课等方式培养青年骨干。同时成立学术英语教学研究中心,扩大和培养教师队伍,通过专题讲座、校内外强化培训、定期研讨等方式,使30多名大学英语教师成功实现向学术英语教学的转型。很多青年教师有了明确的教学研究方向,获得出国深造机会或教学科研立项,或在教学比赛中脱颖而出。"叶云屏自豪地介绍道。作为团队主要成员的闫鹏飞获得了"北京理工大学迪文优秀教师奖"一等奖。

对教书育人的执着,对教育事业的热爱,用奋斗写下北理工人新时代建功立业的精彩华章。大学英语,这门最普通不过的大学课程,在北理工插上了"学术"的翅膀,振翅高飞,成为一门服务一流人才培养的"金课",为建设中国特色世界一流大学不断做出贡献!

文:党委宣传部王征、赵琳、王朝阳
图:党委宣传部郭强,外国语学院
2018年10月22日

/ 立德树人篇 //

让"金课"为一流人才培养奏响华章

——北理工精品课程建设工作纪实

"虽然名额有限,我这次的演讲并不会对最终成绩有所提高,但是我仍然希望能与大家做一个交流,分享一下我们小组的想法,就是如何利用空间距离的计算,来进行论文的分类……"这是2015级自动化全英文教学专业本科生张辰的一段开场白,他主动要求在"模式识别"课的中期项目实践交流中代表小组做分享。

张辰在"模式识别"课堂上做分享

"和成绩分数无关,充分激发同学们在课程学习中的创造力和学习热情,这种体现出来的主动性和探索性,就是我开设研究型课程的目标之一。"回忆起张辰等同学的表现,"模式识别"的任课教师高琪深感欣慰。而这样深受学生喜爱并积极参与的课在北理工并不是个案,一大批"高含金量"的优质课程,让师生们共同"点赞"。

2018年8月28日，教育部发布《关于狠抓新时代全国高等学校本科教育工作会议精神落实的通知》，提出"各高校要全面梳理各门课程的教学内容，淘汰'水课'、打造'金课'，合理提升学业挑战度、增加课程难度、拓展课程深度，切实提高课程教学质量"。

2018年精品课程评审现场

为全面提高人才培养质量，以落实教育部新时代全国高等学校本科教育工作会议精神为契机，经过标准研制、材料申报、初评复评和结果公示等环节的层层选拔，北京理工大学2018年精品课程评选工作落下帷幕，"纳米材料基本特性测试原理与实践""人因工程学""光电测控系统专项实验""应用光学""信号处理理论与技术Ⅰ、Ⅱ、Ⅲ""数字电路""模式识别""线性代数""大学物理A""中国近现代史纲要"等10门课程脱颖而出。"作为打造北理工'金课'的一项重要举措，精品课程评选已经被列为学校构建高水平人才培养体系，推进'SPACE+X'（寰宇+）计划中课程改革的重点工程。"学校教务部部长栗苹这样介绍说。

理念要"金":学为中心,成果导向,持续改进

"如果由你来设计儿童牙刷,你会从哪些方面着手呢?"

"考虑实用度,手柄要符合儿童手的大小,抓握舒适,最好是卡通手柄;为了让小朋友开心刷牙,我们可以设计音乐自动播放并进行时间提醒;为了使用方便以及吸引小朋友,可以尝试自动出牙膏功能……"针对课堂上老师提出的问题,同学们或冥思苦想,或热烈讨论,或是在展示想法的海报上涂涂画画,不断优化自己最满意的答案。

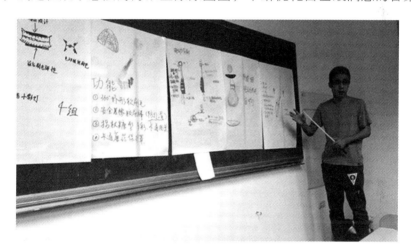

同学在进行儿童牙刷设计理念的展示

作为工业工程专业的核心课程,这全情投入的场景,在"人因工程"的课堂上已经司空见惯。"校园垃圾桶的最优设计与摆放""食堂餐盘回收的路径规划""某款 SUV 七座轿车驾驶室布局分析""装配工作操作作业优化"……一个个充满趣味又贴近实际的题目,不仅激发了学生的学习热情,调动其主动学习,也让学生在实践研究中了解自己、了解人机系统,锻炼研究解决实际问题的能力。

"'人因工程'的核心教学内容就是以人为本,所以在讲授这门课时,我们更加坚持以学生为中心的教学理念,通过设计课堂上的一系列的教学活动,同时设立清晰的预期学习成果,让学生像做研究一样

做事，教师也更清楚如何协助学生学习，及时了解学生所需，持续改进教学过程。"任课教师、北京市教学名师薛庆在谈及设计这门课程的理念时如是说。

"学为中心、成果导向和持续改进"是国际通行的教学理念，重点关注预期学习成果、教学内容、教学模式、课程评价、持续改进、教学条件和特色辐射等评价要点。越来越多的北理工课程正在不断深化贯彻这些先进的教学理念，一大批教学名师活跃在教学一线，引领着教学内容和方法的改革，从而让有趣生动的课程层出不穷。建设具有示范引领作用的"金牌"课程，需要"金"理念。

内涵要"金"：价值塑造，知识养成，实践能力

"延安精神是延安各原生形态精神的总汇，那么这些原生形态包括哪些呢？"在"中国近现代史纲要""延安精神"这一节的主题教学中，马克思主义学院杨才林副教授用这样一个问题拉开序幕。"北京理工大学1940年诞生于延安，是中国共产党创办的第一所理工科大学，她为边区、为抗战发明马兰草造纸、提高盐产量、发现南泥湾，这就是'延安精神'的具体体现！"

"谁说我们没有课堂？我们有着世界上最大的课堂。蓝天是我们的屋顶，高山是我们的围墙。"当课堂上响起延安杜甫川（北理工前身自然科学院所在地）曾经传诵的诗歌时，"延安精神"主题课落下帷幕。此时，课堂气氛达到高潮。"太精彩了，这跟我们想象中的思政课完全不一样！"听过该课的学生都如是说。将校史、军工史与中国近现代史"三史合一"，不仅打破了学生们对思政课程的固有认知，而且在潜移默化中大大激发了学生们爱校荣校、矢志军工国防事业的家国情怀。

在同学们赞誉有加的背后，并不仅仅是一节课的教学创新，更是北理工思想政治课程教学方案的深度改革，以"中国近现代史纲要"课程为例，在课程负责人杨才林老师的带领下，团队可谓"十年磨一

剑",理论教学构建起"三史合一"的问题式教学内容体系,实践教学形成颇具特色的"5+1"行动方案。"5",即参观一个博物馆、阅读一部名著、观看一部视频、书写一篇心得、参加一次演讲,在此基础上萃取学习精华,完成"1"个精品微课的制作和展示。这样的实践教学过程,推动学生在"做中学、学中做",实现理论教学和实践教学的深度融合,提高学生的"软实力",即"自学力、转化力、集成力、创新力、展示力",体现有效支撑课程预期学习成果的达成。

"中国近现代史纲要"课程同学自编自导自演的微课视频截图

锤炼本科教学课程的精品品质,北理工的"金课"不仅注重知识的传授,更注重学生价值观的塑造、学术视野的拓展和实践能力的提升,让"金课"成为学生成长的灯塔。

体系要"金":瞄准世界一流

"大学英语""学术用途英语""学业英语交流""跨文化英语交流"……在北理工,"大学英语"这门最普通不过的大学课程,却有着不同的"称呼"。都是大学英语,为何被赋予了不同的"成色"?几字之差,绝不仅仅是个"花名",而是蕴含了在人才培养上更深层次的考量。在北京理工大学最新版的教学大纲中,为充分适应不同专业培养和学生多样化的需求,"大学英语"特别设计了多元化的课程体系,而这样以学生为中心、以学习为中心的课程体系构建,已经在北理工本科生课程中全面展开。

2016年,学校全面梳理课程体系,并按照OBE(成果导向教育)理念编写了新版课程教学大纲,每门课程都必须根据学生毕业要求所对应的指标点,设计课程目标、课程内容、教学策略、考核方式和成绩评定标准。同时,为保证教学大纲的有效执行,学校还出台了《关于在部分专业试点进行课程目标达成度评价的暂行规定》,设计了《本科教学课程目标达成度评价表》,并首先在机械、自动化等学院开始试点开展课程目标达成度评价,评价学生学习成果的达成。

2017年,学校启动了首批39门课程的"世界一流大学课程对标"建设,要求这些课程按照OBE理念和国际认证要求,在坚持和发扬中国特色和传统优势的基础上,以世界一流大学对应课程为标杆,从课程目标、课程内容、教学模式、教材建设、师资队伍、达成评价等各环节推动课程改革,课程的内在质量和水平,要实现与世界一流大学课程的实质等效。之后,在此基础上制定了《关于进一步加强"北京理工大学世界一流大学课程和专业对标建设"的若干意见》,推动由课程单独对标建设模式向专业核心课程体系(群)对标建设模式的深化,从而更加系统高效地推进世界一流大学课程和专业对标建设。

"聚焦'金课'建设,2018年,学校还特别组织实施了精品网络课程、精品创业实践课程、精品社会科学课程、精品通识课程和精品研究型课程的建设。"教务部主管课程建设的副部长林海介绍说。坚持"精品"课程标准,北理工将逐步形成国家、市、校三级,多层次,多类型的优质课程教学资源共建共享体系,促进优质课程资源多样化,以OBE理念引领各类优质课程资源建设,加快优质课程与国外高水平大学对接,实质有效地提高课程的国际影响力。

在大学,琅琅读书之声,永远是主旋律。增强理想信念,树立家国情怀,提升品德修养,增长知识见识,培养奋斗精神,增强综合素质,是一曲学生成长发展的交响乐。

/ 立德树人篇 //

"Python 语言程序设计"荣获中国最美慕课一等奖

未来,在全国教育大会精神的指引下,面向"双一流"建设,越来越多的北理工"金课"必将为一流人才培养奏响美妙乐章!

文:教务部刘媛,党委宣传部韩姗杉

图:教务部

2018 年 11 月 10 日

我理"大物",一直在路上

——北京理工大学大学物理教学工作纪实

"惯性力、热力学定律、光栅衍射实验、感生电场、密立根油滴实验、狭义相对论、引力波……"

"大学物理",这门理工科学生的必修基础课,常常被学生们亲切地称为"大物",而一份份物理实验报告,也成为大学生活中的经典回忆。大学物理建立起物理学的基本概念、基本思想、基本规律和基本方法,成为大学专业课程学习和科技创新活动开展的基础。

多年来,在北理工,每每提到"大物",同学们总会这样分享自己的感受:"深入浅出的理论讲解,生动直观的演示实验,丰富有趣的教学案例……"在每一节精彩课堂的背后,其实都离不开北京理工大学物理教学与实验团队为了培养一流人才的忘我奋斗。

"三求"的"大物"课

"物理,我们中学就学过了,为什么上大学还要再学呢?"虽然,还是力学、热学、光学、电磁学等,但是与高中物理相比,大学物理的深度与广度极大拓展,涵盖内容更加全面和精确,因此,让学生们"似曾相识"的大学物理,往往会"入门慢""上手难"。"同学们已经习惯了高中学到的处理特殊或简单物理问题的思路和方法,来到大学,接触到在高等数学、微积分、矢量运算为背景的大学物理时,就会感到非常不适应。"北理工大学物理负责人胡海云教授一语道破其中的关键。

"虽然,这样的转变是一种挑战,但只要合理地安排课程难度,讲

/ 立德树人篇 //

物理课堂

胡海云进行课堂授课

述逻辑性强,例题、习题配置到位,辅之以高匹配度的教材,快速入门大学物理也没有那么困难。"作为大学物理教学团队带头人,已经在北理工从教 20 余年的胡海云,不仅教学经验丰富,更具有国际视野和创新精神。在她的带领下,这支 30 余人的大学物理教学团队始终保持着一股团结奋斗的精神和创新包容的活力,涌现出3位北京市高等学校教学名师奖获得者和1位北京市高等学校青年教学名师奖获得者,也是我校获T-more课堂教学优秀奖等最多的团队。

大学物理团队的优秀,最终体现在的人才培养的成效上。如何以学生为本,让学生快速闯入大学物理的世界?多年的教学实践,北理工大学物理教学团队的老师们,逐渐凝练出自己的"三求"教学理念,也就是求实、求活、求新。

求实,扎实严谨,联系实际。"储藏生产饼干用的巧克力原料的仓库,存在粉尘爆炸的风险,这是由于粉状的原料通过加工、输送、储存过程中积累的静电放电(火花)点燃而引起的。那么,静电引发的巧克力仓粉尘爆炸事故中粉尘爆炸发生的位置究竟在哪里?来自工人的静电放电(火花)能够引发爆炸吗?"将场景抽象化,进而建立模型,通过分析计算管道输送的巧克力粉所带静电产生的电场强度分布、电势分布、人体储存的静电能等引出结论,这是大学物理课上,关于静电场的教学案例。在这里,抽象的定理、公式被演绎为实实在在的生活日常。

北理工的大学物理课不仅扎实抓好物理概念和规律等基础知识的教学,还积极构建以能力培养为宗旨的教学模式,探索从实际应用出发阐述原理再回归应用的教学实践。"什么叫从实际中来,到实际中去?我们从生活中的案例出发,逐渐讲透原理,同学们除了掌握物理知识,也明白了粉尘爆炸最容易发生在哪,以及如何预防。"大学物理青年授课教师李军刚介绍说。

求活,方法科学,灵活多变。力学与热学,振动、波动与光学,电磁学和近代物理,这是非物理专业理工类学生的大学物理课的四大模块。"我们除了划分四大模块,还根据知识点数量和难易程度将课程划分为A、B两个层次,再结合多种时长搭配课程,这样就可以为不同培养需求的专业提供灵活的选择。"胡海云介绍说。

正是在"求活"理念的指导下,大学物理的考试也分为了两个模块分别进行考核,分模块进行打分。这样设计的初衷是:如果哪个模块不及格了，学生将来只需要重修单独的模块，另外模块成绩可以保留。如此一来，学生既能取得学习实效，也降低了学习的压力。

求新，转变观念，不断创新。"大物"是一门普通的"老课"，但是在北理工却充满了创新的活力。自 2008 年被评为北京市精品课程以来，大学物理教学团队不仅承担完成各类教改项目 20 余项，还开展了基于 Clicker 的交互式教学系统，开设全英文大学物理课程、MOOC、SPOC 等，出版了大学物理 iCourse 新形态教材，在课堂教学上创新运用移动 App。

打造"高科技"的大学物理"新课堂"

"如何培养学生对物理的兴趣，真正走进物理，是我们最注重的，所以我们一直愿意尝试最新鲜的教学方法，来教好这堂物理课。"胡海云老师说。

2014 年 9 月，北理工"大物"开启了自己的"互联网+"时代，大学物理慕课（MOOC）正式上线，成为北理工学子学习大学物理的好帮手。"MOOC 上知识点面面俱到，还可以反复观看，是我想要的高效学习方式。"信息学院的梅杰同学说出了自己的心声。

在 128 个学时、共计 4 555 分钟的"大学物理"慕课背后，却是六位老师好几个月的高强度奋战，课程录制、后期剪辑、搭配字幕、视频课件上传等，这些技术他们一窍不通，凭借一股干事业的奋斗精神，夜以继日，最终打赢了这场战役。"我记得那一个月有好几天都没怎么睡觉，时间紧张，只能加班加点的赶。"电磁学和近代物理部分的慕课主讲教师缪劲松回忆说。之后，大学物理课程进一步深化对 MOOC 资源的使用，使之占有课程 16% 的计分考核，而对于重修的学生，通过 MOOC 开展学习的比重达到 50%。MOOC 已然成为北理工大学物理教学中必不可少的一环。2016 年暑假起，大学物理教学团队又完成了配套 MOOC "大学物理典型问题解析"的制作，共计 455 个视频合计时长 3 150 分钟。

北理工"大学物理"MOOC主讲教师团队

从无到有，建设起完备的线上MOOC课程，北理工的"大物"老师们并未止步于此。如何让MOOC与课堂教学结合得更加紧密，提升人才培养质量，这个追求始终未变。随后，一套更加创新的iCourse新形态教材又诞生了。"我们这一套四卷教材完全以MOOC为基准进行编写，增加了二维码，有疑问的点只要扫码就有老师的录音解答。所以学生不论在哪儿，只要有书有网络，就可以随时进行自学或者复习。"冯艳全老师介绍说。新形态教材不仅超越了一般的纸质教材，还避免了网络学习中可能会出现的碎片化学习问题，做到了真正让教材"活"起来，以书本为媒介引导学生利用网络资源自主学习。

创新"一而再，再而三"，北理工的大学物理还开启了"翻转课堂""雨课堂"创新探索。在"翻转课堂"实验班上，学生以MOOC学习为主，课堂成为他们主动分享学习成果的"舞台"，极大释放了MOOC的潜力。"为了完成我在课堂上的讲解，我确实是主动投入了更多的精力到学习上，我对知识的理解变得更深刻。"参加过"翻转课堂"的徐晨同学这样回忆。至今，两届"翻转班"学生的期末平均成绩分别为84.8和86.1分，不仅高于普通班的平均成绩，而且高分段的学生比例也远高于普通班。而将移动 App"雨课堂"引入教学,又是"大学物理"一项最新的创新探索。"老师课前通过'雨课堂'把习题、课件推送给我们预习,上课'雨课堂'还可以扫码签到,课堂上'雨课堂'能实时答题,反馈结果,我们还能进行弹幕互动,这让我感受到了不一般的学习体验。"使用过"雨课堂"学习的李靖同学这样分享了自己的感受。

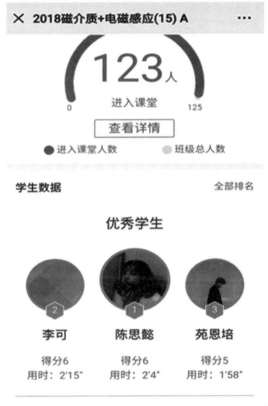

"雨课堂"界面

奋斗耕耘,结出丰硕的成果。北京理工大学"大学物理"课程不仅入选教育部爱课程"中国大学 MOOC"平台首批建设课程和"学堂在线"首批自主模式慕课,也得到了广泛认可。该课程每个模块在线选课人数,累计平均达到 6 万余人次,涉及高校 400 余所。另外,"物理之妙里看'花'"也被评为国家精品视频公开课,《大学物理(上、下)》被评为北京高等教育精品教材,由高等教育出版社出版的新形态iCourse教材,也是国内唯一一套配套"大学物理"慕课的新形态教材。

北理工新形态《大学物理》教材

物理实验,用启迪培育创新的种子

物理是一门基于实验基础、忠于实验数据的学科。理论来源于对实验的总结,只学理论不做实验相当于纸上谈兵。说起北理工的"大物",物理实验不可或缺。

在北理工良乡校区,坐落着作为北京市级实验示范中心的校物理实验中心,成立于1999年的中心现在由力学实验室、电磁学实验室、光学实验室、近代物理实验室、演示物理实验室和大学生创新开放实验室六个实验室组成,承担着全校理工各专业每年3 000余名本科生"大学物理实验"、应用物理学专业"近代物理实验"等课程教学任务,此外还为本科生提供创新研究实验平台,每年完成学生实验时数22余万学时。

物理实验中心在教学过程中逐渐形成了既加强基本实践动手能力

物理实验

训练和科学素养培养,又重视拔尖人才创新能力和学术品质提升的"两目标、三阶段"一流人才培养新模式。"'两目标'就是培养学生的学术品格以及学术能力,'三阶段'则是指课堂教学、创新能力的培养和深入科研一线锻炼提升科研能力。"物理实验课程负责人刘伟老师这样解释。

作为从事实验教学的大学物理老师,练好扎实的基本功是一项最基本的要求,在"上岗"前,老师们必须要对30多种仪器设备亲自上手操作,熟练掌握使用方法、特点及常见问题。每学期,实验课程全体教师们都会在开学、课程中期和结课前,按照不同模块实验分组进行三次集体全员备课,每次备课时都要进行试讲,研讨教学中遇到的问题,这也给青年教师提供了最好的观摩学习机会。"备课时,有着丰富经验的老师也常强调,要把引导性的思路带入日常的实验课中。"进入教学工作不久的青年教师窦玲玉感受深刻。

为了摆脱一直以来让学生们重复固定套路实验的死板,培养学生们自主实验的能力和创新的能力。物理实验中心教学团队还积极对标世界一流大学,开设半开放性实验项目,不事先设定实验方案,只给出实验器材和实验课题,让学生自己进行实验设计,再完成实验。

作为接受了物理实验中心系统培养的"老同志",物理学院2015

光学实验组老师集体备课

级学生王翘楚的经历颇具代表性。物理实验课程成绩优异的她对实验动手情有独钟，报名参加了 2016 年北京市大学生物理实验竞赛，在中心鲁长宏老师的启发下，王翘楚把激光巧妙地应用在传统的转动惯量实验仪上，发明出一款能够测量地球重力加速度的实验仪，不仅获得北京市大学生物理实验竞赛一等奖，还在中心史庆藩老师的鼓励和指导下，发表了一篇国内核心期刊论文。之后，她对水波的折射现象产生了浓厚兴趣，史庆藩老师再一次鼓励她深入探究，设计了"水波三棱镜"的实验，并将研究成果投稿到美国物理期刊 AJP（American Journal of Physics），已经接收进入修改阶段。"从大二开始，我就一直在物理实验中心做实验项目，不管是竞赛、'大创'，还是发表论文，都得到中心老师们非常多的支持。老师们启发性的指导，让我受益匪浅。"王翘楚说。

正是在中心老师们长期的辛苦付出与拼搏奋斗下，近年来，物理

/ 立德树人篇 //

物理实验中心教师随团考察澳大利亚国立大学物理实验课堂教学

实验中心可谓成果丰硕：获批国家级虚拟仿真实验教学中心；获得"全国高等学校物理基础课程（实验课）青年教师讲课比赛"一等奖；"大学物理实验课"被评为"北京市精品课程"，获得北京市高等教育教学成果奖二等奖；指导本科生第一作者发表论文56篇，在国家级大学生创新竞赛中获奖15项，北京市级获奖50项。

"'大学物理'和'大学物理实验'是我校规模最大的公共基础课程之一，对全校理工科人才培养具有举足轻重的作用。大学物理和实验教学团队，长期以来秉承'立德、担当、爱岗、奋斗'的育人工作使命，以高度的责任意识和奉献精神开拓创新、耕耘不辍，在三尺讲台上结出了累累硕果，为学校人才培养做出了重要贡献！未来，学院将以'双一流'建设为目标，继续加大工作力度，不断汇聚和培养一流师资、不断夯实和打造一流成果，努力为学校一流人才培养做出更大的贡献！"物理学院党委书记姜艳说。

2016 年北京市大学生物理竞赛王翘楚参展海报及主要实验装置

  1940 年,自然科学院在延安创建,物理课就成为创校的"开门"课程。时光荏苒,78 载岁月过往,大学物理为一代代北理工人的学习成长做出了不可替代的贡献。

  新时代,新作为,伴随着学校的发展,大学物理教学与实验团队始终坚守品质,开拓创新,奋斗不辍!

  我理"大物",一直在路上!

文:党委宣传部王朝阳,学生记者赵卢楷

图:物理学院,校记者团唐牧城、孙唯潇、张宸菲

2018 年 11 月 17 日

/ 立德树人篇 //

在北理工,这堂"数学课",很精彩

——北京理工大学数学与统计学院人才培养工作纪实

"军训不用担心,被晒黑的脸很快就会被高数吓白的。"

这是 2018 级新生军训中流传的"神吐槽"。可以说无论哪国高校,被贴上"枯燥""抽象"等标签的"大学数学"课程都会让学生们感到压力十足。但是要成为一流人才,扎实的数学功底必不可少。

数学与统计学院教师进行集体备课讨论

如何帮助学生们夯实成长为一流人才的数学基石?多年来,北京理工大学数学与统计学院在大学数学教育教学上不断地探索实践,不断提升人才培养质量,一批成绩斐然、深受学生们喜爱和尊敬的数学好老师不断涌现,让北理工的数学课愈发精彩。

数学与统计学院院长田玉斌在课后为学生答疑

"数学是一门充满精神、思想和方法的科学，从事数学教学和研究的老师们，在不断提升教育教学质量，服务学校'SPACE + X'（寰宇+）计划的同时，也努力将数学的品格、数学人的气质传递给学生们，立德树人，为培养出北理工的一流人才而不断奋斗。"北理工数学与统计学院院长田玉斌这样说。

数学课上，开启"诗词大会"

"我住长江头，君住长江尾，夜夜思君不见君，共饮长江水……"优美的诗词歌赋，不时被朗朗吟诵，而这却是一堂大学数学课。

满满的诗词韵味，这是北理工数学与统计学院副院长曹鹏副教授的课堂，他的数学课堪称"诗词大会"。一首《卜算子·我住长江头》，拉格朗日中值定理被曹老师完美诠释。"有些数学定理，同学们很难直观理解，我就利用古诗词，帮助大家理解和记忆。"

/ 立德树人篇 //

曹鹏进行课堂授课

　　课堂教学是培养人才的主渠道，上好"枯燥抽象"的数学课，激发数学兴趣，成为数学老师们"挖空心思、绞尽脑汁"的首要任务。"巧引妙借厚底蕴，文有诗词言自华"，曹鹏的数学课广受学生欢迎。"考前翻翻'CP（曹鹏）语录合集'，能起到考试'护身符'的作用。"数学学院2014级本科毕业生曹越琦对自己的这位数学老师可谓崇拜不已，"现在一提到傅里叶级数和傅里叶变换理论，我立马就联想到曹老师用《琵琶行》中的'大弦嘈嘈如急雨，小弦切切如私语'来形容不同的'频率'，真是中了曹老师的'毒'了！"除了激发兴趣，曹鹏的数学课有着更大的"野心"："我希望学生在我的课上，不仅学到数学知识，也能提升人文素养。"

　　除了建立兴趣，数学课的背后其实还有许多深层次的"博弈"。"现在很多新生数学知识学得不少，很擅长做题，以为学数学就是会用公式解题。我们必须扭转学生这种错误的思维方式，要让他们学会思考定理、公式背后的'为什么'。"克服大学数学之"难"，数学与统

高等数学课程组部分老师合影

计学院方丽萍教授认为第一步就是要击破高中习以为常的"数学骗局",让学生建立起数学逻辑性的思维模式。帮学生扎实走好这条成为一流人才的必经之路,北理工的数学老师们经验老到,拿捏准确。

"互联网+"数学课,点个赞!

"网上有'毛奶奶'坐镇答疑,课程质量绝对过硬!"2014年,当北理工首个数学慕课(MOOC)微积分"触网"上线时,已临近退休的毛京中老师,作为一位在教学水平和教材编写上享誉业界的知名教师,也积极主动地参与其中。"当时,毛老师眼睛不好,对网络也不那么精通,但她在数学教学上的奉献和奋斗,为我们青年教师树立了榜样。"至今,毛老师仍被大家亲切地称为"毛奶奶"。

大学数学作为理工科学生的必修基础课,不仅质量要求高,而且需求量极大,特别是在两校区背景下,如何为学生们提供"质高量足"的学习资源,让课堂突破时间和空间的限制,成为北理工数学老师们

/ 立德树人篇 //

毛京中录制的"微积分"MOOC

时时惦记的事儿。而一贯创新包容的数学老师们,聚焦"互联网+",成为北理工的第一批"MOOC达人"。

北理工微积分 MOOC 团队部分成员

"我最早接触 MOOC 是 2012 年在斯坦福大学 Coursera 平台上自学,这种先进的学习方式让我很受触动。"2014 年,北京市高等学校青年教学名师、数学与统计学院副教授徐厚宝牵头组建团队,开启了 MOOC 之旅。然而,设备不熟悉、技术无储备、人员无经验、时间紧、任务重……，从零起步的微积分MOOC面对的是"千难万阻"。"没有经验就请人来培训，不懂技术就自己摸索钻研学习，整个暑假我们全都无休。"

虽然没有了课堂上的学生，但面对摄像机的数学老师们有更加严苛的自我要求，甚至每一句话都必须达到最简洁、准确、高效。"我录课前先要写好'剧本'，每一句'台词'都提前打磨好，录的时候照着'剧本'严格地表演。"徐厚宝笑称用了个"笨"办法一气呵成，"刚开始一段8分钟的视频，我们往往要录上整整半天。"最终，团队将原有课堂知识点分类细化，提炼为181个知识点，录制成全新的MOOC教学单元。

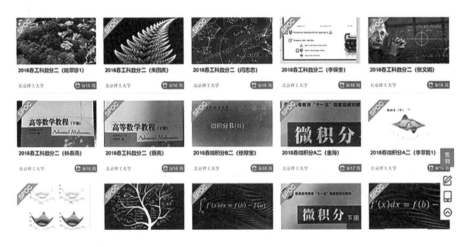

我校基于微积分MOOC开设的SPOC课程截图

建设优质的MOOC，除内容优质外，还必须有优质的"售后服务"。"决不让学生的任何一个问题过夜"是徐厚宝对自己提出的硬性要求。自2014年课程上线以来，徐厚宝带领团队，坚持每天半夜查漏补缺，确保所有问题都能在当天得到回答。正是这种对课程质量几近"苛刻"的追求和多年如一日的坚守，北理工微积分MOOC于2017年被评为首批国家精品在线开放课程。通过对比跟踪研究，MOOC课程对学生学习效果有明显促进作用，这一研究成果也被团队发表在核心期刊上。

"三大赛"打磨一流人才

"除了高质量的课堂教学外,我们还通过'三大赛'来锤炼学生的创新精神和研究能力,打磨一流人才。"数学与统计学院副院长李炳照教授这样介绍。这"三大赛"指的是丘成桐大学生数学竞赛、大学生数学竞赛和大学生数学建模竞赛。

丘成桐大学生数学竞赛作为国内最高水平的大学生数学与统计学科竞赛,成为数学学院磨砺一流数学人才的顶级磨刀石。"丘赛涉及的数学知识和技能十分广泛,难度与国外知名大学的博士生资格入学考试相当,是为培养数学科研人才打好理论基础的国内顶级竞赛。参加的人数很少,但却是真正高手间的较量。"曹鹏介绍说。2017年,数学与统计学院5位学生组队参加团体赛,并成功杀入决赛,与来自北大、清华、复旦和中科大的12支团队同台竞赛,获得优胜奖。

学生获奖证书

"一点儿都不能松懈，辅导老师必须要大量阅读，熟悉题型，还需要跟其他高校教师多沟通，老师的题库量够大、知识面更广，才能更好帮助学生提升竞赛水平。"大学生数学竞赛主要辅导老师之一的王杰老师这样介绍。大学生数学竞赛，分为数学专业和非数学专业两类，每年参赛学生都有四百多名。"每年四月都通过校内赛选拔国赛选手，之后，辅导老师每周都会布置作业，辅导答疑，持续半年，赛前还要安排小学期和两个阶段的培训，全国初赛之后，再指导学生准备三月份的全国总决赛。"长达一年的指导周期，王杰老师说起来朴实无华。

"连续三年，我每年都听王杰老师的辅导课，他的培训内容不断更新，每年都会有新收获。王老师一直都是板书授课，每次都写好几黑板，讲稿也全是手写，2个小时的辅导课，王老师不知要投入多少精力。"每每回忆起自己的老师，应用数学专业2014级本科毕业生杨成浪都感动不已。

数学学院教师主编的部分教材

"报名参加数学建模校内赛的学生非常多，每年大概有300多队1 000余名学生，最后约有150队能够参加全国赛和美国赛。"大学生数学建模竞赛是学校参加人数最多的学科知识竞赛之一。"除了平时的单独指导外，我们在暑期会为参赛选手们安排一周的集训。全国赛后，紧接着又是美国大学生数学建模竞赛。而指导团队的 26 名教师都是利用课余时间，长期投身于数学建模竞赛的辅导工作。"作为数学建模竞赛主要辅导老师之一的李炳照这样介绍说。

与着重于解题的数学竞赛不同，数学建模更像是一个科研过程，学生 3 人一组，在 3 天内通过查阅大量资料将实际问题抽象成一个数学问题，并通过模拟仿真来解决问题，以论文形式进行提交。"数学建模的训练会极大提升学生的实践创新能力，无论他们进入哪个领域，都是极有帮助的。"在数学与统计学院李学文老师眼里，学生的收获才是竞赛的真正意义。带着这样的认识理解，数学老师们积极将数学建模融入数学课程的教学过程中，还编辑出版了《数学建模优秀论文精选与点评》等教学成果，帮助学生拓展数学建模的思维。

教师及团队获奖证书

聚焦学生创新精神和能力培养这一目标，数学与统计学院"三大赛"格局初步形成，通过举办讲座、培训、校内赛等一系列活动，构建了竞赛组织、培训、指导和评价的工作体系，不仅有效提升了校园学术和学习文化氛围，更为培养世界一流人才打下坚实基础。

言传身教、爱学生的数学老师

"你看春晚吗？"

"我不看。"

"那行，咱接着做题吧？"

"行！"

这是2017年春节期间，数学与统计学院教师王杰和学生杨成浪用微信相隔千里的一段对话。

王杰（右）与学生杨成浪（左）合影

2016年年底，杨成浪成功闯入大学生数学竞赛全国总决赛。为帮助回珠海过春节的杨成浪保持良好的竞技状态，远在北京的王杰老师也度过了一个特殊的寒假。"我们每天的日常就是，我做完题给王杰老师发过去，他改完后再通过电话详细地给我讲解指导，并且针对我的薄弱项，不断出新的试卷给我发过来。"那一年春节，38套试卷就成了师生之间的"新春祝福"。"王老师出一套试卷需要一两天，每一套他都亲自准备、详细讲解，开学之后又立即给我一份上百页的知识点总结。"这个春节,王杰没为家里做任何"贡献"。"家里过年确实也没顾上,学生能冲击这样的大奖不容易,身为辅导老师必须全身心地去帮助学生。"

2017年3月18日,在第八届全国大学生数学竞赛总决赛中,杨成浪以全国第三名的好成绩荣获决赛一等奖,创造了我校在该项赛事中的最好成绩。

立德树人,学生为本,在数学与统计学院,人才培养不仅仅是高质量的教学过程和创新的教学方法,更是老师们用自己的理想信念、道德情操、扎实学识和仁爱之心为学生们树立了成长的榜样。

说起爱学生的数学老师,接触过"弯腰"老师孙华飞的学生都很难忘记他待人的那份诚恳与谦逊。"孙老师对谁都谦逊有礼,在食堂打饭时,他也会弯腰低头感谢工作人员。"对待自己的学生,孙华飞绝不是高高在上的教授,而是一位和蔼谦和的老朋友。"在与孙老师交流的过程中,我会时刻感觉到自己是被尊重的,孙老师从不会呵斥命令学生,而是会采取一个商量、建议或请求你帮助的方式。"已经是2018

孙华飞(左)对学生曹越琦(中)、张世强(右)开展学术指导

级研究生的张世强认为，孙老师的这种"尊重"是他全心为学生、爱学生的体现。"跟着孙老师搞科研是一件特别幸福的事儿，大家都处在一个'我要做、我想做、我可以做'的极有成就感的科研状态下。"而孙华飞谈到学生们，却说自己才是最幸福的："当时张世强和曹越琦都获得了北大、清华及中科院的保研资格，但最终他们都选择留在北理工，跟着我继续读研，学生们这么优秀我真的觉得很幸福、很幸运。"

在张世强眼中，是导师孙华飞促成了自己的优秀。孙华飞有一句常挂在嘴边的话："不能浪费任何一个学生的天赋。"当他发现张世强在自己的课上表现出出色的数学能力后，就开始加以关注，并有意识地对张世强进行"附加"训练。"题是越做越难，这就是我们交流的开端。"回忆当初，张世强十分感激孙华飞老师帮他建立了对数学的自信和笃定，"在得知我转专业的倾向和犹豫后，孙老师鼓励我去参加他的讨论班，让我能够真正在一个'数学'的环境中加深对数学的了

数学分析课程师生合影

解。"2015年从计算机学院转入数学学院的张世强,在2018年本科毕业的时候,不仅连续三年成绩专业第一,还获得了徐特立奖学金特等奖、国家奖学金,及"北京市优秀毕业生"等诸多荣誉,更是在国内外多个数学和程序设计竞赛斩获多枚奖项。

"数学是培养学生理性思维和逻辑思维的利器,教好数学、传播科学精神,做好学生的价值塑造,是数学人义不容辞的使命。"数学与统计学院党委书记高伟涛这样说,"围绕一流人才培养目标,学院始终把握立德树人根本任务,聚焦人才培养中心工作,着力建设一支卓越的师资队伍,崇尚实干,狠抓落实,打造一流学科实力,努力为学校'双一流'建设做出更大的贡献。"

在北理工,这堂"数学课",很精彩!

文:党委宣传部戴晓亚、王征
图:党委宣传部郭强,数学学院
2018年12月22日

筑实一流大学建设的思想
政治工作"生命线"

——写在全国高校思想政治工作会议召开两周年之际

2018年是贯彻落实党的十九大精神的开局之年,是中国高等教育写好"奋进之笔"的进取之年,也是全国高校思想政治工作会议召开的第二个年头。这一年,习近平总书记在北京大学师生座谈会、在全国宣传思想工作会、在全国教育大会上发表一系列重要讲话,从不同角度阐述如何围绕立德树人根本任务,培养社会主义建设者和接班人。这一年,新时代全国高等学校本科教育工作会议召开,确立了坚持"以本为本"、推进"四个回归",建设一流本科教育的路线方案。

在这样的时代背景下,北京理工大学紧跟党中央重大决策部署,以习近平新时代中国特色社会主义思想和党的十九大精神为指导,坚持立德树人根本任务不动摇,在既有工作基础上继续深化思想政治工作改革创新,把落实全国高校思想政治工作会议精神持续引向深入。

乘势而上,着眼新征程谋划新篇章

在2018年年初召开的学校工作会议上,党委书记赵长禄即提出"在思想理论武装上求深入,在聚焦战略部署上求深入,在激发良好精神状态上求深入"的工作要求。求深入、上台阶,正是这一年来北理工思想政治工作乘势而上的总方向、主基调。

习近平总书记指出:"人才培养体系必须立足于'培养什么人、怎样培养人'这个根本问题来建设。"一年来,北理工立足"坚持办学正确政治方向、建设高素质教师队伍、形成高水平人才培养体系"三项基础性工作,既抓重要任务、重要试点,又抓关键主体、关键环节,以重点带动全局,全力构筑德智体美劳,全面培养相互渗透、相互融合的立德树人"大平台"。

学校党委在《关于加强和改进新形势下学校思想政治工作的实施方案》基础上继续立梁架柱、建章立制,出台《学校思想政治工作质量提升工程推进计划(2018—2020)》,提出"十育人"行动方案,推动全员全过程全方位育人,着力构建贯通高水平人才培养体系的思想政治工作体系。在实施思想引领计划、文化铸魂计划、阵地建设计划、党建强基计划"四个计划"的基础上,进一步提出学研培育行动、致真化育行动、同心助育行动、宜学共育行动"四大行动"、65条举措,进一步确立了至2020年学校思想政治工作的路线图、施工图。

学校思想政治工作提升推进计划

为进一步构建一体化育人格局,学校建立思想政治工作改革优先发展试验区,在6个学院开展"三全育人"综合改革试点,探索建立微观层面可转化、有操作性的一体化育人模式。1个学院获批教育部"三全育人"综合改革试点单位。

2018年是北理工思想政治工作承上启下的一年,还突出表现在学

"教师思想政治工作室"授牌

校实施人才培养"书院制改革"带来的机遇与挑战上。牢牢把握全面提高人才培养能力这一关键点,实施大类招生、大类培养、大类管理,全面推进素质教育,在书院制这一创新人才培养"新生态"中,怎样找准思想政治工作的坐标点?

建立书院学院联席会议机制、实施师生开放交流制度、创立社区教育指导制度、推进学生援助专业组工作……书院制建设的制度体系紧紧围绕"育人"核心来设计。建立学术导师、学育导师、德育导师、朋辈导师、通识导师和校外导师等六类导师组成的导师队伍,"三全导师"工作机制调动起了各领域各方面的育人力量。据统计,在2018级新生入学100多天的时间里,学校共聘任各类导师1 304人,"三全导师"与学生开展交流报告184场,受众学生近6万人次。2018年12月,以上述实践为主要支撑的"实施'双领工程'涵育时代新人"入选高校思想政治工作精品项目。

2018年5月召开的大类培养工作会上,张军校长强调"价值塑

书院制建设

造,知识养成,实践能力"三位一体,推动博雅教育、个性化培养、教师与学生为伴……展示出了北理工将以新思政观引领人才培养改革,将思想政治工作贯通高水平人才培养工作的新构想、新理念。实践表明,北理工正以实际行动书写自己世界一流大学建设的"创业版"!

习近平总书记在全国教育大会上指出:"努力构建德智体美劳全面培养的教育体系,形成更高水平的人才培养体系。要把立德树人融入思想道德教育、文化知识教育、社会实践教育各环节……教师要围绕这个目标来教,学生要围绕这个目标来学。"一年来,北理工"立德树人"的顶层设计和改革布局正在让习近平总书记的要求在校园落地生根。

纵深推进，站在新起点打造新生态

大道至简，实干为要。在高等教育战线加速推进"双一流"建设的新的历史阶段，北理工人不忘初心、牢记使命，以理想信念教育为核心，以社会主义核心价值观为引领，以全面提高人才培养能力为关键，围绕立德树人中心环节，思想政治工作体系贯通人才培养体系向纵深推进。

学校党委坚持把理想信念教育作为首要任务、重中之重，用习近平新时代中国特色社会主义思想武装头脑、教育师生、推动工作，用中国特色社会主义和中国梦凝聚共识，以思想自觉引领行动自觉。

"担复兴大任、做时代新人"，党的十九大以来，学校党委将这一主题教育活动"抓在经常、融入日常"，贯穿于2018年全年学生思想政治工作全过程。一面旗帜、一条道路、一个名字、一份信仰、一腔赤诚、一种担当……900多个团支部、2万余名青年学生，随着主题教育活动在北理工如火如荼地开展，同学们从中升华思想、坚定信念。时代思想大学习、时代新人标准大讨论、时代新人我践行、"时代新人说"大宣讲……让北理工青年学生把时代新人、时代担当镌刻进思想里，融汇到行动中。

浇花要浇根、育人要育心。思想政治工作要有生命力，还要围绕学生、关照学生、服务学生，助力学生成长成才。

开展书院"家"文化建设，厚植文化育人土壤；推出"百家大讲堂"系列高水平讲座，全年开展150余场，顶级科学家、军事家、艺术家、企业家等"六家"为学生带来思想盛宴；构建心理健康安全屏障，打通教育服务的"最先一公里"和"最后一公里"；抓好发展指导，朋辈导师线下线上答疑解惑；完善发展资助工作体系，"新·生"能力提升项目等将"授人以鱼"转化为"授人以渔"……一系列有品质、有温度的举措办法构筑起彰显"学生为本"的人才培养新生态。

"这不仅是北理工的事情，这是中国汽车人的事情。"在第四届中

/ 立德树人篇 //

"时代新人说"大宣讲

国"互联网+"大学生创新创业大赛总决赛上，夺得冠军的北理工"中云智车"代表队发出了这样的感言。2018年，北理工优化环境氛围、用创新文化"塑"，完善培养机制、用创新模式"育"，强化支撑保障、用创新平台"促"，以"大情怀""大科研"引领带动大学生创新创业。大学生创新创业结出累累硕果，在国内外重要赛事上夺魁、夺杯、夺金。

一年来，北理工思想政治工作的"强身健体"体现在"两手抓两手硬"，把握好学生和教师两个主体上。如何深度打造一支"政治素质过硬、业务能力精湛、育人水平高超"的高素质教师队伍？

成立教师发展中心，致力于通过系统性、专业化的教育培训活动，提升不同发展阶段教职工的思想素质和专业能力；成立师德师风建设委员会，修订《师德"一票否决制"实施细则》，制定《师德考核实施办法》，完善了师德考核评价标准和师德失范行为处理办法，健全了集教育、宣传、考核、监督、激励与惩处于一体的师德建设长效机制；完善教师荣誉体系，设立学校人才培养最高荣誉"懋恂终身成就奖"，86岁仍然坚持为本科生授课的两院院士王越先生获评首届"懋恂终身成就奖"，在全社会引起广泛反响；深入开展"做新时代'四有'好

夺冠的"中云智车"代表队

老师和'四个引路人'""弘扬爱国奋斗精神、建功立业新时代"学习实践活动。一年来,教师思想政治工作体系更加完善。

2018年,学校党委以"北京高校思想政治工作难点攻关计划"项目为抓手,开展教师理论学习全覆盖、常态化及长效机制研究,以此为抓手推动教师思想政治工作"提质增效"。7个学院开展试点工作,全力突破针对"全体教师"开展理论学习这一难点;举办系列"思政示范讲座",王越院士、周立伟院士、马宝华教授和韩伯棠教授等知名专家学者走上讲台,立足青年教师切身需求,讲述"如何用马克思主义的立场、观点、方法指导学术研究和教学科研工作";挂牌建设首批具有示范性的7个"教师思想政治工作室",努力形成教师参与度高、适用性推广性强、工作实效性突出的模式或成果,促进教师思想政治工作的整体提升……

/ 立德树人篇 //

王越先生获"懋恂终身成就奖"

思政示范讲座

一年来，教师思想政治工作点面结合、多管齐下，更加注重以解决长远问题的办法，来应对当下面临的问题和挑战，带动教师队伍更好地"传播知识、传播思想、传播真理，塑造灵魂、塑造生命、塑造新人"。

立德树人，要围绕"培养什么样的人、怎样培养人、为谁培养人"这一根本问题。学校党委坚定把立德树人作为检验学校一切工作的根本标准，把师德师风作为教师评价的第一标准，"两个标准"成为思想政治工作向纵深推进的根本方法论依据，并且在北理工实践中得到了广泛运用和实践检验。

改革创新，聚焦新要求落实新任务

改革创新是思想政治工作的不竭动力。时代的发展日新月异，能不能很好地坚持解放思想、实事求是，淘汰不合时宜的观念、做法和束缚，增强思想政治工作的时代性和感召力，直接影响着工作实效，甚至是人心向背。

北理工在推进思想政治工作改革创新的过程中，坚持"变"与"不变"相结合。变的是方法、手段、路径，不变的是初心、本分、灵魂。如何更好地立心铸魂，也是北理工思想政治工作改革创新的出发点和落脚点。

在大学，琅琅读书之声，永远是主旋律。习近平总书记强调，要用好课堂教学这个主渠道，各类课程都要与思想政治理论课同向同行，形成协同效应。这是思想政治工作理念思路创新的一个范例，也直指当前思想政治工作的薄弱环节所在。

"谁说我们没有课堂？我们有着世界上最大的课堂。蓝天是我们的屋顶，高山是我们的围墙。"当课堂上响起延安杜甫川（北理工前身自然科学院所在地）曾经传诵的诗歌时，"延安精神"主题思政课落下帷幕，也引来同学们的颔首赞许。

2018年以来，北理工不断强化思政课教学改革。深入推进"校史

多形式思政课堂

进思政课堂",思政课教师人手一套《校史丛书》,推动思政课教学与校史校情教育相贯通;统筹"八支队伍"上思想政治理论课讲台,以校党委书记、校长专题授课和"百家大讲堂"全年 27 场院士讲座为主要载体,打造高水平"思政公开课";打通教学内容,实施博士生思政课专题教学;在两校区分别改建两间"思政智慧"教室,搭建智慧教育平台;将手机 App 应用于思政课教学中,开发"青年马克思演说"VR 及 AR 相关内容。此外,学校通过开设"思政课教改项目绿色通道"、实行思政课教师队伍职称单评单列等政策措施,持续加强思政课第一课堂育人实效。

这一年，北理工淘汰"水课"、打造"金课"，强化课程育人，推进"课程思政"。在人才培养改革"SPACE + X"（寰宇+）计划中，课程改革作为一项重点内容位列其中。课程改革注重的精品品质，不仅强调知识传授，更注重学生价值观的塑造、学术视野的拓展和实践能力的提升。增强理想信念，树立家国情怀，提升品德修养，增长知识见识，培养奋斗精神，增强综合素质，是一曲学生成长发展的交响乐。越来越多的北理工"金课"成为学生成长的灯塔，奏响了一流人才培养的美妙乐章！

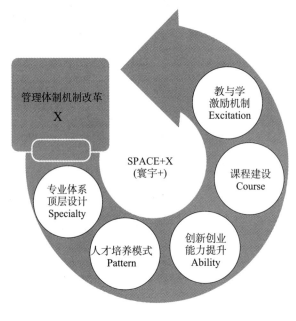

"寰宇+"计划

因事而进、因时而化、因势而新，要契合师生思想特点和发展需求，不断推进思想政治工作方法手段创新，提升工作的科学化现代化水平。

继续深入推动思想政治工作与信息技术高度融合，用"互联网+"助力思想政治教育，突出网络思想引领的红色风向标。建设理论网、"理老师"微信公众号等新媒体理论学习平台；打造"互联网+党课"，学院党组织负责人带头录制"微党课"；举办第二届"微心声"

征文活动，面向全校师生征集"北理老师"文字画像；结合校史、学科专业史，发布系列"微故事"；"鸿雁一鸣天高远 一封素笺寄离情"，"微心声"成为毕业生写给母校最美的"情书"；制作"延河星火1分钟"150期，点击量30余万……以微党课、微视频、微故事、微心声、微支部为主要载体的"五微一体"思想政治教育新模式迸发出更加积极的活力。

"互联网+"助力思想政治教育

新时代赋予新任务，学校新闻舆论工作无疑要承担起更大的责任、更重的使命。"48个字"责任使命字字千钧，激励我们要始终以正确的舆论引导师生，强信心、聚人心、暖人心、筑同心。2018年，学校全力构建以学校官方微信公众号为中心的新媒体矩阵，积极做好正面宣传、成就宣传、典型宣传。聚焦"新时代、新作为"，策划推出"5+1"系列专题报道，创办"学术科研快讯"；以师生为中心，深入走访调研，新闻宣传"提质增量"。官微推送180余篇，深度报道48篇、"新闻特写"96篇、时评4篇，回声5期……来自基层一线的

"优秀师生""鲜活案例""重要成果"纷纷亮相,主流舆论发出时代强音,北理工故事愈发深入人心。

随着建校80周年脚步的日益临近,与一流大学目标相适应的文化建设逐渐走向快车道,以文化人、以文育人形成新态势。整理重印9册1 000套《校史丛书》,推进校史进课堂"全覆盖";陈列荟萃300余件实物展品,隆重推出"国防科技历史成就展";首次实施校史"口述史"采集工程;组织开展东方系列探空火箭发射成功60周年纪念活动;策划推出"学校改革开放40周年图片展";持续推进"高雅艺术进校园",深入打造深秋歌会、"一二九"文化体育活动、校园舞蹈展演等校园文化品牌……这一年,学校"文化育人"内涵载体更为精准、更为丰厚,"延安根、军工魂"红色基因成为北理工人共同的精神文化纽带。

文化育人

坚持遵循教育规律、思想政治工作规律、学生成长规律,主动适应时代变迁和实践发展新特点，举旗帜、聚人心、育新人、兴文化、展形象。北理工思想政治工作改革创新一直在路上！

固本强基，扛起新责任展现新担当

"办好我国高等教育，必须坚持党的领导，牢牢掌握党对高校工作的领导权，使高校成为坚持党的领导的坚强阵地。这一点任何时候都不能有丝毫动摇。"习近平总书记的要求，时隔两年，言犹在耳。立足新时代新使命新责任，北理工党委切实发挥领导核心作用，不断加强和改善对学校思想政治工作的领导，一方面突出抓好政治领导，坚持正确办学方向，引导师生牢固树立"四个意识"，坚决做到"两个维护"；另一方面突出抓好思想领导，巩固马克思主义在意识形态工作中的主导地位，确保学校始终成为培养社会主义事业建设者和接班人的坚强阵地。

欲筑室者，先治其基。一年来，北理工党委坚决落实全面从严治党主体责任，固本培元、立规明矩、以上率下、压实责任，扎实推进专项巡视检查整改工作，以前所未有的决心和毅力抓基层、打基础，着力打造风清气正的政治生态、崇尚真理的学术生态、和谐美丽的宜学生态，带动基层党组织把思想政治工作摆在重要位置。

熔铸信仰抓学习，让党员领导干部的思想理论武装随时踏上时代的节拍。学校党委邀请全国人大监察和司法委员会副主任委员徐显明，求是杂志社内参编辑部主任祝念峰，中国人民大学刘建军教授等多位专家学者走进干部课堂，强化高质量思想理论供给。思想上的认识提升了，党员领导干部抓意识形态建设、抓思想政治工作的主动性、自觉性也更加坚定。

突出政治建设，坚决承担管党治党、办学治校主体责任。制定《关于党委常委会会议、校长办公会议组织实施细则》等文件，模范执行党委领导下的校长负责制，巩固完善大党建工作格局，学校党委对全校工作的全面领导进一步得到加强。印发《院级党组织会议、党政联席会议议事管理规定》，明确党组织会议决定和前置把关事项，保证党政联席会议对重要事项的决定权，学院党组织的政治核心和保证监督作用进一步得以深化。把"有利于加强党的全面领导、保证社会主义办学方向"作为2018年学校机构改革的重要指导思想，从组建党委办公室，强化全校党建和思想政治工作统筹协调，到成立党委巡察办公室，建立纪检、监察、审计、巡察联合监督的"大监督"工作机制，加强党的领导、全面从严治党持续向纵深发展。

先进表彰会

以提升组织力为重点，突出政治功能，更好地发挥党支部战斗堡垒作用和党员先锋模范作用。2018年，学校党委承担北京高校党建难点项目支持计划，组织专门力量研究加强高校教师党支部建设的有效做法并实施；成立学校首批9个"双带头人"教师党支部书记工作室，落实教师党支部书记考核激励措施；按照"组织主导、党员主体、先进导向、持续创新"原则推进学生党建，带动学生党员努力成长为青年马克思主义者；选树先进党组织，从身边人身边事中发掘优秀师生党员，打造"党建榜样"群体；充分发挥党组织宣传引导凝聚师生的主体作用，基层党组织做思想政治工作的能力进一步提升。一年来，1

个学院党委获评"全国党建工作标杆院系",1个教师党支部获评"全国党建工作样板党支部",1个学生党支部获评全国高校"百个研究生样板党支部",1名学生党员获评"百名研究生党员标兵"。

毛主席在《共产党人》的发刊词中写道:"使党铁一样地巩固起来。"高校党委把握思想政治工作的主导权,根本在于抓好高校党组织自身建设,建强党的工作阵地。北理工党委正在并仍将以全面从严治党的政治清醒、恒心韧劲、精神状态和战略定力,按照新时代党的建设总要求不断加强和改进党的领导和党的建设,让党的旗帜在校园高高飘扬!

文:黎轩平

图:党委宣传部

2018 年 12 月 22 日

让传统文化在北理工精彩绽放

——北京理工大学中华优秀传统文化传承教育纪实

"揉泥、拉坯、晾干、修坯、磨底、修饰、施釉、烧制……"一道一道工序下来,一件陶艺作品也就有模有样了。这一幕就发生在北理工"陶瓷艺术欣赏与制作"课堂上。在理工科学生群体中开设高水平的中华传统手工艺课程,这在北理工并不是个例。

师生们正在进行陶瓷烧制

日前,教育部刚刚公布了2019年全国普通高校中华优秀传统文化传承基地,北京理工大学传统手工艺术传承基地成为25家被认证单位之一,也是2019年北京市唯一一家入选单位。

中华优秀传统文化是中华民族的根和魂,是中国特色社会主义植根的文化沃土,是中华民族的突出优势,是我们在世界文化激荡中站稳脚跟的根基。落实立德树人根本任务,离不开坚守中华文化立场,传承弘扬中华传统文化。

工业设计系学生在设计课程中

1983年8月,学校在推进多学科发展的过程中,瞄准国家和社会发展需求,正式成立工业产品造型设计研究室,次年成立了工业设计系筹备组,1985年起招生。1987年,工业设计系正式成立。在这片"提升艺术品质,创新设计内涵"的沃土上,在聚焦设计与艺术类高层次人才培养的同时,传统手工艺术的种子也在萌芽成长、茁壮成荫,中华优秀传统文化之花在北理工精彩绽放。

用优秀传统文化滋养一流人才

"作品将图形化的'熹'字贯穿其中,将头饰金约解构为现代手环,将白玉碗上的精美红宝石图案解构为灵动的耳环,将柜门的锁扣和钥匙解构为胸前的吊坠,将黄花梨衣柜则解构为惊喜的藏宝盒。"2019年年初,北理工2018级工业设计工程研究生张宝文与合作者带来的《珍·熹》故宫系列首饰,被《上新了·故宫》选中,作品众筹在两天内就超过了80万元,一举成为节目最受欢迎的作品之一。多年来,中华传统文化,特别是传统工艺美术,已经为北理工一流设计人才培养打下了坚实基础,形成了鲜明特色。

2002年,为了传承、传播中华传统文化,并使之成为提升设计人才培养质量和理工科学生文化素质、创作能力的重要手段,设计学院成立了传统工艺美术系。

"作为教师,我们就是要想尽办法给学生呈现最好的文化宝藏,这样才能将中华文化传承下去。"2010年,带着对传统工艺美术的热爱和满满的成绩,满芊何从日本神户艺术工科大学访学归来,在学校的支持下,将蜚声国际的珐琅工艺课程,带到北理工学子的身边。满老师工作室里,遍布着进口颜料、品牌宣纸、外文资料……,为上好"首饰设计"等传统工艺课程,成本着实不低。带着传承中华传统文化、培育一流人才的使命,满芊何十几年来,将一场场传统艺术与现代文明的结合、一次次中华文化与青年价值的碰撞,深植在了学生的心中。

学生们正在开展首饰设计制作实践

"学习了传统工艺,我在电路设计时更爱用对称性布局……""传统工艺中的色彩搭配,对我工程设计的实用性和可维护性很有启发……"选修课程的同学们感慨良多。经过十几年探索实践,学校发挥传统工艺美育优势,形成了培养理工科大学生文化艺术素质的人才培养体系,坚持面向全校开设陶瓷、染织、金属工艺、漆艺、木版年画、剪纸、首饰、雕塑等各类课程，辐射上万学生，课程门门爆满，好评连连。2013年，北理工成为一家拥有门类齐全的传统工艺美术专业的高校，在工信部部属院校中是唯一一所拥有传统工艺美术专业的高校。值得一提的是，在学校的大力支持下，陶艺、剪纸、饰品制作等一批学生社团和兴趣小组也纷纷建立，蓬勃发展，北理工的"第二课堂"成为中华优秀传统文化的重要育人阵地。

北理工传统手工艺术课程学生作品

据设计与艺术学院院长杨建明介绍，为支持传统工艺美术传承基地建设，学院深度调研、整合资源、广纳贤才，历时数年终于形成规模。目前，基地已拥有陶艺工作室、综合手工艺实验室、明式家具工作室、艺术馆等多个实验与展示平台，以及多个校外合作研究实践基地，成立了文化遗产研究中心、中国陶瓷印艺术研究中心、明式家具研究中心等多个专业研究机构，并且与清华大学、中央美术学院、美国休斯敦大学、中国国家博物馆、故宫博物院等建立了合作关系。学校在文化领域产学研一体化科研与教学实践，被收入文化部①文化产业

---

① 现为文化和旅游部。

司选编的《文化产业创业创意人才扶持案例集》,曾获得文化部、财政部"文化产业创业创意人才扶持计划:青年优秀创意作品"等荣誉。

"在理工科大学的中华传统文化教育领域,我们努力朝着有特色、有品质的方向和高度迈进。"对于传统工艺美术学科的建设,传统手工艺术传承基地申报牵头人、设计与艺术学院副院长王东声这样展望。

用传统文化育心,用艺术之心雕琢

"尊重学生,让传统文化释放每个学生的创造力",与理工科类课程不同,传统工艺美术的课堂上,学生学习掌握一样的知识和技能后,要结合自己的认知,自由创作完成艺术作品,图案、配色、材料、工艺、风格可谓"百花齐放"。虽然,大部分学生在艺术上都是零基础,教学难度不小,但让传统文化促进学生的审美感知、激发学生的创造力,是北理工传统工艺美术教育多年来矢志不渝的理念。

讲授中华传统文化,不仅仅是传授工艺技能,还必须要坚持正确的思想导向,将文化背景、文化精髓传递给学生,做好"课程思政"建设。设计与艺术学院党委书记郭宏强调,课程要以育心铸魂为目标,彰显立德导向。"要让大学生在传统手工艺的熏染浸润中,对中华传统文化产生兴趣,引发文化认同的情感共鸣,激发弘扬传统的使命担当。"因此,如何让优秀的文化遗产、文物展陈和古籍经典等活起来,融入教学过程中,成为传统工艺美术课程建设的重点。"每学期的课程上什么、怎么上,都需要精心设计,对设计专业的学生要提升理论素养,对非专业的学生要注重兴趣培养,既要留给学生足够的操作实践时间,又不能完全放任随意创作,还要根据学生的具体情况,做好课程设计的指导和把关。"传统工艺美术系主任王乐耕认为,上好传统工艺美术类课程,难度不小,教师们都煞费苦心。

漆艺制作在北理工传统工艺美术课中颇具代表,漆画作品的每道工序之间都需要自然风干一周,晾干后,还需要用不同标准的砂纸以及浆灰进行反复打磨,总会有些同学跟不上进度。作为任课教师的罗平，总是耐心主动地帮助学生协调时间，确保作品完成，还要盯着每名学生按照自己的图案特点从粗到细耐心打磨，以呈现出更好的艺术效果。

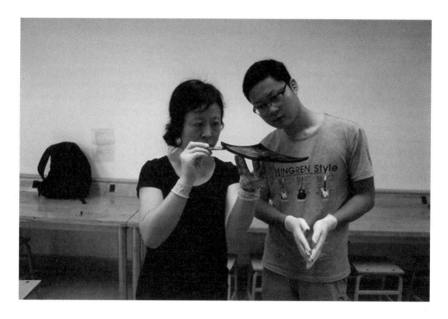

罗平老师在帮助学生悉心打磨漆器作品

"20个人20幅作品，一不小心，渐变色就磨过了，蛋壳就磨漏了，一个看似简单的过程也不能疏忽，传统工艺看似繁复的工序，蕴含着中华民族优秀的工匠精神，这也是我希望他们能感悟到的。"罗平认为，以实践见精神，恰恰是通过课程实现立德树人的精华。

用锤子在铜板的正反两面反复敲击形成图样，这是崔成老师开设的金属工艺课程的教学实践过程。退温后的铜板要放在一块特制的胶垫上，20厘米见方的垫子看似不起眼，但材质软硬特别讲究，是这项传统工艺中决定作品质量的关键因素。"手工艺在不熟练的时候，失败率是很高的，我想最大限度地保护学生的学习积极性和获得感。"为了找到垫子最合适的材质，崔成自己摸索了整整三年。

"传播文化、创造艺术的课程，就必须以艺术之心精雕细琢"已成为教师们的共识。多年来，传统工艺美术课程通过文化背景和理论讲解、展览教学、作品赏析和设计等方式，不断深入挖掘中华优秀传统文化讲仁爱、重民本、守诚信、崇正义、尚和合、求大同的思想，并融入课堂之中，实现中华优秀传统文化的有效传承，有力提升了学生专业能力和综合素质。

创新是最好的传承

在传统煤烧工艺上进行改良，用电窑升温，再用气改变气氛，最后用煤起到关键作用，既减少污染，又起到了还原茶味的效果，这是在北理工多年深耕陶艺制作的王乐耕主任，针对当代茶具如何在实用基础上还原茶味而研究出的"独家秘方"——煤烧茶杯技术。"从传统中汲取营养，继而再去创新"是王乐耕津津乐道的创作理念。

传承和弘扬中华优秀传统文化，要重点做好创造性转化和创新性发展，使之与现实文化相融相通。"传承是创新的基础，创新也是最好的传承。所谓的创新不能是无源之水，不能是无本之木，要有文脉的传承。"王东声如是说。

在北理工，传统文化传承已经烙印上了鲜明的理工特色，在现代化工业设计展示及应用中融入中华传统文化元素。例如，与材料学科互动，研发新型工艺美术材料；应用虚拟现实技术，生动逼真地对古代器具进行立体还原，学生还可以借助虚拟现实技术体验拉坯、上色、烧制等制作工艺。

2019年9月6日，北京理工大学承担的国家艺术基金资助项目"瓷印辉光——中国陶瓷印创作生态研究展"第七站文献展在北京理工大学艺术馆举办。开展仪式上，项目组发布了《当代陶瓷印创作生态不完全报告》，这部呈现当代陶瓷印发展生态的文献集引发关注。与陶瓷印项目一样，2019年10月19日，由北理工申请的国家艺术基金资助项目"北京中轴线文化传承创意影像展"在中华世纪坛开幕，不仅体现了学校在设计和文化创意方面的研究优势，更展示了学校在北京中轴线遗产保护和传承领域的丰厚积淀，为北京中轴线申遗工作做出积极贡献。

"瓷印辉光——中国陶瓷印创作生态研究展"
第七站文献展在北京理工大学艺术馆举办

"北京中轴线文化传承创意影像展"在中华世纪坛开幕

在创新理念驱动下,国家艺术基金、北京文化艺术基金、中国陶瓷印艺术研究等一大批项目应运而生,北京地铁、城市壁画、产学研基地等一系列合作纷至沓来。除此之外,学校还积极筹划建设中国手工艺术传承与创新研究中心、编辑传统工艺主题丛刊、筹建良乡多功能艺术馆、建设手工艺术信息资料数据库等。可以说,北京理工大学走出了一条理工科大学传承与发扬中华传统文化的特色道路。

"中华优秀传统文化是中华民族的文化根脉,其蕴含的思想观念、人文精神、道德规范,不仅是我们中国人思想和精神的内核,对解决人类问题也有重要价值。"在 2018 年 8 月举行的全国宣传思想工作会议上,习近平总书记这样评价中华优秀传统文化。

  落实立德树人根本任务,建设一流大学文化,离不开传承与弘扬优秀传统文化。北京理工大学将继续坚持守正创新,更好地实现以文化人、以文育人,为学生成长提供丰厚的文化滋养,激发青年学子爱国奋斗的理想信念和弦歌不辍的使命担当!

文:党委宣传部姜曼
图:设计与艺术学院
2019 年 11 月 28 日

岁月风采篇

回眸四十载，经心筑梦，管奏华章

——忆北京理工大学管理与经济学院初建

1978年12月，党的十一届三中全会胜利召开。自此，中国开启了改革开放新时代。改革开放是决定当代中国命运的关键抉择，是党和人民事业大踏步赶上时代的重要法宝。

时代大潮，波澜壮阔。在改革开放的过程中，学校始终坚持服务国家重大战略需求的办学理念，与国防工业实行军民结合战略性转变、国家教育体制机制改革同步，在弘扬延安精神和良好的校风、学风，巩固军工学科在国内领先或前列地位的同时，实现了"五个历史性转变"。这其中，位于首位的就是"由单一的工科向以工为主，工、理、管、文多学科发展转变"。

1978年，管理系开始筹建；1980年，企业管理系统工程系（十系）成立；1984年，第一届工业管理工程专业30名本科生毕业；1985年，增设管理信息系统本科专业；1987年，增设工业外贸本科专业；1992年，更名为管理学院……在改革开放大潮中，在学校"五个历史性转变"背景下，我校管理系从初创到发展、壮大，在管理学科的领域上书写了属于北理工的精彩。

京工管理系：在改革开放中生而奋进

1978年8月，根据"把学院办成工、理、管、文相结合的多学科大学"的发展定位，北京工业学院（现北京理工大学）在隶属教务处的企业管理教研室基础上，开始筹建工业管理系统工程专业，洪宝华、任隆育、金胜谟三位老师成为筹备小组成员。

"早在 1952 年,咱们学校就为学生讲授工业管理的课程。改革开放初期,学校开始是准备成立管理专业,并没有单独成立管理系的打算。但是从未来发展考虑,从管理学科建设考虑,仅有管理专业是不能具备很好的发展基础的,覆盖范围不够全面,今后还要设立会计、管理信息、工业外贸等专业来支撑管理学科的发展,于是我们就向学校和兵器部申请成立企业管理系统工程系。"曾经亲自参与创建管理系的洪宝华老师介绍起创系的来龙去脉,仍然声若洪钟。

已经 91 岁高龄的洪宝华教授,1949 年前就入学上海财经大学企业管理专业就读本科,之后成为我国 20 世纪 50 年代哈尔滨工业大学最早培养的硕士研究生,是仿照苏联高等教育模式和培养方案培养出来的我国最早的管理硕士,先后在哈尔滨工业大学、北京理工大学任管理学教研室主任,是我国管理学界的著名专家和老前辈。

当改革开放的春风吹来,在计划经济向市场经济转变的过程中,对管理科学可谓"一无所知"的政府和企业管理者们,产生了对管理学习的巨大需求和热情,一时间点燃了曾经是冷门的管理学。作为资深的管理学专家,洪宝华等老师敏锐地意识到伴随着改革开放不断深入,管理科学在未来中国将大有可为,应国家需要,把握时代脉动,这成为推动管理系成立的最重要动力。

经过洪宝华等专家的积极努力,在当时学校隶属的第五机械工业部的指示下,1980 年 1 月学校正式下发文件,宣布成立企业管理系统工程系。

万事开头难,"从无到有"的管理系在建设初期也面临许多困难和挑战。"由于建系时间比较早,当时全国没有成熟的典型进行参考。对于所有老师来说,都是新的领域、新的尝试,大家真的算是白手起家。刚开始的时候,加上学校也处于物资紧张时期,管理系确实是'房无一间,地无一亩',办公室就只有一间,还是主楼的工友休息室,房子面积也就十平方米左右,坐三个人房间就满了。当时共有教师 12 人,行政人员 6 人,都是从不同的地方转战到管理系。当务之急是需要先把硬件配齐,解决行政人员的办公用房问题。"时任行政负责人姜文炳

获批文件

老师回忆说。

经过开始的过渡时期,在学校的支持下,管理系终于在当时的 6 号楼申请到 10 间办公用房。"6 号楼是宿舍楼,一层是管理系办公室。虽然有种种困难,但是大家还是积极展开工作,购置家具,把这 10 间房作为教室和教研室。"曾经亲自参与创建管理系的金胜谟老师补充说。

改革开放带来了社会生产和经济的大发展,这既给管理学科带来难得的发展机遇,也对管理学科的人才培养等提出了更高要求。如何建好学校的管理学科成为创业者们的一致追求。带着思考,管理学人将目光转向国际,向管理学更加发达的国家学习,成为建系之初的重要思路。1980 年,改革开放之初,管理系就邀请到第一位访问学者,这位美籍华人学者充分介绍了美国企业管理的情况，介绍市场和企业的关系，拓宽了师生的视野。同年，管理系三名教师组成考察团赴美考察，第一次实现"走出去"。通过与国外管理学界的交流，管理系教师们对世界先进的管理科学有了更深层次的了解，突破自我认知的局限，认识到管理科学涉及市场、经营和财务等更加丰富的领域，教师们的思想也从计划经济思维向市场经济思维转变。正是在与国际接轨的基础上，管理系的教学计划逐渐增加了企业管理、市场营销、国际贸易、人力资源等课程。

直到1988年，管理信息系统专业、工业管理工程专业财务会计方向、工业外贸专业在管理系相继成立，这也标志着管理系初步完成了"从无到有"的第一阶段建设任务，为学科的后续发展奠定了良好的基础。虽然，创建初期的管理系依旧面临社会认同度不高、教师资源不足等困难，但是当时的系领导班子通过不断提升教学质量，组织人员开展社会调查，积极展示管理科学对社会的贡献，逐步赢得了广泛认同。1992年，为适应我国经济社会及高等教育发展的需要，经学校党委常委会讨论，决定将工业管理系更名为管理学院。

"管理学院成立后发展很快"，管理学院首任院长甘仞初教授这样回忆，"1994年3月，首批工商管理硕士（MBA）入校学习。1996年管理学院有了第一个博士生，研究方向是自动控制在管理学上的应用。到如今，学院也逐渐发展成为规模比较大的学院，有管理科学与工程、工商管理、应用经济学三个一级学科博士点，学术水平也不断提高，在2017年公布的第四轮学科评估结果中，管理科学与工程更是获得A类的优异成绩，排在国内前10%。回首过去看现在，奋斗精神不息，我很欣慰！"

培养"理工成色十足"的卓越管理人才

管理系创建之初，"北京工业学院的管理系应该办成什么样"始终是创系者们讨论的核心问题。为了找到答案，形成共识，教师们下了

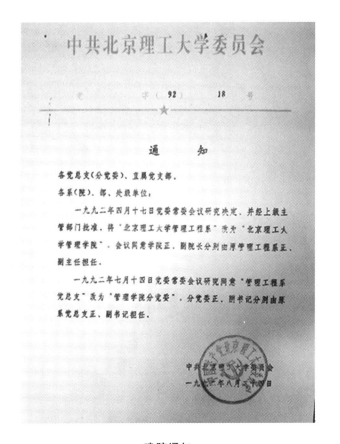

建院通知

一番功夫。

　　改革开放初期，洪宝华、谷宝贵、任隆育三位教师就参加了机械部在武汉工学院组织的工科院校管理学科研究会，而金胜谟则前往大连学习美国管理学课程。之后，几位骨干教师在上海汇合，对上交、复旦、同济的管理院系进行调研。这一时期，管理系的教师们还深入工厂、企业进行调研，结合实际，探索建立学科专业体系。最终，通过调研取经，结合学校当时"工、理、管、文"的学科发展模式，大家一致认为管理系的学科专业建设必须突出学校"理工"特色，要培养工业管理人才。"我们以数学、经济理论、科学技术三门课程为基础课，加上运筹学、质量管理、机械制图、电子工程等课程，制订了当

首届硕士班合影（1995年）

时的教学计划，拟定了管理工程专业。"洪宝华说。

除了课程设置上具有鲜明的理工科特色外，管理系的师资力量更是以理工科见长。管理系创建者之一，曾担任国务院参事、享受国务院特殊津贴的郎志正教授，毕业于我校第一机械系。1979年年底，郎志正刚刚撰写完成《质量控制方法与管理》一书，1980年就来到管理系，为招收的第一届管理系本科生讲授"质量管理""标准化"两门课程。扎实的工科背景，高水平的教学能力，风趣幽默、寓教于乐的教学风格，他被同学们尊称为北京工业学院教师"四大金刚"之一。毕业于应用数学专业的李金林，于1982年来到管理系教授"运筹学"，数学功底扎实，培养学生建立模型、量化分析的能力，用数学思维杜绝"拍脑袋"的决策。1983年从自动化系（二系）调来担任管理系副主任的甘仞初，结合留美期间的学习经历，为同学们开设"动态数据统计分析""大系统理论"两门课程，并牵头成立了管理系第一个实验室——管理信息系统实验室，直接推动管理信息系统专业的设立，从而以"管理、信息、系统"三个维度相结合，全面匹配计算机技术发展和管理信息化发展趋势。1985年，毕业于本校光学设计专业的张晓甦分配到管理系，最初讲授"系统工程"课程，后来为工业外贸专业学生讲授"国际贸易实务"和"国际技术贸易"，在授课中她利用自己的工科背景优势，在培养学生掌握外贸专业知识的同时，也注重培养学生系统思维能力，结合专业设置特点，要求学生掌握一定的工科知识及出口商品本身特性，与工业生产实践结合，与国际市场接轨。"能看图纸、能下车间，能进行进出口业务，外语还好，1988年招收的第一届工业外贸专

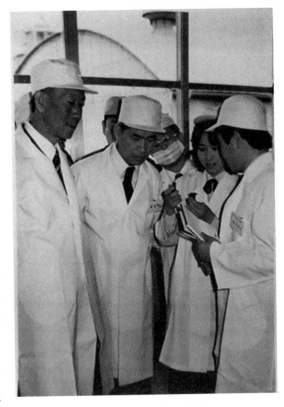

管理系师生深入基层调研

业28名本科生毕业时，用人单位都是上门抢人！"回想起当时的一幕幕，张晓甦很是激动。

"我们要办就办出自己的特色！"管理系学科建设除了在课程设置和师资队伍建设上突出理工特色外，还着力加强学生的实践培养，充分与生产实际相结合，深入企业。郎志正回忆说："那时候带学生到太原某军工厂实习，我要求他们必须具体操作机床。因为只有真正地深入生产，才能知道怎样保障质量，怎样提高生产效率，怎样促进企业发展。"谈到学生的实践培养，甘仞初也颇有感触："学生们去化工三厂、运输公司等地实习时很拼，当时很多领导跟我反映，学生经常很晚睡觉，甚至通宵，让我要求学生注意休息。但我知道同学们是按照老师的要求，在仔细了解熟悉工作流程，采集每一环节的生产数据，只有这样，他们才能以系统思维搭建符合企业生产实际的数

模型。"

李金林与教研室其他教师进行研讨

为管理人才烙印上"成色十足"的理工特色,教师们带着这样的理念,不仅授课认真,还自己编写教材,精心制订培养计划,为管理系的学生打下扎实的理工科知识基础。许多当年的学生回忆,虽然在上学的时候也对专业课的设置感到迷茫,不少人面对理工科专业课程感到"压力山大",但来到实际工作中,既懂管理又懂工业生产的复合型优势一下子就凸显了出来。工作岗位上的得心应手,让毕业生们迅速成为管理岗位上的骨干,担当重任,获得更大的发展。

倾心育人,初代"管理学生"奋斗成才

谈到管理系的创建,除了倾心付出的教师们,管理系的首届学生不得不提,他们既是管理系创建发展的亲历者和参与者,又是管理系

发展至今，始终坚持立德树人、聚焦人才培养的最好体现。

1980年9月，刚刚建设的管理系迎来第一届本科生，班号10801班。作为改革开放后，较早开始招生的管理专业，成熟的教材无处可寻，教师们只能一边授课一边撰写教材，金胜谟就在这样的教学中，编写出66万字的《企业经营计划》，到现在手上还有当时笔磨出的厚厚老茧。洪宝华所编写的《市场营销学》，成为该领域全国第一本教材。"当时，出版的教材很少，每次上课用的讲义都是老师们精心编写的。"作为首届管理系学生的卢忱这样回忆道，"老师勤奋，同学们学习热情也高涨。改革开放后，我们对于知识无比渴望，在学校我们基本上都是教室、宿舍、食堂三点一线的生活。"

1980级毕业生合影

"专业上指导，能力上培养，生活上关心"，对于第一届的31名学生，管理系可谓举全系之力精心指导呵护。"郎志正老师是我们的班主任，他以一种包容的心态培养我们。不仅教育同学们多学习，还鼓励大家做学生干部，承担学生工作。"1980级管理系学生陈冬牛回忆道，

"作为管理系第一届学生,系里有意识地培养我们的管理能力,郎老师在班里推行班委轮流制,让每个人在对班级服务的过程中得到锻炼能力的机会。我切实感受到了自己的成长,这对以后步入工作岗位、适应环境、调整自我都起到了促进作用。"积极参与社会工作,充分锻炼能力也成为一种共识,管理系的首届学生曾经包揽学校书画社、通讯社、摄影协会"京工三大社团"负责人,更自发组建了当时首个学术性社团"管理研习会"。

除了学习和能力培养,管理系的老师们对学生们生活上的关怀也无微不至。"记得入学的时候,系里的老师们自己骑着自行车把学生一个一个从迎新站接回宿舍,周末还常叫我们去家里吃饺子。搞班级活动,为了培养我们的爱国情怀,郎老师还自己出钱包车带我们参观长城。"卢忱回忆道。

立德树人,倾心育人,40年硕果累累。管理系1980级的首批管理人,带着在学校的收获与成长,活跃在社会的各行各业,为国家建设和社会经济发展贡献力量,涌现出云南省农业厅厅长王敏正、香港百仕达控股有限公司董事会主席兼总经理欧亚平等一批杰出校友。值得一提的是,1998年9月7日,同为管理系校友的欧亚平夫妇向学校捐款100万元,设立奖学金、奖教金,成为当时学校收到的最大一笔个人捐款,欧亚平同时受聘为北京理工大学基金会名誉会长。

壮阔东方潮,奋进新时代。回望改革开放的40年,在时代大潮中,管理系从无到有,管理学科由弱到强。今天,管理学院不仅拥有8个系、5个本科专业、三个一级学科博士点,还拥有高水平的师资队伍,科研经费过亿,建设了多个高水平科研中心、教学中心、实验室和创新基地,大力开展国际化办学,更通过国际AMBA认证、EQUIS认证、CAMEA认证,办学能力获得国际认可。

涓涓小溪,一路奋发前行,终成大川的兼容并蓄。管理学科的发展,是学校在改革开放中,解放思想、实事求是、艰苦奋斗的生动写照。面向未来,改革的任务并未完结,创建中国特色世界一流大学,还需我们弘扬爱国奋斗精神,建功立业新时代,把握立德树人根本任

/ 岁月风采篇 //

管理与经济学院金融实验室

务,聚焦人才培养中心工作,继续深化综合改革,不断加快"双一流"建设步伐,共绘发展蓝图!

文:党委宣传部王朝阳、王征

图:管理与经济学院

2018年12月13日

与改革开放同行,绽放设计艺术之花

——忆北京理工大学设计学科初建

工业设计是技术美术,也属文艺工作,所以毛泽东同志《在延安文艺座谈会上的讲话》是有指导意义的。中央对文艺工作的方针政策一定要贯彻。

工业设计是现代科学技术的体现,所以是科学。这方面外国的好成果应为我们所用,如工效学,也可扩展为人·机·环境系统工程……

美学属哲学,是文艺工作的哲学概括,上接马克思主义哲学。工业设计作为技术美术,其哲学概括是技术美学,乃美学的组成部分……

——摘自1990年7月14日,科学巨匠钱学森先生致时任北京工业学院(北京理工大学前身)校长朱鹤孙信

1978年,党的十一届三中全会召开,中国共产党做出了实行改革开放的伟大决策。40年来,改革开放,春风化雨,改变了中国,影响并惠及世界。

在改革的时代大潮中,北京理工大学始终与党和国家的发展同向同行,坚持巩固传统优势,并实现了"由单一的工科向以工为主,工、理、管、文多学科发展转变"等五个历史性转变。正是在这波澜壮阔的变革中,中国高校相继开设设计专业,中国设计也在不断升级蜕变中自信前行。北理工的设计学科也从初创、发展到壮大,开启了自己的绽放之旅。

在改革开放中应运而生

"改革开放前,中国还没有'工业设计'这个词。那时候我们国家的产品,'傻大黑粗'就是它们的代名词,特别是在装备制造领域,更是缺乏工业设计。"2018年8月,中国工业设计协会原会长朱焘在接受《中国工业报》记者采访时这样介绍。在改革开放的最初十年,伴随着国门打开,中国人的思想观念为之一变,国家和社会逐渐认识到工业设计的重要性,中国的工业设计也开始起步发展。

在时代大背景下,改革开放的春风同样吹动着京工校园。按照学校多学科发展的整体战略布局,1983年8月,经兵器工业部批准,我校在基础部正式成立工业产品造型设计研究室。同年11月,工业设计系筹备组成立,吴永健任组长。作为国内探索设计类高级人才培养的最早一批拓荒者,成立之初的筹备组面对的是"无教材、无师资、无大纲、无场地"的"四无"境地。开创事业,困难总是难免的,但传承"延安根、军工魂"的北理工人凭借着一股艰苦奋斗、自强不息的创业精神,直面挑战,开拓前进。筹备组组织教师赴湖南大学进行调研学习,搜集资料编写课程大纲和教材,并利用原兵器工业部所拨专款在附属小学对面的空地上,建成了 300 m^2 左右的教学用房。

同时,筹备组决定先尝试着开办工业产品造型设计培训班,为日后的正式招生打好基础。"培训班一共办了四期,半年一期,在全国范围内招收学生,来的大多是各地企业里的精英,四期培训班的毕业成果邀请了当时的人大常委会副委员长和国家体委主任验收。"筹备组成员之一王秉鉴老师回忆说。培训班成果斐然,不仅证明了创办工业产品造型设计专业的可行性,也得到了上级领导和学生的一致认可。1987年,经过四年的筹备,工业设计系正式成立,我校也成为国内最早设置工业设计学科体系的高校之一。

"北理工的设计学科走过了35年发展历程,回首来时路,可谓硕果累累,前途正好。设计学科和设计学院正是在改革开放中应运而生

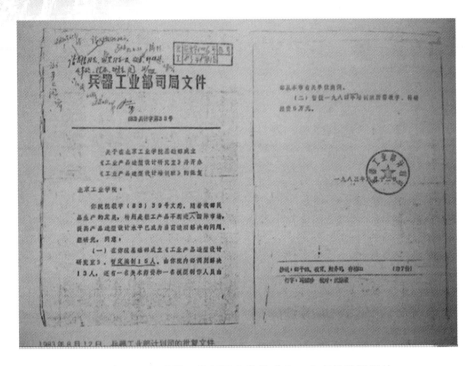

1983年8月，兵器工业部同意我校成立工业产品造型设计研究室和举办培训班的批复文件

的，也是学校服务国家需求办学的生动实践。在创建发展的过程中，离不开学校几代领导者的高屋建瓴，也离不开学校上下的鼎力支持，更有设计人的奋斗拼搏。"设计学院党委书记郭宏这样谈及自己的感受。

知行合一，锻造人才

1985年，工业设计专业正式招生，第一届本科生20人，标志着我校设计类高级人才培养的正式起步。起步之际，工业设计专业就十分注重将理论与实践相结合，培养优秀的设计人才。

我校设计专业在开办初期，就十分注重教材编写，这对于当时还处于探索成长时期的国内设计高级人才培养的大环境来说，十分难能

工业设计系第一届毕业班师生合影

可贵。1986年,《十四系(工业设计系)所开课程教学大纲(试行)》正式编印。1991年,作为高等学校工业造型设计专业教学指导小组组长单位,工业设计系参与编写《工业设计方法学》《视觉传达设计》等系列工业设计专业教材,并由我校出版社出版,面向全国发行,这是中国第一套工业设计高等教育教材,在全国设计界、设计教育界引起广泛关注。

除此之外,在正式招生之初,设计专业就高度重视对学生动手能力的培养,建立了工业产品造型实验室,设有学生模型创作室、机械加工室、塑料热成型室、油泥石膏模型制作室、木模型加工室、喷漆喷绘室、电气焊室及计算机房等设施。"当时深圳那边给了我一个吊车的项目,我出了两份设计方案,然后把模型的设计任务分配给全班学生,学生们也很积极,我们就全班人一起讨论着,完成了吊车的设计任务。"王秉鉴老师回忆说。建系之初,工业设计专业教师经常跳出书本,用真实的案例培养学生的实践能力。

为了加强学生培养,工业设计专业将重视教师队伍建设作为重点

《十四系（工业设计系）所开课程教学大纲（试行）》封面

工作之一，教师们积极地参加国内的高水平学术活动，扩大影响，提升自身业务水平。"当时系里面十分注重教学，青年教师前3年更多的教学任务是跟着有经验的教师做助教，不管是小学期还是日常的课程。"设计与艺术学院副院长杨新这样回忆。

1985年3月，多位教师参加在北京召开的全国高等院校工业设计学会成立大会和第一次全国工业设计教育学术交流会，参与讨论成立了工业设计高等教育学会。1989年，简召全、吴永健等作为中国工业设计代表团成员，参加在日本名古屋举行的第16届世界工业设计协会联合会年会。1989年，教师王秉鉴被评为全国优秀教师。

这些专业建设初期的开创性努力，为今后我校设计学科的发展奠定了坚实的基础，几十年后，人才培养也结出硕果。"我学会了学习，完成了从自然人到社会化的教育，扩大了眼界，培养了专业素养，这些都是在大学完成的，我觉得我的大学上的还是挺波澜壮阔的，我在北理工待了八年半。"小米科技联合创始人、高级副总裁、小米生态链负责人刘德这样回忆自己的北理工设计时光。作为工业设计系 1992 级本科、1998 级硕士校友，刘德接受采访时说："到了四年级的时候，我们已经在所有的权威资格赛都拿到奖了，所以那是一个特别有趣的探索的时代。"

正是得益于对人才培养的着力投入，一批如刘德一样的优秀设计学子已经成长为国内设计行业的杰出人才，并为国家和社会书写了属于北理工设计人的精彩篇章。

拓宽产品，做中国设计

在扎实做好人才培养的同时，伴随改革开放，人们对于设计的认知不断深化，迸发出对优秀设计的更多需要，乘着改革的春风，北理工从工业设计系到设计与艺术学院，不断探索耕耘，深化学科发展，广泛服务于国家社会需求，迅速形成了自己的特色并产生广泛的影响力。

在工业设计系成立之初，一批优秀的教师积极参与社会企业合作，直接为我国工业产品的设计优化贡献专业力量。之后，伴随着办学规模的扩大，工业设计系在科研合作方面更显露出较强实力，在业界产生了积极影响。从设计旅行车、包装机等工业产品，到主持大型建筑、大型空间的设计，北理工设计人在不同的领域屡有斩获。

1989 年，教师冯明参与江苏南通包装机械厂半自动真空包装机设计

1996年，教师庄虹承担了人民大会堂海南厅总体设计，这也是人民大会堂第一次委托个人设计师进行设计。沙黄色墙裙，夹杂灰色条纹的白色大理石墙面，结构柱做出的椰树状拱券，四盏槟榔树造型的落地灯，藻井内吊挂的玻璃珊瑚片，绣着大海退潮后沙滩纹样的地毯，"椰风""海韵""路回头"主题的浮雕……一张张明确标注出具体选材、施工方案等细节的手绘设计图，不仅体现了现代时尚的设计理念，还切合了海南省当时要大力发展旅游业的想法。很快，这份投标书脱颖而出，不多久，庄虹被通知前往海南省人民政府驻北京办事处签约。"因为要在'两会'前验收、试运行和安检，所以给我的工期只有两个月。除了按照原计划推进工程建设外，我在现场得知人民大会堂吊顶要求10年内不许有裂纹，而由于温差较大，原有的块状拼接模式无法避免这一问题，于是我想出了加线条、图案设计的方法进行规避。这件事情解决完，我心里的大石头也算落地了一半。"庄虹回忆说。

教师庄虹主持设计的人民大会堂海南厅

值得一提的是，除了积极面向社会开展工业设计研究合作外，在学校多方发展的整体背景下，工业设计系也探索参与军用设计项目。

1990年，王秉鉴、王铁桩两位教师代表工业设计系负责承接了电子工程系某项目沙盘制作任务，接受了部级鉴定，并参加了"七五"预研成果展，可谓设计系参与军工科研项目的初次尝试。之后，1999年，工业设计系正式主持开展了"某型车内外造型与人机设计"项目，这成为工业设计系首次参与军工项目设计，也为开创具有北理工特色的设计学科发展之路奠定了基础。2009年，由设计学院集体设计的陆军装甲战车项目光荣参加了国庆60周年阅兵仪式，而在这次国庆阅兵式上，阅兵方队身披的"数码迷彩"和多辆游行彩车均有北理工设计人的参与。

教师谢勇主持设计的国庆60周年"团结奋进"游行彩车

2002年设计与艺术学院正式成立，逐步建构了工业设计、环境艺术设计、视觉传达设计、传统工艺美术、造型艺术、艺术理论与研究等多元化的专业方向。围绕学科建设，在发挥军品设计特色方面，学院逐渐在工信部重点专业的专业建设、重点实验室的平台建设，以及"国防工业艺术设计创新人才培养"等国家级科研项目等方面取得了亮眼的成绩。在新世纪的第一个十年，设计学院逐步形成了依托理工、设计与艺术相结合的综合性专业发展格局，发展也日趋国际化。学院相继举办了第二届海峡两岸工业设计研讨会、国际工业设计联合会北京理事会年会、北京第一届无障碍设计国际学术研讨会、亚洲国际设计论坛等一系列高水平学术活动。2013年后，学院与荷兰代尔夫特理工大学、德国伍珀塔尔大学、德国奥芬巴赫大学等相继签订合作协议，在学生交换培养、建立短期学生设计workshop（工作室）、教师访问交流等多个方面达成合作意向。同时来自美国、欧洲、日本的一系列知名学者纷纷来到学院举办讲座。时至今日，依托"北理工百家大讲堂"以及学院"意匠之门"等高水平国际化系列讲座已经成为教师艺术交流与学生美育提高的重要平台。

由我校设计学院主持的2018年度"国防工业艺术设计创新人才培养"项目开班

"面向学校'双一流'建设，设计学院今后将牢牢把握学校的理工学科优势，致力于设计与理工和人文等学科的跨界、交融创新特色发展，坚持以培养人才为己任，应对社会变革对设计与艺术创新的需求，不断深入研究高等设计教育发展规律，探讨设计学科及其在当前中国发展中的特殊性，开展设计学科前沿领域的国际性、综合性研究，逐步探索与引领设计研究与设计教育行业的未来发展方向。"设计与艺术学院院长杨建明这样展望学院的未来。

习近平总书记在纪念改革开放40周年大会上说："改革开放已走过千山万水，但仍需跋山涉水。"在改革开放的时代大潮中，老一辈北理工人以敢闯敢干的勇气和锐意进取的担当，闯出了北理工的设计艺术之路，如今在建设中国特色世界一流大学的征途中，风华正茂的北理工设计艺术之花，将在新时代继续精彩绽放。

文：党委宣传部王朝阳、王征
图：设计与艺术学院
2019年1月26日

陈荩民：爱国奋斗的"五四先驱"

五四运动爆发于民族危难之际，是中国旧民主主义革命走向新民主主义革命的转折点，在近代以来中华民族追求民族独立和发展进步的历史进程中具有里程碑意义。在五四运动百年之际，发扬伟大"五四精神"，奋进新时代，我们不应忘记在北京理工大学的教师中，就有这样一位"火烧赵家楼，痛打章宗祥"的"五四先驱"。他就是陈荩民先生（1895—1981），北京工业学院（现北京理工大学）教授，我国近代著名数学家和教育家。

在北京工业学院工作时期的陈荩民

爱国为民，"翻墙入院，痛打卖国贼"

陈荩民，原名陈宏勋，1895年7月5日生于浙江省天台县一户店员家庭，从小边读私塾，边在家劳动。1916年，中学毕业后，陈荩民考入北京高等师范（现北京师范大学）数学系，从此开启与数学结缘的一生。

20世纪初的中国，国弱民贫，在各国列强的欺辱下，五千年的中华文明已经沦为半封建半殖民地的落后国家，在弱肉强食的国际争锋中，风雨飘摇。从浙江老家来到古都北京，陈荩民开阔了眼界，增长了知识，但是他也看到了社会的民生凋敝和黑暗腐朽。于是在求学期间，陈荩民立志发奋学习、挽救民族、振兴国家，成为学习"德先生"（民主）的实践者和"赛先生"（科学）的积极分子。

正是有了这种思想上的觉醒，陈荩民很快就加入当时北京高校的进步学生群体中，积极开展爱国活动，参加社会服务。1918年，陈荩民被选为北京高等师范和北京大学学生联合会组织的《国民》杂志社评议部评议员。不久之后，他又在北京高师与匡互生、向大光等同学联名发起成立半工半读的"工读会"，后改名为"平民教育社"。

1918年，中国作为第一次世界大战的战胜国，本应该收回德国侵占山东的权益，废除"二十一条"等不平等条约，但是各国列强却在巴黎和会上决议，将德国在山东利益转让日本。中国将要以"战胜国"身份，接受"战败国"的待遇，消息传来，举国激愤。

在这一背景下，北京各高校预定1919年5月7日，也就是在袁世凯签订卖国"二十一条"的国耻日，举行游行抗议活动。后因巴黎和会上谈判失败的消息，不断传来，而反动政府也已做好对游行的镇压准备，各高校决定于5月4日上午，提前举行游行示威，在天安门集会后，奔赴东交民巷使馆区抗议。

陈荩民作为高师学生代表，积极参加其中，当游行队伍受阻，改道直捣卖国贼曹汝霖位于赵家楼的住宅时，面对紧闭的曹家大门和军警的防守，身材高大的陈荩民，踩在同伴肩头打破临街的窗户，第一批跳入院内，打开了大门。

"当时，曹家门紧闭，已有许多军警在周围防守。愤怒的学生一拥而上，用木棍、石块、砖头撞击。我身材较高，就踩在高师同学匡互生的肩上爬上墙头，打破天窗，第一批跳入曹贼院内。我和同学把大门门锁砸碎，打开大门，于是，外面的同学一拥而入。我们到处搜寻曹汝霖，但他和陆宗舆早已逃匿。只有章宗祥躲藏在厢房的大衣柜里，被我们抓了出来。他已面如土色，跪在地上，大家拳打脚踢，把他打得半死。同时，曹家被捣毁，后院已起火。"这是陈荩民先生 1979 年对自己当年参加五四运动"火烧赵家楼"的一段回忆。

随后，包括陈荩民在内的 32 人，因未能及时撤离，被反动军警逮捕、关押，关押期间反动军警对陈荩民等人进行了毒打和审讯。陈荩民的眼镜被打掉，手表被打坏，胳膊也被打得鲜血直流，被关在牢房里，没有饭吃，没有水喝，同学之间不能交谈。直至 5 月 7 日，在各高校的罢课抗议下，经过各校校长和爱国人士的奔走营救，被捕学生终于获得保释出狱，得到了北京各界人士的热烈欢迎。

图中被高举者右起第一人为陈荩民

"被欢迎的同学被邻近的居民围住。我们一下车，就给戴上大红花，把我们一个个抬起来，高高举起，并为我们拍摄了两张照片。群众的爱国热情倾注在我们被捕获释者的身上。我们能获释返校，这是群众的力量，这是全国人民的胜利，使我受到深刻的教育，终生难忘。"60 年后，陈荩民在文章中回忆起当时被释放的情景，仍感到历历在目。

陈荩民出狱之后，在校长陈宝泉的建议下，将名字宏勋改为荩民，免得再被传讯或逮捕。5 月 7 日，刚刚出狱的陈荩民回到学校后，又积极投入抵制日货运动中，并以北京高师代表的身份出席了北京市各界抵制日货委员会联合会，还被推选为主席和北京学生联合会副主席。随后，他积极组织学生走上街头，抵制日货。

1920年，陈荩民在北京高师数理部毕业后，留校任附中的教师并兼任高师会计课主任。1921年，陈荩民前往法国里昂留学，并在里昂中法大学边补习法文边攻读数学。之后，因为揭发校方负责人克扣公款，为避免报复，转至法国底雄大学学习。

战火硝烟中，坚定教育报国

1925年，陈荩民在法国取得数学硕士学位，毕业回国担任北京师范大学教授，并兼任北京大学教授。始终怀揣一颗拳拳爱国之心的陈荩民，选择了教育报国，振兴民族。

回国后不久，陈荩民就应聘担任浙江省第六中学校长。然而，来到浙江六中的陈荩民，面对的则是陈旧的校舍、破烂不堪的桌椅和残缺的仪器设备。为了迅速恢复浙江六中的办学，陈荩民四处借钱修缮校舍、购置设备，仅仅半年学校工作便井然有序起来。但是，当陈荩民另有聘任准备离校之时，国民党教育当局却找借口拒绝偿还陈荩民筹措来的2 000银圆的办学款。最后，陈荩民从国家和民族大局出发，为了保护好家乡的教育事业，甘愿自己分期偿还借款，他和夫人节衣缩食，直到两年后，他到上海暨南大学任教时，才还清了这笔办学巨款。

1937年，抗日战争爆发后，上海沦陷，陈荩民携全家返回故乡天台县，当时天台地区教育落后，全县只有一所初级中学，每年招收学生50人，而天台和临近几个县，还有许多青少年失学在家。于是，在热心人士的支持下，陈荩民夫妇几经周折，申请上海育青中学内迁天台，而这所中学正是由陈荩民夫人阎振玉女士创办的。上海育青中学在战火中早被夷为平地，仅剩下校名，内迁其实就是新建。陈荩民夫妇亲自选择校址、建筑校舍、购置图书仪器设备和聘任教师。后来，由于要求入学的学生逐年增多，学校规模不断扩大，最终发展到拥有高、初中学生 1 000 多人，后设立了城乡分部、乡镇分部、浙江温岭县分校共 4 个教学点。1949 年前，这所学校培养了初中、高中毕业生 3 000 余人，对解决青年就学、提高天台当地的文化教育水平起到了积极作用。

除了积极举办基础教育，陈荩民在近代中国高等教育史上也留下自己爱国奋斗的笔触。1939 年，在育青中学建校过程中，北洋工学院决定在浙江复校，并聘陈荩民担任院长，但校址久未确定。为此，陈荩民四处奔走，最后选定在未被日寇占领的泰顺县百丈口镇建校。建校之初，一无所有，学校要靠租借场地办学，直到 1943 年才建成一批简易的建筑。由于当时交通不便，陈荩民亲自联系建校事宜，经常要往返数百里，还要翻山越岭。正是在他这种以身作则的实干精神带动下，全校师生艰苦奋斗，终于使北洋工学院在浙江复校。陈荩民教育报国，为民族抗战做出贡献。

泰顺北洋工学院旧址——百丈口镇东岸村

抗战胜利后，陈荩民任北洋大学教授兼理学院院长，并兼任北洋大学北平（北京）部主任。面对国民党的反动统治，陈荩民非常支持学生们的爱国民主运动，常常掩护学生们的革命行动，还积极营救被捕的学生，并明确抵制反动党团进入北洋大学。在国民党教育部动员北洋大学迁往台湾时，陈荩民在校委会上与同事们竭力反对，并不顾个人安危，带头和18名教授联名在天津报纸上发表公开信，要求国民党天津城防司令陈长捷撤出天津。陈荩民曾主持北洋大学校务，积极组织教职工护校，防止破坏。新中国成立后，他还担任了北洋大学校务临时委员会主席。

数学教育大家，为国育才，奋斗不息

新中国成立后，陈荩民依然坚定投身教育事业，为百废待兴的新中国培养建设人才。1950年，刚刚从华北解放区迁入北京的华北大学工学院（北京理工大学前身）主动邀请、引进国内高水平师资力量，扩大办学规模，为举办一所社会主义新型重工业大学而筹措力量。在此背景下，陈荩民来到了华北大学工学院任教授并兼任校务委员会委员。在这样一所新型大学中，他继续深耕自己钟情一生的数学，教书育人，为国家培养栋梁之材。

陈荩民一生执教，在数学领域有很深的学术造诣，是我国近代著名的数学家和教育家。早在陈荩民留学法国时，他就对"非欧几何"产生了浓厚的兴趣，并进行了深入研究。回国后，在北京高师和北大任教期间，陈荩民曾用英文撰写了《非欧派几何学》，把这门新学科介绍给学生们。后来，他又用中文改写、修订此书，并在商务印书馆出版。《非欧派几何学》被列为当时的大学丛书之一。陈荩民为我国近现代数学研究与教育做出了重要贡献。

作为一位颇具影响力的数学教育家，陈荩民学识渊博，治学严谨，成果卓著，不仅执教过十余门高等数学课程，还自己编印讲义，翻译了大量国外数学文献。陈荩民曾主持华北大学工学院数学教研组（北京理工大学数学系前身）工作，他重视理论研究与教学，坚持理论联系实际，教学有方，经验丰富，为人谦逊，以身作则，关心青年教师，带出一支高素质的教师队伍，为北理工数学学科发展和人才培养奠定坚实基础，做出卓越贡献。

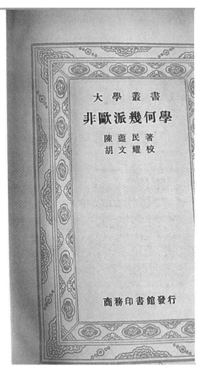

《非欧派几何学》

20世纪50年代末,陈荩民还被教育部聘为全国工科数学教材编审委员会委员,他所编的《高等数学教程》被列为全国工科院校通用教材,为我国工科数学教材建设与数学模式的形成做出了突出的贡献。陈荩民一生先后出版了高等数学教材、中学数学教材等近百种,发表了大量的学术论文。

"数学是基础科学之一,是现代科学技术的最重要基础,是基础的基础,研究基础理论也脱离不了数学,为此要提高我国的科学技术水平,就应该加强数学理论的研究,特别是加强我国数学方面的薄弱环节——工程数学和应用数学的研究。"1973年年初,虽然受到运动冲击,但是陈荩民仍然心系党和国家的事业,冒着风险,在专门给周恩来总理写去的一封关于加强数学研究的信中这样写道。周总理对这封信很重视，指示办公室给陈荩民打来电话，请他开列国内应用数学领域的专家名单。

1978年，国家实施改革开放，已经83岁高龄的陈荩民依然以饱满的热情投入工作之中，虽然已经不能亲自授课，但在学校党委的支持下，与他人合作重新编写了《高等数学基础》等教材。"图书资料不能完全摊开，找资料比较困难，但我坐在沙发上，前面放着自制的简易茶几，戴上眼镜，再加上放大镜，终于克服了种种困难，顺利进行了编写审阅的工作。"这是陈荩民对自己83岁高龄仍主持编写教材的一段自述。

陈荩民1957年所著《高等数学教程》与
83岁高龄重新编写的《高等数学基础》

1981年，陈荩民先生在北京逝世，享年86岁。

"100年来，中国青年满怀对祖国和人民的赤子之心，积极投身党领导的革命、建设、改革伟大事业，为人民战斗、为祖国献身、为幸福生活奋斗，把最美好的青春献给祖国和人民，谱写了一曲又一曲壮丽的青春之歌。"习近平总书记在纪念五四运动100周年大会上的讲话中这样讲到。

百年来,"五四精神"传承不息,爱国奋斗始终是每个时代中国青年的主旋律。新时代,紧密团结在以习近平同志为核心的党中央周围,发扬伟大"五四精神",奋力谱写实现中华民族伟大复兴中国梦的壮丽篇章,更需要青年一代高举爱国主义伟大旗帜,追求真理、追求进步,继承弘扬永久奋斗的伟大传统。在建设中国特色世界一流大学的伟大征程中,爱国、奋斗、追梦的北理工青年师生,不断前进!

文:党委宣传部王征
2019年5月2日

注:本文根据《天台文史资料(第一辑)》整理,图片均来源于网络。

/ 岁月风采篇 //

1949，北理工的新中国初记忆

1949年10月1日，伴随着毛泽东主席"中华人民共和国中央人民政府今天成立了！"的洪亮声音，第一面五星红旗在天安门广场冉冉升起，礼炮鸣响，如春雷激荡。

1949年10月1日，30万军民齐聚天安门广场上参加开国大典，喜悦的人群与旗帜、鲜花汇成了锦绣海洋。

1949年10月1日，天安门前，金水桥旁，三百余位身着土布制服的师生，见证了伟大时刻，写就了北京理工大学的"新中国初记忆"。

参加解放平津

"在当前的形势下，我们需要大量新的干部，新的人才。这些干部和人才需要具备新的技能和本领，为了支援战争、发展经济，我们需要强大的工业力量，奠定新的工业基础。"这是1948年10月8日，在华北大学工学院（北京理工大学前身）的首个开学典礼上，时任华北人民政府公营企业部（简称企业部）副部长、被誉为"兵工泰斗"的刘鼎同志介绍学院的办学方针和要求。

从延安出发，在华北的战火硝烟中，辗转办学三年多的自然科学院（北京理工大学前身），1948年8月整合力量，成为华北大学工学院（简称华工），学校仍保持办学传统，直接服务于党领导的工业生产和建设工作，由企业部直接领导，和刚刚成立的华北大学仅保持组织联系，校址设在河北井陉。

开学后仅仅1个月，平津战役爆发，1949年年初，北平和平解放。

在战役开始前，中央就开始准备对新解放的城市和地区进行接收，时任华工院长的刘再生即被抽调负责筹备企业部平津接管工作，12月16日，又决定从华工338名学生中抽调150名参加接管工作。

"一声令下，打起背包就出发"，当时参加接管平津的命令是突然下达的，学生们中断了实习等工作，由刘再生院长动员后，直接宣布了参加人员名单，学生们打起背包，当晚就出发到石家庄等候分配。次日清晨，学生们被分为两队后，立即前往天津和北平，除了行李由车辆搬运，全体学生徒步完成了300多公里的长途行军。

面对刚刚解放后复杂危险的社会情况，参加接管的华工学生分别在天津胜芳和北平石景山接受了军管会的突击培训，随后就投入紧张繁重的接管工作中。"制钉厂的技术员没有什么学历，原本是日本侵华时期的一个工头。他长期在这个厂工作，对生产非常熟悉，工人也信服他，还得依靠他把生产抓起来，遇到困难我们反映给上级军管会解决，这样我们就不至于陷入日常的生产事务中，就有精力深入做群众工作，了解情况，宣传和组织群众。"当时参加接管工作的华工学生寇平曾撰文回忆。他之后撰写的关于接管工作报道，还被《天津日报》安排在头版中央突出位置发表。

天津制钉厂、制冰厂、油墨厂、起士林餐厅……，北平的石景山发电厂、华北钢铁公司及所属石景山钢铁厂、京西三大煤矿、华北水泥公司及所属琉璃河水泥厂、七十兵工厂、第一机械厂……，在一大批平津工矿企业的接管工作中，都活跃着华工学生的身影。

1949年5月24日，华北大学工学院又接到公营企业部的命令，组成接收小组，由时任副院长曾毅带队，代表华北人民政府对北平中法大学进行接管。"我的父亲曾在中法大学工作过，我和中法大学的教师们比较熟悉，而我又被抽调成为接管组的成员，所以在入驻接管的前一天，我专门请示了曾毅同志，提前去中法大学看望了这些我父辈的老师们，当他们得知我也是接管组的一员后，都仿佛松了一口气，能够有个熟人代表新政府来接管，沟通交流起来，也会顺畅很多。"已经91岁高龄的我校离休干部匡吉这样回忆当年的经历。

原北平中法大学

在时任中法大学校长、著名教育家李麟玉先生的带领下,中法大学师生不仅积极配合接管工作,还热情为华工提供各种支持。1950年9月,按照国家要求,中法大学停办,除数理化三系并入华北大学工学院外,校本部全体人员也都决定到华大工学院工作,有效充实了当时华工的办学力量。

参加平津接管工作,参加解放中国的伟大事业,这不仅给予了华工青年学子肩负时代责任的无上光荣和在历史洪流中宝贵的成长锻炼,更成为学校办学发展历程中的伟大时刻,更是学校"不忘初心、牢记使命",为中国人民谋幸福、为中华民族谋复兴的历史践行。

亲历开国大典

1949年7月,华北大学工学院接到了向北平迁移的命令,8月7日,第一批师生开始从河北井陉出发,分批迁移工作到月底全部完成。

初入北平的华工师生,还没站稳脚跟,就马上投入一场热火朝天的"战斗"中。1949年9月,开国大典正在紧张筹备,其中清理天安门广场是当务之急。当时,这座保留着明清两代建制的广场,东西两

1949年开国大典前夕,紧张清理中的天安门广场

侧的红墙尚未拆除,一片荒芜,杂草丛生,垃圾堆得都超过了红墙高度,从东单到南河沿路口的东长安街北侧更是堆起了一条垃圾长龙,环境十分脏差。为清理天安门广场,中央和市委成立了专项指挥部,组织机关团体和学校义务劳动,北平各个大学都积极参与其中,指挥部还制定了检查评比标准,一场劳动竞赛随即展开。

刚到北平的华北大学工学院更是不甘人后,组织师生加入这火热的行列中。"学生们不知疲倦,衣服被汗水湿透,尤其还下过雨,颇有寒意。秋雨又伴着大风,雨水把垃圾淋成泥潭,又滑又脏。学生们仍然干劲十足,淋着雨迎着风在泥泞的广场上,跌倒了爬起来,情绪高昂。唱着没有《共产党就没有新中国》等歌曲,边干边唱边笑。"时任学生会骨干的李宜今在文章中这样回忆了当时干劲朝天的场景。

虽然当时很多人并不知道这些身着土布制服的学生来自哪个学校,但一声哨响,挥锹抡铲,时间一长就分出了高下,华工学生们在劳动中表现突出,干得又多又快又好。最后,经指挥部统计,华工战胜所有单位,获得了劳动竞赛第一名,华北大学工学院的名字通过天安门城楼的扩音器响彻广场。

1949年的秋天,新中国成立的脚步日益临近,师生们心中对开国

/ 岁月风采篇 //

大典充满期待，渴望见证这一伟大的历史时刻。不久后，这所由党在抗战烽火中创建，为建立新中国做出贡献的红色大学，也迎来自己见证胜利的高光时刻。

"9月底，学校领导介绍了中央开会的一些情况，如政协会议、国旗、国徽、国歌等，并公布我校将参加10月1日的开国大典。同学们听到这个喜讯都无比高兴，还准备了在夜间游行的火把。"北理工离休干部姜文炳这样回忆了当时的情景。

准备参加开国大典的华工学生

能够全体参加开国大典，得益于华北大学工学院由当时的企业部也就是中央重工业部直接领导，师生均为中央机关干部编制。因此，参加开国大典的华工师生，便列队于中央机关区域，在长安街北、天安门前近距离感受毛主席等开国元勋和受阅部队的风采。"我们当时观礼的位置不是在天安门对面的广场上，而是在天安门前，靠东侧的太庙门口，也就是今天劳动人民文化宫门前，可以说距离天安门城楼非常近。"当时还是22岁青年教师的匡吉这样回忆。

开国大典阅兵结束后，华北大学工学院师生又参加了群众游行，光荣列队从天安门前通过。"我们学校的队伍由天安门东走到西单。在通过天安门时，看见毛主席，我们高呼'毛主席万岁'，毛主席不断向我们挥手致意，大家都非常兴奋。"当时还是华工学生的北理工离休干部姜炳文，回忆起70年前一幕，仍然激动不已。华工师生的游行队伍走到西单向南，从东交民巷到王府井大街，夜幕降临，大家点起事先准备好的火把，照亮大路，一直向北回到学校。

在天安门前静候开国大典的华工学生

做新中国的新型学校

1949年9月,初到京城的华北大学工学院,可谓是北平高校"朋友圈"的新成员。来自解放区,由党创建、历经战火的华工,马上展现出一所由党创建的新型学校与众不同的风范和气质,为新中国高等教育事业做出自己的贡献。

早在进北平之前,华工全校都进行了深入的思想教育和工作准备,学习了中央相关精神和文件,将进城作为一场考验,明确要树立远大目标,谦虚谨慎,善于学习,保持艰苦奋斗和密切联系群众的革命传统。进城后,华工学生享受国家供给制,统一穿着灰色或黄色的粗布制服,女生穿着列宁服,头戴八角帽,个个精神抖擞。在穿着西裤、长袍和旗袍的北平大学生中特别显眼,树立了解放区大学生的新形象。在参加高校大型集会和活动时,华工学生的组织性、纪律性和高昂的革命热情，给北平高等学校注入了一股新鲜空气。当时，华大工学院的师生出门上街也列队行走，并不坐车，整齐的队列总能引来行人的惊讶羡慕。

不仅如此，华工学生也将革命的好传统实实在在地体现在行动中，展现出全新气象。"当我走到最热闹的东单大街时，惊奇地发现同学们正卷起袖子，挽起裤腿，用铁锹和镐挖沟，平整土地，修马路。对我而言，星期日，大学生修马路，简直是不可思议！"1949年8月刚刚从上海毕业来到华工工作的熊楚才，在之后的回忆文章中写下了自己对华工学生的最初印象。更有些华工学生，在街上见到贫苦市民，还会主动送出仅有的钱物。后来，伴随着华北大学工学院影响力逐渐增大，很多学生放弃名牌大学向往"到华工来参加革命"。

来到北平办学，学校面临的困难很多，不仅校舍不足，而且经费和教学实验设备也一时缺乏，但是学校仍然坚持高标准办学，通过借用清华、北大等高校的教学资源，确保教学质量。教师们夜以继日地工作，集中解决各种困难。

当时，华工对学生的思想和教学都抓得很紧，学生不仅要开展政治学习、传统教育和形势报告会，学校还给每个班级订阅了一份报纸，每天自习前的读报都是固定的学习环节。在知识学习上，学生们充满热情，早上5点起床跑步、上自习，一天的课程结束，到晚饭后还要自习，到晚上9点半才能睡觉。有一次，学校在钱粮胡同的大教室请清华大学几位著名教授介绍当时的前沿科学技术。讲完课后，清华的教师们对曾毅副院长讲："你们坐在前排的那些小同学，聚精会神听讲，个个眼睛贼亮，我们很少见过这样的学生！"

新中国成立初期，华北大学工学院在办学理念上也有自己的特色，首先是不拘一格选拔人才，初到北平学校急需大量优秀教师，于是在全国范围内多方延聘教师，迅速形成了以教授、副教授为主体的强大教师阵容，其中全国知名教授不在少数。

"有曾任北洋大学理学院院长的陈荩民教授，曾任长春大学校长的张玉军教授，曾任西北大学理学院院长的赵进义教授，曾任四川大学

华北大学工学院的课堂

数学系主任的胡助教授等人,他们各自的学术观点与教学风格交汇融合,不仅有力培养了青年教师,也使青年学生耳目一新,这是华北大学工学院教学上的一个特色。"曾在北大、西南联大任教,之后来到华工的数学名师孙树本教授在文章中这样回忆当时的数学学科建设情况。

学校对教授们教学上的尊重,最大限度地发挥了他们的专业所长,加上一些良好的教学做法,都确保了较高的教学质量。

当时,为了帮助学生提高学习效率,教师们不仅主动编写中文讲义,还注意传授学生课前预习、记笔记、复习做题等学习方法。特别是学校还保持了解放区传统,建立了答疑辅导制度,为每个班安排专门自习教室,除了上课,学生都在本班教室自习。学校在课表上设有复习答疑时间,主讲老师和辅导老师都来答疑。这种答疑制度在1951年暑期教育部召开的会议上得到了肯定,这个时期教人而不是教书的新观念成为教师们的共识。

除此之外,华北大学工学院还倡导任课教师要主动关心学生、理解学生,建立良好的师生关系。这不仅提升了教学成效,更重要的是师生之间在思想上也实现了教学相长、共同进步。"在上几十个人的小班课时，我必须在较短的时间了解学生，认识学生。例如，有个学生初次离家，时常想家，不能安心学习。我劝他多写信回家报告学习情况，使他生活愉快，心情舒畅了。"孙树本在文章中这样回忆。

值得一提的是，华北大学工学院还为各班级配备一名专职脱产辅导员，主要是做学生的政治思想工作，并关心学生的生活。"那时我们这些青年学生刚刚步入学校，正确的人生观和世界观还没有树立起来，辅导员和我们生活、劳动在一起打成一片，了解我们的学习生活和思想情况，有的放矢地与我们谈心、讲时事、讲学习目的和为人民服务的道理。有一次班里同学犯病起不来床，辅导员马上请来医生看病，我们都很感动。辅导员成为同学们的贴心人。"1950年，就读于机械专修科的刘万和、顾鸿翔在回忆华工学习生活往事时这样写道。

朝气蓬勃的华工学生

华北大学工学院的学生们不少都是曾参加过革命工作的干部，属于从原单位抽调上来读书的"调干生"，所以党团员比例比较高，丰富的党团活动也成为华工的特色。而同学间的关系,更是保持了解放区的革命传统,互帮互助、真诚相待。全体学生还有定期的组织生活会,会上每个学生都可以谈自己的学习、生活、思想等各方面,分享近期的优缺点,大家相互批评和表扬,坦诚相见,胜似亲人。华大工学院曾邀请所接收的原北平国立高工的学生参加这样的生活会,这些北平的大学生们第一次见到这个场面,就被这种真诚的同学关系深深触动,发出"这真是难以想象的高境界"的感慨。

1949年留下许多宝贵记忆。北理工不忘初心、牢记使命,一代代北理工人带着全新气象,发扬光荣传统,传承红色基因,书写出矢志强国的贡献与奉献!

2019年,新中国成立70周年,普天同庆!2020年,北理工80周年校庆,未来可期!

文:党委宣传部王征
图:北京理工大学媒体资源中心
2019年10月9日

素材来源:《华北大学工学院回忆录》《桑榆情怀》。

阅读北理

（第二辑）

中（人物篇）

北京理工大学党委宣传部　组织编写
蔺　伟　王　征　韩姗杉　主　编

北京理工大学出版社
BEIJING INSTITUTE OF TECHNOLOGY PRESS

版权专有　侵权必究

图书在版编目（CIP）数据

阅读北理. 第二辑. 中，人物篇/北京理工大学党委宣传部组织编写；蔺伟，王征，韩姗杉主编. —北京：北京理工大学出版社，2020.9

ISBN 978 – 7 – 5682 – 8673 – 2

Ⅰ. ①阅… Ⅱ. ①北… ②蔺… ③王… ④韩… Ⅲ. ①北京理工大学 – 概况　Ⅳ. ①G649.281

中国版本图书馆 CIP 数据核字（2020）第 169217 号

出版发行 / 北京理工大学出版社有限责任公司
社　　　址 / 北京市海淀区中关村南大街 5 号
邮　　　编 / 100081
电　　　话 / （010）68914775（总编室）
　　　　　　（010）82562903（教材售后服务热线）
　　　　　　（010）68948351（其他图书服务热线）
网　　　址 / http：//www.bitpress.com.cn
经　　　销 / 全国各地新华书店
印　　　刷 / 三河市华骏印务包装有限公司
开　　　本 / 710 毫米 × 1000 毫米　1/16
印　　　张 / 14.5
字　　　数 / 202 千字
版　　　次 / 2020 年 9 月第 1 版　2020 年 9 月第 1 次印刷
定　　　价 / 169.00 元（全 3 册）

出版人 / 丛　磊
责任编辑 / 申玉琴
文案编辑 / 申玉琴
责任校对 / 周瑞红
责任印制 / 李志强

图书出现印装质量问题，请拨打售后服务热线，本社负责调换

编 委 会

主　审　包丽颖

主　编　蔺　伟　王　征　韩姗杉

副主编　王朝阳　吴　楠　戴晓亚

编　委（按照姓氏笔画排列）

马　瑶　刘晓俏　纪慧文　吴翼飞　辛嘉洋

张雯娟　和霄雯　季伟峰　赵　琳　赵安琪

哈　楠　姜　曼　徐梦姗

前　言
PREFACE

新闻宣传工作是高校宣传思想工作的重要组成部分,是加强高校意识形态阵地建设的重要途径,也是展示高等教育改革发展成就的重要窗口。高校新闻宣传工作对内服务于学校的中心工作,围绕学校的办学理念、人才培养目标定位、校园文化、大学精神等,面向师生宣传党的教育方针和政策,传达学校改革发展的目标、规划、思路和举措,使学校的办学理念成为师生共同的精神文化和价值追求,激发师生凝心聚力、同向同行;对外具有展示、塑造、公关、疏导的功能。对大学校园这所"大课堂"而言,新闻宣传工作是一种无形的课堂和育人渠道的有机延伸,也是促进学生全面发展的有力载体和手段。

在学校党委的坚强领导下,北京理工大学党委宣传部把坚持正确的政治方向放在首位,始终坚持正面宣传、坚持团结稳定鼓劲,紧紧抓住"思想线""舆论线""文化线""育人线"四条工作主线,坚持落实"两个巩固"的根本任务,牢牢掌握新闻舆论的主导权话语权,涵养化育一流大学文化。

"安邦定国,文以载道"。在当今的全媒体时代,高校新闻宣传工作要坚持脚踏实地,贴近师生,把学校形象展示好、把学校故事讲述好、把师生诉求表达好,凝聚师生,汇聚发展正能量。2014年以来,北京理工大学党委宣传部在新闻"采、编、发"联动上下功夫,积极构建舆论引导新格局,组织专业采编力量,整合新闻宣传资源，精心策划报道选题，推出了"阅读北理"深度报道栏目，以"一文＋一图"的形式倾情讲述北理工故事，在学校主页最显著位置予以呈现，同时通过学校官方新媒体矩阵、新闻网、校报等多媒体平台同步辐射。这些人物、故事、校园风物犹如满天星斗，闪耀在北理工的各个角落里。在北理工这个博大精深的"实验室"里，采编人员运用手中的笔、桌上的键盘、掌上的照相机，以生动的语言和精美的图片为材料，"烧制"出斑斓华章，"淬炼"出带有深刻"北理工印记"的篇篇故事，为学校新闻宣传插上了网络的翅膀、美文的翅膀、思想的翅膀。

2017年年底，《阅读北理》第一辑出版，受到广泛好评。为延续这一优良的工作传统，党委宣传部对2017年下半年以来"阅读北理"深度报道栏目中的优秀文章进行了挑选编排，推出《阅读北理》第二辑。本书聚焦立德树人根本任务，聚焦人才培养中心工作，聚焦服务国家重大需求，聚焦瞄准世界科技前沿，充分反映了学校在奋力建设中国特色世界一流大学新征程上的新形象。全书涵盖党建思政、人才培养、学科建设、师资队伍、科学研究、国际交流、校园建设、大学文化等多方面内容，分录在"矢志一流""立德树人""岁月风采""人物故事"四个篇章，并将科技类报道单独成册。全书集中展现了北理工人矢志一流的北理工梦想、任重致远的北理工品格、锐意鼎新的北理工创造、潜心育人的北理工故事、可爱可敬的北理工家园。

《阅读北理》，打开她，北理工与你同行。

目 录
CONTENTS

教 师 篇

红妆武妆两相宜，巾帼何须让须眉 …………………………… 003

崔建霞：让这堂思想政治课精彩起来 …………………………… 010

孙硕：我是一枚小小的"音柱" …………………………………… 018

王博："杰青"的"电熨斗" ……………………………………… 024

刘新刚：让思想政治课传递"中国自信" ……………………… 031

王菲：为你演绎"大物传奇" …………………………………… 037

彭熙伟：吾师六记，平而不凡 …………………………………… 044

张艳丽：送你到达理想的彼岸 …………………………………… 051

点滴汇聚，我为一流北理做基石 ………………………………… 057

梅凤翔：黑发积霜织日月，粉笔无言写春秋 ………………… 069

姜楠：在北理工，带你解读人文之美 …………………………… 078

薛庆：为师有爱，教师模范 ……………………………………… 087

用体育书写一流人才培养的精彩篇章 …………………………… 092

张忠廉：永做照亮学子前行路的明灯 …………………………… 102

韩伯棠：做好老师，与新中国一同成长 ………………………… 113

培养一流人才的奋斗者 …………………………………………… 121

让党徽在平凡岗位上熠熠生辉 ………………………………………… 132

学 生 篇

倪俊：科研报国青春梦 ……………………………………………… 147
王乾有、王珊博士夫妻：在北理工，我们很幸福 ………………… 155
付时尧：用奋斗点亮最闪耀的逐梦之光 …………………………… 163
赵家樑：用奋斗奏响精彩青春的快节奏 …………………………… 171
朱漫福：做青春的"赛车手" ……………………………………… 179
李博：博士毕业，到基层去！ ……………………………………… 189

校 友 篇

巴基斯坦伊克拉姆家族的北理工留学故事 ………………………… 199
王永仲：北理工的光芒照耀我砥砺前行 …………………………… 205
王光义：激发新一代的"北理工力量" …………………………… 212
史晓刚：立足科技创新的潮流引领者 ……………………………… 218

教 师 篇

红妆武妆两相宜，巾帼何须让须眉

——北京理工大学光学精密仪器课群研究型教学团队专访

北京理工大学是国家国防创新的重要基地，把先进技术写在祖国尖端武器装备上，成为代代北理工人薪火相传的使命。传统观念中，军工领域似乎应是男性的天地，然后恰恰是在这些"硬气"的尖端学科中却活跃着一批"巾帼英雄"。她们"红妆武妆两相宜"，刚柔相济，在科研道路上攻坚克难；她们"巾帼不让须眉"，在学校创建"双一流"的伟大事业中脱颖而出、奉献不辍。

荣获"全国五一巾帼标兵岗"荣誉称号的光学精密仪器课群研究型教学团队便是北理工女教师的杰出代表。她们甘为人梯，出色完成了教学任务；她们面向国家重大战略需求，积极承担国家及国防重大重点科研项目；她们瞄准国际科技前沿，在世界舞台展示北理工女教师的风采。

团队荣获"全国五一巾帼标兵岗"荣誉称号

"教研相长",打造双赢团队

郝群、李艳秋、赵跃进、曹峰梅、李林、刘娟、邱丽荣、黄一帆、张丽君、胡摇,北京理工大学光学精密仪器课群研究型教学团队共10人,其中女性有8人。多年来,深耕教学第一线、做好人才培养的工作,成为团队全体成员倾心的事业。目前,团队共精心设计、承担10门本科层次、8门硕士层次、3门博士层次课程。支撑这些精品课程的,是团队的教学创新与科研建树。

"高水平的教师培养高水平的创新人才,是团队的发展理念。团队通过不断拓宽自己的研究领域和研究深度,促进教学的内涵与外延发展。"团队带头人、北京理工大学光电学院院长郝群告诉记者。

正是源于对"教研相长"的坚守,团队教师们实现了科研、教学实力过硬的双赢局面。团队带头人郝群,近年来连续获得国家级、省部级教学成果奖,国防技术发明奖,北京市教学名师奖等,被评为全国"巾帼建功"标兵等。青年教师邱丽荣,在不到8年的时间里,从一个博士后成长为优秀的教授、博士生导师,连续荣获国家自然基金优秀青年基金资助,入选科技部中青年科技创新领军人才、国家"万人计划"科技创新领军人才。团队教师中还有长江学者特聘教授李艳秋,首都教育先锋教学创新先进个人曹峰梅,国家留学基金委创新型人才国际合作培养项目负责人刘娟,北京市青年教师教学比赛一等奖、教育部霍英东高校教师奖获得者黄一帆,工信部"工信先锋"集体负责人张丽君,北京高等学校青年英才计划入选者胡摇。

一项项不输男同胞的耀眼荣誉背后,是这些女教师们对岗位的热爱、对事业的坚守!

"钻研了得",人才培养要慢工出细活

"育人是个大功夫","钻研"二字"了不得"。光学精密仪器教学

团队在人才培养方面下了苦功夫来钻研，进行了系列创新与实践，形成了一批优秀的教学成果。

团队创新研究型教学，将"传道""授业""解惑"三者相结合。在学生获取知识方面，团队打破了传统课堂上单纯教师授课的教学模式，转变为以学生为主，教师投身研究型教学中，将科研中的积累用于指导学生，使之在本科阶段就能从科研实践中体悟科学的思维方式和解决问题之道。

郝群为学生教授小组课

知易行难，为提升学生实践创新，团队积极推动了学生科技创新活动的开展。为此，团队注重加强校内外基地建设，使课内实验与课外实践相融合，形成校内外互补的实践教学体系。不仅建设了面向全校乃至北京市中学生的光电创新基地，还与国内外的知名企业、科研院所建立了联合实验室，为创新人才培养提供了新思路和不可或缺的工程实训途径，显著提升了参与学生的创新能力及解决问题的能力。

此外，团队紧跟互联网时代的步伐，让学生能够享受最先进的教学模式，面向校内外分享一流的教学资源。团队积极建设了"技术光学"国家级精品视频公开课、"光电成像原理与技术"国家级精品资源共享课,"应用光学""光电仪器设计"2门慕课,以及"工程光学"国家级虚拟仿真实验教学中心,致力于普及先进的光电技术知识。

人才培养思路、模式上的创新所取得的成效,令团队收获了接踵而至的荣誉。2013年,团队主要成员获得北京市高等教育教学成果一等奖2项、二等奖1项;2014年,获得高等教育国家级教学成果二等奖1项,中国学位与研究生教育学会研究生教育成果二等奖1项。2011年来,发表教研论文18篇;指导的学生获得国家级、省部级科技竞赛奖28项,国家大学生创新性实验计划项目12项。先后出版北京市精品教材、国家级及省部级规划教材专著等15部。

科研建树,汇聚耀眼的"巾帼之光"

复杂光学系统的设计与检测已经成为当前航空航天、精密制造、国防工业领域的关键技术领域,特别是超精密加工与显微成像、精确制导等需求急迫且严苛。而北理工的光学学科作为国内老牌劲旅,面对国家需求和国际研究竞争,自然是当仁不让。巾帼又怎样?飒爽英姿,不输须眉。

团队承担的国家及国防重大重点科研项目,自主创新研制的新原理仪器,不仅达到国际先进水平,还得到了推广应用。多年来,出色的研究成绩相继获得国防技术发明奖、国防科技进步奖和军队科技进步奖等。2011年以来,团队发表SCI检索论文158篇,2篇发表在影响因子11.329的Nature Communications,40篇发表在影响因子3以上期刊,授权发明专利130件。

不仅在瞄准国内重大战略需求上取得了丰硕的成就,团队还高度重视师生国际视野的拓展。团队成员积极在国际交流中展示中国高校女教师的风采。近年来,团队与加州大学伯克利分校、亚利桑那大学光学科学中心、墨尔本皇家理工大学、剑桥大学、东京大学、新加坡国立大学等世界一流大学建立长期的合作关系,助力创建有北理工特色的一流学科。

为了推动更多的学生能够在国际学术平台上得到充分的锻炼与提升，在平台建设上，由团队牵头，获批国家留学基金委2016年创新型人才国际合作培养项目的"北理工—澳大利亚全息与微纳国际联合实验室"，每年选派联合培养硕、博士8名。

近6年来，团队共派出15名研究生，其中5名硕士研究生到国外知名大学进行为期1年以上的联合培养或半年的学术深造，6名博士研究生获得国际光学工程学会（SPIE）颁发的Student Leadership Grant，3名硕士生获得SPIE的Student Author Travel Grant，3名硕士生获得SPIE的Newport Research Excellence Award，3名博士生获得美国光学学会（OSA）颁发的Student Leadership Grant。

"传帮带"，实现多赢格局

光学精密仪器的学科特点要求从业者有着缜密、细致的思维，共同的理想与缘分，让一批出色的光学女将汇聚在这个优秀的团队中。

"团队成员间的沟通合作是毫无保留的，团队成员的感情亦是亲密无间的。多年来，我们坚持把教学科研放在首位，因为我们有着共同的目标——把光学精密仪器事业推向前进。"团队成员、光电学院副院长黄一帆说。

谈起团队的文化氛围，"传帮带"成为大家的共识，这是团队建设的纽带。在这个汇聚中青两代教师的团队中，既有享誉业内的知名专家，又有入职不久的青年教师，无间隙、无保留的交流与合作是常态，充满了友好、向上的工作氛围。"劲往一处使"，此言不虚。

"团队中资历丰富的老师会毫无保留地把自己的知识经验传授给青年教师，创造条件帮助年轻的老师把想法促成，把做法完善。在有更新的力量加入后，同样的传承也会在新一代梯队中主动继续。这样的氛围中，每个人都能发挥积极性，相互配合，相互支撑，既做到了术业有专攻，也实现了团队发展的互利互赢。我个人的成长就受益于这

团队成员合影

样优良的'传帮带'团队传统。"黄一帆这样分享道。

宽严相济、刚柔相宜是团队管理之道。团队承担的大量重大科研项目,对于初出校园的青年教师来说,尚有畏难情绪。团队带头人郝群便带头鼓励团队青年教师:"这事我经过周密的思考与判断,咱们肯定能干成。"这位坚定自信的老大姐,成为团队乐观、上进氛围的定海神针。"一开始都会觉得有难度,但是大家必胜、乐观的信心,迎难而上的干劲,让我们顺利攻关一个个之前被认定不可能完成的事情。这种成就感、荣誉感的收获,鼓足了成员的干劲,坚定了自信,形成良好的团队生态。"郝群说。

这样的"传帮带"不仅仅限于团队内,郝群、李艳秋作为学校女教授的杰出代表,还通过多种方式,"点对点"帮助青年女教师快速成长。值得一提的是,团队成员作为导师、副导师指导获得的2篇全国和1篇北京市优秀博士学位论文的作者都为女博士生,毕业后她们都选择了进入高校从事人才培养工作,并很快因业绩突出晋升为副教授。

在科研道路上攻坚克难,在教学领域改革创新,以8位光学界铿锵玫瑰为主力的团队成员夜以继日地辛苦付出，在通往理想的道路上不断奋进。

"事情只要想做就一定能做好！"这句朴实无华的话语道出了北理工女教师的自信风貌，勾勒了"全国五一巾帼奖"获得者不让须眉的风采！

文：党委宣传部马瑶、王征，光电学院
图：党委宣传部徐思军，光电学院
2017年3月7日

崔建霞：让这堂思想政治课精彩起来

同学们说："她把马克思讲'活'了！""这位老师上课很能调动我们的兴趣，就像谈话节目一样贴近我们！""理论课讲得风趣幽默、通俗易通，而且内外兼修，很有个人魅力，我非常喜欢她。"

她说："世界上没有枯燥的知识，只有枯燥的讲授。要使学生能领略理论的魅力、品味理论的价值，关键在于教师对理论融会贯通的真功。"

2008年5月，她所讲授的"马克思主义基本原理概论"第一章入选教育部"精彩一课"（全国8人）。

2012年，她主持的"崔建霞案例教学工作室"入选北京市教工委设立的首批8个北京高校思想政治理论"名师工作室"。

2014年，她获评北京市高等学校教学名师奖。

2015年，她获得全国"高校思想政治理论课教师2014年度影响力人物"。

2016年，她成为首批北京高校思想政治理论课特级教授。

多年来，在北理工的思想政治课堂上，精彩的"马克思"日复一日地在学生们心中绽放。而让"马克思"精彩起来的她，就是32年坚守讲台、潜心耕耘，把思想政治课讲进学生心里的崔建霞老师。为什么学生说她把"马克思"讲"活"了？她讲的思想政治课到底有什么样的魅力？今天，让我们走入崔建霞的"精彩一课"。

精彩源于心中的信仰

思想政治课如何上才能入脑入心？这是当前思想政治课建设的核

/ 教师篇 //

崔建霞

心问题。在崔建霞的观念中，始终坚定认为马克思主义的世界观、方法论只有首先进入教师头脑，才有可能进入学生头脑，只有教师真信真用，才能引导学生相信并运用。

"我深深知道三尺讲台的分量！教育是培养人的活动，教育活动决定了教师的劳动必然带有强烈的示范性。教师要用自己的思想、学识和言行，通过示范的方式去直接影响学生。对于思想政治理论课而言，教师劳动就不仅仅是知识示范性的层次，还要超越知识的层次，传递一种信仰，所以教师必须要有过硬的政治素质，要有坚定的政治信念。"崔老师娓娓道来，温和的语气中透着一份坚定。

夯实世界观、方法论基础，使之成为自觉而坚定的信念，这是她教好思想政治课的第一要务。从教几十年来，崔建霞不知不觉形成一个习惯：每天清晨早起第一件事，便是翻开一本马克思主义原著阅读半个小时。在快节奏的生活中，她把清晨短暂而宝贵的时光，交给了自己喜爱的"马恩世界"，与马克思、恩格斯的思想、理论、学说为伴，在历史的长河中，细细品味马克思主义的真精神。除了长期坚持研读经典原著，崔建霞还养成了做"政治体操"的好习惯，不管多忙她都要挤出时间研读中央发布的政策文件，经常性参与学习交流。这些习惯让她的思想不断深化，且更加坚定自信、与时俱进地让"马克思"愈发"精彩"。

从教30余年，方寸讲台，崔建霞始终坚持认为思想政治理论课要充分体现党和国家意志、马克思主义主流意识形态和时代精神。"它是一门课程，但又不是普通意义上的课程，而是具有特殊定位、特定内涵、特定任务的一项育人基础工程。"崔老师这样说道，"如果没有正确的政治理念支撑、没有对课程性质和任务的深刻理解，教学活动就会丧失方向感。"

教师信仰坚定，还要使其成为学生思想共振源头。于是，在崔建霞的课堂上，"两个联系"成为鲜明的教学特色：要把马克思主义基本原理与学生的世界观、人生观和价值观塑造联系起来；要把浩瀚的马克思主义理论与中国当下伟大的实践联系起来。

"成批的海豚被围捕猎杀，一湾海水浸染鲜红"，这是奥斯卡最佳纪录片《海豚湾》中最震撼人心的一幕，也成为崔建霞课堂上令学生屏息悲伤的一刻。

"同学们，为什么不能杀海豚？为什么可以每天杀牛、猪、羊，让它们成为桌上的美味，而偏偏不能杀海豚？"崔建霞习惯用出其不意的一问，将集体沉默带入集体沉思。

"不能杀海豚，是因为我们人类的需要？因为海豚高智商、对人类无害？因为它们可以帮助人、取悦我们，还是它们具有内在的存在价值？那么，人是不是万物存在的尺度？"思想的第二击，让学生们思想沸腾，迷茫中渴求真理。

"对于中国的生态文明，人与自然到底应该建立一种怎样的关系才叫文明？"第三问后，崔建霞话锋顿起，中国建设生态文明的理念、决心、生命共同体思想、"两座山"的战略，等等，一系列引领中国长远发展的执政理念、战略谋划和伟大实践跃然而出，但终究不离马克思主义合理地调节人与自然之间物质变换的思想理论本源。

课堂上无处不在的联系，实现着师生的思想共振，给予学生思想观念、价值取向上巨大的获得感。

精彩源于学养深厚、教学勤勉

习近平总书记强调:"理论上不彻底,就难以服人。"如何能够把想来枯燥的思想政治课上得精彩纷呈,让学生信服?在学生们看来,崔建霞能讲出理论的味道,讲透理论的精神,讲出理论的魅力。

在北理工学生年度评教中,崔建霞老师的课程年年好评如潮。"原来学原著、学理论并不都是枯燥的,崔老师很会启发我们,让我们感受到了理论的奥妙和魅力。"崔老师的一位学生这样说道。

崔建霞的思想政治课最大的特点便是从不偏离理论,但又从不就理论讲理论,她善于把大理论转化为一个个小道理,有时在与学生一言一语的你来我往中,理论就讲明白了。用崔建霞的话来说:"思想政治课不能离开马克思制造课堂的精彩,老师要将教材语言转化为教学语言,将抽象理论融会贯通,让学生水到渠成地理解和接受。"而这个过程中,蕴含着多少真功夫,超出了学生所想。

崔建霞本科毕业于山东大学哲学系。来到北理工执教后,她每年都高质量、超额完成教学工作,奋进而学的精神始终不辍。她先后攻读了北京大学马克思主义理论法学硕士和中国人民大学法学博士学位。在大师云集、人文精神丰厚的两所著名学府中,虽然要工作学习"双线作战",但她无比珍视来之不易的机会,学习如饥似渴。丰厚的学养,宽广的视野,这为她打下了高屋建瓴、挥洒自如、讲清讲透马克思主义理论的扎实理论功底。

丰厚的学养,并不能一定呈现精彩的课堂,崔建霞还始终将一份勤勉作为课堂教学的原则。与生活中洒脱的状态不同,任何人不能触碰她教学工作上的"禁忌"。从教 30 多年来,家人和朋友都已经熟知,只要是有课的日子,从前一天晚上到次日课程结束,谁都不要去打扰崔建霞,她需要绝对的专注来进行备课,即便是多年讲授、烂熟于心的课,这种课前准备从无例外。一遍遍地演绎教学情景,默诵教学内容，深挖教学灵感，成就了她课堂上的游刃有余、激情澎湃、神采飞扬、才思敏捷和滔滔不绝。学生们也能感受到崔老师特有的思想启迪，迎来一场场思想盛宴。

"同学们，随着时间流逝，'忒修斯号'的甲板会逐渐腐朽，雅典人会不断用新的木板替换其中的老旧腐烂。终有一天，所有的木板都被换了一遍。请问，这艘船还是原来那艘忒修斯号吗？如果是，最初木头一根不剩；如果不是，那'不是'是从何时起？"

上面的发问是经典的"忒修斯号思想实验"，这个千年之问与"秃头理论"、模糊数学等都成为崔建霞课堂上的"一根金线"，将本质、现象、质变、量变马克思主义基本原理的经典概念，不声不响地"牵"到学生的思想中。

"要将抽象理论讲得有血有肉，生动鲜活，通俗易懂，前提是要弄清、搞透基本理论，脱离对理论的深入理解而单纯追求所谓的生动，就会显得华而不实。"崔建霞常说常做。对马恩原著信手拈来，对抽象理论抽丝剥茧，对来龙去脉如数家珍，学生们切身体会到了崔建霞扎根理论讲理论的深厚底蕴。

授课中的崔建霞

精彩贵在得法

"想发言的同学不用举手了,直接到前面排队,你们每个人都有发言的机会。"在崔建霞的课堂上,同学们争先恐后的发表观点是一种常态,她喜欢充分调动学生热情,让大家积极参与到课堂教学中。

毛主席曾经把方法比喻为过河的桥和船,这样生动的论述让崔建霞很是欣赏,也让她不断探索教书育人的有效之法。她认为"教学有法,又无定法,贵在得法,最高的法不是死守定律,而是在有法无法之间。"在崔建霞的课堂上,"案例教学"受到了同学们的热烈响应和好评。

案例教学虽然常见,但是由于思想政治课的特殊性,教师的案例教学不能简单移植,必须要结合教学目的和要求。教材+原著+案例的"三位一体"是崔建霞案例教学的创新点:打通教材、原著和案例,实现三者的无缝对接,力求实现"两个结合",那就是"向经典著作要力量,使理论讲授具有穿透力"的教师与原著结合以及案例与教材结合。

崔建霞十分注重在案例选取上下功夫,她的课堂案例注重前沿性,体现对国家、社会重大现实问题的关怀;注重经典性,能够穿越时空给人以重大情感冲击和深刻思考。当然,选好案例只是搭建了载体,良好的教学效果还要以马克思主义的经典原理对案例展开深层次的理论解读,向学生展现用马克思主义科学的世界观和方法论分析问题的整体思维历程。

在讲解"价值尺度"的时候,崔建霞引入了世界气候大会各国在温室气体排放"责任共担"上的歧异案例。但她的切入点总是出乎学生们的意料。"同学们,请告诉我,什么叫正义?正义到底是谁之正义?"从国际学术前沿的正义问题入手,把案例的使用提升于国际谈判与争执之上,不就价值讲价值、就尺度谈尺度。随后,功利主义最大多数人的最大利益原则,美国著名政治哲学家罗尔斯合乎最少受惠者的最大利益原则陆续铺陈而出,行云流水间,马克思在贫富之间设置正义、平等和合理分配的伟大洞见,成为崔建霞问题的最后一跃,"飘在高空中的风筝,恰到好处、恰是时机地收了回来",静静地回落到"价值尺度"的理论平台上。然而,课堂的理论并未就此驻足,习近平总书记关于促进社会公平正义的执政理念、对公平正义的追求是中国共产党创立重要思想动因的党史追索等,再度引导学生多角度理解什么是"价值尺度"。

崔建霞案例教学工作室

除了案例教学,崔建霞生动的语言,也被同学们公认为又一代表性的课堂印记。"崔老师驾驭语言的能力太强了,文字在她的叙述中变得如此的优美又富有感染力!"有同学这样感慨。"真理是朴素的,真佛只说家常话"。崔建霞常常趣谈自己的教学语言一直在追求"四大境界",力求克服深入深出、浅入深出、浅入浅出最终达到深入浅出。多年美学、伦理学的研究积累,更让她讲起抽象理论多了些唯美和浪漫。"当听课成为一种享受,春风化雨又何难?"学生在邮件里写道:"老师,看到您在讲台上,我想起了爱我的妈妈!"

讲授思想政治课,是传授知识,更关乎思想。既不是简单改造,也不是被动僵化接受,唯有师生双向互动、思想正向激荡,才能入脑入心。这就是崔建霞的思想政治课堂,北理工"精彩一课"闪闪发光!

文:党委宣传部季伟峰、王征
图:党委宣传部徐思军
2017 年 3 月 19 日

孙硕：我是一枚小小的"音柱"

"音柱虽然很不起眼，但它对提琴的音质音色，发挥着关键的作用，辅导员的作用就如同音柱一般，将美丽的音符传进学生心中。"孙硕就是这样一位有着音乐气质的北理工优秀辅导员。2016年，她获评北京市高校德育先进工作者。2017年6月17日，在全国高校辅导员工作现场会上，她获得第九届全国高校辅导员年度人物提名奖。

孙硕参加全国高校辅导员工作现场会

目前担任人文与社会科学学院学工办主任、团委书记的孙硕，读书期间曾经是学校交响乐团的小提琴首席，在言谈举止中总是带着一股文雅的音乐气质。气质可以文雅，工作绝不落后，从走上辅导员的工作岗位开始，她就无微不至地服务学生的发展。7年间，扎根北理工的沃土之中，孙硕从一名新手干起，钻研工作，积累不辍，成果不断，在辅导员岗位上成为优质的音柱，奏响育人的和弦。

孙硕在精心策划的"音乐年级大会"上演奏

做好大学生的引路人,但唯有实干,方有成效

音柱虽小,却可传递音符引起共鸣,贵在实心。"我们做辅导员,就是要做好学生的思想引领,做社会主义核心价值观传播的微元。"面对"90后"的"小鲜肉"们,众人皆知的大道理,很难触动他们"见多识广"的心。在孙硕看来,辅导员的工作,要有成效,唯有"扎实"二字。

2015年,人文学院经济学专业的李琦来在毕业时,出人意料地放弃了待遇优厚的工作,选择了去西部支教。他对自己的辅导员孙硕说了这样一句话:"孙导,你带我去的那次支教,让我看到生命的充实,还有另外一种形式,用自己的微光点燃他人的梦想,这是我从来没有过的体验。"如此触动李琦来的支教经历,是2014年夏天,孙硕带领学生们前往山东微山县湖上小学的支教活动。白天为留守儿童讲课,课后乘船走访学生家庭、开展调研,晚上加班加点备课。在与学生们朝夕相处度过湖上时光的过程中,孙硕抓住支教实践的环境背景,润物细无声地引导大家深入思考，让实践的历练成为学生入心入脑实实在在的收获。正是通过日常点滴扎实的工作，在孙硕带过的学生中，毕业后前往西部边远地区、国防一线行业的有120余人。信仰的力量照亮学生前行的路，小情怀成就了家国梦。

孙硕与学生们参与校园环湖赛

经过不断积累和雕琢，社会实践成为孙硕工作的重要抓手，它不仅有效提升了学生的社会责任感，还使学生将个人理想与国家社会发展相结合，形成个人梦想与家国梦的积极共鸣。而立足实践育人，人文学院也逐渐形成人人参与社会实践的良好氛围，连续多年以总分第一获得学校寒暑假社会实践优秀组织奖。

扎实开展实践育人，仅仅是孙硕立足辅导员岗位的实在举措之一。除此之外，她还创新设计了学生党建"1+1"工作法、师生原创网文创作团队等一批特色工作项目。按照孙硕自己的话来说："做好大学生的引路人，方法可以有千千万，但唯有实干，才能有成效。"

真情以待，要做有温度的辅导员

音柱虽小，唯有居于琴心，方可牵动琴身。辅导员要把握好学生的思想特点和发展需求，实施个性化指导。其中，真情、真心是关键。

小丽（化名）曾是孙硕带过的一位女学生。在日常的交流中，孙硕发现寡言少语的小丽始终闭锁心扉，保持距离，经过多次真诚谈心后，发现该学生已经患上严重的焦虑症，并与父母关系紧张。面对学生的问题，此时已经怀孕8个多月的孙硕，仍然与家长一道，带着小丽多次问医就诊，帮她预约心理咨询。正是辅导员的倾情爱护，深深打动了小丽，她积极配合治疗，病情渐渐好转，并如期毕业找到工作。毕业之际，小丽的父母这样对孙硕深情表达："没有您，孩子可能就没有了未来。"

服务学生成长发展，孙硕将"差异化需求"作为导向，将"兴趣爱好"作为切入点，用人文关怀温暖学生。在人文学院有这样一间有"有温度"的深度辅导室，小到绿植摆设，大到桌椅家具，都是孙硕亲自挑选的。7年来，她在这里认真聆听、深度辅导学生2 300余人次，用真诚温暖了受伤的心灵，用关爱照亮了迷茫的心路。

真情以待学生，孙硕还注重培养学生的真情真心。例如，在入学阶段，孙硕就组织开展"一封家书"活动，组织学生将大学生活以书信的方式向父母汇报，并表达感恩之情。在这个字符往来充斥的网络时代，家长为第一次收到孩子亲笔书信而深深感动。"谢谢孙老师让孩子知道了感恩，我们第一次收到孩子写的信。""过生日的时候收到了孩子手写的祝福，这是他第一次记得了我的生日。"……家长们真情的反馈，成为对孙硕最好的肯定。

培养人才，辅导员工作要讲究个"专"字

音柱虽小，材质上乘，方可呈现绝佳音质。培养人才，辅导员工

作从来就不是经验主义，专业化、专家化是辅导员做好大学生教育管理工作的必然方向。

"把工作问题上升为科学研究，把学习成果分享给更多辅导员同事"。作为北理工第一个考取教育部辅导员专项计划博士的孙硕，辅导员的这个"专"字成为她努力的目标。在加强学习的同时，孙硕还积极带动我校辅导员群体的研究能力提升，她牵头筹建了"学思研"辅导员工作室，成为学校建立的第一批辅导员工作室之一，并与专业导师一起设计了"自学提升+课程培训+专家督导+团队成长"的辅导员专业化成长模式，带动全校二十余位辅导员加入，形成了一支辅导员的科研团队。工作室成立短短一年来，成员共发表论文22篇，出版专著一部，主持省部级、校级课题8项。

北理工"学思研"辅导员工作室

孜孜不倦的学习提升，孙硕以第一作者身份在中文核心期刊发表文章10篇，获得北京高校青年教师优秀社会调研项目一等奖，主持省部级、学校党建、思政等各类课题6项，参编论著4部等。她还参加了第69期全国高校辅导员骨干培训、北京高校辅导员科研、深度辅导等专题培训、GCDF 全球职业规划师培训及高校生涯规划 TTT 培训等一系列专业化培训，赴德国亚琛工业大学进行学生事务管理研修。在学习中找方法，在实践中找办法，坚持问题导向，在辅导员专业化、专家化的道路上，孙硕走得坚定而稳健。

做一枚小小的"音柱"，孙硕用自己的爱心、成绩，诠释着辅导员在人才培养中应发挥的关键作用，面向中国特色世界一流理工大学的建设目标，不忘初心，踏实前行，做一流水平的辅导员。

文：党委宣传部王朝阳
图：人文与社会科学学院
2017 年 6 月 19 日

王博："杰青"的"电熨斗"

岁首，一则"北理工教授研发出净化空气新材料，PM2.5滤除率超99%"的新闻被各大媒体争相报道，国际权威学术期刊nature报道了北京理工大学化学与化工学院国家杰出青年基金获得者、中组部"青年千人"王博教授及其团队在运用金属有机骨架化合物（MOFs）材料，有效滤除空气中PM2.5和PM10污染物的研究成果。

研究"治霾神器"的王博教授实验室位于北理工良乡校区生态楼。在先进的实验室中，有一把普通的电熨斗格外引人注目，"家用电器"突兀地出现在高大上的先进科学仪器中，强烈的违和感，似乎在告诉我们，电熨斗的故事并不简单。

让本科生拿下顶级期刊的"电熨斗"

金属有机骨架化合物（MOFs）材料的研究是王博课题组最核心的研究方向，这种新型的MOF材料，被形象化地叫做"分子海绵"或"智能分子"，虽然用途广泛，但是其日常形态呈现粉末状，易碎，难加工、难成型，这是全世界MOF材料研究者共同致力于解决的重要命题。如何创新出新的方法，实现MOF材料有效加工，使之成为真正的功能材料，走出实验室，成为王博和学生们的研究重点之一。

2014年10月上旬的某日，王博与课题组的博士生陈宜法、本科生李思清和裴筱琨开展日常研究讨论，在不使用溶剂的情况下，可否通过施加压力和温度等物理手段来直接合成MOF材料，使之在基底材料上"长"成一层薄薄的膜。面对看似复杂的问题，刚上大二就来到课题组的李思清突发奇想地冒出一句："这不就是摊煎饼果子嘛！""你的这个想法很有趣，但是我们总不能把一个煎饼果子摊子摆在实验室吧，不便操作，占地大，能耗高，有安全威胁，而且不能作为可靠的实验器材，质地粗糙，没法保证把MOF晶体铺得均匀平整，无法从上方加压，加工精度必然不高。你们想想还有没有更加便携和方便操作的器材呢？"面对学生的"奇葩"想法，王博并没有立刻制止，而是顺着学生的思维，鼓励和启发他们往下探究更好的方法。

"电饼铛怎么样？不仅小，能把MOF均匀分散，还可以双向加压加热。"李思清再次发挥了"吃货"精神，提出了另一种加工食品的电器。"那你就弄一个电饼铛吧，先试试看。"王博不假思索，大胆鼓励他们勇于尝试。随后，学生们经过认真讨论，选择了另一个更为小巧、便宜可控的工具——电熨斗，完全符合平整、加热、加压这些实验要求。说干就干，买来电熨斗的学生们，经过不断尝试，最后成功地利用电熨斗，将MOF材料在铝箔、布匹、玻璃和金属网等各种基底上烫熨成膜，精细度甚至达到一根丝上可以黏附50纳米MOF材料，如此薄膜就像"长"在基底上面，附着坚固，打磨不掉。

正是源自这个小小的电熨斗，一篇题为"A Solvent–Free Hot–Pressing Method for Preparing Metal–Organic–Framework Coatings"（一种无溶剂热压法用于金属有机骨架材料涂层的制备）的论文，最终发表于世界化学类顶级期刊 Angewandte Chemie International Edition（《德国应用化学》）。

让一把电熨斗闯入实验室，虽然看似轻松随意，但其实体现了王博一直以来秉承的育人理念，即注重引导和培养学生发现问题、解决问题的能力。"作为教师，我对学生就是发挥宏观指导和启发作用，学生敢想敢做，不走常规，学习能力和创造能力极强。"谈到该项目中本科生的参与以及贡献，王博直言："不要小看一个学生的力量，不要轻视任何一个学生，只要悉心培养，每个学生都可以想得广、走得远。"

无论是本科生，还是研究生，王博都强调启发和激励，特别是对低年级学生从不打击。无知者无畏，不懂未必全然是坏事，反而带来力量，"Think out off box（打破常规）"成为他鼓励学生的口头禅。王博希望学生能够对所学加以变通,要做科学家而不是工匠,因此他总是在过程中给予学生足够的引导与信任,以开放和尊重的心态让他们放手去做。

当提及闯入实验室的电熨斗时,王博对学生赞誉有加:"真正的大师,是用极其简单的方法解决一个极其复杂的问题,而不是由一个极其复杂的方法解决一个简单的问题。"

实验室"小本"成长"四步走",悉心栽培"潜力股"

让电熨斗闯入实验室,应该归功于学校采取的各项支持引导政策,推动本科生群体早接触科技创新和科学研究,早进入专业实验室。对这一点,王博非常肯定。在他观念里,本科生进实验室和接触科研对于人才培养意义深远:第一是分流;第二是鼓励;第三是引导。

分流就是因材施教。"并不是所有学生都对科研感兴趣,没必要逼着他们进实验室。对学有余力的、愿意投入时间和精力来做科研的学生,就需要重视,鼓励他们进实验室。"而谈及如何发现有科研潜质的学生,王博的方法是广泛启迪与个别观察相结合,启迪打好专业基础,观察其科研潜质。王博始终把学生当作有潜力的未来科研工作者来培养。"导师这个概念,就是要引导,重在展示思考过程,而未必要求学生走自己的路,锤炼思想是关键。我经常对学生说,如果你们每个人的想法全是出自我,那我的教育是失败的,你就变成了一个普通的工人。我希望我的思想启发你以后,你能够举一反三,教学相长。在这样的过程中本科生能够得到快速的提升。"

在王博的实验室,本科生进入实验室已经形成常态,也形成了"四步走"标准模式。刚进入实验室的本科生,第一步是接受严格的安全培训,学习规章制度和仪器操作使用规范,且必须通过安全操作考试。第二步,本科生要通过重复经典实验,来扎实基础知识,锻炼实验技能,这些经典实验往往来自课题组或者国外研究成果。第三步,配备指导研究生,"传帮带",带领本科生参与团队研究。第四步,在确保安全的前提下,放手让本科生去做开创性的探索研究。

"本科生刚来的时候,思维还停留在教科书上设计好的实验,这与做科研区别很大。这就需要他们改变思维,并且保持质疑的态度,有独立检索信息的能力,调研文献,参与实验。做实验的过程中,探讨交流,思想上跟进前沿,最终形成独立的思考力、判断力和创新力。"作为本科生的实验室指导,博士生陈宜法总是这样建议本科生。

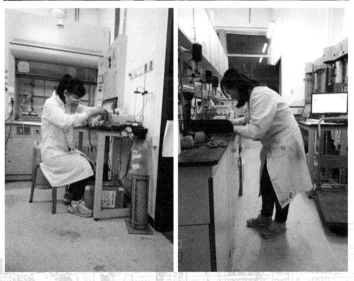

实验中的学生

本科生进实验室,使得他们能够有机会接触一线平台和前沿研究,是非常好的锻炼机会。李思清就是受益者,刚上大二时,她就开始参与实验室的每周例会,听师兄师姐汇报工作,了解课题组研究方向、内容和遇到的问题,也探索自己感兴趣的研究方向。当李思清表示自己对文献阅读和论文写作感到压力大时,王博老师给及她及时、正确的指导。"王老师说不要被文献束缚,根据文献结论,要学会做自己的判断,文献中什么可取,什么可以舍弃,在这个过程中,如何筛选信息,让我受益匪浅。"

王博教授的另一位得意门生,裴筱琨,也是本科阶段就来到实验室的。参与 MOF 材料的研究,已经本科毕业的她,被美国加州大学伯克利分校直接录取为博士生继续攻读化学专业,并获得全额奖学金。裴筱琨也成为这所世界名校国际排名第一的化学专业招收的第一位北理工学生。面试时,国际顶级化学专家学者们,围绕 MOF 材料轮番提问,裴筱琨应答自如;一个本科生竟然能用如此简易的设备,完成令业界瞩目的研究成果,专家们大为惊叹。裴筱琨过硬的科研素质和独特的创新思想,给专家们留下了深刻的印象,最终她在美国加入了师爷——王博的博士导师、诺贝尔奖热门人选 Omar M. Yaghi 教授的课题组。

教书育人,育人为本

"低年级本科生应该先把基础夯实,踏踏实实地做好现在的事情。当选择和兴趣开始形成的时候,再去做一个理性的判断,觉得你最终喜欢干什么,能干什么,能干好什么,然后去认真做好。导师需要帮他们做好职业的规划和辅导,调动他们的积极性和内心的兴趣,燃起他们的激情。但是不要手把手地让他们沿着我们的足迹亦步亦趋。"王博不仅仅是学生们传道、授业、解惑的老师,也是他们的人生导师。

本科阶段是学生走向社会的过渡阶段,由于积累和视野的关系,人生规划处于慢慢形成期,最容易产生迷茫。正是看清了这一点,王博认为导师需要及早地引导本科生,观察、发现他们适合走什么道路,帮助他们拨开迷雾,对不同的人生路径做利弊分析,如果要达到某个路径，需要满足什么条件，如何合理安排时间。

因此，在本科生的课堂上，王博总是把传递基本理念、基础知识和前沿科研成果相结合。"大一学生往往以高中的学习方法来看待书本知识，太死板。老师应该引导他们适应大学学习，多一点启迪和启发，授人以鱼不如授人以渔。只要学生掌握了要领，不需要去死记硬背，那样没有意义。"对本科生的培养，王博还形成了自己的"打猎理论"。第一个阶段，把打好的猎物扔在路上让学生去捡；第二个阶段，告诉学生哪条路有猎物，让学生自己去打；第三个阶段，即开始探索科学前沿，相当于在黑暗中打猎。"凭着经验、勇敢和好奇，你就可以坚持走下去，这样才能有重大开创性发现。"

在国外学习和工作的经历，使王博的育人理念充满中西合璧的思考。把中国的注重基础扎实与国外强调兴趣和自学结合起来，知识过硬还充满科研热情，这样就能培养出具有竞争力的领军人才。"王博老师太有魅力了。他教我无机化学，并不是一味灌输知识，而是侧重启发我们思考，引导我们热爱化学，对化学保持热情，并对我们的科研

王博教授和学生们

工作做整体把控和有力指导。"已经研二的学生张圣晗如此表达对导师的钦佩。

如何购买设备，如何与人打交道，如何与其他的课题组合作，如何在专家学者面前做报告……王博的言传身教都融汇在对学生具体、实际问题的指导中，学生们学到的绝不仅仅是知识，还有做人的道理、处事的方法和观察社会的角度。指导学生，老师也应该胸怀天下。"王老师对科研成果的产业化过程很了解，他很明白把实验室的成果投入产业里会遇到的问题，能够把科研成果和社会的真正需要结合起来。科研不能只停留在实验室阶段，要为国家、为社会、为大众带来实际效益。"博士生陈宜法从导师身上学到的不仅仅是知识，还有一名科研工作者应有的社会责任。

2016年，王博老师团队里的陈宜法和李思清同学双双获得学校的徐特立一等奖学金。

国家创建"双一流"的大幕已经徐徐拉开，建设中国特色世界一流理工大学，就要培养世界一流的人才，作为一名优秀的科研工作者、一名青年教师，王博与学生的点点滴滴，为我们做好人才培养工作，提供了借鉴。

文：党委宣传部杨晶、王征
2017年8月30日

/ 教师篇 //

刘新刚：让思想政治课传递"中国自信"

日前，北京师范大学马克思主义学院院长王树荫教授受教育部委派，莅临北京理工大学，对思想政治理论课堂教学进行现场听课指导。北理工马克思主义学院刘新刚教授讲授的"金融垄断资本的发展"赢得了王树荫的赞许和好评："听课中我能感受到，刘老师学问做得扎实，对问题的理解有独特的思考，符合我坚持的一门好课的四个标准——选一个专题、解决一个问题、形成一篇论文、引发一些思考。"

马克思有句名言："理论只要彻底，就能说服人"。刘新刚正是擅长从深奥的马克思主义基本原理中寻找宝藏，用马克思主义理论建构现代经济社会问题的分析框架，把问题背后的道理说清、说透、说彻底，以扎实的理论功底带领同学们在思想政治课中感受真理的魅力。

刘新刚教授

问题式导入,抓住学生重大关切

牛顿这位在理工科学生中大名鼎鼎的人物在做股票失败后,曾经说道:"我可以计算天体运行的轨道,却无法计算人性的疯狂。"大家不禁要问,是数学发展不足,还是金融没有按照数理规律在运行?西方金融教科书谈到,金融自由化能提升整个社会的福利,且运用高等数学对其进行了证明,但是被高等数学证明了的东西,就一定是对的吗?万一前提错了呢?西方资本主义体系一直信奉的"金融自由化"和"金融深化"政策为什么在现实中却导致了西方的停滞?中国特色社会主义金融道路在理论上被西方某些"金融学者"诟病,为什么却带来了中国的经济腾飞?

课上,刘新刚从搜集到的同学们最为关心的问题导入,以一连串富有挑战性的问题引起了同学们的极大兴趣。针对这些有趣的现实问题,他严格以教材为基础,结合《资本论》原著观点对"资本主义金融自由化"进行了经济学和哲学批判分析,最后结合马克思主义理论阐释了中国金融发展道路的学理依据。

一堂堂课,刘新刚都是这样从抓住学生的重大关切点入手,带领同学们分析英国脱欧、法国大选、"一带一路"与亚投行、华为模式、建设创新型国家、中国股市监管、中国楼市调控等大学生高度关注的问题,得出了一个又一个基于理论支撑的引人深思的结论,在潜移默化中坚定了同学们中国特色社会主义的道路自信、理论自信、制度自信和文化自信。

深入浅出解读,让马克思说"普通话"

问题提出之后,关键在于解读问题。讲好一堂思想政治课,最重要的是把马克思主义理论讲透,用马克思主义立场、观点和方法解析现代经济社会问题。刘新刚致力于研究《资本论》十多年,对原著中的观点和方法信手拈来。基于《资本论》中的原理，他对于"社会发展中的现代性问题""一般利润率下降问题""金融的虚拟性问题""实体经济与虚拟经济的关系问题""土地价格问题"等开展了深层次实质性研究，这些都成为他在课堂上解读问题的法宝，是他讲好思想政治课的主要思想支持。

授课中的刘新刚教授

更加难能可贵的是，刘新刚能把那些抽象、枯燥的理论变成"普通话"，让学生听得懂、悟得透。"这堂课要解决的核心问题是，西方部分国家信奉的资本主义自由放任的金融究竟是好的还是不好的？"刘新刚说，"资本主义完全自由放任金融是好的这个结论的成立必须有个前提，那就是'理性人假设'，而现实中的人是理性人吗？"刘新刚用随手携带的杯子作为道具进行讲解，"我们把手松开，杯子的运动是理性的……杯子没有非理性因素，不会亢奋，杯子在进行受力分析时也不会因为信息不对称而将重力漏掉，杯子更没有道德之心，不会考虑会把某人打伤而改变行程；而人不会这样，人会联合成利益集团、会亢奋、会垄断、会贪婪、会赌博和欺诈，当然也会有追求美善之心，从而使得资本主义自由放任金融经常会出现问题……"

用杯子做道具，结合索罗斯如何狙击泰铢的案例，深入浅出、娓娓道来，大道理转化为了小常识，刘新刚为同学们讲解清楚了金融垄断资本的负面问题，而这也正是马克思在《资本论》中，对资本主义金融自由化问题的主要批判视角之一。

价值观养成，培养学生的求学报国责任感

思想政治课在高校办学育人中发挥着主阵地、主渠道的特殊地位和作用，如何让其成为大学生真心喜爱、终身受益的优秀课程？刘新刚坚持让学生的课堂所学既深入头脑，又指导实践，并能唤起学生们的社会责任感，内化为读书报国的动力源泉。刘新刚擅长在扎实理论的基础上，引导学生通过学术性思考理解清楚为什么只有在中国特色社会主义制度下，才可以实现中华民族的伟大复兴。

刘新刚承担的"中国特色社会主义50问"重大课题——"五百年未有之大变局"对中国特色社会主义的机遇与挑战，对他的课程形成了很好的呼应和补充。他认为"当今世界，需要中国贡献国家发展方案，也需要中国贡献全球治理方案"。对中国道路的探索和自信，是他一直传递给学生的正能量。

习近平总书记在党的十九大报告中指出，中国特色社会主义道路、理论、制度、文化不断发展，拓展了发展中国家走向现代化的途径，给世界上那些既希望加快发展又希望保持自身独立性的国家和民族提供了全新选择，为解决人类问题贡献了中国智慧和中国方案。刘新刚说，听了总书记的话，他更加坚信中国道路、中国方案的世界价值，也更加坚定了传播中国智慧、中国方案的职业追求。

刘新刚的课程对学生的影响已经渐渐融入他们的价值观念当中。在谈到媒体热炒的所谓"华为碾压高通"案例时，他鼓励同学们力争向技术链的高端环节拓展，树立科技强国之雄心。课下经常有学生与刘老师探讨如何用马克思主义的分析方法分析其所在专业的产业链问

/ 教师篇 /

刘新刚教授做指导

题,找到中国突破的主要方向,他号召同学们要传承北京理工大学的"延安根、军工魂"的红色基因,为国防科技事业做出贡献。

刘新刚一直坚守的"中华民族伟大复兴既需要一流的原创性自然科学,又需要基于马克思主义引领的中国特色哲学社会科学体系"职业追求也深深影响着学生。北理工一名本科生在 2011 年上了他的"马克思主义基本原理概论"课程后,真心喜欢上马克思主义理论的研究,报考了他的研究生,在其指导下,先后获得首届北京市马克思主义理论专业"双百奖学金"中的学术奖学金、国家奖学金、优秀研究生、优秀毕业生、优秀硕士论文、北京市马克思主义经典著作征文比赛二等奖等各类奖项,发表学术论文 7 篇,其中被 CSSCI 收录 3 篇。而像该生这种情况并不是个案,几乎每年都有我校优秀学生投入其门下攻读研究生。

近年来,每年听刘新刚课的学生接近千人,取得了较好的教学效果。获得各类教学奖项 10 余项,其中 2011 年获北京理工大学教学基本功比赛一等奖,2012 年,获评北京理工大学"我爱我师"活动最受学生欢迎的十位教师之一。2013 年,在北京市第八届教学基本功比赛中，经现场学生投票评选，获"最受学生欢迎奖"。2016年被评为首批北京高校思想政治理论课特级教师。

文：党委宣传部季伟峰，马克思主义学院
图：新闻中心郭强
2017年11月8日

/ 教师篇 //

王菲：为你演绎"大物传奇"

"只是因为在人群中多看了你一眼，再也没能忘掉你容颜，想你时你在天边，想你时你在眼前……"当教室里传来了《传奇》这首歌，你一定会认为这是和音乐有关的艺术课，但这却是一节如假包换的物理课，而放出这经典旋律的正是北京理工大学物理学院的王菲老师，他在不久前刚刚获得北京市首届青年教学名师奖。

王菲

王菲在他的《大学物理》每年的第一堂课开始的时候，总会在一段量子物理的电子衍射小视频后响起《传奇》的经典旋律。"伴随着量子老爷爷解说奇妙量子世界中观测导致波函数塌缩，歌声响起……"这已经成为很多届学生物理课回忆中的经典，学生们也牢牢地记住了这位与著名女歌手同名的优秀的男物理老师。

让三尺讲台生动起来

作为学生口中的"菲哥",有太多值得珍藏的师生趣闻。"很多学生会把我这个特别的名字连同我的电话,写在他们不舍得写自己名字的物理课本扉页上,以至于用物理课本去占座后,我被通知去教室物业领课本。"王菲总是乐于分享这个小段子。

"也许是因为这个名字,当年选课时备受关注,以致教室爆满,选到课的同学却没地儿坐,只好求助我希望能把来蹭课的同学请出去……"名字或许沾了明星风采,但是教学上的真功夫,才是教室爆棚的真正原因。

课堂授课

王菲2004年在北京理工大学物理系获博士学位后,留校任教,于2008年至2009年,经国家公派在美国得克萨斯大学做博士后。作为一名青年物理学者,王菲在科学研究方面也屡有建树,他的研究方向为原子与分子物理,曾在国内外学术刊物上发表论文32篇,其中SCI收录25篇,出版多部教材、专著和译著,先后主持和参与包括国家自然科学基金在内的多个项目。科研上的积累，让他在教学上更加游刃有余。

留校任教以来，王菲一直担任全校公共基础课"大学物理"（北京市精品课）和硕士课"原子结构和光谱"的主讲教师。2014年起，他担任我校徐特立英才班物理基础课的主讲教师。

在王菲物理教学中，有这样一个积累多年的法宝，那就是他的教学视频库，其中有大量关于各种物理现象的视频素材，如与热学相关的美国黄石国家公园彩泉素材、拍自赤道两侧科氏力有趣视频，特别是贴近生活的奇妙现象视频。这些视频，既有他自己的多年积累，也有同行同事交流所得，还有不少是来自毕业学生的回馈。"这些贴近学生的视频，奇妙有趣、直观生动，可以增加他们学习物理的兴趣，帮助他们从宏观的物理现象来理解枯涩的公式和原理。"王菲这样分享自己的教学所感。

从模拟动画到实景视频，再到演示实验，在王菲精心雕琢下，他的物理课堂最终形成一种立体化多媒体的教学效果。而在王菲看来这些都离不开前辈、同行的引导和启发，更要特别感谢学生们强烈求知欲的鞭策。

多年来，在三尺讲台上的出色表现，让王菲深受同学们的欢迎。他曾获评"我爱我师"最受学生喜爱的教师、T－more优秀教师奖一等奖、首届迪文奖教金二等奖、北京高校物理基础课程青年教师讲课比赛一等奖、北京高校青年教师教学基本功比赛一等奖及最佳演示奖、霍英东基金会全国高等院校优秀青年教师奖、首届北京市高等学校青年教学名师奖；参与录制的"物理之妙里看花"被评为国家级精品视频公开课。

与学生共同学习，共同进步

师者，传道授业解惑也。"面对现在的青年学生，要与他们平等相处，把学生当朋友一样看待，融洽的关系更利于传道授业解惑，他们也会给我更多的反馈，教学相长，让我受益匪浅。"王菲这样认为。

工作中的王菲

教学过程,就是教师与学生共同进步的过程。教师在教授学生知识的过程中,也能不断提高自己的业务水平,丰富自己的专业知识。"和学生一起遨游丰富多彩的物理世界,我觉得是一种享受。"

通过现象和问题,把学生被动学习变为主动探索;设立实际问题背景,把单纯的习题训练延伸扩展为建立物理模型,进行科学分析,从而实现物理课的研究性学习。在教学过程中,王菲特别注重与学生交流,帮助学生养成在生活中观察现象、进行物理分析的良好习惯。而他平易近人的风格,更是让学生们喜爱上物理学习,有的学生在毕业多年之后依然保持着对物理学的兴趣,并主动将他们看到和收集到的物理学视频反馈给他。

物理学是实验科学,大学物理课程的一个重要任务,就是要通过对现象和实验的分析,帮助学生理解物理学基本原理。在留校任教之初,从事原子分子物理理论计算的王菲,并不擅长做实验。加之在课堂上开展演示实验,受到空间和仪器条件限制,实施起来有一定难度。因此,实验对于王菲来说是个不小的挑战,他也曾一度担心演示操作失败影响教学效果。但是,王菲还是从与学生的交流中,调整好心态和定位,认为实现良好的教学效果,是师生共同的追求,不应该把教师和学生放在对立的两方面，因此他虚心与学生们共同探讨，遇到操作失败或者预期现象无法取得时，就引导学生共同展开讨论和分析。

"其实，演示实验也是教学的手段，课程成功与失败，关键是学生学到没学到，这个分析过程最重要，实验不成功也可以成为学生们运用原理解决实际问题的好案例，还能激发出学生的探索和动手兴趣。和学生们在一起，我们一起关注他们学到了什么，而不是我讲了什么。这就是学校目前倡导的成果导向教育（OBE）理念。"王菲是这样看待演示实验的。

做老师，不仅仅是教授知识

"我有一张特别的'照片'，是一位同学在考卷上为我画的画像，妙笔传神、重点突出，我非常喜欢，珍藏至今。"王菲回忆执教生涯小片段的时候，特别欣慰。所有上过王菲物理课的学生，都觉得他为人亲切，他们都愿意向王老师吐露心声。

漫画王菲

很多学生已经毕业离校，但是依然保持着联系，师生情谊已经不止于课堂内、校园里，更不限于物理学。人生总会有挑战，也都会有迷茫和手足无措的时候，王菲总希望自己能为学生提供些许帮助。

"王菲老师对我的帮助绝对不仅仅是在物理课上，时至今日，我已经毕业将近十年，我们一直是以朋友的身份在相处。王菲老师在学生面前从来没有架子，并且在上课的时候很善于调动学生的积极性，擅长用方法来激发学生的兴趣。而且，王菲老师绝对是我见过的脾气最好的老师，经常和学生沟通，很在乎学生的想法，在学习压力比较大的情况下，会帮助学生放松，经常在课间休息的几分钟放音乐，直到现在我手机里还有王菲老师当初给我们放的音乐。"2008级学生谷曦在电话里谈起王菲仍然是感慨良多。

"上大学后发现周围很多同学都很优秀，而且知识渊博，我感觉压力很大，总觉得自己知识面太窄，想多读点书，但不知道该读什么书。"2005级的学生母雪峰在某次找王菲老师聊天时袒露了自己的困惑。让他出乎意料的是，王菲挑了一个周末带他去了图书大厦，边聊边看，在自然的交流中，王菲暗暗记下他的兴趣所在，之后挑选了几本书作为礼物送给了他。这件事和这些书成为母雪峰一生的珍藏。

对于自己课上的学生如此，对待自己的研究生，王菲更是不止于学业，他关注的是学生成长的全部。作为导师，他不仅引导和督促学生的科研和学习，更关注学生是否能够养成面对生活的全面发展能力。

曾经是王菲研究生的郭美玲对导师的关心十分感动。有一段时间，王菲发现平时科研工作积极主动的郭美玲，在科研上进度缓慢、错漏百出。经过了解才知道，是求职过程的反复碰壁让她心神不宁，没法集中精力写论文。于是，王菲并没有简单地批评或者开导，他要来她的简历，找到自己做人力资源的朋友为她做指导，帮助她树立起科学就业的理念，使她明白了找工作也要做好功课，要研究和分析单位和岗位情况。郭美玲在导师的就业指导中，逐渐明白了如何在激烈的求职竞争中脱颖而出。"机会只能给有准备的人，找工作与学习和科研道理是一样的。如果学生们可以通过读书明理找到自己的方向，可以说比记住几个公式更为重要、更有价值。"导师王菲这样说。

"不自满者受益，从一名刚走上讲台，憧憬着青出于蓝的'青椒'，到今天能够获得一些奖励，得到学生们的认可，如果说算是有尺寸之功、些许进步，那要感谢北理工的前辈和同事的无私提携和帮助。我唯有以我的微薄之力，孜孜以求、不断探索，用我有限知识的一线之光，去激发学生们追寻绚烂光谱中，属于他们的灿烂！"

文：教务处，党委宣传部王朝阳、王征
图：教务处
2017 年 11 月 22 日

彭熙伟：吾师六记，平而不凡

"吱呀——吱呀——"，一辆老旧的自行车驶过校园，划破了清晨的一丝静谧。一个背着大背包的身影，将自行车稳稳地停在教学楼前的某个位置，看得出来这一连串的动作已是经年的习惯。他来到教室，翻开一本泛黄的书，一丝不苟地准备即将开始的课程。日复一日，北京理工大学自动化学院彭熙伟教授便是如此开始他一天忙碌的工作。

数十年如一日，岁月刻上了痕迹，白发悄然爬上了头顶，但是对于教学与学生，彭熙伟初心不改，永葆最纯粹的信念与梦想。

彭熙伟

提前十五分钟到教室讲故事的彭老师

"做好一名教师就是我的工作，在良乡上课的时候也是一样，上完课没必要急着往回赶,把学生的事处理好了才放心。"彭熙伟用朴实的话语道出了他对教育事业的热忱。

不仅"不着急往回赶",彭熙伟上课还有个习惯——课前十五分钟便到教室,利用这时间给学生们讲一些生动、感人的小故事。

"有一家工厂的液压机器坏掉了,厂里的工程师没能解决。厂里的领导心急如焚,机器坏了就面临停产,这一天下来可是损失几百万啊!厂里领导打电话请我救急,我在厂里待了两三天,反复检查液压机,最后发现就是一个小零件出问题了,我把它稍微调了一下,问题就解决了。同学们,希望大家以后不管是做作业还是做其他事都要注意细节。细节决定成败。"针对班里一些同学做作业不认真的问题,彭熙伟便用课前时间分享了他的经历。

为了帮助学生更好地掌握知识,彭熙伟用寓教于乐的方式让学生们爱上学习。在枯燥乏味的流体课上,彭熙伟通过展示实验室中的泵、阀等各种流体装置,生动、直观地向学生阐明原理。在他的眼里,那些流体器件就像是他珍藏多年的宝贝,每介绍完一件装置,都会轻轻放下,生怕哪儿被撞坏。

理论知识是枯燥的,但彭熙伟的教学方式却是极具创意的。不拘泥于课本,而是通过视频、图片等生动形象的形式,给学生介绍自动化相关研究和产业最新的发展状况,深入浅出地介绍专业知识。他尽可能地加强课堂中老师与学生之间的互动。每节课都会提问让学生回答,同一个问题也会让不同的学生多次回答,倾听大家对问题的不同看法。通过提问式教学,他让学生真正参与到课堂,让学生成为课堂的主人。同时,学生通过表达自己的看法进一步加深了对问题的理解。对于一些学习态度消极的学生,彭熙伟积极督促,利用有趣的课堂形式,让这些学生在学习上变被动为主动,从而真心实意地爱上自己的专业。

不放过标点符号的彭老师

从教以来,彭熙伟每天平均至少抽出 5 个小时来指导学生,已经指导过毕业设计的本科生有 100 余名,培养研究生近 40 名,主讲过"流体传动与控制基础""专业导论"等 7 门课程,每年教学科研能影响覆盖的学生达 500 人。学生数量不断攀升的背后,是繁重的教学科研工作,但是在教学质量上,彭熙伟却从未有丝毫松懈。

彭熙伟指导学生科研工作

"我每天的消息和短信就没停过,每天都有学生在咨询问题,或者有请假、出国等事情,刚才有个学生请假说明天的课来不了了,我还跟他说让他来办公室找我一趟问问什么情况呢。"彭熙伟对学生的指导可谓是一对一的"VIP 服务",大到学业的规划,小到近期的思想动态。

"我是彭老师带的第一个研究生,当时他 30 多岁,我 20 多岁。彭老师给学生改作业时,细到用错的标点符号都要指出来。这件事对我触动很大,一个大学的老师,在做自己专业研究的同时,能够把学生的教学工作做到这么细致,是很难得的。他用言传身教感染了我们,我们带着老师严谨、有责任心的工作习惯走出了校门。"自动化学院校友、北京迪文科技有限公司董事长王洪校友这样回忆。

信息秒回的彭老师

"我私下给彭老师发了很多邮件、短信请教课程和专业方面的信息,不得不说彭老师有问必答,甚至是秒回!"学生赵雨涵这样说。

每每谈起彭熙伟的二三事,学生们总心存感动。"准备出国时,申请学校需要推荐信,我第一个想到的就是彭老师。我一共申了八所学校,当时找彭老师感觉还有些不好意思,因为申请的学校多,需要老师写推荐信的工作量也比较大。联系彭老师的时候,他很干脆地答应了下来,申请学校来了通知,彭老师第一时间通知我。最后我申请到了北卡州立、帝国理工、马萨诸塞大学安姆斯特分校等,很感激彭老师对我的帮助。"2013级自动化专业国际班学生张屹康说。

经师易求,人师难遇。时刻把学生装在心里的彭熙伟确实是一位难遇的良师。作为自动化学院前国际班责任教授、2015级电气卓越班的班主任,他从秒回学生信息等点滴小事做起,用专业性和热情获得了学生的尊重与信任,既"授人以鱼",为学生答疑解惑,亦"授人以渔",教会学生举一反三的本领。

"彭老师从来不会逼迫我们去学习,而是用真情实意来感染我们。他从不强制学生研究什么,会先问问学生想做什么,只要他能提供条件,他就会支持。这让我们很感动。他是我们的老师,也是我们的朋友。"学生何砚高说。

深耕育人的一方田,彭熙伟指导的2013级自动化全英文教学专业班用成绩单回报了班主任。全班共29人,其中25人出国深造,2人国内读研,2人就业。其中不少学生被剑桥大学、加州大学伯克利分校、清华大学等知名学府录取。

朴素随和的彭老师

"你好,请问您是学校的老师吗?"良乡校区门卫说。

"我是这个学校的老师,我下午在良乡有课。"彭老师不慌不忙地从口袋里拿出自己的证件。

仔细查看证件后,门卫的口气由严肃变得歉意:"学校管理比较严,进出学校都要查看证件或者抽检,对不起了老师。"

"没关系,我都被拦了好几次了。"彭熙伟乐呵呵地给身边的学生说。

对学生大方惯了的彭熙伟,自己的生活却非常俭朴,"彭老师那天穿着一件已经有点皱旧的淡绿色衣服,一双黑色皮鞋。他本来就很瘦,再加上这一身朴素的打扮,不知道的人确实分辨不出他是学校的老师,所以被门卫拦了下来。"一起被门卫盘问的学生回忆。

工作中,彭熙伟是一个竭力做到尽善尽美的人,有着常人难以想象的热情与毅力,与此相反,他的生活却非常简单。

"彭老师为人随和,生活也很简单,一心把自己分内的事情做好。白天他上完课,晚上骑着自行车赶到6号楼实验室继续开展研究。"

"彭老师常常带着一个蓝色的塑料杯,喝开水房的热水。他骑的单车很便宜,看起来已经骑了好多年了。"

学生王洪、毛尾分享着彭熙伟的日常。他将简单生活挤出的时间奉献在工作中,以身作则感染学生。这既是一位教师对知识的尊重,也是立足育人岗位做出的平而不凡的贡献。

干净整洁的彭老师

走进6号楼118实验室:干净锃亮的地板,整齐摆放的实验器材,舒适有序的环境。殊不知,爱生如子、惜时如金的彭熙伟常常自己将实验室打扫得窗明几净。

实验室里的大小器材是彭熙伟眼中的宝贝,其清洁、管理、养护马虎不得。洗一遍抹布,拂拭桌面的灰尘,擦净液压传统设备,再顺着桌架擦拭,确保了实验台无死角的卫生。扫一遍地,扫不起来的纸屑就用手去捡起来放在垃圾桶里,再用拖把擦拭地板。彭熙伟做卫生

彭熙伟整理实验器材

和他从事科研一样一丝不苟。

"实验室的地几乎都是彭老师拖的。有一次我和彭老师一起在实验室,当时我正在写代码,彭老师拿起拖把就去拖地了,我抢着要去拖地,彭老师却说:'你忙你的,学生学习才是最重要的事情。'"学生高瀚林说。

118实验室的每个学生都曾被彭熙伟老师埋头擦地的背影所感动,言传身教,无须多言。

优秀党员彭老师

教书育人、科学研究、党建、行政,彭熙伟在学院里的担子不少。

作为自动化学院党委委员,彭熙伟特别注重发挥党员的先锋模范作用。他抓支部党建的一个特色就是积极与学生交流沟通,在学院开展"两学一做"民主评议党员工作期间,参加了4个学生支部的述职评议。"参加学生活动使我能及时了解学生的思想动态,引导好学生的思想方向。"彭熙伟说。

面对细碎繁杂的工作,彭熙伟抽丝剥茧,做得井井有条。翻开党支部材料，工整的笔迹、详细的内容，他详细记录了每一次的支部活动和支部会议。他用实际行动为支部党员树立了良好的标杆与榜样。在 2016 年度自动化学院的党支部书记述职评议表中，评议人这样写道："彭熙伟同志工作的亮点体现了'两学一做'要求的'真学实做'。这表现在教学科研、论文发表成绩显著，积极开展党支部工作，认真完成好各项任务。"

春风化雨、润物无声，彭熙伟用点滴平凡汇聚成立德树人的不凡，用言传身教培养北理工学子成长成才。

文：自动化学院，党委宣传部马瑶、王征

图：自动化学院

2017 年 11 月 22 日

/ 教师篇 //

张艳丽：送你到达理想的彼岸

"庭审结束，现在宣布闭庭。"随着法槌"嘭"一声落下，一位老师面带微笑，款款走上讲台，从司法的正义目标到当事人的权益保障、从法律条文到法律文书、从辩护律师到庭审程序、从双方陈述到举证质证，老师娓娓道来，讲台下一双双求知若渴的眼睛随着老师的点评时而落笔，时而点头。

上面的这一幕，并不是真正的法庭庭审现场，而是北京理工大学法学院的同学们正在进行的"模拟法庭"课程，本节课的主讲人正是法学院教授、2017年北京市教学名师张艳丽。

张艳丽

把法槌带进课堂

"模拟法庭"对法学院的学生们并不陌生，从"会学"到"会用",他们的学习兴趣及实践能力得到提升。法学院坚持多年的实践教学,张艳丽便是一位元老级的带头人。"一个好的法学院,必须要有一个设备完善的模拟法庭",带着这样的理念,建院之初任教学副院长的张艳丽带领其他老师一起上下奔走,建设了"模拟法庭"和"法律诊所"课程,为学院创新实践人才的培养奠定了坚实基础。张艳丽负责的"模拟法庭的教学与运用"项目获得了校教学成果一等奖。

尽管建院不足10年,但是法学院在理工科院校法学人才实践教学中却做得有声有色。"作为理工科院校背景下的文科学院,应当确立怎样的教学理念,着重培养自身的哪些优势,长远来讲,中国的法律人才培养应当如何践行,建院之初这些都是需要深思的问题。"张艳丽对建院之初的探索感慨万千。张艳丽结合国内外法学教育改革情况和我国"卓越法律人才"培养标准,针对诉讼程序法律对培养应用型人才的关键作用,探索出一条理工类院校应用型、复合型法律人才培养模式。此模式于2012年获得校教育教学成果一等奖和北京市教育教学成果二等奖。

"实践是法律的灵魂,在不断进行知识储备的同时,更要注重知识的运用,这样才能把法律学活了。"这是张艳丽从教三十多年来常说给学生们的一句话。"参加实务课程,在办理真实案件的过程中,我第一次真实地体会到法律对于个体的影响,这些新的认识,是从书本中无法学习到的。"现为北京市房山区人民法院法官助理的孟阳回想起大学时实践性教学的课程,有说不完的感想。

为拓展实务课程,张艳丽还积极申请中国司法部专项彩票公益金法律援助项目,最终项目花落北理工。由于前期工作扎实,该项目第一年就接受了十余位当事人的委托,学生参与实地办案,实践能力得到大幅提升,教书育人与服务社会取得双丰收。

"张艳丽老师带领的实践教学团队总结出了理论与实践、校内与校外、基础和特色相结合的教学指导方针,建立了校内校外联合培养机制,搭建了学生、教授、法官的'三位一体'联合培养平台。她作为我校法学实践教学育人理念的提出者、倡导者和实践者,为'法律+科技'的人才培养模式,探出了一条康庄之路。"法学院现分管本科教学的副院长于兆波正是从张艳丽手中接过了法学实践教学的接力棒,沿着既定的教学方针坚守初心,砥砺前行。

一路走来,学院育人成效显著,法学院的学子们常常活跃在国内外模拟法庭的赛场上,从北京市大学生模拟法庭到国际空间法、国际环境法和国际刑事模拟法庭,在专业法律院校林立的比拼中,一次次满载而归。

将法律思维培养植入教学

2007年,张艳丽主持的"法学本科教育目标和教学方式"项目获得教育部和中国法学会"全国第一届法学教育研究成果"三等奖。作为一线教师,如何将自己思考已久的教育理念根植于教学,这是张艳丽32年执教生涯中,一直都在思考和实践的问题。

张艳丽与学生交流

在"诉讼法"讲台上多年的执教经历让张艳丽深深懂得,法学人才的培养绝对不能只停留在对法律知识的讲授上,而是应该更加注重如何培养法律思维,并贯穿教学全过程。"张老师常常和我们说,与实体法学习不同的是，程序法是保障司法公开、公正的关键所在。程序是生活中争端解决过程的制度化，而这一切归根结底都是培养自己正确而严密的法律思维体系。"被保研到中国政法大学的刘若琦谈起张艳丽的课堂感触良多。正是带着这样的理念，从 2006 年开始，每四年一次，张艳丽主持修订法学本科教学大纲，2016 年版的"研究课群"加"实务课群"的教学方案是其中可圈可点的闪亮之笔。

"张老师主编的教材将原本晦涩的理论和复杂的制度构架娓娓道来，变得浅显易懂却引人深思，她的课堂既关注理论分析又与现实紧密联系，用典型而生动的案例激发了我们学习的兴趣。"本科毕业于北理工法学院的杜若薇，硕士阶段在荷兰莱顿大学法学院深造，而国内外求学的经历让她更加怀念张老师的课堂，2016 年她又重回北理工，师从张艳丽继续她的博士生涯。

张艳丽依据本科法学专业学生的特点和培养标准，结合理论与实践主编的《民事诉讼法》成为全国普通法律院校精编教材，并获得 2015 北京理工大学优秀教材一等奖。"张艳丽基于我国司法制度改革以及诉讼程序法实践性较强的特点，选取国内外优秀和经典的教材作为参考资料，将诉讼法学科最新发展成果引入教学，课程内容信息量大，达到国内同类课程水平。"法学院现分管研究生工作的副院长郭德忠这样评价张艳丽的教材。

"张老师带领的团队是一个教学与科研相结合的团结团队，与她共事是一种愉快的体验，她是我们学习的榜样。"诉讼法教研所周建华老师如是说。近几年来，张艳丽组建的"民事程序法教学团队"在贯彻程序法教学理念方面开展了许多教学改革项目，例如，"法学专业校内校外联合培养机制研究""研究生培养共建项目——法律硕士校内外联合培养""法律硕士民事诉讼法课程建设""法学培养目标定位及保障""法律实训课程建设"等都取得了校级教改立项。同时，在组合团队课题研究和教材编写方面都做出了贡献。教改和民事程序法教学团队的建立，为学科建设奠定了良好基础。

用爱心诠释教育

"作为一名教师,在我的心中,学生大于天,不管我身在何处,身兼何职,上课永远是我的第一任务,随着教龄的增长,我越来越离不开课堂,越来越喜欢和学生在一起!"张艳丽深深动情,她带给学生们的感动却是更加不胜枚举。

张艳丽指导学生

"张老师关怀我们像慈母,对待学业又像严父。工作了,越回想她的教导,就越想达到她的心态和境界,遇事从容不迫,不徐不疾,得之于手,而应于心,恬淡怡然。"毕业后,与同门相聚,孟阳总会这么分享自己的导师。

2015 级研究生林丽华对于导师张艳丽的鼓励与指导也是感激不已:"虽然我学术基础薄弱,但能有幸跟随张老师参与她的北京市社会科学基金重大项目研究。她治学严谨,对我悉心指导,使我渐入佳境,我还获得了校'世纪杯'课外学术科技竞赛一等奖。她对我的点拨和鼓励,帮我联系的调研机会,乃至每一份资料和每一个修改意见,都是让我受益一生的财富。"

"张老师积极支持我们参加各种学术会议，只要能了解新的观点和研究成果，开阔眼界，接触到更多的法学前沿，她都不计较科研经费的有限，这种培养是无私的爱。"库颜鸣是跨专业攻读硕士学位的，正是本科阶段听了张老师的课，让她坚定了自己的选择，并且从此发奋努力，如愿以偿地考上了张艳丽的研究生。读研后，导师在学习上、生活上无微不至的照顾，使她决心沿着自己老师的步伐继续坚定地走下去。

"不论是课堂上的本科生，还是研究生，学生们从张老师身上学到的不仅是知识，更是一种力量，关于内心，关于品质，更如榜样般推动他们不断成长。"法学院党委副书记、副院长张爱秀有感于学生们的反馈，对张艳丽发出由衷的赞叹。"成为将来的张老师"是学生们的共同愿望，这个愿望还将继续传递下去。

"对于理工科背景下法学专业学生的培养，我希望有更多的人能够思考和践行下去，这是习近平总书记在十九大报告中提出的建设法治政府的必然要求，为了这个目标的实现，我们更要为法治政府的建设、厉行法治的要求、全民普法的实施做好优质法学人才的贮备，这是大计，我会为此一直努力前行。"张艳丽这样表达对于法学人才培养的心志。

"做教师的经历让我就像是一位永不停航的摆渡船工，与大家一起努力，迎来又送走一波又一波学生，帮他们到达理想的彼岸。迎来送往的过程中，我感受到了幸福和快乐，这是我愿意为之付出和奋斗的事业。"

正是像张艳丽这样一批又一批的园丁们，坚守初心，浇灌出了一簇又一簇的艳丽的人才之花，如骄阳般盛开，创不俗之业绩，无"法"不言，无"法"不爱！

文：法学院张爱秀

图：法学院

2017 年 12 月 4 日

/ 教师篇 //

点滴汇聚,我为一流北理做基石

2018年是贯彻党的十九大精神的开局之年,也是学校着力深化综合改革、深入推进"双一流"建设的进取之年。"机关领导干部要驰而不息地改进工作作风,为学校各项工作开好头、起好步提供有力支撑","要打造与一流大学相匹配的服务水平,在政策制定和落实过程中真正树立'以师生为中心'的意识",这是2018年3月29日,北京理工大学党委书记赵长禄和校长张军在机关作风建设座谈会上对全体机关管理干部提出的要求。

在北京理工大学,有649名机关领导干部和管理服务人员,他们虽未上三尺讲台,却始终心怀"以师生为中心"的意识,在工作中爱岗敬业、恪尽职守,为学校"双一流"建设贡献发力。

机关人员

在"七一"到来之际，我们采集了6位党员机关干部看似普通而又不平凡的事迹，在他们朴实的日常中，我们能感受到正是每一位北理工人踏实奋进的点滴工作，才汇聚成推动学校建设中国特色世界一流大学的不竭动力。

面对100个焦虑和压力，回报101个微笑

"不辞辛劳久，难忘师生情"，这是2018年6月12日下午，12名来自不同学院的2018届夏季毕业博士生代表向研究生院学位与学部办公室的程璐老师赠送的锦旗，以表达他们对程璐工作的肯定及感谢。其实，程璐作为负责全校硕士、博士学位论文盲审工作的老师，这已经不是她第一次获得毕业博士的"大声表白"了。2014届毕业博士生就曾为了感谢程璐，在研究生教学楼前挂起了一幅长2米、宽2米的感谢信喷绘。此后每年，毕业博士都会以各种方式表达对研究生院及程璐的感激之情。

程璐

学位论文匿名评阅是博士生毕业的必经之路，由于论文要送到校外同行专家进行评阅，时间方面存在一定的不可控性，一旦盲审成绩没有在规定时间反馈回来，那博士生就无法参加论文答辩，也意味着他们将要面临毕业延期，甚至已达最长年限的博士生将只能办理结业。因此，负责论文送审的程璐，每年都会直接面对所有即将毕业的博士生们的焦虑、无奈甚至急躁……

"等待送审结果的那段时间，我内心的煎熬与无助实在是难以言表。"由于评审专家变更，机电学院2018届博士毕业生侯健的论文送审过程可谓一波三折。感觉度日如年的侯健在临近毕业之际，几乎每天都要到办公室询问程璐好几次。"我那时压力确实非常大，面对我的焦虑，程老师从来没有表现出任何不耐烦，也没有抱怨，总是二话不说地帮我去查询，联系教育部学位中心的相关负责老师。"程璐为了学生不厌其烦地一遍又一遍地催审及努力沟通，终于让侯健在答辩日期截至前一天收到了盲审反馈结果，使其顺利参加答辩并毕业。"我今天能如期穿上学位服拿到博士学位，充满爱心和耐心的程璐老师功不可没，我是真的特别感谢她。"毕业之际，侯健对程璐的感激之情溢于言表。

以感恩之心对待工作，并传递给学生们。程璐总是说："有100名学生来我办公室，我会尽量回报他们101个笑容。最后一个，留给自己，时刻让自己充满希望。"在平凡的岗位，用爱心和耐心写就不平凡的事迹。2017年12月21日，程璐在北京理工大学光荣地加入中国共产党。"这不仅是对我工作的认可和肯定，也激励我要更加努力工作，发挥党员的先锋模范作用，为学校'双一流'建设贡献力量！"

从外行到内行，唯有学习，唯有主动而为

都超，科研院国防科研部质量管理办公室主任，作为负责学校军工科研项目管理核心业务的青年管理干部，近年来工作业绩突出，在他和广大科研战线一线工作者的努力下，学校军工科研项目成绩稳步增长，诸多领域明显优于兄弟高校。然而，对军工科研项目管理业务

纯熟的都超，却并不是一位标准理工男。

都超

2013 年 4 月，文科专业硕士毕业的都超，带着对母校的感情，留校到科研院工作。当时正值学校组织若干国防科研项目进行中期评估，为了能更好地完成工作，都超利用业余时间，一个项目接一个项目地钻研，从项目的基本资料入手，由点及面，不断发散，用自己的勤奋填补相关领域知识的空白。功夫不负苦心人，短短三个月的时间，都超从最初的门外汉迅速成长为对所负责项目都能说出点门道的内行人。

随着对工作的认识不断加深，都超的钻研也愈发深入。一直以来，国防科技项目管理中，项目申报模式都是由军队装备主管机关发布项目指南，学校再进行组织申报，项目申报处于被需求所牵引的状态。如何能够创新工作思路，实现国防科技工作由需求牵引转向创新引领，实现项目管理由被动服务转变为主动创造？这是都超一直在思考的问题。

近年来，国家从战略层面对新形势下"科技兴军"等进行战略部署，相关机构单位也进行了一系列的调整与改革，面对新形势与新挑战，作为学校军工科研项目的具体管理者，都超密切关注机构和机制的变化情况，快速调整工作思路与方式方法，与上级部门进行有效对接,建立畅通的信息交流渠道,始终掌握着国防科技工作最新的发展动态。在此基础上,按照学校整体工作要求,都超拓展思路、创新方法,积极推动学校科技发展重点向军队战斗力提升需求方向转变,为学校军工科研从以往的需求牵引模式转变为创新引领模式,做出了自己的贡献。

2006年5月入党的都超,作为一名传承红色基因的北理工人,作为一名服务国防科技事业的青年干部,难掩自豪之情:"在这个岗位工作五年,我越来越能理解北京理工大学这几个字蕴含的深刻含义,越来越能理解'延安根、军工魂'红色基因的内在含义,也越来越能够体会在北京理工大学从事这份工作所带来的荣誉感与使命感。把北理工的国防科技事业发展好、建设好,这就是为建设中国特色世界一流大学做贡献。争做强军强国的时代新人,这也是我作为一名共产党员的自豪与责任。"

以人为本,为你奉上北理工美好的初印象

人事处称得上是学校面向全体教职工管理服务的第一站,不仅有繁杂、细碎的事务性、服务性工作,亦有队伍建设等体制机制方面的管理工作。从人事处综合室、人事服务中心、高层次人才发展中心到现在的师资培养室,于笑浠可称得上人事处里一名年轻的"老同志"。而谈起她,领导和同事们一致认为,在于笑浠的身上,人事处"以人为本"的服务理念得到充分体现。

就拿于笑浠现在负责的预聘制教师学术启动经费和博士后工作来说,在人事处专人专科负责、一对一服务的总体要求下,她将人性化的关怀倾注到工作的各个环节之中。由于工作面向新进教师群体,人事处是这些北理工新人们打交道的第一个部门。多年服务教师的工作经历,让于笑浠的心中充满了对学校和人事处的热爱,始终牢记"以人为本"这一使命,将"热爱"内化为工作的原动力,要求自己努力做到北理工的"美好初印象",积极践行做一个"温暖的北理人"。从

于笑湉

预聘制教师学术启动计划经费的申报、使用,到博士后入站、出站、薪酬发放等的全流程服务,新进教师在工作、生活中遇到的困难,于笑湉无一不耐心解答,尽心尽力地帮助新老师沟通协调,解决困难。同时,在不同岗位的履职过程中,于笑湉也积极钻研业务知识,持续提升自身的履职能力,以一流大学的高标准和首问负责制的专业态度严格要求自己,努力营造一流大学的优质服务环境。

作为一名党员,于笑湉充分发挥党员的服务、担当意识,哪里需要她,她便在哪里发挥作用,对待工作从不推诿。白天,电话、微信、邮件涌向于笑湉,她便凭着近十年的工作经验,与各个部门协调,帮助教师们解决一个个具体问题。到了晚上,伴随着通信工作中的逐渐安静,于笑湉也终于有了时间,来起草报告、撰写文件和处理数据等。"今年3月,人事处报批'双一流'预算,小于白天完成服务教师的工作,晚上还要常常加班到后半夜,起草预算方案。"人事处副处长杨静介绍。

"北理工的老师非常朴实、实干,他们本身就是'最强大脑',建设'双一流',做好人才队伍建设是关键,为他们服务,我的岗位责任重大!在北理工这样一所踏实奋进的学校中,我与身边优秀的老师和同事相比，还有差距。我从被动学习到主动提升自我，在北理工工作的近十年我收获满满。"于笑浠分享在北理工的成长、收获。

爱岗敬业，要做精做深，钻进去

"惟愿采一点星星光，给同学们点一盏小小的灯。"这是北理工学生就业指导中心副主任管帅华的座右铭。2008年入职至今，管帅华一直奋斗在就业工作第一线，她勤于钻研，开设并主讲的"小管说就业"系列讲座，已成为深受学生喜爱的品牌。

管帅华

伴随着社会的不断发展，毕业生从"能就业"走向"就好业"，高校就业工作也从"能服务"走向"服好务"。面对新形势、新要求、新任务，特别是如何将自己的工作与学校"双一流"建设的大局联系起来，为培养一流的人才服务，引发了管帅华的思考。"建设一流大学与我们每个人息息相关，我想把自己的岗位工作，做精做深，钻进去，就是为一流大学建设做了贡献。"带着这样的思考，管帅华开始对就业指导精雕细琢起来，既要对求职技巧进行辅导，还要引领毕业生树立正确的就业价值观，并且还得符合"90后"的兴趣和需求。

四年前，管帅华在经过一个阶段的精心准备后，推出了她的第一场"小管说就业"讲座，这一"说"就是112场，每年覆盖毕业生达2 000余人，内容包括生涯规划、简历制作、面试技巧、就业政策、就业形势等。"我主要利用晚上、周末时间到良乡校区、中关村校区的各个学院举办讲座，在课程设计上，力求实、准、新、变。实就是内容模块符合同学实际需求；准就是针对同学们的不同就业时期、不同专业，提供不同分类指导；新就是力求讲授形式新颖；而变则是要认真收集反馈，不断调整讲座内容。"

管帅华的讲座受到了学生们的一致好评，光电学院2018届硕士毕业生白聪就对管老师充满感激。"刚开始求职时，受周围同学影响，我也把互联网企业作为第一目标对象，因为觉得它来钱快，吸引人，但事实证明，我的盲目选择让我的秋招特别不顺利，那个时候我都慌了，是管老师的'打赢春招临时准备战''如何在求职中C位出道'给我吃了一颗定心丸，让我知道自己还可以把握春招黄金求职期，也调整了自己的就业观念，让我认识到有些人生的收获并不是收入能够衡量的，最终我顺利入职北方工业，投身国防军工行业，除了行业的良好发展前景外，还有一份担当时代的自豪感让我的感觉好极了。"

2017年，管帅华荣获北京理工大学优秀共产党员荣誉称号，对此她说："我是一名青年党员，为学生服务，为学校'双一流'建设服务，是我的第一追求和最高追求，我将继续秉承初心，上下求索。"

做岗位上的专家，用专业化服务师生

提起在学校办理因公出国（境）的手续，国际处的王铎是一个大家耳熟能详的名字。2004年至今，这位山西小伙子在学校国际交流合作处派出办公室负责为全校师生办理因公出国（境）报批和签证事务。十四年来，王铎在岗位上尽职尽责，不断学习积累，逐渐成长为一位公派出国（境）方面的业务专家，以过硬的专业素质为学校 8 000 余个因公出国（境）团组、20 000 余人次提供因公出国（境）服务、咨询和审查。

王铎

因公出国（境）审批是一项政策性强、环节多、涉及部门广、时效性要求高的行政事务。通晓政策和经验丰富，让王铎总能通过与师生的简单沟通，就能准确而快速地为各种不同的出访提供最佳的工作指导和建议。

"杨老师您好，我印象中您是 2012 年申请的护照，公务护照有效期是 5 年，所以我建议您先去准备护照申请材料。""宫老师，您去欧洲四国做访问访学，中央政策最多只允许三国。""陈老师，美国加州虽然 30% 是华人，但是近年来治安不太好，请您一定注意安全！"……王铎说，不要小看这份常规性的事务工作，因为具体到每一位师生的情况就一点也不常规了，需要在第一时间内判断各个信息点是否符合要求，并且做出合理的建议和解释，而且要让来办事的师生心服口服。

2015 年，国际处组织学习研究国家政策，特别是新时代教育对外开放的新要求，提出学院主体、资源下放、过程简化、服务精准的改革目标，王铎和派出室同事们随即缜密梳理优化了因公出国（境）审批流程，设计线上审批框架，在计算机学院科研团队的支持下，开发了"因公出国（境）网上申报、审批系统"。审批系统面向全校所有师生，预计受众大约5万人次，内容涉及繁多，特别是还要实现让系统合理地判断出申请团组是否可以出行，这既是亮点，也是最大的难点。王铎介绍说："线上系统中人员身份就有5类，派出形式有3类，这样交叠在一起，人员身份的预判就有15种。系统从设计到现在试运行，已经改了80余版。"现在这一饱含王铎和派出团队心血的系统即将正式上线运行，这将极大地免除师生往返办事的奔波之苦，申请人和审批人都能利用碎片时间快速完成申报审批程序，将有效服务学校国际化建设。

作为一名工作在机关管理服务岗位上的共产党员，王铎说："建设世界一流大学，国际化必不可少。成为自己岗位上的专家，用专业化为师生们的国际交流提供服务，这就是新时代我们管理岗位上党员先锋模范作用的小小体现。"

为严格的制度注入人情味

"找苑老师办理财务手续有种如沐春风的感觉，看似烦琐的财务手续，经过苑老师的耐心讲解就变得有条不紊了。对报账业务不熟悉，想到报账就头大，是她让我缓解了焦虑情绪。"材料学院李定华老师这样评价财务处核算中心副主任苑怡。

财务处是管理学校资金的职能部门，关系到各个单位和每位教师，来报账和处理财务问题的师生，让这里每天门庭若市、熙熙攘攘。财务处不仅要维护财经纪律，还要服务全校师生。因此，财务处的工作人员既要一丝不苟，又要热情耐心。

在每天高度紧张的工作状态下，工作在财务处报账窗口一线的苑怡，却总是给办事的师生以谦和、温柔的感觉。"在财务处工作7年的

/ 教师篇 //

苑怡

时间里,每天我们都会遇到不同性格的老师,由于财务报销情况本身就比较复杂和烦琐,人也多,所以遇到排队时间比较久、对财务规定理解有偏差或者手续材料不全等情况,老师们很容易产生急躁情绪。这个时候,我通常会耐心地给老师们解释相关制度的来龙去脉,让老师们理解严格执行财务规定的目的是保护老师的利益,遵守制度才能规避潜在风险。换位思考的解释,老师通常会心悦地接受。"苑怡说。

当然,面对鲜活的人,制度可以严格,但不能刻板。作为一名工作在服务岗位上的共产党员,苑怡为严格的财务制度注入了人情味。作为核算中心副主任,她以身示范,带领中心人员将人性化关怀倾注到工作中,为前来办理财务手续的师生提供人性化的服务。按照财务工作管理要求,财务处一般在上午 11:30 和下午 4:30 的时候做内部结算,所以这时一般不再受理当天财务报账。而苑怡总是尽可能为卡着时间点而来的老师留好办理手续的最后时间。"看到老师们急急忙忙、气喘吁吁地赶来,我很理解他们工作的辛苦,所以尽量延时一些,只要不违反制度,我都尽量受理他们的业务,哪怕下班推迟一些。作为一名党员,要讲服务意识,在工作中,要多讲点人情味。"

文:党委宣传部王征、韩姗杉、王朝阳、马瑶、吴楠

图:党委宣传部郭强

2018 年 6 月 29 日

写在篇末:

实施"美丽北理、幸福北理"工程,营造师生宜学和谐"幸福园",核心就是要推进大学文化建设。机关作风是大学文化的重要体现,机关部门作为服务学校师生的窗口,直接反映了学校是否坚持一流的治校理教理念,是否大力推进管理向服务转型。学校发展进入新时代,迈入"双一流"建设新征程,机关工作也应与时俱进,因此机关工作作风建设要加强理论武装、提高政治站位、强化大局意识、再造管理能力、形成"头雁"效应……

坚持思想再解放、改革再深入、工作再抓实,领导冲在前、师生同担当、榜样树标杆,未来学校将进一步通过干部作风建设,切实增强广大师生员工的获得感、幸福感、安全感。

/ 教师篇 //

梅凤翔：黑发积霜织日月，
　　　　粉笔无言写春秋

他是改革开放后获法国最高学位的第三位中国人；他是我国著名的力学专家；他热爱讲台，热爱教育，他说，要对学生无限地好。他是梅凤翔，今年 80 岁了，在与北理工相伴的日子里，他是一名幸福的园丁，勤勤恳恳奋战在教学科研第一线，熟悉他的人无不称赞他是一位德艺双馨的人民教师、优秀的共产党员。他用自身行动诠释着自己独特的为师之道……

梅凤翔

"没有共产党，就没有我的今天！"

1938 年，梅凤翔出生在辽宁省沈阳市郊的农村。因为家贫，梅凤翔的父亲只念了两年"简师"，17 岁毕业后就成为一名小学教员，边

1957年，辽宁省实验中学高21班毕业合影（后排左六为梅凤翔）

教书边务农。因为家庭生计困难，父亲一度想让梅凤翔去城里投奔亲戚学徒成为裁缝，希望儿子能摆脱务农的生活。直到1949年，11岁的梅凤翔才有机会踏踏实实地读书。1951年，因为在校表现优异，梅凤翔被保送到沈阳第十二中学读初中。1954年，梅凤翔初中毕业的时候，为了减轻家里的负担，他主动提出报考中专的想法。也就是在这个时候，班主任张若兰老师帮助梅凤翔做出了正确的选择——在张老师的支持下，梅凤翔考上了当时的东北实验学校（现为辽宁实验中学），进入这所东北三省的重点学校就读。

1957年，梅凤翔完成了高中学业，以优异的成绩考上了北京大学数学力学系，从此，开始了他与力学的不解之缘。1957年到1963年，是梅凤翔快速成长的6年，这段在北京大学的求学经历为梅凤翔日后的学有建树打下了扎实的理论功底。1963年，梅凤翔大学毕业，父亲专程去车站接他，看着已经长大成才的儿子，老父亲热泪盈眶。"没有共产党，就没有你梅凤翔的今天！"这句父亲的感言，直到现在，依然让梅凤翔深深铭记，而对党和国家朴素的感恩之情也伴随了他的一生。

北京大学数学力学系一般力学1957级毕业合影（后排右三为梅凤翔）

从北京大学毕业后的梅凤翔被分配到北京工业学院（现北京理工大学）理论力学教研室任教，年轻的梅凤翔时刻谨记自己作为知识分子的责任，一刻也未曾放松和懈怠，将自己在求学路上一贯秉持的踏实认真、持之以恒的信念倾注于教学和科研中。刚刚开始工作的时候，梅凤翔极其注重教学基本功的训练。为了做好教学工作，成为一名合格的助教，梅凤翔用几年的时间亲自演算了2 000多道习题。1978年前后，凭借着这股钻研精神，他整理出了一套《理论力学难题百解》。这种令人赞叹的奋斗精神，也为梅凤翔今后在非完整力学领域的突出成就，做出了最具说服力的注解——成功不是偶然，而是扎根于长年累月的坚持，是对学问始终如一、诚心追求的必然。

"献给我亲爱的祖国"

如果说新中国的建立让梅凤翔这个农村的孩子实现了上大学的梦

1982 年 5 月 13 日，梅凤翔参加法国国家科学博士学位论文答辩

想，那么国家的改革开放则为梅凤翔的科研人生打开了另外一扇大门，使他更为直接地接触到力学研究的国际前沿，开阔了自己的研究视野，实现了自己在科学研究上的突破。1981 年 1 月，梅凤翔在学校的安排下，获得了赴法国进修的机会，开始了自己的留学生活。经过两个月的法语培训后，梅凤翔来到法国南特高等机械工程学校（ENSM）开始了正式学习。当时，已经 43 岁的梅凤翔非常珍惜党和国家给予的学习机会，他发奋努力，将申请到博士学位作为自己的目标。"我相当于把北京的办公室搬到了法国。"梅凤翔这样回忆自己在法国的时光。为了拿下博士学位，在法国的大暑假期间，梅凤翔一个人在租住的房子里，夜以继日地演算、推导。历经暑假的奋斗，前后仅仅用了 9 个月的时间，梅凤翔完成了博士论文，并以优异的成绩通过答辩，获得了法国最高学位——国家科学博士学位，成为改革开放后获法国最高学位的第三位中国人。梅凤翔博士论文主审人 Capodanno 教授这样评价："梅先生在非完整力学理论方面的贡献是重大的。他的工作需要分析力学的极好学识，同样需要计算的高超技巧……他认真地对待自己的工作，有着坚实的知识，对研究的爱好，对工作的热情以及值得钦佩的意志。"获得学位之际，作为一名中国人、一名共产党员，梅凤翔的心中充满了报国之志,他在学位论文的扉页上写下了"A ma chère Chine"(献给我亲爱的祖国),以表达对祖国的深厚情感。

每每想起这些,梅凤翔都充满了自豪和对国家的感激:"如果没有共产党、新中国的培养,我就不可能上大学,如果没有国家的资助和学校的支持与信任,我也就不能出国,更没有我如今的成就!"这是他最为真实的感情。梅凤翔将对祖国的感恩化为对学术孜孜不倦的追求,化为他为国培育英才的倾心投入。

"搞科研必须要有'板凳坐得十年冷'的毅力"

1978年,梅凤翔曾想把自己写成的一本关于非完整力学的书稿出版,却连续遭到了两家出版社的拒绝,原因都是出版社认为梅凤翔研究的东西没有价值。看到书稿就这样被扔到了一边,自己的心血没有被认可,反而被打上"没有用"的标签,梅凤翔对自己的研究方向感到了深深的迷茫和困惑。就在这个时候,梅凤翔的恩师北京大学朱照宣教授告诉他:"中国这么大,搞什么的都应该有……你应该像一颗钉子一样钉在那里,不要改!"

时间来到了80年代,在法国获得博士学位的梅凤翔,开阔了自己的学术视野,提升了自己的科学研究能力,更加认定自己的研究方向大有可为。回国之后,他继续扎根于非完整力学的教学和科研,这一干就是一辈子。梅凤翔常说,搞科研必须要有"板凳坐得十年冷"的毅力,正是这股精神鼓励着他持之以恒、勇往直前。从1963年起,梅凤翔就开始学习并研究非完整力学,几十年间,他像一头老黄牛一样在非完整力学研究领域辛勤耕耘,正是这份无悔的坚持,使他在"已经研究了200多年,没啥搞头"的非完整力学领域,做出令人瞩目的成就,书写了人生精彩。

迄今为止,梅凤翔发表学术论文400余篇。1985年,《非完整系统力学基础》成为国内非完整力学领域的第一部正式出版的学术著作,在国内发行5 000册,被国内外引用300多次;1996年,《Birkhoff系

1997年，国家教委基础力学课程指导小组成员合影（一排右五为梅凤翔）

统动力学》的出版，引发国内计算数学和计算力学界的关注；2000年，长篇文章《非完整力学》（*Nonholonomic Mechanics*）在国际权威评论《美国应用力学评论》发表，使中国在该领域的研究成果得到国际认可；2004年，46.7万字的《约束力学系统的对称性与守恒量》出版……众多的论著和成果，使梅凤翔得到了国内外同行的认可。作为经典力学专家，梅凤翔在非完整力学、Birkhoff系统动力学、对称性与守恒量研究领域成绩斐然。梅凤翔作为我国非完整力学研究的倡导者和学术带头人之一，组建了非完整力学的中国学派，推动了我国力学事业的发展。

"作为教师，最高兴的是学生超越自己"

梅凤翔不仅是著作等身的学者，更是桃李满天下的优秀教育者，"为人师表"是梅凤翔的行为准则。2003年，梅凤翔获首届全国高校教学名师奖。

/ 教师篇 //

梅凤翔进行讲座培训

2009年,梅凤翔在良乡校区讲授理论力学

梅凤翔说:"作为教师,最高兴的是学生超越自己,培养出高水平的人才。"梅凤翔在教学上,不仅态度认真严谨,而且极其注重教学方法的使用,针对不同层次的学生能够做到因材施教、教学相长,注重

培养学生的创新能力，鼓励学生超越自己。给本科生上课，梅凤翔喜欢启发学生的科研思维，一步步引导学生萌发科研意识，而给研究生上课，他就会引导学生找寻新的研究点，并鼓励他们积极探索。即便是同一个班的学生，因为知识背景和兴趣不同，梅凤翔也会有针对性地给学生们补充不同类型的知识，指导他们关注不同类型的方向，鼓励他们在交叉学科谋求发展，获得突破。上过梅凤翔课的学生，一方面折服于他的学识之深、学问之精，另一方面也被他课程中碰撞的思维火花所吸引。值得一提的是，在多年的教学工作中，梅凤翔一直保持着亲自演算题目的习惯，他总是告诫自己和学生，不要因为题目简单而轻视，在学问上要大胆创新，但更要细心求证。

1988年，梅凤翔指导研究生学习（左三为梅凤翔）

从参加工作到退休以后，梅凤翔在教学第一线奋战了近60年，他为本科生、研究生讲授理论力学、分析力学、非完整力学、运动稳定性、动力学逆问题、Birkhoff力学、李群和李代数应用等多门课程。甚至在退休后，年过七十的梅凤翔，还为本科生上了整整一学年、104学时的理论力学课。

作为一名共产党员和优秀教师，梅凤翔是"道德""文章"并重的典范，他一直把"道德"放在"文章"之前。"先做人，然后做文章"，他是这么说的，也是这么做的，更是这么教育自己的学生的。梅凤翔常常用自己的经历教育学生，要有社会责任感，要好好珍惜改革开放的好时代，无论何时何地都要有爱国之心、报国之志。在梅凤翔的精心呵护下，一批青年人才在非完整力学领域脱颖而出。

梅凤翔几十年如一日，培养了硕士生 12 名、博士生 18 名，指导访问学者 13 名，这其中已有 7 人晋升教授，两人出任大学校长。三尺讲台染白了头发，如今桃李满天下。梅凤翔用自己教书育人、潜心科研的实际行动，感恩党和国家的培养。现在，梅凤翔的学生们传承着他的"钉子精神"，踏踏实实地在各自的岗位上爱国奋斗、敬业奉献。

从建设新中国的火热年代，到改革开放的蓬勃发展，梅凤翔胸怀爱国之志，始终奋斗不辍，在时代大潮中，用自己的精彩，为事业书写了华章。新时代，我们每一位北理工人，应该自觉承担服务中华民族伟大复兴的重要使命，为建设中国特色世界一流大学，爱国奋斗，建功立业。

文：党委宣传部
图：宇航学院
2019 年 2 月 18 日

注：部分内容来源于《国家级教学名师梅凤翔——德艺双馨的人民教师》《三尺讲台四十载 分析力学领军人——记德艺双馨的国家级教学名师奖获得者梅凤翔教授》《德艺双馨的人民教师——记梅凤翔教授》。

姜楠：在北理工，带你解读人文之美

——第 24 个"世界读书日"特别策划

"如果文学艺术不是需要一生来学习，它就不成其为一种事业；如果文章不需要作者改到所用心力都已用尽，写作就不值得追求，如果不是这样的作品，阅读它也就不值得。"这段话摘录自《语文素养高级读本》的《用一生来学习阅读》一文，姜楠常将这句话读给学生，也送给自己。

共读好书

姜楠，北京理工大学人文与社会科学学院副教授，在她任教的二十四年，将一堂堂精彩的中文课，带给北理工的本科生、研究生和留学生们，把自己心中的人文之美，种在了北理工学子的心中。

"我在北理工教语文"

出生于"成语之都""燕赵古城"邯郸市的姜楠,自幼便喜爱读书,这为她日后钻研中文打下了坚实的基础。在姜楠的心中,读书是一种理所应当的习惯,无论从事人文科学、社会科学,还是自然科学的研究,爱读书都是必要条件。

1988年,姜楠考入兰州大学中文系学习,本科四年姜楠的专业课总成绩位列年级第一,每年都拿到一等奖学金。凭借优异的表现,本科毕业后,姜楠顺利保研本校,硕士攻读的是先秦两汉文学。

1997年,姜楠(右一)与北理工的同事们在一起

"我喜欢当老师,也适合当老师。硕士毕业后,我来到北理工求职,当时社科系的张红峻和宋桂芝两位老师担任面试官。我们聊的时间不长,但留在记忆里的感觉却非常清晰,我觉得北理工的老师非常认真,能做实事,真诚亲切,有人情味儿,见过他们之后,我就决定来北理工教书了。"谈及来北理工的初衷时,姜楠回忆说。

2001年，姜楠为北理工的美国留学生教授汉语课

来到北理工后，姜楠不仅为本科生、研究生讲授诸如"大学语文""学术写作训练""中华文化与传播"等基础课和通识课，还负责过留学生的"基础汉语"教学，此外还开设了"阅读民国大师""经典名著导读""名著佳片赏析"等选修课。在姜楠看来，为以理工科为主的学生们教授人文公共课，甚至比教授中文专业课更有吸引力。"我除了中文，还喜欢外语、历史，甚至植物学，我很容易对新的事物产生兴趣，教公共课，更能发挥我的特长吧。"

"在理工大学教文科，并不像看起来那样，仿佛被边缘化，而是给了我一种非常独特的体验。"来到北理工，当上了"语文老师"，伴随着教龄的增长，姜楠对北理工的"语文老师"这一定位的理解便更为独到而深刻。"虽然理工科的师生和我这种标准的'文科生'在思维方式上有明显的不同，但正是这种不同，让我获得了意想不到的收益，现在我学文的朋友们，都说我变得严谨、精确、处事纯粹。另外，瞄准一流人才培养，理工科学生人文素质的提升更为迫切，文科老师大有可为。"为了在北理工深耕人文沃土，为了更好地培养学生的人文素质，姜楠又在职攻读了南开大学高等中文教育专业的博士学位，有了更高层次的学术研修，姜楠的教学水平不断提升。

真诚亲切，踏实进取，姜楠全身心投身大学语文教学事业，也斩获了北理工首届迪文优秀教师奖、T-more优秀教师奖等一项项成绩，其中北理工首届教学名师奖是姜楠最看重的奖项，因为这是对她多年教学工作的充分肯定。2013年12月，姜楠的"语文高级素养"课程，在教育部"爱课程"网站和"网易公开课"同时上线，点击量进入"爱课程"网站精品视频公开课前十名。

"她的课很难选上！"

"她的课很难选上！"几乎每一个接受采访的学生谈及关于姜楠的印象都有这句话。在北理工，姜楠开设的"名著佳片赏析""阅读民国大师"等几门文化素质课，被同学们认为是最难抢到的课程，不少同学经历了几个学期，才能把课抢到手。

姜楠为学生讲授"语文高级素养"课程

为了培养学生们的人文思想，姜楠开设的"语文高级素养"旨在激活大学生群体在基础教育阶段所形成的语文积累，同时帮助学生省思、刷新阅读与写作观念，掌握书籍的选择技巧，学习非虚构类文体的写作要点，养成准确、清晰、完整的书面表达习惯，从而唤醒高等教育阶段大学生对语文学习的志趣。值得一提的是，在这门课上，姜楠借助在线学习手段，实现"翻转课堂"。上课前，学生们要自主观看指定网课，按时参与面授，在网络教学平台完成作业和考核，而课程内容按深度转换的语文观念、五光十色的语文景观、融于生命的语文力量三条线索展开，紧密结合学生的语文生活，既有学理依据，又不乏时代气息，为同类课程首创。

在提升学生人文素质的基础上，姜楠还聚焦学校一流人才培养，针对大学生专业写作能力欠缺之弊，主动在教学上探索创新，开设"学术写作与训练"这门"刚需课"，受到学生们的欢迎。"即使是理工科的学生，也绝不能是'有口不能言'或'能说不会写'的'单向度的人'。"在处理与学术写作不同类型的文体时，姜楠又采用另一种教学法。她的作文课总是让学生们津津乐道，在她眼中作文没有对错，最关键的是蕴含在作文里的真实情感。"我希望学生们找到课堂上最有共鸣的内容，谈谈自己的感想，只要逻辑清晰，感情真挚，我就认为这是好的文章。"学生们在姜楠的课上，喜欢畅所欲言，文章也是精彩纷呈。

提到语文学习，人们往往第一反应是"意会"，是"感悟"，是"差不离儿"。但是在姜楠的课上，语文最大的"德性"却是精确和妥帖，是"知之为知之，不知为不知"。"她的课很'硬'，内容翔实，品读精细。姜老师在课上会带着我们仔细地品读经典著作，体味其中的内涵，而不是概括地讲述。这样我们对文章的理解就更为深刻了。"2015级机械工程专业的鲁琢玥这样分享自己的看法。

"高中语文学习偏于灌输知识，很多学生其实并不会读文章。而我是边读边讲，讲完一篇文章，必然会把它通读一遍，逐字逐句地读，尝试从语句中把作者的心思引导给学生去感受。我想告诉学生，文章也好，感情也好，都是实实在在的东西。就像理工科学习一样，要吃透实验方法而不只是陈述泛泛的原理，这才是学生最需要的吧。"姜楠说。

通识课"阅读民国大师"是姜楠的拿手好戏,面对古文好讲、现代文不好讲的现状,以及学生们对文章赏析能力的普遍欠缺,她从作者的作品和人格出发,选择了九位现代文学大师的文章,教学生如何品读。姜楠就像一个启蒙者、引路人一样,带领学生发现现代文的美好。

除了课堂教学,姜楠的视频公开课也很受欢迎。"录课时,面对着将近一百名学生,姜老师旁征博引,用方言做切入一下子调动起全场的气氛,两天录出十多讲高质量视频课,我真的挺吃惊的。"MOOC制作团队的王圆老师说。

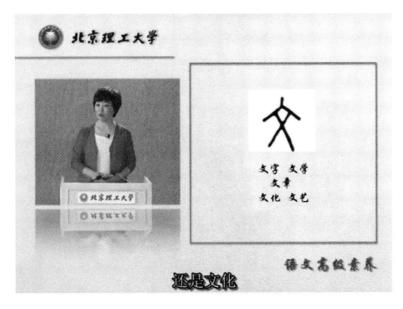

2013年,姜楠的"语文高级素养"精品视频课程上线

无论网上网下,姜楠的课堂"超员""满员"成为常态,而这背后,姜楠的"课下功夫"更是扎扎实实,精心设计。姜楠的学术写作课不设置期末考试,但是这并不意味着"放水",而课程中的五次作业,则更加体现姜楠对课程的深耕细作。每次作业姜楠都亲自批改和过目。"把考核与指导体现在每一次的作业中,这样学生才会有进步。只在最后考一下,有些学生临时突击,即使能考过,学习实效也无法保证，抓好作业，虽然辛苦，但是是对学生的负责。"姜楠说。

把"美"渗透在生活的点滴中

姜楠不是班主任、辅导员，上好四十五分钟的课是主要任务。但是，对爱学生的姜楠来说，培养人才不分课堂内外。教师的职责不仅于教课，还于育人，就像梅贻琦所说"从游既久，其濡染观摩之效，自不求而至，不为而成"。姜楠认为，从游之美，在于以身作则，循循善诱，培养学生形成正确的价值观和独立人格，成长为德智体美劳全面发展的社会主义建设者和接班人。

姜楠非常乐于参加学生们自发组织的读书活动。某次，姜楠为了让学生更好地体会海明威写作"短小精悍"的特点，她精心找到四种不同译本的《老人与海》读给同学们赏析；在讲汪曾祺的《受戒》这篇文章时，姜楠会引导大家留意文章对文字、语句的排列，感受"罗列控"汪曾祺内心的抒情人道主义情怀。"姜老师特别了不起，她给我们在理工氛围比较强的环境里，搭建了一个'人文小窝'。"学生白驹的话，讲出了"姜丝"们的心声。

姜楠为学生讲解海明威的《老人与海》

除了在课上课下做好"语文老师"，姜楠还是学生们亲切体贴的朋友。"班级足球比赛，只有我一个女生参赛，虽然赢了，却感到'知音'很少,我就发了一条不自信的朋友圈。"看到学生鲁琢玥的这条朋友圈,姜楠这样幽默地留言道:"你可以把以上文字改成,今天阳光灿烂,我参加比赛,球个个射中,他们水平还真是'有点差',说不定我还可以指导一下他们!"姜楠就是这样把"美"渗透在学生的点滴生活中,引导他们葆有积极乐观的心态。不仅如此,姜楠也细心关注学生们的生活与学习。宇航学院2014级本科生魏宇锋虽然已毕业,但提起姜楠老师,仍然感激不已:"我来自青海,英语不好,姜老师就很关心我,督促我学好英语,以后准备考研,后来还专门找了外语学院的陈刚老师帮我辅导。如果没有姜老师和陈老师,我的四级都过不了。"如今的魏宇锋不仅学好了英语,还前往美国宾州州立大学继续读博深造。

姜楠与"北湖探花小分队"学生一起在踏青过程中认知植物

"大鱼前导,小鱼尾随",不止于传道、授业、解惑,还于礼仪、谈吐、修养。做良师,为益友,坚持立德树人,扎根时代生活,在北理工,姜楠将这份人文之美书写于学生心灵之中,与之共绘美美与共的人生图景!

分享读书

文：党委宣传部王朝阳

图：党委宣传部郭强，人文与社会科学学院

2019 年 4 月 23 日

/ 教师篇 //

薛庆：为师有爱，教师模范

她的名字，时常出现在校园网上，从《岁月如诗，爱亦如歌》到《和学生在一起特别幸福》，从《阳光教师》获校"微心声"征文一等奖到国际学子《深恩永志 厚谊常存》毕业感怀中的主人公，她是2019年全国模范教师、北京理工大学机械与车辆学院薛庆教授。

关于薛庆老师的新闻报道

三尺讲台，育万千栋梁。从教28年，薛庆用自己对事业的奉献，对学生的爱心，辛勤耕耘在育人一线，不忘初心，牢记使命，以实际行动践行党员教师的先锋模范作用。

爱岗位，施教有法

"我是指针""我是地址""我的值是100"，课堂上，学生们根据分配给自己的不同符号，兴致盎然地进行有趣的角色扮演，一场别开生面的互动，让他们将数组、指针和地址的区别牢牢记住，这是薛庆主讲的"计算机科学与程序设计课"的课堂一幕。

课堂授课

活动桌椅、彩色贴纸、分组围坐、多个屏幕上精彩的课件，"每组派一个同学，请到旁边的组，讲一下课前阅读的脑力负荷文献，请听众们给小老师打分。""大学生的心理压力有哪些？请将它们写下来。""写好后，把它们分类贴到黑板上。""下面讨论怎样解决这些压力。"……这是薛庆主讲的"人因工程学"课程，校首批精品课。

"在我心中，给学生上课、上好课，是最开心的事情，每一堂课都很重要!"喜欢微笑着上课的薛庆,始终将学生和课程作为生活中的重要部分,她主讲过包括公共基础课、专业基础课、专业课、实验公选课、全英文课程在内的十几门课程,是校首批双语教学教师之一,教学效果优秀。

薛庆讲课既有系统的知识体系,又有浓浓的人文情怀和伦理教育。每门课,薛庆都会阅读国内外教材,收集大量的案例、视频、科研文献和生活中的故事。除了精彩的课堂讲授,薛庆的课程还有问卷星上的测验、深夜微信群的答疑、QQ上考前常见错误汇总和学习过程的评价,内容丰富生动而不失条理,学生印象深刻。

除了精彩的课堂,薛庆还精心设计培养方案,建立专业研究型课程体系,邀请国内外教授、专家、优秀校友走进课堂。多年来,薛庆主持了多个北京市教改立项、校教改重点项目,她也被评为北京市教学名师、北京市教育创新标兵。

爱学生,育人以理

以人为本,理念为先,情理结合,以情感人,以理服人,寓情于理。

薛庆用PDCA方法教育学生做好人生规划,不断总结反思改善;她为每位学生送上一本书,供假期阅读;她教学生们用思维导图梳理课程知识体系,特别关心有畏难情绪的学生;她凭借出色的英语水平,代表学校赴海外大学开展本科生项目商谈,带队学生海外交流,为不同专业的学生提供出国咨询,关心留学生的学习;她积极指导青年教师,开设讲座"有效的教学设计"……

薛庆的周末、节假日,总是在跟学生谈话、指导实践活动、参观、在养老院做社会调研中度过。

某次,一个学生因成绩不理想,产生轻生的念头,家长请薛庆帮忙,她用心分析学生思想动态,采取恰当谈话策略,使学生放弃轻生念头。"我辛苦点是小事,挽救一个生命是个大事。"每每回想起来,薛庆都十分感慨。

带队学生海外交流

指导学生

"薛阿姨""薛妈妈"是学生们对她的昵称,"遇见薛老师"成为学生们大学生活的莫大幸运。

爱生活,笑对疾病

2011年,薛庆查出癌症,她超常的淡定和从容,平静地正常工作直到通知住院。随后的9个月,她以非凡的毅力,一个人坚强地度过化疗、手术和放疗全部过程,并写了4万字的治疗体会,分享给医生和病人。其间,薛庆并没有中断对工作的关注,科研、专业教育、德育检查、毕业设计动员……一项项都牵挂在心中。治疗结束后,她又以极大的热情投入工作中。

接受领奖

正是对教师这个崇高职业的爱,铸就了薛庆的坚强、乐观,她的朋友圈总是满满的正能量,给别人带来激励与收获。一路走来,北京市优秀教师、校首届"感动北理,激励你我"的优秀教师、学生"我爱我师"中的优秀教师,印证着师生们对她的喜爱与肯定。

为师有爱,在平凡的岗位上,薛庆奉献着自己的爱心和知识,创造着为人师表的美,这正是新时代一个模范教师的责任担当。

文:党委教师工作部,党委宣传部
图:党委宣传部,机械与车辆学院
2019年9月10日

用体育书写一流人才培养的精彩篇章

——北京理工大学体育教师群体侧记

要树立健康第一的教育理念,开齐开足体育课,帮助学生在体育锻炼中享受乐趣、增强体质、健全人格、锤炼意志。

——习近平总书记在全国教育大会上的讲话

体育是发挥育人作用、实现价值引导的最直接有效手段之一,体育教学,不仅重在育体、育心,更重于育人。一流大学要培养一流人才,一流人才必须有一流的身体素质。在北京理工大学有这样一批优秀的体育教师,他们爱生敬业、钻研业务,用自己平凡而朴实的工作,为学校一流人才培养做出自己的贡献。

赵铃:只因一个"爱"字,让我坚守

从 20 世纪 90 年代开始,北京理工大学高水平武术队就是学校体育运动发展的一张闪亮名片。武术队自 1983 年成立以来,多次荣获全国、首都高校各类武术比赛冠军,运动水平始终保持在首都高校第一梯队。耀眼成绩的背后离不开体育部教师赵铃 36 年来的潜心指导,默默奉献。

1983 年入校工作后,赵铃一直从事体育教学与训练工作。2004 年 7 月任教授,现担任国家体育总局武术运动管理中心裁判委员会委员,北京高校武术协会副主席,国际级武术裁判。

赵铃从小学三年级开始便在北京体育大学进行专业的武术学习,大学毕业入职北理工后,便着手建设学校武术队,她在队员选拔、训练思想、排练技巧等方面都追求"专业"二字。"第一批 20 名武术队队员,是我从 300 个报名的学生中精挑细选出来的。当时电影《少林寺》深受追捧,学生报名异常火爆,我选拔队员从体育基础和身体素质出发,兼顾学生的神情仪态,第一批队员,也是印象最深刻的一批,第二年参加北京市武术比赛就拿到了团队第一名。"赵铃回忆说。

在学生眼中,赵铃是一位严师。已经是科研骨干的机电学院姜春兰教授就是赵铃武术队的首批队员,她回忆:"赵老师和我们那届学生年龄相当,平时是朋友,可到训练场上她非常严肃。一开始练功没有地毯,我们每次练习都在水泥地上摔得青一块紫一块,赵老师总是陪我们练习到最后一刻,鼓励大家再坚持一下!"

优秀的体育团队需要更高的视野、更先进的思想。2000 年,以优异成绩通过裁判培训的赵铃成为国内顶级武术赛事的执行裁判,2010 年又经过国家推荐通过了国际武术联合会的国际级考试,获得国际裁判 A 级证书,从此,赵玲开始在国际各种武术赛事中参加执裁和培训的活动。执裁高水平比赛不仅可以提高学校武术队和自身的专业水平,还在一定程度上宣传了北理工武术队。

36 年来,赵铃坚持与学生一起训练。如今她仍然执教在一线,致力于中国传统武术的传播与发扬,传承武术美德,为热爱武术的北理

赵铃在录制枪术教学视频

工学子上好每一堂课。"从豆蔻年华到临近退休,只因一个'爱'字把我留住。这种坚守是对体育事业的热爱,是对学校的热爱,特别是对学生的热爱。我将继续坚守,为我的教师生涯画上无愧于心的句号。"

邱慧芳:让更多的人成为弘扬优秀中国传统文化的使者

"手的高度要在胸前,手过高肩就会高,气就会往上浮。"太极拳课上,邱慧芳正在指导学生。邱慧芳,世界太极拳冠军、国际级裁判、一等功获得者、全国劳动模范和先进工作者特邀代表、中央电视台太极拳教学片示范者,曾带领中央国家机关太极拳协会参加全国"市长杯"比赛获得冠军……带着满满的荣誉,她在自我介绍的时候却总是会说:"我是北京理工大学的一名体育老师,主要负责教授太极拳、八卦掌等课程。"

从2000年入校起,邱慧芳在北理工执教已经19年,一直承担着太极拳课程的教学工作。太极拳课程从最初的鲜有问津,到如今的慕名而来,这凝结了她在课堂内外投入的心血。"起初,太极拳课程的教学效果并不是很好,学生好像并不是很感兴趣。"邱慧芳认真思考对策,她在每学期结束的时候让每个学生都交一篇书面作业,对她的教学方式与课程内容提出建议和反馈。正是多年来办公桌上积攒下来的高高一摞作业,支持着邱慧芳不断对课程进行设计调整,追求课堂教学的最佳效果。

得益于学生们的真实反馈,邱慧芳在课上不再局限于讲解太极拳拳式和套路,而是寻本溯源,对太极拳以及它每个招式背后的传统文化进行分享。"太极拳是中国武术与传统文化结合的精华,越来越多的学生更渴望了解这一中国文化瑰宝博大精深的文化内涵,并被其深深吸引。"为了给学生们传授更多的知识,邱慧芳还走访了很多民间的高手。"我希望把自己的所学都分享给学生们,然后让他们能够分享给更多的人,让每一个人都成为弘扬中国传统文化的使者。"

/ 教师篇 //

由于教学经验丰富，邱慧芳还经常被选派到国外进行太极拳的教学交流。2017年的南非约翰内斯堡一行，令邱慧芳印象深刻。"学习太极拳的都是南非本地人，他们在烈日炎炎下一遍遍地认真练习，掌握太极拳每个招式的中文发音，向老师行抱拳礼……，他们喜欢并且更尊重中国的传统文化，那一刻，我深感作为一名从事武术专业的教师，传承太极拳文化、传播优秀的中国传统文化，任重而道远！"

受国家和学校委派，邱慧芳赴南非进行太极拳教学

王娟：足尖上的精灵，将体育之美播撒校园

斑斓的色彩，挽起的发髻，天使的面庞，窈窕的曲线，曼妙的舞姿，飘逸的丝带，轻盈的跳跃……2018年6月2日，北京大学邱德拔体育馆内，北京理工大学艺术体操队的"六朵金花"惊艳全场，获得首都高校艺术体操锦标赛大学组团体总分第一名，这也是我校连续第三年蝉联团体总分冠军。在这耀眼成绩的背后，指导教师王娟功

不可没。

王娟带领北理工艺术体操队获首都高校艺术体操比赛团体总分第一名

王娟，5岁与体育结缘，开始从事业余的体操训练，7岁开始参加艺术体操专业训练，15岁获得全国冠军、国家级运动健将。2001年大学毕业后，王娟来到北理工执教，教授健美操、瑜伽、艺术形体等课程，迄今已有18年时间。几年前，在学校鼓励下，体育老师开始每人主抓一个拿手项目，王娟便操持起了老本行——艺术体操。怀揣着由来已久的艺术体操梦，2012年，王娟开始担任学校艺术体操队教练。

艺术体操项目是体操、舞蹈与音乐的完美结合，是一项女子竞技体育项目，特别适合在高校女大学生当中开展与学习，丰富高校女生体育课堂内容。所以，艺术体操队最初是以舞蹈特长生为班底组建，而近些年则有越来越多的普通生加入了这个集体。为了备战比赛，王娟和队员们牺牲周末时间，对每一个动作进行反复琢磨，努力做到尽善尽美。毫无艺术体操功底的队员们担心自己发挥失误，会给团队造成不好的影响。王娟在得知情况后，主动找队员谈心，及时反馈，给队员最大的支持和鼓励。

"我的目标其实不仅仅是影响体操队的同学们和课上的同学们,而是希望更多的同学们能树立终身体育理念,养成锻炼身体的好习惯,让体育成为生活中的一部分,做健康、自信、快乐的自己!"谈及自己体育教学的目标时,王娟如是说。

2017 年,经过长时间精心筹备,北理工承办的第 55 届首都高校田径运动会顺利举行,开幕式上 1 300 位同学带来了长达 16 分钟的表演,动感十足的节奏、干净利落的动作,配合着音乐和队形的变换,引来声声赞叹、阵阵掌声……而此时,作为总导演的王娟,热泪抑制不住地流淌,泪水中有激动、有欣慰,更有自豪,经过多年的努力,体育之美在校园播撒!

孟光云:让每个学生的身心素质都得到锻炼和提升

"我们的目标是让每个学生的身心素质都得到锻炼和提升。"这是已经在北理工从教 30 年的体育部副主任孟光云的心声。1989 年,毕业于北京体育大学排球专业的孟光云来到北理工,成为一名北理工的

孟光云在进行排球发球示范教学

体育老师。从教 30 年来，孟光云承担的"排球"和"高级排球"教学课程，广受欢迎，撰写发表了 15 篇科研论文和教材。工作之余，他还努力为国家体育事业服务，代表学校承担排球与沙滩排球运动相关工作，现担任中国排球协会沙滩排球裁判员委员会委员、大学生体协和北京市排协裁判员委员会委员，多次担任全运会沙滩排球项目副总裁判长、全国沙滩排球比赛裁判长、全国大学生沙滩排球锦标赛裁判长。

"体育部老一辈的老师们，他们的那种敬业的工作精神，很让我敬佩。"老前辈们的"传帮带"深深影响着孟光云。从上好每一堂体育课，到组织好全校体育教学和学生群众体育活动，孟光云始终将学生放在首位，执着敬业。

"现在北理工可开设的体育课程达 54 门，大学期间学生四个学期的体育课程成绩合格才能毕业，体育课分为大小球类、操类、健身类、武术类、户外类……，这其中开设的拳击课、柔道课、防身术、八卦掌、高级篮（排、足、网、羽）球、轮滑、田径运动训练等，还有压力管理与体育运动课程，体重控制与运动营养学课程，在全国高校都是不多见的。"谈起北理工的体育课程，孟光云如数家珍。1997 年，孟光云就开始负责全校的体育教学组织工作，北理工的体育课程如何建设、如何开展，在他的心中勾画满满。

面对每学期近 8 000 名学生的体育教学组织和运行需要，多年来孟光云不仅要完成自己的教学工作量，还要认真按照国家标准和教学大纲，保质保量、精心安排好全校的体育教学任务。"上好一堂体育课的关键就是体育教师"，孟光云认为树立事业心是体育教师队伍建设的关键。"无论是指导专业队、雕琢精品课程，还是深耕体育科研、钻研裁判技术，我们每一个体育老师都应该努力创造自己的亮点、树立起自己的一面旗帜。"孟光云通过大力倡导体育教师的专业特色建设，不断营造爱岗敬业的良好氛围，从而推动体育课教学质量的提升。

"一流大学要培养一流的学生，一流的学生必须要拥有一流的身心素质"，面向"双一流"建设，孟光云将自己负责的学生、群众体育工作与教学工作有机统一，形成合力聚焦大学生身心素质提升。"近几年，学校群众体育活动已经形成了蓬勃开展的局面，学生体育类社团达30个左右。体育部为每个社团配备了指导教师，积极组织指导学生参加比赛，取得优异成绩。2018年各类校园赛事达到32项，覆盖了两万余名学生。"孟光云介绍。

2019年，在全校运动会开幕式上，一批优秀的学生体育社团和业余优秀选手受到学校表彰。2019年9月，良乡校区新体育馆全面启用。时隔多年，北理工的游泳课将恢复。为了给学生们提供专业、安全的游泳教学，孟光云又主动与三名专业游泳教师，组成授课小组，认真投入备课之中，希望再为学生们打造一门精品体育课。

足球队教练员：我们是风，不被左右！

教练员在足球训练和比赛中具有不可替代的主导作用，是一个球队能否提高运动成绩的关键。作为北理工体育的一张名片，校足球队从2000年建队至今，19年来共获得全国大学生足球联赛冠军10次，实现全国大学生运动会三连冠，5次代表中国参加世界大学生运动会，连续12年参加中国足协职业联赛，2019年6月12日，更是捧起了第十座大学生足球冠军奖杯，荣膺"十冠王"，成为中国大学生足球的一面旗帜。

近二十载春秋，北理工足球运动骄人成绩中浸润着一代代运动员挥洒赛场的汗水，更离不开足球教练团队高水平的执教和对"体育回归教育"理念的坚守。

"上午文化课学习，下午操场3小时训练。文化课考试出现不及格情况，就立即终止足球训练，补齐功课短板后才可恢复训练。"彼时队员，现在是足球队教练的于飞时常回忆起教练金志扬的要求。作为开创球队的足球名宿金志扬，当时对所有球员提出了一致要求，因为体育必须回归教育，文化素质提升，才可以更好地理解教练员的战术要求，并可以很好地控制自己的情绪按着教练的要求去完成比赛。

北理工斩获大足联赛第十座冠军奖杯

长期以来,北理工的球员们不仅要学习、训练两不误,教练员们更是自我加压,勇于创新。"记得有一次韩国冬训,金指导向我们展示了他随身携带的笔记本,里面密密麻麻地记录了每一次比赛的性质、对手、比分、天气、技术分析等,他告诉我们想要成为一名合格并且优秀的教练,需要严格要求自己,定期做出队伍的短、中、长期计划,并不断记录与总结。"如今,于飞已是一名亚足联A级教练员,仍然将北理工足球教练的优良传统牢记心间,抓住各种机会认真学习,充实自己。

金志扬、王力、袁微、于飞、李海河、宋飞……一代代北理工足球队教练传承发扬"延安精神",苦干实干,勇于"亮剑",发扬团结协作、艰苦奋斗的作风,带领北理工足球队不断书写新的辉煌。

奋斗拼搏,奔竞不息。北理工体育工作不断发展前进,凝聚了几代北理工体育教师们的心血,也为北理工学子们身心素质提升发挥了不可替代的作用,带着良好的体育锻炼习惯和健康科学的生活方式,一代代北理工学子德智体美劳全面发展,成长为"胸怀壮志、明德精工、创新包容、时代担当"的领军领导人才。进入新时代,北理工体育将加大改革力度,以课堂教学改革为基础,以丰富的兴趣类体育社团为平台,以开展多种赛事为牵引,打造并实现北理工"人人爱体育、人人能体育"的新格局!

文:党委宣传部王征、韩姗杉、王朝阳、吴楠

图:体育部

2019 年 10 月 25 日

张忠廉：永做照亮学子前行路的明灯

当时针划过午夜 12 点，校园归寂于又一个凌晨。

一位耄耋老者，一群青年学子，走出教学楼，在相伴而行的路上，仍然不停地讨论着实验中的难题，这既是一天的结束，也是新一天的开始。

相伴而行

这一幕，在北理工的校园里天天上演，老者熟悉的身影，曾刷红过北理师生的朋友圈，这位每天陪伴学子们勤奋学习的慈善师长，就是北京理工大学光电创新教育实验基地创始人、84 岁高龄的张忠廉。

从青丝到华发，他曾在北理工的校园里求知成长，也在这里教书育人，深耕培养一流人才的人生事业，与北理工相伴，至今已 63 载。他身体力行、以身作则，不忘初心、牢记使命，将"延安根、军工魂"的红色基因，将北理工人坚定的报国志向，一代代传承下去，永做照

张忠廉

亮学子前行路的那盏明灯……

"党和国家的需要就是我的选择"

1952年3月8日，国家重工业部下发文件，将北京工业学院（北京理工大学前身）的办学方向调整为服务国防工业建设，自此学校开启了建设新中国第一所国防工业院校的伟大征程。

1956年，21岁的张忠廉以优异的成绩从辽宁省营口市熊岳高中考入北京工业学院坦克制造专业。在这所培养"红色国防工程师"的高等学府中，张

1956年，张忠廉大学入学照

忠廉开启了自己的大学生涯，将"国家的需要就是我的方向"镌刻进自己的思想深处。入校后不久，因国防建设需要，张忠廉与其他200余名同学一起，转入无线电系雷达专业。4年后，1960年4月，因国

防科技事业需要和学校发展需要,张忠廉提前毕业留校,成为一名青年教师。

70 年代,张忠廉向外国专家介绍光电阴极制作检控仪

留校工作后,张忠廉的教学科研方向是火箭仪器仪表和传感器,并负责主持相关实验室的建设工作。但在 1962 年 9 月,他又一次因国家需要,改变科研方向,开始对夜视技术和光电成像技术进行研究,并担任实验室主任。从坦克到无线电,从火箭仪器仪表到夜视技术,张忠廉说:"作为一名北理工人,国家的需要、党的需要就是我的选择。"

回忆起大学时光,张忠廉总是自豪地称自己是一名"双肩挑"的学生干部。"那个时候,我是校学生总会生活部副部长,要带头去总务部门帮忙,这样一来社会工作不可避免地会占用我的学习时间。多亏学校有个学习小组的制度,在小组的帮助下,我才一直没有掉队。当时,我们小组一共三个人,每天晚上大家都会各自总结一下当天的活动情况、思想变化情况和发现的问题,之后再互相提出改进措施,最后进行总结交流。我们这些学友后来也都成为事业发展中互帮互助的亲密伙伴。现在,我也总是教育学生,加入几个团队、小组在成长发展中非常重要。"留校工作以后,张忠廉也将"建立学习课外活动小组"的好方法传承了下来,课堂内外,张忠廉经常将学生组织起来,鼓励大家以小组形式,研究一个项目、一个问题,互相讨论、温故知新,培养大家的团队合作意识,提高学习质量。

除了传承教书育人的好经验、好传统,张忠廉更是一位北理工高尚师德的传承者。每当被问到"谁是您印象最深刻的老师",张忠廉总是毫不犹豫地回答:"厉宽老师!"20世纪,学校无线电系优秀教师厉宽的一言一行深深地影响着张忠廉。"厉老师讲课思路清晰、知识系统详尽,每次上课他都会很认真地板书,并要求学生做好笔记,一节课下来,黑板几乎成了白板。厉老师对学生要求严格,工作细心负责,总能以学生为中心,发掘每个学生的特点,从而进行针对性地教学。"张忠廉在这样的言传身教下受益匪浅,而"以学生为中心"的为师之道,也深深地扎根进他的心中。六十余载的教学生涯,张忠廉的课堂教学和课外活动小组广受学生喜爱。

1985年,中共中央做出关于教育体制改革的决定,在此背景下,学校开始实施提升学生实践操作能力的教学改革。张忠廉按照学校和系里的要求,面向全系开设了"仪器仪表电子学实验技术"必修课,取得了良好效果,他对学生实践创新能力的培养,得到上上下下的认可。"这门课应该算是后来光电创新教育实验基地(以下简称基地)的前身。"回忆当年,张忠廉把这门课当作他后来基地事业的开端。1995年,带着为党育人、为国育才的使命感和对教育事业的热爱,退休后的张忠廉又开启了新的征程,这一干又是24年。

"我的学生就是我的老师"

"通过引导学生的自由探索,建立融合学生兴趣与创新潜力的培养新模式,将多个学院、不同学科、不同专业的学生有意识地混合组队,锻炼了学生多学科知识交叉的能力。"谈起基地的特色,张忠廉心得满满。

与学生共同探讨问题

退休后经过几年的探索积累，2000年学校特批15万元经费，支持张忠廉创建光电创新教育实验基地，希望建设一个跨专业培养学生实践创新能力、提高学生科学素质实践育人的新模式。经过几年的积累建设，在张忠廉的带领下，基地迅速发挥出对人才培养的有效支撑作用。"在建立最佳知识结构的同时，引导学生逐渐建立最佳智能结构，在本科学习前期通过实验选修课，打好实践能力基础；后期则通过毕业实习和毕业设计两个非常重要的教学环节，切实做到综合运用所学知识去解决实际问题。"张忠廉也建立起一整套指导学生创新培养的教学模式。"可以说，这套体系是我们和学生一起建立的。"每当总结基地的教学模式，张忠廉始终秉持师生并进、教学相长的理念。"我的学生就是我的老师。要教什么、怎么教，要问学生的意见。"张忠廉常说，"创新教育不用辩论，把你的办法拿出来，让学生到工厂、实验室中去检验。"

十九年来，在张忠廉指导下做过创新实践的学生们，总是亲切地称呼自己是基地的人，"基地能够打破现有的课堂教学模式，激发学生的爱好与兴趣，使我们能够自主学习，并且通过参加竞赛调动我们的

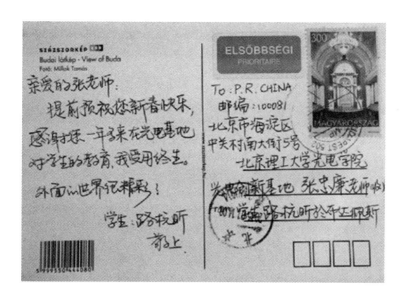

基地学生给张忠廉寄送的明信片

积极性,做到了学以致用。这里有甘于奉献、不计较个人得失的老师,他们一心一意、踏踏实实传授知识,为同学们树立了榜样,在基地环境的熏陶下,我们变得踏实诚恳,懂得团队合作,不仅丰富了知识,世界观、人生观也得到了改造。"2008届毕业生王本欣这样回忆张忠廉的言传身教。

"被动学习是不可能培养出创新人才的,我鼓励学生放手去创造,这是基地成功的关键。我认为,课堂上,老师应先系统地讲解知识,再引导学生进行模块实践,最后学生手写总结报告深化记忆学习;而课外活动中,应先让学生动手实践,做一个与期望目的差不多的模型,然后教师介入,进行针对性指导。"张忠廉说。让思想的火花在师生之间碰撞闪烁,让创新的灵感在师生之间传递放大,张忠廉将北理工代代传承"以学生为本"的理念,融入创新人才的培养实践中。

光电创新教育实验基地自2000年成立以来,培养了一大批创新能力突出的优秀学生,多次获得省市级、国家级教学成果奖,在"挑战杯"全国大学生课外学术科技作品竞赛、全国大学生机械创新设计大赛、全国大学生光电设计竞赛等各类创新大赛上摘金夺银，硕果累累。1万余名学子曾在这里锻炼成长。光电创新教育实验基地已经成为学校创新实践育人的金牌。

爱生如子，不忘育人初心

"深夜11点的信息教学楼，其他教室早已是一片沉寂，而4002的灯，依旧亮着。4002，没有什么不同，将近300平方米的面积，258个座位，108盏灯，它只是信息教学楼6个阶梯教室中普通的一间；4002，确有不同，每到子夜，依旧有百余名学子在此坚守，挑灯夜战……"

2016年，一篇仅有531个字，题为"在北理工，有一盏灯叫'深夜十一点的4002'"的新闻特写，发表在学校新闻网上，短短时间内点击量就达到了1万余次。在新媒体广泛传播的背景下，一篇字数寥寥的简短网页新闻获得如此高度关注，着实创造了一个校园宣传奇迹，也为北理工创造了一个全新的词汇——"4002的灯光"。深究这篇新闻获得点赞的背后，令师生们敬佩的是，八十几岁高龄的张忠廉每天坚持为勤学的学子们驻守4002教室的灯光，十余年坚持这样一个既普通而又不凡的举动，在凌晨的校园中留下师者崇高的背影。

爱生如子，对84岁的张忠廉来说是坚守六十载的为师之道。在光电创新教育实验创新基地，张忠廉最喜欢走在不同学院、不同专业的学生中间，亲切地给予指导和建议，为大家指点迷津、指明方向。每个学期制订教学计划前，张忠廉都会找学生聊一聊，倾听学生的需要，然后再据此制定基地的教学内容。每学期基地的上课时间，都是经过张忠廉的再三协调，以求使每位选课的学生都不存在课表冲突的情况。有时候学生因病误课，他还会细心地安排基地老师补课。在精力允许的情况下，每份作业张忠廉都会亲自批阅，还会把优秀的结集成册，留给下一届的学生观摩学习。已经退休二十多年的张忠廉，耄耋高龄

【新闻特写】在北理工,有一盏灯叫"深夜十一点的4002"
记北理工光电创新基地实验课三

供稿:薛晓辉 摄影:刘志豪,袁盼 编辑:璧玛

(2016-12-15) 阅读次数:15079

【字号 大中小】

深夜十一点的信息教学楼,其他教室早已是一片沉寂,而4002的灯,依旧亮着。

4002,没有什么不同,将近三百平米的面积,二百五十八个座位,一百零八盏灯,它只是信息教学楼6个阶梯教室中普通的一间;4002,确有不同,每到子夜,依旧有百余名学子在此坚守,挑灯夜战。

北理的图书馆和各大自习室多在十一点之前关闭,而4002,是北理工能够把灯亮到十一点之后的可以自习的唯一的地方。

4002这十一点后"依旧亮着的灯",自然吸引了各路学霸前来,他们来自不同专业,不同学院,甚至不同学校,但他们在这里做着相同的事情。翻阅课本完成作业的,回顾一天所学;聚精会神备战期末的,回顾一学期所学;争分夺秒备战考研的,回顾三年所学。

2016 年,校园网发表的《在北理工,有一盏灯叫"深夜十一点的4002"》

几乎每天都要工作到深夜,回到家里已是凌晨。"看到学生的成功我会感到无比快乐",就是他给出的答案。

作为老一辈北理工人,张忠廉在指导学生创新实践的过程中,特别重视抓好学生的思想教育,"延安精神就是我们北理工的光荣传统!"张忠廉不仅时常讲,还将思政融入教学、课外科技活动及基地文化建设中。他精心指导学生设计制作的机械类创新作品《长征组歌》凭借满分成绩,一举获得第五届全国大学生机械创新设计大赛一等奖。

为了做好教学计划、因材施教,每届学生进入基地时,张忠廉都要求大家写 400 字的自我介绍,并亲自阅读,了解每个学生的情况。

与学生共同实验

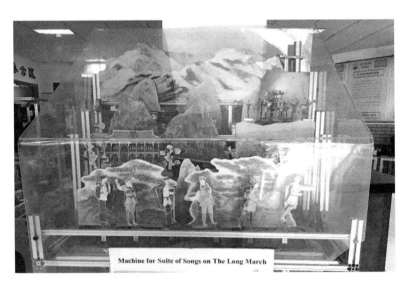

全国大学生机械创新设计大赛一等奖作品《长征组歌》

"你们不用担心我的身体,每天都有学生送我回家。他们都是把我送到家门口再离开,十几年一直如此,尤其是遇到雨雪交加的天气,学生们更是尽心陪伴。"虽然就住在校园里,但张忠廉回家路上身边从不缺少交流讨论的学生,而随着年龄的增大,学生们对"光电老爷爷"的爱戴更是发自内心地体现在校园中的一路相伴护送。"桃李不言,下自成蹊",张忠廉赢得了一代代北理工学子的尊重和爱戴,在由全体学生投票的"我爱我师"评选中,张忠廉多次高票当选。

2018 年,光电学院光电子所党支部邀请北京市师德标兵张忠廉分享"弘扬师德、大爱育人"的事迹和体会

"我没有什么好宣传的。"面对采访,这句话张忠廉不时说起,但提到学生,他却如数家珍,慈祥的笑容里幸福满满,"我的学生都比我强,他们年轻、聪明、接受新鲜事物快,我不会用电脑语言,都是他们教我的。他们就像赛场上比赛的选手,跑得都很快,我的作用只是在他们需要的时候递水递毛巾,做好他们的勤务员。"

现在,令张忠廉欣慰的是创新基地的两位青年教师张丽君和王冬晓,也和他一样,每天忘我工作在教学一线,不辞辛劳。"我们是一个团队,当我老到不能走路的时候,还有他们把基地的精神,把北理工的延安精神传承发扬下去,我就放心了。"

青春韶华,耄耋之年,时间镌刻下岁月的痕迹,
　求学时的小白杨,已长成庇护师生的雄伟伞盖,

北理工校园中，立德树人永远是最精彩的主旋律，老师，是那盏照亮前行之路的明灯，永不熄灭！

文：党委宣传部王朝阳

图：党委宣传部徐思军，光电学院

2019 年 11 月 1 日

注：部分内容根据《大学生周刊》《人民政协报》等整理而成。

/ 教师篇 //

韩伯棠：做好老师，与新中国一同成长

"今天，我将自己编写的第一版《管理运筹学》教材送给新入职的青年教师，同时也想跟你们做个约定，2040 年，让我们共同见证北理工成为世界一流大学！虽然，我知道这个担子很重，但是我很有信心，寄希望于你们！当然，我的担子也很重啊，今年我已经 70 岁了，到 2040 年，还有 21 年哪！但我有信心！我们都有信心！……"在 2019 年北京理工大学教师荣休仪式上，国家级教学名师韩伯棠教授真挚而动人的寄语，触动了在场每一位教师的心灵，感动的眼泪与认同的笑声，一时间充满了会场，大家再次为"韩式幽默"所折服，也更为这位长者的殷切期待而动容。

韩伯棠在 2019 年荣休仪式上向新入职教师赠书

70 岁的韩伯棠，与新中国一同成长，他是新中国从一穷二白到繁荣富强的亲历者。在校工作期间，作为一名教师，他获得了首批"万人计划"教学名师、全国高等学校教学名师、北京市"孟二冬式优秀教师"、北京市教育创新标兵、首届北京理工大学 T-more 优秀教师奖一等奖、校研究生培养个人一等奖……执教三十余载,韩伯棠在北理工的沃土上辛勤耕耘,传承师德,立德树人,带着北理工人矢志报国的红色基因,始终以造就高素质创新型人才、培养国家栋梁为己任,一步一个脚印,踏踏实实、勤勤恳恳,书写出立德树人的精彩篇章。

走上钟爱的北理工讲台

1969 年,刚刚 20 岁的韩伯棠毅然离开繁华的上海,从南到北,跨越几千里,来到吉林延边的农村,在这块黑土地上开始了自己的插队生涯。虽然插队生活条件十分艰苦,但是在淳朴善良、勤劳勇敢的老乡帮助下,韩伯棠始终没有丢掉向上的志气,艰苦生活的磨砺反而让他更加坚韧。1972 年,韩伯棠有幸到一所煤矿中学教书,这一干就是 6 年。

1977 年国家恢复高考,韩伯棠考入延边大学,1982 年又成功考入北京工业学院(现北京理工大学),在这里他先后以优异的成绩获得了理学硕士和博士学位。"1988 年,我博士毕业的时候,学校正好更名为北京理工大学,我也有幸荣获了第一届徐特立奖学金。在北理工学习生活,最大感触就是学校那种为国家默默奉献、从延安传承的红色基因始终没有变。我的导师孙树本先生就是这样一位传承者。孙老师学术和教学造诣很高,他曾在西南联大任教,也是北理工应用数学系和应用数学专业的创建者之一,是一位有影响的数学家。不是单纯的宣讲知识,而是注重引导我们向知识的纵深处探索,他的课堂总是引人入胜。当时 70 多岁的孙老师,还特别注重与学生的互动交流,这让我受益匪浅。"毕业后的韩伯棠有幸成为一名北理工教师。"联系过去,展望未来,才可使学者有灵活运用的能力。"孙树本先生的教诲以及言传身教,令韩伯棠至今铭记。

/ 教师篇 //

韩伯棠

"我热爱教学，热爱学生。我喜欢跟学生在一起，这就是我从事教学事业的动力。"每每谈起自己钟爱的教育事业，韩伯棠总是饱含深情。"学生的课堂学习机会成本很高，讲课是最重要的环节，如果讲得不好对于学生的损失是完全无法补救的，必须认真、充足地备课。"韩伯棠几十年如一日地精心备课，像对待一件艺术品一般，精雕细琢、常备常新，根据学生需求和社会发展，不断更新知识、改进教学方法、充实和完善教学内容。

"学生是老师最大的财富""热爱学生""以学生为中心"是韩伯棠在课堂上赢得学生们青睐的秘诀。学生工作出色、生活幸福是他最骄傲、最幸福的事。三十多年来，韩伯棠始终扎根一线，坚持为管理科学与工程、企业管理、工商管理等专业的本科生、硕士生、博士生以及 MBA 学生授课，此外，他还长期指导学生生产实习、毕业实习、课程实验和毕业设计，亲自指导本科生、硕士生、博士生百余名。

"育人不仅要严格，更要有爱心。"韩伯棠十分注重与学生的相处细节，多次资助学生出国留学；在每周实验室的学术讨论会中，他都会对所有学生嘘寒问暖，主动了解他们的难处，解答困惑。"学生是一面镜子,从中看到的是自己。要用自己的实际行动来影响学生,使他们明白做人的道理,而不是高谈阔论。"韩伯棠总是用一颗仁爱之心包裹着学生,严在当严处,爱在细微中,他用言传身教助力学生成长、培养学生成才。

一门好课需要一本好教材

"讲好一门课,首先需要一个好的脚本,就是教材,没有好的教材,就成为无源之水。"多年从事教学工作,韩伯棠认为教材对教学至关重要。

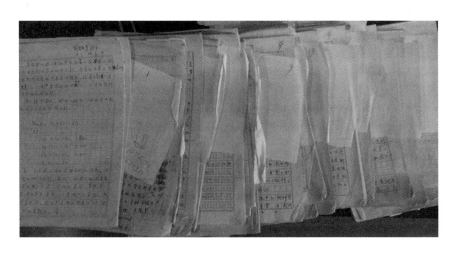

韩伯棠用 20 多本信纸写成的《管理运筹学》手稿

1996 年,刚从美国进修回国的韩伯棠,逐渐意识到数学运筹学与管理运筹学的不同之处,而在运筹学的教学和教材中存在"重数学、轻管理"的倾向,这让学生陷入了烦琐的数学计算和公式推导中,影响了实际学习效果。韩伯棠经过深思熟虑,从学生角度出发,为了让学习者能更充分地针对问题思考和建模并找到解决方法,将烦琐的计算任务交给计算机软件来解决,从而更好地掌握运用运筹学解决经济管理中的实际问题。韩伯棠尝试对管理运筹学进行教学改革,并开始编写全新的教材。历经 4 年,韩伯棠数易其稿,反复推演,锤炼打磨出 70 余万字、面向 21 世纪的《管理运筹学》教材,并开发了配套的管理运筹学运算软件。

韩伯棠赠予新入职青年教师的第一版《管理运筹学》

雕琢出精品。《管理运筹学》教材一经出版,迅速得到业界高度评价和广大师生欢迎,被一百多所高校选为核心课程教材,至今修订到第 5 版,总发行量达 70 余万册。2002 年,该教材获教育部全国普通高等学校优秀教材一等奖;2004 年,被教育部推荐为研究生教学用书,并被教育部高等学校管理科学与工程类学科教学指导委员会定为相关专业本科生核心课程教材;2011 年,被教育部评为全国普通高等教育精品教材。2013 年,该教材又被北京市教委评为北京高等教育经典教材,是迄今为止北京市评选出来的 14 本高等教育经典教材之一。

多年来,韩伯棠一直从事管理科学、战略管理、区域经济和知识溢出等方面的研究,积累深厚,成果丰硕。"把研究成果运用在教学上"也成为韩伯棠在长期教学中始终坚持的理念,并通过学习和借鉴成功的教学经验,从教学目的、观点、内容和知识体系等方面不断创新,韩伯棠在教学上硕果累累,除《管理运筹学》之外,他还编写了《战略管理》、《经济与管理基础》、《企业管理控制系统》、《管理数学》、《企业战略管理》、《生产与运作管理》(译著)、《管理科学:战略角度的审视》(译著)等多部教材,均获得好评,为我国管理人才培养做出贡献。

把教学变为艺术,把课堂变为舞台

"什么是灵敏度分析呢?简单来说是信息的误差会不会影响决策,举个例子,比如有个小伙准备找对象,对于目标女孩的体重微小的变化是不敏感的,这不会影响小伙的决策,因此不会每次在谈恋爱时先称一下体重,我们可以说体重因素的灵敏度是迟钝的。但是同样是找对象有一些信息就是相当敏感的,比如还是这个小伙子想找对象,如果女同志身边带着个孩子,这是否意味着她已经结婚了?那这个因素,一定会直接影响他的决策,我们说这个因素灵敏度很高……"这是韩伯棠《管理运筹学》课上的小例子,类似于这样通俗易懂的例子,韩老师的每堂课上都有。

课堂授课

"有了好的脚本,还需要有好的'演员',老师讲课是一门艺术,要潜心琢磨。"多年的执教生涯中,韩伯棠把讲课作为一门艺术精心雕琢。

台上一分钟,台下十年功。针对每门课,韩伯棠不仅备课充分详尽,学习钻研讲课方法,课上更是时刻关注学生的状态,积极征求学生反馈。韩伯棠认为好的老师要善于利用各种方式来调动学生听课学习的积极性,让学生愿意听,能牢牢吸引学生的注意力。为了达到最好的课堂效果,他对自己讲课时的语调、节奏等细节反复揣摩,追求尽善尽美。

"作为老师,重要的并不是向学生灌输多少知识,而是培养学生的学习能力,学到的知识会过时、贬值,但只要会学习,就永远不会被淘汰。"在韩伯棠的教学中,学习方法的传授和学习能力的培养始终是重点。韩伯棠精湛的授课,理论与实际紧密结合,深入浅出、通俗易懂,广受师生好评,以至于很多学生纷纷跑来"蹭课"。

在荣休那一刻,韩伯棠把他的祝福与期待,交棒给了青年教师们。在他的职业生涯中,青年教师一直也是他的"心头肉"。在他眼中,青年教师是北理工的希望和未来。他带领的管理运筹学及决策模拟课程教学团队取得了丰硕的教学成果,被评为国家优秀教学团队,团队主

韩伯棠和慕课教学团队

讲的"管理运筹学"课程 2006 年被评为国家级精品课程，2016 年被评为国家级精品共享课程，2017 年被评为国家级精品在线开放课程，该课程同时在"学习强国""中国大学 MOOC"等平台上线。该团队取得的相关的教学成果分别在 2008 年和 2018 年获得了两项国家级教学成果二等奖。

与共和国同龄的韩伯棠传承北理工的良好师德师风，执教三十载，带着对学生的爱、对教育事业的爱，书写出一位北理工好老师立德树人的精彩篇章！

文：党委教师工作部，人力资源部李超
图：党委宣传部徐思军
2019 年 12 月 3 日

培养一流人才的奋斗者

一支粉笔，两袖微尘，三尺讲台，四季耕耘。不论哪个年代，在北理工的校园中，始终有这样一批默默耕耘的教师，他们用爱与坚守，用朴素真挚情感，为青年学生引领航向、答疑解惑，在一代代北理工学子的青春记忆中留下崇敬和感激。日复一日，奋斗不辍，他们写下一流人才培养的精彩篇章……

刘广彦：为学生做一颗铺路小石子

每一位认识刘广彦的学生，都会对他丰富的学识与平易近人的性格敬佩不已，"刘哥"这一亲切称呼，显示着学生们的爱戴。刘广彦，北京理工大学宇航学院副教授，基础力学全英文课程是他的三尺讲台。

2012年，为了培养一流人才，学校成立全英文教学专业，并在全校范围招募全英文课程首批教师。刚刚工作不到1年的刘广彦，迎难而上，承担起"工程力学"全英文课程教学工作。2013年，随着学校国际化建设的不断深化，留学生规模不断扩大，"理论力学"全英文教学教师告急，刘广彦再一次勇挑重担。"基础力学全英文教学每一小节课都需要提前准备很长时间，两门课程压力和挑战可想而知。但是，这样的课程对提升学生国际视野等方面素质帮助很大，虽然辛苦，我的收获也很大！"能帮助学生成长，刘广彦吃苦不叫苦，乐在其中。"教学是老师的第一要务，教书育人是老师的天职。"

"开放、热烈……"是学生们对刘广彦课堂的一致评价。在教学中注重实践能力培养，刘广彦也形成了基本原理与工程实例相结合的教学特色，课堂上注重高频次互动，帮助学生更加透彻地理解力学内涵。

刘广彦

在全学年 30 余次教学督导全程随堂听课中，刘广彦的全英文教学成效得到了不同专业背景专家的高度认可。2018 年，刘广彦获得了北理工最高教学奖——迪文优秀教师奖（全英文双语教学类）。除了上好课，刘广彦还积极参与教学改革，他深度参与的"工程力学"全英文慕课和"材料力学"全英文慕课，成为相应课程在中国大学 MOOC 网站上线的首门全英文课程。

学生，永远是刘广彦最喜欢的话题；教育，则是他始终热爱的事业。"当自己教过的学生取得突出科研成果，或者成功申请入读世界一流大学，这比我自己获得这些成绩还高兴。我为能成为他们成长道路上的一颗铺路小石子而感到骄傲，也希望一直都能做学生前行路上的挚友。"刘广彦这样分享。

刘伟：爱和学生"较劲"的老师

"刘老师在课堂上喜欢和同学们'较劲'。"选修过自动化学院教师刘伟开设的"模拟电子技术"与"数字电子技术"课程的学生们总是这样评价他。

刘伟

"近几年,学校持续深化一流本科建设改革,我的教学任务比过去增加不少,但是在课堂上重点关注教室'后排区域'的教学习惯从未改变,课堂随机提问也总是从那里开始的。"教学经验丰富的刘伟借助课堂上直观的座位分布图,再结合学生的作业完成情况和实验课上的近距离交流,基本可以了解每个学生的学习状态,课堂参与程度不高的学生,一定逃不过他的火眼金睛。

在刘伟班上曾有一名基本处于"半休学状态"的学生,刘伟没有放弃他,依然想用自己"较劲"的方法拉他一把。"针对课堂上刚讲完的知识内容,我会让他回答问题;做实验的时候,我会给他多提几个要求……起初,学生觉得我是在找碴儿,这也激起了他的斗志,为了和我较劲,他开始认真听讲,慢慢地,他可以回答出我的提问、可以超额完成实验任务……"如今,这名学生已顺利毕业并准备出国深造,对刘伟满怀感激。"我不怕被学生埋怨,只是尽我所能关注到每一个学生,调动起他们的学习主动性和积极性,作为老师我觉得很有成就感。"作为曾经的北理工学子,传承师德师风,刘伟正在用自己的认真负责,精心培育着新时代北理工学子。

"实验课上,刘老师对每一个元器件都仔细讲解,对每一份实验报告都严格要求,为了陪大家做完实验,他总是一次次地错过回中关村校区的最后一班校车,刘老师对我们的认真教导与鞭策又何尝不是另一种用心良苦!"在自动化学院"我爱我师"的评选活动中,同学们这样描述他们眼中的刘伟老师。

除课堂教学外,刘伟还把这份认真负责带到了指导学生科技创新工作中。"相比于直接的技术指导,我更喜欢和学生们反复探讨解决问题的方法。我更鼓励学生们以竞赛为牵引,以获取知识和提高能力为导向,培养分析问题解决问题的能力,提升团队协作配合能力,从科创中得到锻炼与成长。"作为北理工机器人队的指导教师,刘伟始终站在培养一流人才的角度上思考工作。

耕耘在教书育人一线,爱"较劲"的刘伟,用自己的辛勤付出,助学生鼓足风帆驶向梦想彼岸。

蒋立宁:为学生呈现数学之美

"数学是一门抽象的学问,但在蒋老师的课堂上,我们并不觉得枯燥,反而能感受到数学文化所特有的美。"上过蒋立宁数学课的学生这样评价。

蒋立宁,北理工数学与统计学院教授,凭借细腻、亲和的教学风格,在18年的教学生涯中,他对学生付出真爱,倾心培育一代代北理工优秀学子。

"求极值有什么用呢?"学生回答:"拿一块铁皮,做成一个水桶,我可以探究怎样效率最高。"蒋立宁听后回复说:"请问你大学毕业后

/ 教师篇 //

蒋立宁

会去铁匠铺工作吗?这是几乎不可能的事情。数学学习,就是告诉你思维的方式、技巧,而不是简单弄懂一套公式,算对一道题目。"随后,蒋立宁以"过立交桥"所蕴含的升维思想,以及"富比尼定理"所蕴含的降维思想为例,让学生重新认识了数学在思维能力训练方面具有的独特作用。在简单的一问一答中,学生的困惑迎刃而解,重新找到数学学习的方向和信心。"我只是给学生们种下一颗热爱数学的种子,待他们深入学习、参加工作后,这颗种子会慢慢发芽,茁壮成长为参天大树。"

在课堂上向学生展示数学所蕴含的美,也成为蒋立宁的教学特色,在激发学习兴趣的同时,还释放出数学学习的美育功能。在讲授"近代数学基础"这门博士课程时,蒋立宁抓住"结构论"这条主线,同时结合"表述论"的思想,把相对抽象的概念用具体表征展示出来,把现代数学的精髓和核心告诉大家。"这门课只有 32 个课时,我从近代数学的简洁美、和谐美和对称美出发,化繁为简,让大家体会到数学的美,从而把近代数学的整体脉络阐释清楚,也满足博士生研究创新的需求。"

自2001年入校工作起,蒋立宁先后承担了"实变函数""泛函分析""数学物理方程""近代数学基础"等本科生和研究生课程,先后获得教育部新世纪优秀人才、T-more课堂教学一等奖、北京理工大学师德标兵等荣誉称号。"教师应常怀敬畏之心,葆有对知识的尊重、对三尺讲台的尊重、对学生求知目光的尊重,要始终以一种诚惶诚恐的心态,不断完善自我、日益精进,原来我这么做,现在我这么做,未来我依然会这样做……"蒋立宁这样理解着自己的教师身份。

毕晓宁:一名教师就是一股力量

"从一名毕业生成长为骨干教师,再到教研室副主任,一路走来付出很多,也收获了很多。"外国语学院副教授毕晓宁回首自己的从教经历感慨良多。多年来,瞄准国家和社会对高等人才的需求,北理工的大学英语教学始终走在全国高校前列,近年来率先从通用英语教学向学术英语教学转型,毕晓宁在其中开创事业,成长发展。

毕晓宁

"今天我们要学习的是学业英语听力教材中第一单元讲座听力部分,题目是 *Public Education in the US*(美国的公立教育)。"作为通用学术英语综合课程和学业英语听力课程教师，毕晓宁为了上好一堂课，会大量搜集、精心挑选各类素材，包括纪录片、访谈、媒体评论、杂志、TED讲演等图文影视资料，所有素材会根据难易和课堂活动的整体安排，分别在课前、课上、课后有计划地提供给学生。在听讲座时，根据之前讲过的抓取提示语和关系词等技巧，进行提纲式笔记，之后小组成员之间对照笔记补充细节。之后，学生们继续深入话题，比较中英教育体系、公立私立学校的利弊，讨论西方教育中存在的资源分配不公、校园欺凌等问题……因为有了相关输入和引导，学生能够更加有深度、广度和批判性地看待和思考，并可以有效地进行表达和交流。在英语课堂上，毕晓宁不仅为学生提供了丰富的素材和锻炼语言技能的机会，打好语言基本功，还立足"课程思政"，引导学生全面客观地思考分析问题，建立正确观念。"语言的学习终究是为了交流，学生不仅要看和听，还要会思考，能表达，那给予学生什么样的输入来带动输出，设计什么样的任务活动，如何引导学生思考，就是我需要做的。"在这简单的道理背后，却是毕晓宁十几年如一日，辛苦工作到深夜的背影。

从2003年入校以来，毕晓宁主讲了六门本科生课程，近年平均课堂教学工作量达到376学时，曾荣获北京理工大学教学成果一等奖，作为核心成员参与"大学英语视听说"国家级精品课建设，参与省部级教改项目实施等，成绩满满。

"能打进全国赛，并获得好成绩，我十分感谢毕老师。"这是英语专业学生林紫欣在荣获2018年全国大学生英语演讲比赛二等奖后激动的表达。从2014年到2019年，北理工共有近20名学生在北京市和全国大学生英语演讲比赛中荣获佳绩，一所理工科高校能获得这样的成绩，作为指导教师的毕晓宁付出了巨大努力。"出色的英语表达能力，是成为一流人才坚实的基础。"自2014年起，毕晓宁就开始系统组织大学生英语演讲，从选苗育苗，到备战参赛，毕晓宁精心浇灌。2019年，她又带领学生冲进了全国赛。

"我的英文名叫Shining，我希望自己的阳光热情能够感染到每一个人,用笑容和激情带动学生们学习成长。"毕晓宁对自己要求严格,珍惜点滴的时间,从未懈怠,她热爱自己的岗位,也用自己的热情感染每一位学生。

脱傲:课堂上烹饪美味的精神营养餐

"我的母语是一种标志,我的母语是一种精神。我爱母语,我爱母语!我爱祖国!"上课的铃声还未打响,教室里便传来了百余名北理工学子齐声动情的朗诵,一首任卫新先生的《我有祖国,我有母语》拉开了一堂"大学语文"课的序幕。

师生合颂爱国诗篇是人文与社会科学学院副教授脱傲开课前的标配。"脱老师总是精心挑选不同的'课诗',舒婷的《祖国啊,我亲爱的祖国》、艾青的《我爱这土地》……在抑扬顿挫的朗诵中,我们对祖国的热爱从心底喷薄而出!"每每颂完"课诗",知艺书院2018级本科生阮旭和同学们总忍不住激动鼓掌。"'课诗'帮助我们瞬间进入高度专注的学习状态。"

在教学第一线长期工作的脱傲,开设了"大学语文""诗歌欣赏与

脱傲

创作实践""汉语文学典故研读与应用""汉语歌词艺术欣赏"等十余门主讲课程。"我的这些课程,都是提高学生的人文素养、培养学生的家国情怀、激发学生的文化自信的。"脱傲用"文以载道"来定位自己的课程,"'道'即社会主义核心价值观,引导学生们树立正确的人生观、价值观、世界观"。

如何将课程打造成学生们的精神营养餐,脱傲可谓下足了苦功。"不仅要营养丰富,还要色香味俱全,让学生们爱吃,思政元素就是秘方!"为了精雕细琢"课程思政",脱傲不仅将思政元素作为课程设计中贯穿始终的主线,还从浩若烟海的文学作品中为学生们甄选健康好食材。"既要注重作品的遴选,又要兼顾作者的甄别。让学生们通过对弘扬正能量文学作品的学习和鉴赏,品味文化之美,潜移默化地感受爱国豪情,从而培养家国情怀。"脱傲将课堂教学比作烹饪:"一要擅用食材,保留作品积极观点,发挥菜品正能量主味;二要浓缩精华,在社会主义核心价值观的指引下激浊扬清、纠偏引正,守好舆论引导的红色阵地;三要应时调味,将文学作品与时势紧扣,引导学生结合社会实际,坚定报国之志。"

机电学院2017级本科生陈晓莹对脱傲的课就深有感触:"在梁启超作品《少年中国》的课堂讨论中,脱老师引导我们结合时政,讨论到了中美贸易摩擦,看到我国在芯片关键技术上的差距,我们顿觉重任在肩,立志要将所学服务于国家需要和民族复兴,为国效力,为国争光!"

脱傲对课堂纪律要求严格,以致学生们私下称他为"私塾先生",但面对严格要求,学生们却甘之如饴。"我们更多是自觉遵守课堂秩序,毕竟这道融合了德、智、美的营养大餐,谁能不爱呢?"

张雷:学生们的"人脸识别机"

"先生姓张,中等身材,目光锐利,扫视众人。余曾与三五好友闲谈,提及此处,众人均道'先生似一直紧盯于我',而后不免心有戚戚焉，余亦深有同感。"这位2013级机械与车辆学院高静琦笔下的"张先生"，就是马克思主义学院思想政治课教师张雷，主讲"毛泽东思想和中国特色社会主义理论体系概论""思想道德修养与法律基础"等课程，从2012年在北理工执教起，教授过的学生已达5 000余人。

张雷

"只是因为在人群中多看了你一眼，再也没能忘掉你容颜。"对于张雷的学生而言，张老师的"人脸识别机"功能，最为学生们津津乐道，即使是150多人的大教学班，张雷也会在两三节课内认识并记住每位学生，并对他们的特点如数家珍。当大家询问张雷如何实现超能记忆力时，他总是戏称自己有特异功能。事实上，可以记住每一个学生的背后，是张雷对教学和学生的热爱，他愿意去分享、去了解大家的想法，也是在积极交流中，张雷很快地记住了每一个人。

在张雷的课堂上，没有照本宣科，没有死气沉沉，更没有"一人讲课，众人睡觉"，取而代之的是不时爽朗的笑声和激烈的讨论。让学生们在轻松愉悦的课堂上畅所欲言，是张雷教学的小妙招，而每节课上固定的展示环节，也成为学生们活跃思想迸发的时刻。"明悉家国大事，深感复兴民族、强大国家的使命在肩，是我们在这门课上最大的收获！"2015级信息与电子学院邓艾琳回忆起上课场景时，由衷感慨。

除了做好一线教学工作,作为一名青年教师,张雷还兼任校团委副书记。在共青团工作方面,他更是将思政课教师的优势融入其中,与团学工作有机结合,积极参与社会实践、"大创"项目、"世纪杯"、"挑战杯"和海外社会实践项目等指导工作,所指导的项目在各类评比中多次获奖。张雷也先后获评学校第九届、第十二届"我爱我师"学生最喜爱老师,学校师德先进个人、"三育人"先进个人、优秀班主任等荣誉称号,并作为北京市社科普及青年骨干,为校内学院、工信部党校、企事业单位、社区等数百个校内外单位开展讲座培训。

2019年,张雷获批首批国家社科基金项目高校思想政治课研究专项立项,正在努力探索思想政治课教学科研新成果。"我将牢记习近平总书记对思想政治课教师的要求——政治要强、情怀要深、思维要新、视野要广、自律要严、人格要正,努力提高教学科研水平,做学生成长路上的良师益友。"面向未来,张雷并没有豪言壮语,却信心满满。

文:党委宣传部韩姗杉、赵琳、王朝阳、吴楠、戴晓亚

2019 年 12 月 10 日

让党徽在平凡岗位上熠熠生辉

2018年，学校党委启动新一轮机构改革，组建物业管理与后勤服务公司，由资产经营有限公司管理，致力于开创"大资产"经营服务工作新局面。为构建好"大资产"工作格局，资产经营有限公司党委确立四项工作目标：提高国有资产保值增值能力，成为学校"双一流"建设的重要支撑；搭建"产学研"合作平台，成为学校科技创新体系的重要组成部分；服务大学生创新创业，成为学校人才培养的重要力量；打造一流的物业后勤，服务建设宜学宜居校园。

资产公司员工

资产经营有限公司全体员工，不忘初心，牢记使命，在平凡岗位上尽职尽责、默默奉献。无论是保障校园幸福和谐，还是服务师生工作学习，抑或是助力科技成果转化落地，他们用踏实勤奋的作风，在北理工"大资产"格局中书写着优秀党员的风采。

今天,让我们走近北京理工资产经营有限公司的党员先锋代表们,走近身边平凡却熠熠生辉的不凡。

王庆华:做热腾腾的饭,干热乎乎的事儿!

从一名普通的炊事员到主食班长,再到食堂副经理,在北理工的伙食战线上,寒来暑往的三十个春秋,青丝变白发,王庆华默默耕耘,守护着师生们舌尖上的安全,践行着一个餐饮人的承诺。

王庆华

"鸡块炖土豆里的土豆有点硬",在一次食堂日常巡查中,本是一位学生随口的表达,但在王庆华听来这却是学生最宝贵的反馈,他随即又征求了多名师生对这道菜品的建议,并及时将这些意见转达给厨师。厨师们很快对烹饪方法进行了调整,改进这道菜的口感,"鸡块炖土豆"成为食堂最受欢迎的菜品之一。

后厨食品加工、食堂经营定位、餐厅维修改造、设备折旧更新、专业厨师队伍建设、良好就餐文化营造……,让师生从"吃得饱"到"吃得好",王庆华事无巨细,处处留心。数十年如一日,王庆华每天早上5点之前到达工作岗位，带领食堂员工开启一天的工作。"老师们就是我的家人，学生们就像我的孩子，我要让他们吃胖胖的、壮壮的，热腾腾的米饭、香喷喷的菜肴，就是我的职责和爱心。"王庆华用勤劳的双手，把服务师生的真情揉进面里、煮到饭里、熬进汤里。

2018年9月的一天，王庆华在巡查食堂时，发现一个书包静静地"睡"在餐椅上，经检查里面有大量现金。为了避免失主着急，他第一时间联系保卫处，在得知失主也刚刚到保卫处报案后，他骑上自行车，马不停蹄地以最快速度将书包送回到失主手里。"做热腾腾的饭，干热乎乎的事儿。"作为一名工作在普通岗位上的北理工餐饮人，王庆华始终牢记使命所在，让自己平凡的岗位熠熠生辉。

王希生：后勤维修"全能手"

"这位师傅手艺好！""这位师傅肯钻研！""这位师傅技术高！"接受过后勤维修班王希生师傅服务的师生，总是这样频频点赞。王希生，物业服务中心水电维修班班长，有一手过硬的技术，人称北理工后勤维修"全能手"。

"要不是物业师傅有股钻研劲头，我们喝开水这个小问题恐怕不好解决。"这是宇航楼师生的评价反馈。2019年年初，宇航楼一台开水器频繁断电，王希生赶到现场检修，经过检测发现电源正常，控制电路完好，加热管也好无损，但是通电后一段时间就会自动断电，影响了楼宇内师生的正常使用。面对棘手问题，王希生本着"为师生服务没有小事"的理念，凭着多年的经验和钻研劲头，认真研究，最终确定了防干烧系统的行程开关绝缘不良，排除了故障。

自2013年以来，王希生每年都带领班组人员为全国英语四六级考试、研究生入学考试、校园开放日、迎新等大型活动提供30次电力保障，日常要完成学校教学区、学生生活区、家属区日常维修，以及处理各种校园突发水电抢修，全年维修总量达到4万余单。高质量的维修保障工作，得到了师生们认可！

王希生

"师生的事无小事,用户利益大如天。"这是王希生始终牢记的服务理念。即使是在工作之余接到突发的紧急报修电话,王希生总是第一时间赶去现场进行处理,任劳任怨、耐心细致地为师生用户提供帮助。

水电维修,看似零星,消耗资源却着实不小。立足学校发展,王希生始终把节约放在第一位。在符合行业规范和安全的前提下,他总是把能修复的设备尽量修复,不能修复的设备拆散当配件使用,还组织大家将回收的旧灯管擦拭干净整理入库以便备用,做到"修旧利废、节材降耗",为学校节省维修费用成本。近年来,王希生带领维修班组,积极落实学校"美丽校园"建设,完成了节能灯管改造工程、架空线入地改造和校园亮化等工程。王希生,用技术过硬、认真负责和任劳任怨,赢得了师生们喜爱,书写岗位不凡。

靳海江：三尺讲台背后的默默驻守

他不是教师，也不是学生，但在北理工的大小教室中，他却留下了最多的时光——保障教室干净整洁、温度适宜、灯光明亮。他用自己的倾心投入和辛勤工作，在北理工精彩的三尺讲台背后，默默奉献，无怨无悔。他就是物业中心教学服务综合服务班班长靳海江。

靳海江

2018年8月，一场军转干部考试需要在中心教学楼进行，恰逢楼内正在进行施工，导致楼内公共区域卫生不佳。"虽然施工情有可原，但咱们北理工的教学楼就代表着学校的形象。"为了确保考生们能在整洁舒适的环境中考试，展示学校良好风貌，靳海江亲自带领五十多名保洁员，一起展开保洁行动，大家工作到凌晨四点，终于确保了考试在干净舒适的环境中顺利进行。

靳海江负责学校各个教学楼的卫生保洁、环境安全等管理工作。漏水跑水，他总是第一时间赶到现场排查维修；各种改造工程开工前，他总是积极配合，提出建议，做好前期准备；采购保洁用品，他总是积极跑市场，货比三家，为学校开源节流。面对琐碎、繁杂和单调的工作，靳海江始终以一名党员的标准严格要求自己，身先士卒；处理棘手问题时，他更是讲求方法，宽严相济，晓之以理，动之以情。

"同心山成玉，协力土变金"。作为物业中心的基层管理人员，靳海江特别强调一线物业团队的团结，他不仅把团结协作当成一种应有的态度和应尽的责任，更是处处当好表率，不仅在教学服务部紧密联系同事，也和各单位各部门建立起和谐的信任关系，营造出良好的工作氛围。

风霜雪雨，阻不断值守教室踏实的脚步；晨星夜幕，隔不断关注师生温暖的目光。靳海江心中有爱，立足岗位，把师生扎根在心里。

郭斌：守护校园也是保卫祖国

"我是一个兵，来自老百姓……"郭斌，外号叫老兵，是北理工国际交流大厦保安部的一名普通保安员，也是一名光荣的武警退伍军人。尽管已经离别军营，但老兵身上始终保持着军人的坚毅与刚强。

2017年，郭斌从四川来到北京，成为北京理工大学的一名保安员，负责学校国际交流大厦的安保工作。从此他与同事们安保巡逻，排除隐患，开启了他在北理工的新生活。

某个冬夜，值夜班的郭斌刚刚结束夜间巡逻，遇到一位酒醉夜归的住店宾客，刚刚出电梯就醉倒在地，郭斌只好将他扶到值班室，为他盖上被子，守了两个小时。缓缓地恢复意识后，客人端着郭斌送上的热水，连声道谢。郭斌只是笑笑："这都是应该的，您是住在这里的客人，我们要为您的安全负责。"安保工作看似简单，其实却很复杂，无论是接待访客、协调车位的笑脸相迎，还是面对不理解的指责时任劳任怨，老兵对待工作一丝不苟，总是尽自己所能协调矛盾、处理问题。细心周到的服务，赢得师生和客人的赞许。

工作两年多来，郭斌理论结合实践，不断学习安保业务技能，在

郭斌

国家和学校诸多重要活动中承担安保工作,在全国"两会"、"一带一路"国际合作高峰论坛、庆祝新中国成立 70 周年等重大活动期间,他坚守岗位、尽职尽责,为学校的安全稳定保驾护航。

作为一名老兵,郭斌退伍不退色,在学校的安保岗位上,将军人的责任感与使命感发扬光大,踏实进取,认真负责,发挥着党员的先锋模范作用。

王军:每天往返 150 公里,守护这方理工书库

"我担任物流中心主任至今,已逾十年,出版社的图书品种最初的 1 500 种,增加到现在的 14 115 种,入库码洋从 1.5 亿元增加到 5.07 亿元。十余年来,物流中心发货一切正常,库房没有出现过一例安全事故。"每当谈起物流中心的工作,王军的脸上都写满自豪。

"三天三夜没有离开库房一步。"回想起 2018 年那场持续三天的暴雨,王军仍然记忆犹新。当时,出版社库房刚刚完成新一轮的搬迁,暴雨的到来,让库内排水道出现井口返水,部分区域积水达到 10 公分。为防止库房中图书货品出现损失,王军带领库房所有工作人员,

/ 教师篇 //

王军

科学应对，坚守阵地，轮流值班，有效应对了这次洪涝风险，保证了库房图书无一受损。

除了身先士卒，王军的爱岗敬业还体现在科学管理上。他牵头制定库房安全生产管理规定，确保物流中心历年未出现一例事故；组织开发图书盘点信息系统，大大降低了人工操作的差错率；亲自编写《入发退操作流程》，让出版社的物流高效有序开展。"科学高效管理库房，保障社内各部门运行"，是王军始终追求的目标。

2008年至今，王军在物流中心主任的岗位已经12年了，由于库房远在河北，12年里，王军每天都要驱车150公里往返于家和单位，风雨无阻，这在旁人眼中几乎不可能做到的事情，王军却几乎是家常便饭。"我觉得社里让我守着这份宝贵的财产，是对我的信任，无论多艰苦，必须要坚持！"面对困难，王军憨憨一笑道。做一颗小小的螺丝钉，坚守在自己的岗位上，从心出发，王军为学校的"双一流"建设贡献着自己的一份力！

张金:招待所里的"带头大哥"

"延园招待所的一切事务,无论大小,都可以直接找我,我手机24小时开机!"这是资产公司商业经营管理部招待所客房部(外专公寓)主管张金常常挂在嘴边的一句话,他也是一名有着25年党龄的老党员。多年来,张金始终以饱满的热情和认真的态度,立足岗位,任劳任怨,不计较个人得失,牢记一名共产党员的责任和义务,发挥先锋模范带头作用。

张金

2019年10月的一天,招待所4017房间里的消防喷淋系统突然漏水,消防水喷涌而出。正在值夜班的张金第一时间冲到现场,迅速把客人的物品抱出房间,并指挥关掉水闸、切断电源,和服务员一起把客房的物品一一搬出房间,打扫干净。等一切收拾妥当后,张金才顾得拿出毛巾擦一擦脸上的水滴,此时冰冷的水已经浇透了张金的全身。

作为客房部领班,张金要负责招待所 140 间和外专公寓 45 间客房的安全管理工作,需要定期对各处水、电、管线进行检查,防止事故发生。每天清晨他都早早开始巡视检查,无论严寒酷暑,他的身影总是奋斗在工作一线,事无巨细,亲力亲为。在管理工作中,张金积极利用各种形式深入开展安全宣传教育,不断增强和提高职工的安全意识,使"保安全"成为招待所员工的共同追求。

工作上事事带头、时时带头、处处带头,勤勤恳恳、任劳任怨,生活中带着温暖和爱心,谁有困难他都真诚以待,伸出援手,老党员张金的先锋模范带头作用得到大家的一致称赞。

几十年如一日,在平凡的岗位上默默奉献,张金用优质的服务、敬业的精神书写出精彩篇章!

李连连:"没问题,交给我,我试试"

李连连

"负责任,敢担当。"是很多人对后勤服务公司办公室副主任李连连的评价。工作遇到困难,同事们总是第一时间想到她,而她挂在嘴边的话总是："没问题，交给我。我试试。"

2018年，伴随着学校持续深入推动机构改革，全新的物业管理与后勤服务公司成立，李连连服从组织工作安排，在改革的关键期勇挑重任，从原后勤集团学生宿舍管理中心来到了后勤服务公司办公室。在新公司成立初期，各项业务职能转变、机构设置调整等新挑战不断涌现，李连连迅速进入角色，积极开展大量调研学习，很快全面掌握了业务工作，并且针对后勤服务工作改革提出很多建设性的想法和建议。

"把工作做在前面，把事情想得全面"是李连连鲜明的工作作风。在多年的工作中，"早、全、深"成为她下足功夫的三个字。带着工作的主动性和针对性，面对工作她早学习、早介入，做到心中有数；熟知上情、知晓下情，成为部门之间的桥梁和纽带；深入一线、调查研究，掌握一手材料，积极建言献策。她精明强干，组织公司的各类会议、活动井井有条；她敢于较真，核查各部门的工作一丝不苟；她积极向上，面对纷繁复杂情况，勇于挑战，带给大家满满正能量。

"家里供暖不热，不知道该找谁，也不知您管不管这事儿……"2018年冬天，李连连在办公室接到一位老人求助电话。她耐心安慰老人，细致询问住址，立即联系维修人员上门服务，直到问题彻底解决。在之后的电话回访中，老人激动地表示："真的没想到，你这儿不是管维修的，也没把我支别地儿去，还一直盯着这事儿。"以身作则，将物业后勤的管理理念贯彻到行动中，体现在李连连的身上，"物业后勤是服务部门，办公室更是服务的窗口"不是一句口号。

李连连没有什么轰轰烈烈的事迹，有的只是在后勤管理岗位上，爱岗敬业、辛勤奋斗的质朴奉献，将党员的先锋模范作用书写在日常繁杂的工作中，她交出了满意的答卷，写出了精彩答案。

刘增猛：用专注和专心做专业的事儿

"做好成果转化服务，不仅要求专业，更需要情怀。"北京理工技术转移有限公司副总经理刘增猛谈到自己的工作，很有感触。2012年从母校毕业后，刘增猛先后在科研院和技术转移中心工作，与科技成果转化工作结下了不解之缘。

刘增猛

2016年，学校新设立了技术转移中心。"面对市场，我们真正体验到了创业者的艰辛，事业化管理与市场化运营相结合，这是学校探索的特色技术转移机构建设模式，如何生存下去，是我们这个新机构的首要任务之一。"在部门领导带领下，刘增猛和同事们发挥吃苦耐劳、艰苦奋斗的精神，把每一分经费、每一份精力都花在刀刃上。2018年为申报"北京市军民科技协同创新平台"，刘增猛连续加班两个通宵完善申报材料，最终这一市级公共服务平台落户北理工。

近年来，作为中心的骨干，刘增猛全面参与了北理工科技成果转化"大讲堂""直通车""合伙人"等系列活动的组织策划和实施。2017年，在由他重点负责的北理工长沙专题项目路演活动中，我校"柔性防爆"项目得到了社会广泛关注并正式开启产业化，目前该项目已经成为高校科技成果转化的一张名片，多次得到央视等重要媒体关注，取得了显著经济社会效益，助力学校一流大学建设。

虽然工作取得成绩，但是在刘增猛看来"专业化"才是他要面对的重要挑战。"老师们的时间都是十分宝贵的，我们必须要更加专业地为他们提供精准有效的服务。"之后，刘增猛潜心学习，不仅通过了北京市技术经纪人培训考试并获得证书，还考取了基金从业资格等，不断强化自身专业能力，提高专业水平和服务能力。

对刘增猛来说，做好北理工的科技成果转化，不仅仅只是一项工作，更有一份传承红色基因，对母校对国家的情感和责任融汇其中。做一名合格的技术经理人，提供专业技术转化服务，让更多北理工的优秀成果服务于国家建设和人民生活，助力"双一流"建设，刘增猛的奋斗，永远在路上！

文：资产公司王燕京，党委宣传部

图：资产公司

2019年12月21日

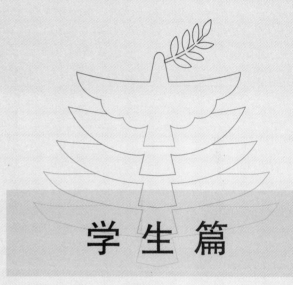

学 生 篇

倪俊：科研报国青春梦

在北京理工大学，有这样一位车辆工程专业的博士生，他年仅25岁，就已经发表SCI/EI论文近30篇；他曾担任北理工方程式赛车队队长，创办了北理工无人赛车队，研发了世界首辆无人驾驶大学生方程式赛车；他从事新一代军用车辆研究，带队研制了"地面航母"——多智能体协同军用无人车；他的成果被中央电视台等数十家媒体报道，获得中国青少年科技创新奖等荣誉；他以学生身份获得中国科协"青年人才托举工程"支持，并5次受到党和国家领导人接见。

2017年5月4日，他获得北京市青年五四奖章，他就是北理工机械与车辆学院博士生——倪俊。

"那时，20岁的我，第一次感受到什么是祖国"

2011年，正在北理工机械学院读大二的倪俊加入了学校方程式赛车队，艰苦磨炼在他20岁的青春岁月打下了北理工精神的烙印。

倪俊说，让他印象最深刻的，是赴德国参加2012年的世界大学生方程式赛车比赛。在上半年的备赛中，他带领10余名队员连续数月几乎不眠不休地调试赛车。白天在炎热的郊区测试，晚上熬夜处理技术问题，困了，就在运输赛车的货车车厢里睡上一觉。终于要开赴德国赛场，发动机却因为海运受潮而损坏。直面挑战，永不言败，倪俊带领队员们在赛场旁阴冷的树林里露营了整整8天，白天修理赛车备赛，晚上在简陋的帐篷里休息。终于，修理好的赛车亮相最后一天的耐久赛上，五星红旗第一次飘扬在世界大学生方程式赛车的跑道上。"那

倪俊

时，20 岁的我，第一次感受到什么是祖国。"忆起当时，倪俊仍然会双眼泛红。

他 20 岁驰骋德国赛道，精心打造的赛车在高速运输路上自燃烧毁，决赛之日发动机炸裂，一次次浴火又一次次重生……这一切，都是一名北理工学生的成长岁月，传奇而精彩，也让倪俊默默坚定了科研报国的决心。

"这不单是北理工的事，这还是中国汽车行业的事。"

2013 年，倪俊被保送到北理工机械与车辆学院坦克传动国防重点实验室攻读博士学位，师从胡纪滨教授，并将无人驾驶特种车辆作为自己博士期间的研究方向。博士期间，倪俊直接参与到军工项目研发之中，为我国新一代陆军装备发展做出重要贡献，用自己的实际行动展现出当代青年科技工作者的国家责任和历史使命，格局尽显。

2015 年，在导师的指导下，倪俊结合自己的研究方向，组织力量，带领 70 名青年学子，组建了一只全新的"北理工无人赛车队"，并成功研发了世界首辆无人驾驶大学生方程式赛车，引起了社会的广泛关注。就是这样一群青年学子，将北理工朝气蓬勃的创新能力发挥得淋漓尽致。

无人赛车队

恰逢当时，在亚欧大陆的另一端，德国大学生方程式赛车组委会决定将无人驾驶引入大学生方程式赛事之中，并宣布在 2016 年举办无人赛车赛事讨论会。"我们国家，从来没在这种级别的赛事中掌握过国际话语权和规则制定权。"当时的倪俊满心欢喜，和中国汽车工程学会一起积极联系了德国组委会，表示希望参与此次讨论会，能够参与国际赛事的规则制定。

然而事与愿违，德国组委会拒绝了来自中国的申请。"拒绝不可怕，放弃才可怕。"面对拒绝，倪俊展现出一份北理工人的责任与担当。"既然不让我们参加他们的讨论，那索性，我们就让世界第一个无人驾驶大学生方程式赛车的赛事，诞生在中国！"这是一名中国青年科技工作者的使命召唤。

和德国人赛跑，成为随后一年中倪俊的重要任务。"要想成赛，意味着不光北理工,其他高校也要具备无人驾驶赛车的研发能力,整个行业都要向前迈一步才行。"于是,倪俊积极配合中国汽车工程学会,将团队研发技术全面公开分享,直接推动了中国无人方程式赛车领域的整体水平。"这不单是北理工的事,这还是全中国汽车行业的事情。年轻人嘛,应该有这种情怀和魄力。"在倪俊的积极推动下,中国首届无人驾驶大学生方程式汽车大赛终于敲定,于2017年正式举行,倪俊担任规则委员会秘书兼委员,负责赛事组织以及规则制定等工作。

"最艰难的时候,和以往一样,我从不放弃,再绝望我也不放弃"

2016年,倪俊的无人赛车团队,还实现了另一件破天荒的大事——成功研发"地面航母"无人车,"跨越险阻"、表现出色。然而谁能想到,这一集成轮毂电机驱动、全轮独立转向、遥控/自主行驶,"背负"无人机,"胸怀"无人车,充满未来科技味道的无人驾驶特种车辆,竟然完全是由几十名北理工青年学生,在100天内设计制造的。

2016年5月,中国人民解放军陆军装备部发布消息,将于9月初在黑龙江塔河举办"跨越险阻"无人车辆挑战赛。这是中国最高水平的无人车辆大比拼,由军方组织实施,严苛的竞赛条件,充满了实战味道,成为国内相关高校、院所和企业精心筹备、争相参与的重要赛事。能够在这次比赛中亮相,对北理工无人赛车队的未来发展以及北理工巩固军车领域的领先地位都有重要意义,但纯正的学生作品参赛,没有先例!

倪俊和他的小伙伴们敢于面对挑战,从不轻言放弃,他们结合团队在方程式赛车多年来的实践经验和技术积累,决定研发一辆极具技术前瞻性的军用无人车来参加比赛。时间紧、任务重,北理工在大学生赛车类科技创新中形成的工作组织模式和团队管理经验,便成为项目实施的重要基础保障。

参赛车

经历了 100 个日日夜夜的艰苦奋斗，蕴含高科技的"地面航母"成功诞生，为了保障 300 千瓦高密度电池箱的安全运输，倪俊亲自驾车运输电池，往返 6 000 公里，历时六天六夜。"那段时间，是我这五年来最最艰难的时候。和以往一样，我从不放弃，再绝望我也不放弃，更不会让我的任何一个队员放弃。"最终，这辆"学生车"表现出色，得到了多方肯定。

除了研制出高水平的赛车作品，在导师胡纪滨教授的指导下，倪俊在学术领域也是收获颇丰，提出了无人驾驶特种车辆的"随控布局"总体理论雏形，发表 SCI/EI 收录论文近 30 篇，受理发明专利近 10 项。他的研究成果发表在 Vehicle System Dynamics 等多个顶级 SCI 学术期刊上，受邀在 IEEE 世界智能车大会等 10 个国际学术会议上作报告。2016 年，凭借读博期间所取得的突出成绩，他被中国科协纳入"青年人才托举工程"，成为该人才计划有史以来的第一名、也是唯一一名学生。

讨论方案

大格局，学生科技创新走向新高度

作为一名优秀的博士生，倪俊所取得的成绩，既在于自己不懈的努力，也得益于导师的悉心培养，更体现了北理工在人才培养任务上实施大手笔、面向大格局开展教育工作的理念和精神。

多年以来，机械学院一直将学生科技创新活动的开展作为人才培养的重要举措，并下大力气投入保障，已经形成了以方程式赛车队、无人赛车队、Baja 越野车队、节能车队为核心的体系化、品牌化学生科技创新工作格局，培养了一批又一批优秀的人才。通过无人赛车队，使大学生科技创新走向新高度。它所代表的新模式，体现了在学校、学院的大力支持下，把学生科技创新活动与科研项目真正结合了起来，充分发挥了青年学子的创新能力，并将这个能力导向更高的层次和更大的格局，也产生了更大的效能。

"在这种新模式的团队里，博士生们进行学术研究、硕士生生攻克高端技术、本科生解决工程问题,实现了优势互补。无人赛车队在更大格局下,不仅实现了人才培养,还支撑了高水平研究成果的培育、支撑了实际科研项目开展。这种模式潜力巨大。"倪俊谈及无人赛车队的模式,总是难掩兴奋。当然,新生事物总要经过探索。"大时代需要大格局,世界一流需要一流模式,我们坚信,实践是检验真理的唯一标准,我愿意成为这样的实践者,为北理工探索前行。"倪俊是这样想的,也是这样做的,除了带领无人赛车队,他还积极地参与学生工作,担任兼职辅导员、系团总支书记、研究所党支部书记等,积极地为人才培养工作贡献力量。

组织活动

习近平总书记在中国政法大学考察时指出:"当代青年要树立与这个时代主题同心同向的理想信念,勇于担当这个时代赋予的历史责任,励志勤学、刻苦磨炼,在激情奋斗中绽放青春光芒、健康成长进步。"

今天,五四精神的火炬已经传到这一代青年手中。当谈及获得北京青年五四奖章的感受时,倪俊表示:"感谢母校和各位老师多年来对我的培养,这个荣誉不是我个人的,而是我们整个团队的,是所有为学校科技创新事业做出贡献的北理工人的。我有幸成为北理工的学生,有幸生在这样一个鱼跃鸟飞、波澜壮阔的时代。未来的日子里,我会继续努力,将北理工赋予我们的科学之光植入科技报国的理想,在激情奋斗中绽放青春光芒,健康成长进步。回馈母校,报效国家。"

文:党委宣传部王朝阳

图:无人赛车队

2017年7月3日

/ 学生篇 //

王乾有、王珊博士夫妻：
在北理工，我们很幸福

"能够有幸和自己的爱人，都成为徐特立奖学金的获得者，我想这是值得我们珍藏一生的宝贵经历，在北理工，我们很幸福！"这是化学与化工学院的博士生王珊荣获2017年北理工徐特立奖学金后的一段感言。而她的丈夫、机电学院的博士生王乾有在2016年同样荣获了这份荣誉。

王乾有与王珊

1984年12月，我校武衡等21位自然科学院时期的老校友倡议在母校设立"徐特立奖学金"，以纪念老院长徐特立，并发扬其教育思想，激励青年学生勇攀科学技术高峰，支持学校为国家培养优秀人才。1988年5月，首届徐特立奖学金授奖大会正式举办。此后，徐特立奖学金便成为北京理工大学最高荣誉级别的奖学金。30年来，共有826

名北理工学子获此殊荣，王乾有、王珊夫妻是其中的两位佼佼者。

在对科研理想的执着追求中，他们彼此走近，相知相爱的青春芳华，在北理工幸福绽放。

有一种幸福叫志趣相投、齐头并进

王乾有和王珊曾在同一个实验室读硕士，作为一对校园情侣，硕士毕业后，他们带着对研究的热爱，一起放弃已经找好的工作机会，携手选择继续读博。

2014年，王乾有考入机电学院攻读兵器科学与技术博士，师从爆炸科学与技术国家重点实验室副主任杨利教授，而王珊则来到了刚刚回国执教的王博教授的功能多孔材料课题组。

杨利课题组师生合影（三排右二为王乾有）

"我硕士是研究有机化学的，但是博士选择了含能材料方向。因为北理工的兵器学科在国内领先，还要建成世界一流，并且每个男孩都会有些军事情结。记得第一次与杨利老师交流，我就深深佩服她在含能材料制备方面深厚的学术底蕴和开放创新的科研思路，并且被杨老师十分亲和的人格魅力所吸引。现在看来我的选择特别正确！"谈到自己的选择，王乾有回答得直接干脆。

王博课题组师生合影（一排左三为王珊）

而王珊则选择继续从事"老本行"。"报考前，我查阅了王博老师的履历，得知当年只有 32 岁的他，已经在 Nature、Science 上发表了 3 篇论文时，着实吃惊、佩服！和王老师简单接触后，我就觉得他特别热情，交流也无代沟，所以就义无反顾地报考了王老师的博士，也希望能在他研究的前沿领域，做出自己的成绩。"

王乾有研究的起爆药，在军民两个领域中具有重要的应用价值，特别是在新技术背景下，研究高科技、智能化、集成一体的起爆药成为热点。"起爆药的安全性和威力性似鱼与熊掌，一直是不可兼得的两项重要指标，而我的研究就是要在保证安全性的同时，让起爆物威力最大化。"带着北理工人的一份质朴，一步一个脚印，2016 年，王乾有在高能稳定起爆药创新性研究上取得了重要突破。

王乾有的不断突破，对于王珊来说，既是压力，也是动力。"虽然我是女生，但同样作为北理工的博士，我不能落后，也要有所建树。"

功夫不负有心人，在导师的悉心指导下，王珊在功能化的共价有机框架材料研究方面也取得突破，首次提出了一种二维有机共价材料在锂离子电池中应用的新策略，利用新材料特性优势，突破传统设计思路，有效缩短了锂离子的穿梭路径，解决了锂电池的容量低和倍率性能差的问题，研究成果有着良好的应用前景。

"珊珊读博4年，发表10篇SCI论文，影响因子合计达到100，其中以第一作者发表的两篇论文分别被国际顶级期刊《美国化学会志》和《先进材料》收录。"每当谈到妻子王珊出色的科研成绩时，王乾有总是流露出一种钦佩和自豪。

像所有情侣一样，王乾有和王珊也喜欢在闲暇时光一起探寻美食、看电影、唱歌、旅行……，但面对外人看来枯燥的科研工作时，他们也乐在其中。王珊说："两个人分享在科研探索中的收获也是一种乐趣，虽然是苦中作乐，但慢慢沉淀，获得感和幸福感更加强烈。"

谈恋爱谈出学科交叉，"蹭"组会"蹭"出创新成果

说起王乾有的学术突破，可谓是不鸣则已，一鸣惊人。2016年，王乾有凭借在高能起爆药创新性、突破性的研究成果，在国际学术期刊《先进材料》上发表了一篇影响因子高达19的科研论文，成为机电学院近年来发表影响因子最高的文章。

《先进材料》作为工程与计算大学科、材料与化学大领域的顶级期刊，在国际材料领域科研界享有盛名，其论文接收率仅有10%~15%，在如此严苛的审核之下，王乾有的论文不仅被期刊第一时间推荐为VIP文章发表，还荣登封面，同时这也是该期刊十几年来发表的首篇关于含能材料的论文。

"我的学术成果是'蹭'出来的，"谈起自己的成绩，王乾有总是这样打趣地表示，"我们约会就是在珊珊的实验室。她大部分时间都在不停地实验、分析，约会的时候，我经常帮她打打下手。"王珊所在的王博教授课题组，工作节奏被喻为"996"，也就是学生自觉朝九晚九一周六天，而勤奋的王珊更是对自己要求严格。

正是在这种"科研学术式"的约会中，王乾有除了与王珊交流感情，分享实验心得和文献收获便成为两个人最喜欢的话题，而以家属身份跑去"蹭"个组会，也成了王乾有的家常便饭。"在王珊的组会

/ 学生篇 //

《先进材料》于 2016 年 7 月刊发王乾有研究成果

上,大家分享的新材料合成、制备方法和应用等知识,对我启发很大。"于是王乾有就从"蹭"组会,逐渐变成了积极主动地参加。

博士前两年,由于两个人实验室比较近,王乾有每周二下午都主动去旁听王珊的组会,这种由爱情发展而来的学科交叉,让王乾有受益良多。"组会上,陈宜法师兄讲解的制备含铜材料、韩玉振师兄讲解的利用锌 MOF 经过高温碳化做锂离子电池,让我联想起杨利老师非常感兴趣的叠氮化铜材料,这种材料仅凭借毛衣、头发上的静电就足以引爆。"瞬间的头脑风暴,让王乾有突发了用金属有机框架(MOF)材料改造叠氮化铜的灵感。

由于 MOF 材料并不是自己熟悉的领域，在经过认真的思考之后，王乾有心怀忐忑，找到了王珊的导师王博，想请教一些更为专业的指导意见。"没想到王老师和我耐心地讨论了一小时，用他的经验给了我中肯的指导，他建议我直接烧掉铜 MOF 材料，利用产生的碳增加导电性，并将烧掉后的铜制备成叠氮化铜。"至今，王乾有对王博老师的创新、包容敬佩不已。

"越是这种没人尝试的事情，越给人以挑战的兴奋感。"随后，在导师杨利教授的支持与指导下，王乾有看准这个交叉方向，坚持不懈，终于创新性地实现了以含铜有机框架作为前驱体，反应制备得到一类静电钝感的碳－叠氮化铜复合材料，该材料仅需 10 mg 就可以打穿铅板，而目前广泛使用的起爆药系统却需要 30 mg。《先进材料》审稿人也高度评价王乾有的成果"打破了制备含能材料的传统思想，是该领域基础研究的重大突破"。

"如果没有两位老师那种毫无保留的科研育人精神，我的研究是不可能实现的。"杨利教授认真指导王乾有做好起爆药制备和测试，确保实验安全；王博教授则对王乾有的实验思路提供了宝贵建议，还手把手教他 MOF 材料制备，并亲自联系时任化学与化工学院胡长文院长，利用他的实验炉烧制 MOF 材料。

"读一次博，不仅收获了婚姻，更收获两位老师的智慧，我感觉超幸福。谢谢我的自家人，谢谢老婆的'娘家'人，谢谢咱们北理工人。"在 2016 年徐特立奖学金答辩中，王乾有这样幸福地说道。

比翼鸟在幸福的北理工起飞

王乾有和王珊被同学们笑称为科研路上的比翼鸟，对此王乾有解释说："在北理工浓厚的学习氛围和课题组师生的支持鼓励下，我们一起钻研学习、相互促进，这种共同成长的经历，是一种更深层次的幸福收获。"

王乾有和王珊认为他们科研成绩的背后，离不开课题组"比学赶

王乾有和王珊

帮超"的氛围,离不开导师们的认真指导和严格要求,帮助他们瞄准世界前沿,咬住"创新"不放松。"王老师常用树林猎兔比喻做科研。对硕士而言,导师会告诉你树林里兔子在哪儿,你去打就好了;而对博士,导师告诉你的只是这片树林可能会有兔子,你得自己去打。而且科研还要有高创新性,重复他人或在他人基础上稍做改动的,都是低价值的。"王珊这样分享导师王博对自己的教导。

其实,初为博士的王珊并不适应,尽管每天"泡"在实验室长达12小时,但研究毫无进展。面对无数次的失败,王珊也想过走捷径,但她的这点小聪明都会被导师看穿。"科研路上没有走捷径一说,做对照试验、做重复试验,这是对科研工作者的基本要求。"

王乾有总是笑着回想当时:"珊珊那个时候特别喜欢哭,而缓解情绪的方式,就是组里的冯霄老师带着我俩吃饭。"王珊接着补充道:"一般会去二食堂,有时候看我实在郁闷,就会请我们去吃海底捞。吃饭的时候,冯老师安慰我、鼓励我,不要因为实验难度大,而质疑自己的能力,并帮我一起分析失败原因,找到解决方案。"

2013年,冯霄博士毕业留校,成为王博团队的一名青年教师。在学生眼中，王博和冯霄两位老师，一文一武，一张一弛。一位是及时纠正学生错误的严师，一位是春风化雨、点亮心灵的暖男。此外，两位老师对于王乾有这位课题组的"女婿"，也是关怀备至。

2017年夏天，申请了国家留学基金委公派研究生联合培养项目的王乾有，赴美国新泽西州立大学学习，由于学习压力繁重，外加水土不服，发烧被送去了急诊。"为了不让导师和亲友操心，我当时没有跟任何人提起。住院第三天，冯老师正好通过微信询问我的研究情况，得知我在美国住进了医院，马上打来国际长途问候病情。后来，王老师和冯老师还担心美国急诊医疗费用很高，怕我生活费不够，在我不知道的情况下，直接把钱打到了我的银行卡上，这点让我特别感动。"

2016年6月8日，王乾有和王珊领取了结婚证，携手步入了婚姻的殿堂，"北理工培育我们成长，见证了我们的感情，我们幸福的种子，在北理工幸福的土壤里，开花结果！"

文：党委宣传部王朝阳

图：机电学院，化学与化工学院

2018年4月8日

/ 学生篇 //

付时尧：用奋斗点亮最闪耀的逐梦之光

"今天很荣幸站在这里获得光学学术领域的崇高荣誉，我一定会再接再厉，传承好王大珩院士的精神，在光学研究的道路上继续前进。"这是一位青年学子的获奖感言。2017年8月11日，他荣获了中国光学领域最高荣誉——王大珩光学奖。这个略显腼腆的男孩名叫付时尧，是北京理工大学光电学院电子科学与技术专业2014级博士研究生。

付时尧

博士求学期间，在导师的指导下，付时尧提出了多种新型涡旋光束和矢量光束的产生与探测、涡旋光束畸变的自适应光学校正等创新方法与技术，对具有轨道角动量的光束的前沿应用有着积极的推动作用。2018年5月14日，为了表彰他在科研创新方面做出的突出贡献，付时尧获评 2017 年"中国大学生自强之星标兵",这一荣誉全国仅有十人获得。

当谈到自己取得的成绩时,付时尧总结为:"做科研是我的本分,我只是坚持做了自己该做的,大胆做了别人不敢做的。"

在创新中砥砺志向

身穿白大褂,头戴护目镜,手拿精密仪器,穿梭在光束间,是付时尧从小的梦想。高中时代的付时尧就对物理非常感兴趣,在高考填报志愿时,他毫不犹豫地选择了物理学中既古老又年轻的领域——光学。最终,付时尧顺利考入北理工光电学院光信息科学与技术专业。本科期间,他刻苦学习并积极参与创新实践活动,2014 年又以优秀的成绩保送直博,师从光电学院高春清教授。

博士入学之初,研究方向的选择成为摆在付时尧面前的第一个问题,而这个选择成为他日后取得丰富成果的起点。一方面,高春清教授一直深耕"新型全固态激光器"领域,并且已经有了非常好的学术积累;另一方面,高春清教授又带领实验室成员承担了国家重点基础研究发展计划("973"计划)"基于光子轨道角动量的新型光通信体制"中的研究课题。这个方向是光学领域的最新前沿方向之一,虽然有难度,但更有大量的未知内容去探索。

"我不希望做那些前人做过的研究,因为这样会有一种跟在前人后面走的感觉,我更希望去做一些引领性的事情。"本科时就埋下的创新种子和敢于挑战的精神,让付时尧在博士入学之初就义无反顾地跟随导师,投入了具有轨道角动量的涡旋光束及其应用这个全新领域的研究中。

"基于光子轨道角动量的新型光通信体制"研究,其实就是让激光束内沿直线前进的光子,变为螺旋前进,这样一来,光子螺旋前进产生的轨道角动量就可以被利用起来,为激光增加了一个描述状态的维度,也就意味着激光传输信息的能力,伴随着光子的螺旋运动,发生了巨大的提升,每秒的数据传输量将会提升上百倍,达到 100 个 TB 的数量级。除此之外,具备轨道角动量的激光光束还能探测旋转速度。可以说,这一核心技术的突破,使得从发射宇宙飞船到手机通信的诸多领域受益,意义不同凡响。

付时尧在新加坡参加光学领域高水平国际学术会议

瞄准光学科技前沿让付时尧倍感兴奋,探究未知世界的渴望,让他面对困难时,丝毫没有退缩。高春清教授评价他:"敢拼,还有股聪明劲儿!"2016 年 5 月,付时尧在开展文献调研时,看到一篇关于偏振调控的报道,文献介绍了如何在不同衍射级调控偏振的方法,聪明的付时尧马上"举一反三"。"我看到这篇文献,就想到既然偏振能调,那相位是不是也能调,于是就按照这个思路研究了下去。"经过大量推演,付时尧提出了一种全新的光栅设计方法,实现了不同衍射级位置相位和偏振的同时调制,在国际上首次报道了矢量涡旋光束阵列光源。

功夫不负有心人,读博三年多来,虽然没有出国留学,但在北理工这片沃土上，付时尧凭借在专业上的不断钻研硕果累累：以第一作者身份发表 SCI 收录的高水平学术论文 19 篇，申请国家发明专利 12 项、已授权 5 项，获得各类奖学金等学术奖励十余次……这些学术成绩已足以和国际一流大学的博士研究生媲美。

在拼搏中明德精工

如果说聪明是天赋，那么勤奋则是一种可贵的品质。谈起付时尧，周围的人往往会用一个"拼"字来形容。除了跟随导师承担国家"973"计划项目的研究工作外，付时尧还作为负责人申请主持了一项学校的研究生科技创新重点项目。2016 年 11 月到 2017 年 3 月，那 5 个月埋头苦干的时光，令他记忆犹新。

付时尧做实验

激光光束可以通过调整相位和偏振从而分别产生矢量光束和涡旋光束，但是调整相位和偏振需要不同的设备仪器，因此要想调整激光的模式就必须中途更换设备。而付时尧申请的研究生科技创新项目，就是要制作一个可以同时调节激光相位和偏振的仪器。

虽然，付时尧带领团队顺利制定出方案，但是在搭建仪器的过程中，还是遇到了不小的挑战。他们先是经过反复试验，排除了现有透镜老化导致焦距改变的问题，随后如何选择能与实验仪器匹配的新透镜又成了新的困难。在没有参考资料的情况下，付时尧必须逐一计算市面上所有透镜规格和仪器设备间的匹配组合，从中寻找能够满足要求的组合。"市面上透镜的规格大概有百余种，计算一种匹配就要用将近1天的时间，我当时心一横，心想虽然这个工作量着实不小，但毕竟也是有数的，拼一拼能搞定。"那段时间，付时尧承星履草，经常是天一亮就来到实验室继续进行实验，一直工作到凌晨十二点才回到宿舍，而回到宿舍后还要处理分析白天的实验数据，寻找匹配方案，等到准备入睡时早就入夜已深。最终，经过刻苦钻研，付时尧终于找到了合适的搭配组合，成功地实现了方案设计的实验结果。

谈起得意门生，高春清教授满是自豪地说："对于科学的热爱，对于创新的执着，让付时尧一直勤勤恳恳，奔跑在他的追'光'之路上。"

课题组合影（左三为付时尧的导师高春清教授）

在担当中激扬青春

作为一名直博生,26岁的付时尧在课题组中其实并不比其他同学大很多,但是大师兄的辈分却得到了导师和同学们的一致认可,而这种认可,则源自付时尧身上的那份担当。

读博期间,因为表现出色,导师安排他担任了涡旋光束及应用课题学术小组的小组长。对付时尧来说这可并不是一份虚职,在继续做好自己研究工作的基础上,他协助导师指导了3位本科生、7位硕士生和1位博士生,尽职尽责的帮助,让同学们打心眼里认可这位大师兄。

王彤璐是课题组中的2015级硕士,在2017年荣获了徐特立奖学金、国家奖学金和2018年北京市优秀毕业生,提及师兄付时尧,她满是感激。"师兄对我的帮助毫无保留,他是我学习涡旋光束的启蒙师傅,在我申请徐特立奖学金的时候,也为我提供诸多指导,我非常感谢他。"2017年5月,王彤璐完成了自己硕士课题的前期调研,开始着手搭建实验光路。为了测量角速度,王彤璐需要通过光电探测器读取数据,但是由于不能准确地把中间焦点小孔中的滤波去掉,导致她始终得不到光斑形成的正弦图像,也就无法获得准确的实验数据。面对这个困难,她一度十分焦虑,便去求教师兄付时尧。"我请教了师兄不下十次,当时他也在这个问题上卡壳了。但是,让我很感动的是,他并没有因为自己不会而推脱,经过反复思考,他最终提出增加一个4-f系统的建议,没想到我一试验,果然成功了。"

付时尧的责任与担当,给师弟、师妹们留下了深刻的印象,也让他们备受感染。2017年11月,博士生翟焱望和硕士生殷慈,在实验中的编程和排查误码率环节遇到了问题。付时尧主动承担起了帮助师弟、师妹的任务,他认认真真、追求极致的态度,让大家非常佩服。殷慈回忆道:"当时,付师兄帮助我们一种算法一种算法地调试,我还记得改写的第一个程序特别长,花费时间也特别多,很多同学都失去了耐心,刚开始我们是4个人一起调试,后来很多同学熬不住回寝室了,凌晨3点的时候,付师兄在微信群里发了一句'调好了,我回去睡了',我们才知道,是他一个人坚持到了最后。"翟焱望补充说:"除了编程这一项外,误码率的排查、光路的搭建等一系列步骤,付师兄也认真负责地帮助我们,不允许有半点瑕疵。问题不'日日清',他睡不着觉。"

"学霸"一枚的付时尧也并不是"两耳不闻窗外事"的书呆子。科研以外,他的生活同样精彩。

作为光电学院博士物电班党支部书记,付时尧的工作干得有声有色,他针对博士研究生分属不同实验室、集中起来较为困难等特点,在支部里开设微党课、组织微交流,将网络微交流打造为党支部的工作特色。

"付时尧时间管理做得极佳,工作是多线程的。虽然是'学霸',但他参与社会实践与志愿公益活动也是非常积极。"付时尧的辅导员韩笑说。北京国际长走大会、鸟巢"吸引"志愿活动、北京园博会志愿活动,还有学院里的一些活动,付时尧常会主动报名,他坚信,一个人的成长是多方面的,多参加社会活动也是不断完善自己的过程。

扎实地学点知识,深刻地想点问题。守着一份沉稳,他潜心科研,上下求索,成绩斐然。"骐骥一跃,不能十步;驽马十驾,功在不

付时尧担任2013年北京园博会志愿者

舍。"付时尧有志向，敢创新，有追求，勇拼搏，有担当，讲责任，有理想，不言弃！

文：党委宣传部王朝阳，学生记者王琛

图：光电学院

2018 年 5 月 26 日

/ 学生篇 //

赵家樑：用奋斗奏响精彩青春的快节奏

在北京理工大学自动化学院，有这样一位青年学生，他几乎将一名在校本科生可以拿到的所有奖学金收入囊中：国家奖学金、工信部创新创业奖学金、徐特立奖学金特等奖、周立伟院士奖学金……同时在科研和竞赛上他也拥有瞩目的成绩：发表国际会议论文 3 篇、EI 论文 2 篇，拥有 1 项软件著作权、3 项发明专利、1 项实用新型专利；拿过"世纪杯"特等奖、"西门子杯"一等奖及最佳创意奖、"英特尔杯"三等奖、数学建模美赛三等奖……值得一提的是，2017 年 5 月 4 日，他作为北京高校唯一在读本科生，获评 2016 年度全国优秀共青团员，并参加了在人民大会堂举行的颁奖典礼。值此毕业之际，又获得了北京市优秀毕业生和北理工优秀毕业生的荣誉称号。

他的名字叫赵家樑，北理工自动化学院 2014 级本科生。在同学们口中，他是"赵大神"；在师长的眼中，赵家樑是一位勤勉努力，在时代发展浪潮中勇担大任的时代新人。

对于自己，赵家樑这样评价："我只是一名普通的北理工学子，这四年的生活，真像是一首快节奏的歌。"一份志向，一份勤勉，赵家樑用奋斗奏响青春之歌。

带着兴趣，做个学习的"铁人"

2014 年，刚刚成为大一新生的赵家樑，就陷入了迷茫，虽然考入北理工，但他对所就读的专业并不感兴趣，而从中学时代起，研究机器人一直是他心中的梦想。恰在这时，学校组织开展了本科全英文专业选拔，赵家樑抓住机会，选择坚守初心，参加了自动化全英文专业

赵家樑

的面试。面试时,他在自我介绍中说到对大数据感兴趣,很喜欢舍恩伯格所著的《大数据时代》,作为面试专家的马宏宾教授随即追问他如何看待大数据在机器人中的应用。面对评委的提问,赵家樑这样回答:"未来是一个大数据驱动的时代,人脑有限,有了极大的数据量以及算法作为补充,我们的生活将会变得更好。机器人有了云端的计算资源和数据资源将更加智能,我希望尽快进入自动化专业学习,让机器人的大数据时代尽快到来。"赵家樑的真诚和在专业方面的志向与认知,赢得了面试专家们的肯定,赵家樑如愿成为一名自动化专业的学生。

此后,赵家樑的学习兴趣得到了充分释放,凭借着如"铁人"般的学习劲头,他为自己的大学交出了一份漂亮的成绩单:大学三年(大四出国访学),所学57门课程中,30门90分以上,19门95分以上,6门100分。他的室友崔艳宇这样评价他:"赵家樑就是个'铁人',不管早上第一节是否有课,不管是炎热的夏季还是寒冷的冬季,上学期间,他几乎坚持每天7:00起床,永远要做第一个到教室学习的人。"

赵家樑不是功利的"分数主义者",他总是带着兴趣与拓展认真对待每一门课程的学习。大一下学期开设的 C 语言编程实践课，作为自动化全英文专业的一个特色课程，要求学生在一个月的时间之内分组完成一款图形化游戏的开发。"C 语言编程实践这门课，虽然只有 1 学分，但因为它的题目非常有意思，所以我在上面花了非常多的时间。"在课程小组里，同学们各自分工，有主程序员、有美工、有首席信息官等，赵家樑选择担任组内的首席技术官，负责游戏图形引擎搭建和主要逻辑的开发。最终，赵家樑和其他组员在没有借助任何现有游戏引擎的前提下，独立完成了一款 3D 塔防类游戏，获得了课程小组互评的最高分。而这门 1 学分的课程，也让赵家樑的计算机语言水平大大提升，还让他在实践中学会了团队合作。

赵家樑被同学们称为"大神"，并不仅仅是出于对他优异成绩的膜拜，更重要的是对他带领大家共同在学习上"奔小康"的钦佩。单片机操作是各种科技创新活动必备的基础知识，不少同学都有提前于教学计划学习的需求。作为 BIT 机器人创新基地科技部部长的赵家樑，系统自学并结合实践掌握了单片机的相关知识。看到同学们的学习需求，赵家樑就自己办起了单片机讲座，每周一堂课，一学期 9 次课，而且他还给自己的单片机讲座添加了不少有趣、新鲜的元素。"我把自己的个人主页拿出来，给大家讲怎么搭建服务器，怎么用服务器离线下载，还把投影仪直接连到单片机上，用单片机给大家放幻灯片。"生动有趣的讲座，不仅得到低年级同学的欢迎，甚至还有高年级学长跑来听课。

除了开讲座，作为学习委员的赵家樑还在班里组织起了课程串讲，而他的串讲，并不是答疑解惑的层次。"我希望班里成绩优秀的同学能够给大家分享一些自己对学科的理解，让更多的同学发现这个专业的乐趣。"之后，这样的串讲已经成为一项班级特色，从大二开始就从未间断。

赵家樑进行课程串讲

"他帮助同学，从来都是授人以渔，绝不会以一个简单的答案应付我们。"赵家樑的同学凌晨阳说道，"令我印象非常深刻的是学 C++ 的时候，课程大作业需要我们堆栈，期末考试前大概有五六位同学找赵家樑帮忙，他谁都没有直接给代码，而是告诉大家思路，尽心尽力帮助大家调试。用赵家樑的话说，真诚帮助同学是他最大的快乐。"

钻研精工，科研创新"三迭代"

除了优异的学习成绩，大学四年中，赵家樑在科技创新方面也取得了丰厚的成果，他通过学院的"本科生科技创新导师制"，早早就在学院科技创新基地、在实验室跟着导师开始了科技创新探索。"我觉得做科创首先要热爱，再就是聚焦一点，正如我们学院学生科技创新'旋转的陀螺'的精神内涵，围绕目标、孜孜不倦，坚持钻研下去。"

在大一结束之际，赵家樑与其他两位同学组队，参加了"西门子杯"全国大学生工业自动化挑战赛，并决定做一个网球捡球、发球机器人来参赛,参赛机器人机械设计上是滚筒和移动平台相结合,算法上是颜色识别和轮廓提取相结合。方案确定后,如何搭建系统、如何在淘宝加工采购元件、如何把机器人做成实物,一个个问题随即跃然而出,摆在了团队面前。"这个过程很漫长,但也很有趣。我们第一个版本,由于缺乏经验,走了不少弯路,很多细节在设计上没有考虑到,都需要临时手工制作,钻螺孔,切割骨架钢板、铝型材,很多部件都是边干边做。多亏队友刘筼瑄同学机械加工经验丰富,带我入门了车、铣、刨、磨、镗、钻,虽说第一版产品效果很一般,可是我学到了非常多的东西。"

西门子网站封面报道赵家樑团队

创新活动除了艰苦的探索,还要在面对意外情况时,经历对心智的磨砺。就在决赛前两天,赵家樑的机器人突然冒出滚滚浓烟,一块核心控制板烧坏,印制电路板备份材料全部烧光。是略作维修勉强完成比赛,还是冒着无法参赛的风险,重新更换新电路板、重新调试?赵家樑和队友们最终决定,作品虽小,科学的态度事大,做科研就要有"精工"的精神。第二天,他们买了新的电路板,争分夺秒重新制作,终于顺利参加了比赛,并获得了"西门子杯"全国一等奖。

获奖之后,赵家樑的项目并没有止步。"我大学期间的科创都是围绕这一个项目展开,大二做出第二代,大三做第三代,这是一个循序渐进的过程。第一代用钢板,比较沉,后面的二、三代就全部使用碳纤维和玻璃纤维，我的设计水平也有了提高，能够做到成品和图纸完全一致，不再需要人工修补，装备也没有任何错位，布局更加优化，结构更加紧凑。"为了做出满意的作品，机械设计、仿真模拟、算法设计和机械加工，各项技能赵家樑都熟练掌握，"三迭代"的背后是他无数个熬夜的通宵和无数张写满方案和公式的稿纸。

"我最大的爱好就是机器人，我的志向就是要投身机器人领域。"在赵家樑看来，机器人行业是一个新兴行业，各种技术正在蓬勃发展，但距离走入寻常百姓家、造福普通大众还有很大距离，这其中蕴含着极大的学术和市场前景。大四学期，通过学校提供的国际化项目，赵家樑前往美国加州大学伯克利 HART 实验室（Human – Assistive Robotic Technologies Lab.）访学，师从世界机器人领域的奠基性人物 Ruzena Bajcsy，参与实验室外骨骼医疗机器人硬件部分的开发和数据分析工作，并且设计了一套能够帮助上肢残疾人士恢复部分上肢行动力的外骨骼机器人。经过这一年海外访学，赵家樑更加坚定了自己的志向。对赵家樑来说，科研是喜欢的事，因为喜欢，所以持续求索，甘之如饴。

赵家樑与导师 Ruzena Bajcsy 合影

亦文亦武,这个"学神"很精彩

一门门课程成绩优异,科研创新把机器人玩得很"高大上",赵家樑这位学习上的"大神",却也有着学习以外的精彩。

除了当"学神",赵家樑还是一位"跑男"。大二时,赵家樑开始跑步,先是为了减肥,后来是为了减压,再后来,跑步成为他必不可少的生活习惯。到了大三,赵家樑开始夜跑,他坚持每天凌晨围着操场跑步一个半小时。"之所以夜跑,主要是白天太忙,一般得忙到凌晨,晚上人少心静,一般可以跑个十公里。"一年跑下来,赵家樑瘦身了10公斤。"铁人真铁",成为同学们对他的评价。

除了跑步,赵家樑着力发展了摄影这一爱好。带着"不错过任何一处曼妙的风景"的理念,赵家樑的微信朋友圈常常分享自己的摄影作品。"我喜欢摄影,因为我也喜欢旅游,同时也喜欢设计,所以希望在旅行途中,充满美感又与众不同地记录下景物和感受。"另外,学习之余的赵家樑也最爱读书,"读万卷书,行万里路"是他的梦想。在读书和旅行中,赵家樑开阔了眼界、增长了见识。"这种知识的获取,也许不会直接在科研学术上给我带来多么大的提升,但是潜移默化的修身养性,是纯粹学术知识无法给我的。"

赵家樑摄影作品

作为2014级优秀本科毕业生，回顾四年的大学生活，赵家樑这样感言："很庆幸来到了北京理工大学，来到了自动化学院，这里给了我成长发展充足的资源和良好的环境，让我学习了自己喜欢的东西。特别感谢学院老师一直以来的关心和指导，谢谢舍友们的体谅与帮助，谢谢我亲爱的师长、同学，是你们温暖的爱，给予我前行的动力。"

毕业季节，回首大学时光，无论节奏快慢，人生的路上，都留下了一串北理足迹，熠熠发光的是奋斗的青春。今天坚实的脚步，就是明天有力的肩膀，在新时代担当起新一代人的责任。

祝愿全体2018届毕业生，一帆风顺，常回母校看看！

文：党委宣传部王朝阳，自动化学院

图：自动化学院

2018年6月23日

/ 学生篇 //

朱漫福：做青春的"赛车手"

"1圈，2圈……30圈，31圈……50圈。"

中午时分，烈日炎炎。在略显寂静的北理工校园中，一辆水滴形的赛车，以25 km/h的速度，在操场的跑道上，一圈圈匀速行驶，不时发出阵阵轰鸣。

当跑完第50圈，赛车平稳刹住，赛车外壳被取下，一位身着红色赛车服的女车手从不足一立方米的驾驶室中一跃而出，身材娇小却尽显飒爽英姿。这位女车手叫朱漫福，是北理工机械与车辆学院2015级本科生。

朱漫福

2019年2月25日，品学兼优的朱漫福成功入选国家奖学金获奖学生代表名录，在《人民日报》上刊登表扬，而在全国约5万名国奖获得者中，仅有百人获此殊荣。

国家奖学金获奖学生代表名录

大学四年如赛车疾驰般倏忽而过，回首来路，在朱漫福的青春赛道上，写满了拼搏与奋斗，载满了成绩与精彩。

厚积薄发，学习是一件值得敬畏的事

"大学四年69门课程，9门课程拿到满分，平均成绩达到94.72分，稳居年级前列；获国家奖学金3次，获校最高荣誉奖学金徐特立奖学金，并多次获校优秀学生一等奖学金；获得北京市三好学生、首都大学中职院校'先锋杯'优秀团员……"谈到朱漫福，辅导员马凯总是发自内心的赞许与钦佩。

课程	成绩	课程	成绩
微积分（Ⅱ）	100	计算机辅助设计与制造	98
线性代数B	100	机械制造装备设计	98
概率与数理统计	100	现代加工技术	98
材料力学B	100	学术用途英语（2级）	97
几何规范学	100	理论力学B	97
热加工基础	100	电子和电工技术Ⅰ	97
微机原理及接口应用	100	机械原理	97
质量工程学	100	机械设计	97
测试技术	100	数控技术	97
机械制图Ⅰ	98	机械制造工程学A	97
电子和电工技术Ⅱ	98	马克思主义基本原理	97

朱漫福的部分课程成绩

大学四年，朱漫福的学业硕果累累。"妈妈以前是小学老师，从小我就跟着她去学校，看她上课、改作业。感觉书本和铅笔好像不是普通的物品，那朗朗的读书声、沙沙的写字声好像给它们蒙上了一层既神秘又神圣的面纱。"自幼家境贫寒的朱漫福，是妈妈给她上了人生的第一门课，让她懂得了即便家境贫寒，也不能放弃教育和学习的道理。朱漫福的父母扛住生活的苦和累，坚持要把孩子们全部培养成大学生。得益于尊重知识、崇尚教育的家风，朱漫福信念坚定，立志好好学习，改变个人和家庭的命运，为国家和社会做出更大贡献。

2015年，带着几分憧憬，朱漫福来到北理工，实现了大学梦。开学之初，老师们对学习的再三强调，让朱漫福感受到北理工严谨而浓厚的学风。带着对学习的敬畏之心，朱漫福不敢有丝毫懈怠，而踏实勤奋成为朱漫福大学四年始终如一的标签。

"看了漫福学姐的笔记，我有种被震撼的感觉。"在考前临时看课件、翻PPT成为大学学习常态的时候，四年来，朱漫福却认认真真地用笔记下了每门课程的学习心得。笔迹工整、思路清晰的"朱漫福笔记"成为学弟学妹们的"抢手货"。除了坚持记笔记，朱漫福还练就了自己的学习方法。"刚学微积分的时候，我也提前看了课本，但是上课却发现连绪论都有点听不懂，我一下就慌了。"这给了初到大学的朱漫福不小的挫败感。此后，朱漫福对大学学习有了更新的认识，也更加认真起来。每节课之前,她都要把书上的概念认真理解一遍,就连例题也全部要做一遍。长此以往,她在功课上便慢慢游刃有余起来。

朱漫福的部分课程笔记

课前预习,课后复习,课程的学习需要循环往复。掌握了这样的学习方法后,朱漫福更是能跳出书本,按照自己的理解来总结要点,抓准逻辑,而笔记则如同一本属于自己的"新教材"。另外,朱漫福也十分重视课后习题,逐渐形成了"预习—听课—总结—思考—做题—订正"的良性循环。科学的方法和勤勉的品质,让朱漫福的学习扎实而出色。

然而,朱漫福在学习中也会遇到挑战。大一下学期,学习"计算机科学与程序设计"这门课,面对老师生动幽默的讲解,从未接触过计算机编程的朱漫福却总有种不开窍的感觉,这让她感到"压力山大"。但战胜困难唯有永不言弃,坚信勤能补拙的朱漫福,横下一条心,在考试前不仅把所有课件重新研读,又亲手把课上所有程序案例重新写了一遍,逐个调试、总结思路。最终,在期末上机考试中,朱漫福的最后3个编程题全部"AC(accept)",她也对这门课程也有了更深刻的理解。

朱漫福获得2017年徐特立奖学金(左二为朱漫福)

清晨8点开始自习,晚上10点后披着星光回宿舍,朱漫福只争朝夕,始终鞭策自己用多一点的努力跑得更远一点。"晚上回宿舍的路上,我就会在脑子里回顾当天学习的知识点,等回到宿舍时,差不多也梳理完了。"谈到每天的学习生活,满满的充实感洋溢在这个娇小女生的脸上。"我每天都清楚地知道自己做了什么、明天该做什么,按部就班,不紧不慢。"

实践创新,勇于挑战,超越自我

"做个女赛车手?"对于朱漫福来说,这是在上大学前想都不敢想的,而在北理工这块成长的沃土上,梦想的种子在悉心浇灌下,终于开花结果。

　　大学入学后，在学校、学院的悉心教育引导下，朱漫福对未来发展的认识逐渐清晰起来，而学校各类高水平的创新实践活动，也为朱漫福提供了专业成长的平台。在学校的一次节能车俱乐部的宣讲会上，看着学长学姐们自己造出的北理赛车驰骋赛场，朱漫福找到了心中的方向。

　　为了加入车队，朱漫福从大一开始，就认真准备，刻苦钻研，丰富自己。终于，在大二暑假，朱漫福得以作为实习生在节能车队学习。初到车队，朱漫福难免紧张，但扎实的知识储备和出色的学习能力给了她自信。北理工创新实践、学习成长的良好氛围，让朱漫福如鱼得水。暑期实习期间，她经常是第一个来到车队的人。车队具有浓厚的知识传承氛围，在实习期间，朱漫福不懂就问，而高年级的学长学姐们经常是耐心解答。

　　在车队中，敏而好学的朱漫福成长迅速。暑期实习结束后，她被车队选为电车车手。"选择身材娇小的小朱，虽然有从车辆减重节能的角度考虑，但是她的沉稳冷静和认真执着才是当选的最重要因素。"多年担任车队指导教师的宋强这样介绍。

　　"我看了学长们的操作，就会想：那个结构为何如此设计？如果是我，我会设计成什么样，还有没有什么改进的地方？我是一名车手，但不仅仅是个车手，除开车之外，我也想要能够自己解决更多的问题，为队员们减负。"成为车手后，朱漫福更加注重动手操作能力，她把车队常用工具和零部件的性能和特点，牢牢记在心中，以便应对可能的突发情况。

　　2017年8月底，朱漫福终于迎来了期待已久的试跑，但初上赛车的朱漫福却迎来挫折，因为驾驶转把拧得太重，车辆还没有起动，就因电流过大，烧断了保险丝，这让满怀憧憬的朱漫福心情跌入谷底。不过，从不轻易言败的朱漫福，很快调整好了状态，迅速投入艰辛的练习中。

　　从新车落地到比赛前夕，是试车的集中期和黄金期。暑假期间，朱漫福和队员们抓住上午的黄金时间试车,下午就推车回车队进行检修和为第二天的试车做准备。9月开学后,朱漫福课程表的空白时间段几乎全部用来试车,很多时候,她中午顾不上吃饭也要赶来试车。电车要想跑出好成绩,就得尽量匀速行驶,车手要把稳油门,这对臂力其实是极大的考验。为了控制好体重并稳稳地握住转把,朱漫福尝试了各种室内减脂训练,也逼迫自己去尝试并不喜欢的户外长跑,同时还特别注重臂力的训练。炎炎夏日,两个多月的时间,朱漫福晒黑的脸庞和胳膊上黑白分明的印记,成为见证她奋斗的最美勋章。

终于,2017年10月底,朱漫福与队友们一起,出征Honda中国节能竞技大赛。然而,首次练习赛却充满挑战。由于比赛场地广州肇庆国际赛车场的赛道情况复杂,这让习惯了在平整操场上驾车的朱漫福很不适应。练习赛中,她驾驶着电车不仅多开了一圈,而且在跑第二圈时行驶速度就已经不符合赛事要求,导致最终成绩不予录入。练习赛的失利和正式比赛的即将来临,使朱漫福的心情低落到了极点。"安全第一,不要太有压力。"队友们的鼓励让朱漫福感受到了温暖,"为了这次比赛,大家付出了一年的努力。我不能轻易放弃。"朱漫福静下心,在练习赛结束后,和领队们一遍又一遍地观看视频,剖析行驶过程中出现的问题,并重新制定驾驶策略。正式赛前夜,她无心入睡,把对应每一个弯道、每一个上下坡的驾驶策略牢记在心,在脑海中模拟了无数遍的比赛场景。在正式赛中,得益于领队和队员们的完美配合,车手对赛道的熟悉和沉稳应对,比赛发挥出色。最终,北京理工大学节能车俱乐部翼昇车队斩获大赛亚军。

"大学四年,车手的经历,车队的生活,让我终生难忘,是北理工给了我这样一个成长的平台,让我不仅学会了扎实的基础知识,而且还有机会造赛车、开赛车,学会了应对压力、战胜自我,这份成长十分厚重。"带着勤奋与努力,秉承团队协作精神,朱漫福在青春的赛道上,战绩骄人,获得2017年AAM杯国际创新方案设计大赛二等奖、2018年全国大学生机械创新设计大赛首都一等奖、全国二等奖、2018年亚洲壳牌节能马拉松赛亚军……

朱漫福和其他队员一起出征2017第11届Honda中国节能竞技大赛

饮水思源，不忘初心，感恩成长

"蓝天碧水，悉尼歌剧院风采迷人；达令港边，夜空中的烟花美丽动人；悉尼科技大学教授讲授精彩的澳洲文化；在离家近万公里之遥的南半球，深入了解神秘的澳洲大陆……"每每回忆起自己第一次出国的经历，朱漫福的眼中满是幸福和感激，"我从未想过本科期间能出国看看，自己刚刚从小县城来到北理工，家里没有负担一分钱，却一下就走了那么远，看到了过去只在书上和网上了解到的澳大利亚，因此特别感谢国家和学校对我的培养。"

2016年暑假，朱漫福入选了北京理工大学首期"海外计划"学生国际交流项目，赴悉尼科技大学游学。该项目旨在拓宽家庭经济困难学生的国际视野，提升综合素质，促进他们全面成长成才。在为期两周的游学中，朱漫福收获颇丰，留下了难忘而美好的回忆。

除了出国访学，朱漫福还受到了老师们无微不至的关怀和悉心的指导。庞璐,曾经是朱漫福大一时的班主任,这位年轻的老师给了朱漫福初到大学的第一份温暖。当了解到朱漫福的家庭情况后,庞璐老师不仅赠送了两本自己喜欢的书来鼓励朱漫福,并且每次来良乡和朱漫福谈心,还要塞给她一些生活费。"眼前的困难都是暂时的,一切都会慢慢好起来的。"庞老师的嘱托让朱漫福始终铭记在心。

"漫福,我们成绩出来了,你知道吗,因为你给我讲的那道题,我多拿了二三十分,考了 90 分耶!"这是就读机械国际班的舍友彭虹瑜在获知电子电路课成绩后的兴奋表达,也是朱漫福经常回忆的开心时刻。那次,在距离全英文考试前一个小时,彭虹瑜向朱漫福求救。朱漫福顾不上吃饭,为舍友紧张地进行了考前半小时辅导。

来自学校和师长的关心支持,不仅让朱漫福倍感温暖,更让她常怀感恩之心,懂得回馈。大一、大二期间,针对基础课学习压力较大,朱漫福凭借扎实的学习,每学期都主动为同学们组织课程串讲,从微积分到线性代数,从材料力学到电子电路,覆盖近 500 人次。朱漫福还受邀在学院、学校多次举办学习经验交流会,认真分享学习经验和心得,参加交流的同学近 700 人次。"时常记得感恩回馈,我会感觉自

朱漫福在"青春讲坛"上分享学习经验和心得

己是一个完整的、幸福的人。"大学四年，朱漫福多次参加校内外志愿活动，用行动诠释着自己的感恩之心。

大学，是青春最美好的岁月；奋斗，是青春最亮丽的底色。

做学霸、开赛车的朱漫福，用自己敏而好学、拼搏奋斗的青春时光，诠释了一名北理工学子"胸怀壮志、明德精工、创新包容、时代担当"的逐梦轨迹。

做青春的赛车手，驾驶着奋斗的赛车，驶向人生梦想！

文：党委宣传部王朝阳，学生记者李洁雯、尚钰竹

图：党委宣传部郭强，机械与车辆学院

2019 年 5 月 30 日

李博：博士毕业，到基层去！

年薪40万元，东南沿海发达地区……

面对这样诱人的条件，你会如何选择？

2019年夏天，北京理工大学机械工程博士毕业生李博给出了不一样的答案——放弃东南部沿海大型企业的40万元年薪就业机会，回到家乡广西，投身基层，成为一名选调生。

不一样的选择："我要做选调生！"

工科男博士、知名大学优势专业、从事前沿领域的研究、取得丰硕学术成果……对于即将毕业的李博而言，凭借出色的表现和条件，待遇优厚、发展广阔的就业机会如过江之鲫。"第一个为我伸出橄榄枝的是东风日产，开出的年薪近30万元，第二个是深圳的大族激光公司，年薪加起来有40多万元……"

然而，站在人生的十字路口，这位从广西一路走来的朴实小伙，却给出了一个"让人无法理解"的答案，放弃北、上、广、深，回到家乡，选择从基层做起，哪怕工资还抵不过读博的奖助学金。这样的选择，对于在北理工求学十载的李博来说，并不是一时冲动，而是深思熟虑之后的人生决定。"一时的高薪，虽然可以改善我的生活，但是放眼人生，自己的价值怎么才能实现？我想还是应该去祖国所需之处，用自己的努力工作，改变一方面貌，这样才会让我感受到自己的价值。"这就是李博这位新时代中国青年的远大理想。

"以我去过的广西桂平为例，这里有金田起义等一批优质的旅游项目，但是在配套服务、基础设施和对外宣传上，还有很大的改进空间，

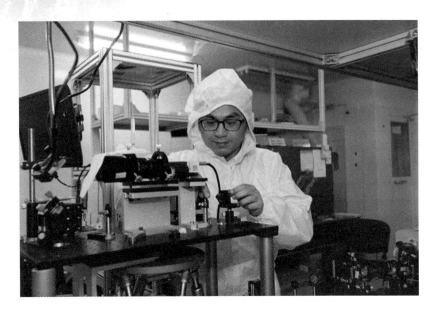

李博在实验室进行光路校准操作

基层的现状加上国家的大好形势,就是我们大学生大有可为的舞台。"选择做选调生,李博并不盲目,大学期间,他不仅积极关注国家政策、家乡的发展改革情况,还通过社会实践深入基层调研,让自己的理想更加脚踏实地。

虽然,李博在博士期间,就早已有了自己的打算,但是临近毕业他才向家人和朋友吐露了心声。不出所料,李博的决定面临的阻力不小。李博的家在广西小乡镇,家中四个孩子,两个大学生,日子过得紧巴巴。懂事的李博,本科期间申请了国家助学贷款,并凭借出色的成绩,在国家和学校奖助学金的支持下,没有向家里要过一分钱,顺利完成自己的学业,成为家族第一个博士,被家人寄予厚望。"家人对我以后的路有过很多畅想,希望我可以财务自由、光耀门楣,但肯定不包括回乡从基层做起。"在面对来自家人和朋友的不解甚至阻力时,李博并没有动摇自己的想法,而是"分而攻之",他与母亲谈、与兄弟姐妹谈,做工作、表决心、谈理想,"各个击破",最终获得了家人的理解与支持。

"讯息提供、考前辅导、奖金激励、邀请选调生校友回校交流、行前座谈、校领导看望选调生……，学校会为我们周到考虑，让我对投身基层更加有决心和信心。"在积极争取家人支持的同时，学校为有志于报考选调生同学提供的一系列激励与服务措施，更是贴心、暖心，极大地解决了李博参加选调生选拔过程中的后顾之忧。

李博参加学校 2019 年选调生座谈会暨出征仪式并发言

"生活不止眼前的苟且，还有诗和远方，我要在广阔基层，用北理工踏实苦干的精神，做出贡献。"李博对远大理想的坚守，对时代责任的担当，迎来了同学老师和家人的尊重。

奋斗成才：大学的"标准频率"

十年前，历经高考，李博顺利考入北京理工大学机械工程及自动化专业。刚刚成为大学生的李博，带着几分羞涩和自卑，甚至在介绍自己的家乡时，也总是用"两广"替代还不是很发达的广西。"大学是成长的最好时机，学习一定不能放松，要抓住一切机会提升自己，这样你才有能力去改变那些想改变的东西。"初入大学，班主任贾玉平老师的一席话让他醍醐灌顶,也让李博找到了北理工学子的"标准成长频率",自此砥砺奋斗成为李博大学生活的主旋律。

实验中的李博

大学四年,李博成绩优异,练就了过硬的本领,获得了国家励志奖学金、唐南军助学金、HORIBA ATS 奖学金,还积极参加了科技创新竞赛,荣获第五届全国机械创新设计大赛一等奖。2013 年,作为北京市优秀毕业生的李博,保送本校攻读博士,师从北理工激光制造领域国际顶级专家之一姜澜教授。治学严谨的导师,学术氛围浓厚的课题组,让李博如鱼得水,更加奋发向上。读博期间,李博更是成绩优秀,发表 SCI 检索论文 10 篇,其中第一作者 2 篇(发表期刊包括 Advanced Functional Materials,影响因子:13.325),与导师等人合作撰写的综述论文发表在国际著名期刊 Light:Science & Applications(影响因子:14.098)上,申请国家发明专利 1 项。

值得一提的是,李博的大学生活,并不枯燥,热爱体育运动的他,不仅担任过学院学生会文体部长,更是学院篮球队的队长,博士毕业前夕,还带领队伍拿下了全校总冠军。

求学十载,北理工浓厚的家国情怀,让李博并未将自己圈禁在象

李博参加学校篮球比赛

牙塔中,而是走出校门,感受广阔天地。从本科时期,李博就参加了北京广西大学生联谊会,读博期间又担任了北京广西博士生联谊会副会长,在这个平台上,帮助同乡,组织活动,深入调研,李博的能力得到极大锻炼,成为一名表现出色的青年骨干。

李博参加北京广西博士生联谊会返乡实践团

奋斗是青春最亮丽的底色。在北理工的学习成长，让李博从一名广西乡镇青涩少年，成长为一名具有世界眼光、学术功底扎实的青年才俊。伴随着能力的提升，李博心中对自己人生价值的思考更为深刻。"改变一个人的命运简单，改变一群人的命运难。"投身基层、服务国家的思想种子，在奋斗学习、增强本领的土壤中，更加茁壮成长。

时代担当：源自红色基因

放弃高薪，投身基层，让祖国大地成为灿烂人生的最美画布。谈到毕业之际的人生选择，李博总是提到自己的红色基因。

"我永远都会记得那个清晨，张老师送我们上车去比赛挥手时的模样。"虽然已经过去7年，但李博仍会时不时想起那个北理工的通宵之夜。2012年5月，凌晨3点，万籁俱寂的校园，在信息教学楼4002教室，78岁的张忠廉教授，仍然在指导着李博和小伙伴们一点一点地调试着手中的创新作品。在第五届全国机械创新设计大赛北京赛区比赛的前夜，年近八旬的张老师通宵熬夜指导的一幕，深深地感动了李博，也将一份严谨认真、踏实奉献的北理工品格注入这位年轻学子的心中。那一年，李博和同学们凭借这款名为"长征组歌"的作品以全市第一名优异成绩进军决赛，并最终获得了全国第一名。

十年北理求学路，谈吐之间，朴实的微笑，谦虚中透露着自信，李博成为一位标标准准的北理工人。"低调、踏实、奉献、进取，热爱祖国，为服务国家重大战略需求而奋斗……"当谈到什么是北理工的精神的时候，李博认真总结起来。北理工人骨子里代代传承的红色基因和精神品格，锤炼着李博的品德修为。

"将中国原创世界影响的激光制造新方法服务于国家重大需求作为使命。"这是李博对导师姜澜教授印象最深的一句话，导师牵头"增材制造和激光制造"等方向的国家中长期规划和科技部等部级五年规划10项，带领团队始终将中国激光制造保持为世界领先之一，将服务国家重大战略需要作为使命，这种家国情怀不仅仅是一句口号，而是体

/ 学生篇 //

2012年,李博与队友们参加第五届全国机械创新设计大赛颁奖典礼

现在一个个辛苦付出的实验中、一份份字斟句酌的规划中。而北理工数十年的知识灌输,更是让李博强化本领,成长为一名具备专业知识背景的高素质人才。

李博与导师姜澜教授合影

"听到村民捧着哈达挽留扎西同学时，我深受触动，眼圈都红了。"2018年12月6日，李博参加了学校组织的"北理工的第一书记"毕业生基层就业座谈。座谈会上，李博被那些战斗在西藏、广西等扶贫一线的北理工校友们的经历所感动，更加坚定了到基层去、到祖国最需要的地方去的想法。

　　"新时代中国青年要勇做走在时代前列的奋进者、开拓者、奉献者！"习近平总书记在纪念五四百年大会上的讲话中这样寄语新时代的中国青年。

　　"立大志、做大事，在奋斗的过程中发扬北理工精神！"面对即将到来的选调生生活，李博希冀满满。"北理工永远是我的家，是我克服困难、解决问题时候的强大精神支柱和资源保障。我希望自己将来不负母校培育，贡献祖国，造福一方，真正成为一名优秀的北理工人！"

文：党委宣传部韩姗杉
图：党委宣传部徐思军，机械与车辆学院
2019年6月19日

校 友 篇

巴基斯坦伊克拉姆家族的北理工留学故事

"巴铁",网络词汇,是中国网友对巴基斯坦的友好称谓,其意可理解为"铁哥们",这个词也是中巴友好关系的标志词,巴基斯坦是中国唯一的"全天候战略合作伙伴"!

今天的故事,要从一张照片说起,在距北京数千公里外的巴基斯坦某军工企业的一间办公室里,摆放着这样一张照片,6 张面带微笑的巴基斯坦面孔在北京理工大学逸夫楼前留下了自豪而温馨的一瞬。

6 个北理工人,一个巴基斯坦家族!

这间办公室的主人——伊克拉姆(Ikram Ul Haq)用流利的中文介绍道:"我们都来自同一个家庭。"照片上的 6 个人分别是他自己和大女儿、大女婿、二女儿、二女婿还有小儿子。一张令伊克拉姆骄傲的照片,一个让他自豪的家庭,更有一段难忘的北理工情缘。

伊克拉姆家族两代人的北理工情缘

伊克拉姆现在就职于巴基斯坦某著名军工企业,是一位出色的坦克工程师。伊克拉姆是巴基斯坦的第一批赴中国的留学生。1974 年,伊克拉姆就在北京语言大学学习过一年的中文,1975 年至 1979 年在天津大学学习无线电专业,自此伊克拉姆与中国结下一生解不开的情缘。归国后,伊克拉姆应聘到巴基斯坦一家以生产坦克而著名的军工企业工作,致力于中巴国防方面的合作项目,他在这里一干就是近 30 年。

然而,能够成为现在的技术骨干,具备系统的专业知识和突出的专业技能,则得益于他的留学北理工。2005 年,北方公司资助伊克拉姆来到北理工留学，师从自动化学院陈杰教授，而他也是陈杰老师的第一位外籍研究生。导师陈杰对这位"巴铁"弟子也关怀备至，不仅帮助他克服了诸多困难，还为他的学习创造了不少便利条件，使伊克拉姆顺利完成了在北理工的深造，获得博士学位。"伊克拉姆对中国、对北理工有着深厚的感情，我对他积极传播中国文化，促进国际学术的交流与合作表示感谢，希望他能成为北理工精神和文化友好传播的使者。"导师陈杰流露出对伊克拉姆的欣赏与希冀。

伊克拉姆在中国前前后后待了十余年，对中国至深的感情，也影响到他的家人。留学期间，伊克拉姆就带领全家人来中国旅行，并特别参观了北理工，这个他学习的地方。"这一次旅行成就了今天的缘分。"伊克拉姆介绍，自这次旅行后，他的子女们先后走进北理工。

伊克拉姆及家人

大女儿玛丽亚（Maria Ikram），2007年至2015年就读于北理工管理科学与工程专业，相继获得硕士、博士学位；大女婿阿布杜拉·瓦黑德（Abdul Waheed），2008年至2013年在北理工信息与通信工程专业留学，获得博士学位；二女儿扎维利亚（Javaria Ikram），2009 年到北理工留学，已经获得计算机科学与技术的硕士学位，并攻读了该专业的博士学位；二女婿（Syed Hammad Hussain Shah Bokhari），2009 年至 2013 年在北理工信息与通信工程专业学习，获得硕士学位；小儿子阿玛尔（Ammar Muhammad），2009 年进入北理工电气工程与自动化专业本科学习，后攻读北理工控制科学与工程专业硕士学位。

是什么让伊克拉姆家族的成员陆续走进了北理工，是纯粹的机缘巧合吗？

"不，我第一次来到北理工或许还是巧合，但正是我在十年前的那次经历，决定了我们家族人的选择。中国安定的环境，中巴传统的友谊，这都是我们喜欢中国的理由。北理工优良的学术传统，前沿的教育理念及良好的学术氛围，深深吸引了我们。教师们一流的教学水准和对留学生无私的帮助与关照，让我们在这里的学习、生活更加方便和自由，这是我们家族选择北理工的真正理由。"

忘不了的大学，剪不断的情谊

异国求学，虽然要面对很多困难，但是伊克拉姆家的北理工人，既有良好的家风，又受到北理工良好的校风、学风影响，勤奋学习，态度积极，成为北理工留学生中的榜样。

伊克拉姆的小儿子阿玛尔就是一位品学兼优的留学生，导师潘峰对他的欣赏溢于言表："阿玛尔非常有礼貌，懂礼节。对老师和同学都非常尊重而且热情，很远就打招呼，会先给老师开门。通过这些小细节就可以看出阿玛尔很有修养。他学习很勤奋，除了必修课还选了很多其他的课程，学分超过了规定学分的一倍。他非常关注自己所学专业的前沿研究，还参加了无人机项目的研究工作。"

"玛丽亚很勤奋，爱交流，经常来实验室学习，会经常写论文让教授修改从而提升自己的科研水平。"导师颜志军这样评价伊克拉姆的大女儿玛利亚。2014 年，玛丽亚还参加了全国（中国）能源经济与管理会议，并获得优秀论文奖。

玛丽亚和导师颜志军

　　回忆起在北理工的学习经历，二女儿扎维利亚亦对学校的培养充满感激。"有人问我来中国学习的建议，我就会说你一定要来北京理工大学。我学的是计算机，当时来的第一个月，我就跟老师说我不是特别好的学生，很多事情都不会做。导师给我提了一些要求，一个月以后拿给导师看，他说你这不都做出来了吗。正是在老师的帮助和指导下，我才树立了自信，一步步成长。刚开始发论文的时候，我很盲目地浏览期刊，老师说要发高质量的论文，一定要看A类、B类和C类的期刊。后来，我发了一篇B类、一篇C类。老师还让我出国去意大利参加会议，对我是很大的锻炼。北京理工大学的老师、同学和环境都很好，这是一所我忘不了的大学，也是一段我将铭记终生的学习体验。"

　　一家六口留学北理，学业有成，让伊克拉姆家族的故事在巴基斯坦广为传颂，伊克拉姆家也成了北理工的宣传员。近年来，伴随着北理工在巴基斯坦的知名度越来越高，伊克拉姆还推荐了数名当地优秀学子到北理工求学。目前,北理工也成为中国培养巴基斯坦工学博士最多的学校之一。

教育撒播种子,文化温润人心

作为家长,伊克拉姆一直关注着北理工的发展。"我刚来的时候,学校在留学生教育方面还处于初探阶段,随着对留学生教育的逐年重视与大力建设,我的家族见证了北理工在留学生管理、教育与生活保障等各方面的进步与完善。"

一流大学一定是能够吸引各国优秀学生的。校园里来自全世界的学子,不同文化的碰撞与交融,为各国各民族培育人才,体现了一所大学的国际视野与社会责任,成为传播学校精神文化的名片。近年来,从北理工走出的留学生已然成为学校国际化办学的宣传页。

伊克拉姆的大女儿玛丽亚毕业后在巴基斯坦一所大学任教,她不仅将在北理工的学习收获讲授给学生,还把自己身上北理工的精神品格也传播给自己的学生。玛丽亚愿意为中巴友好做出贡献,做北理工文化的传播者。"我喜欢中国,在我的心里除了巴基斯坦,她是排在第一位的。希望自己的孩子在未来也到中国、到北理工学习,并且一定要学会中文。"玛丽亚希望将自己家族与中国、与北理工的情缘代际相传。在伊克拉姆家团聚时,他们谈论最多的话题就是在中国的生活以及在北理工的学习。按照儿女们的想法,或许在不久的将来,伊克拉姆家族的第三代也会出现北理工的课堂上。

当前,北理工的留学生教育已经逐步形成完善的培养体系——招生平台、教育体系和管理服务体系的"三合一",覆盖了留学生教育从招生、培养到生活保障的各个环节。留学生中心主任汪滢介绍,北理工有着明确的留学生培养目标,那就是作为一流的研究型大学,培养未来在所在国对华战略中有话语权的学生,培养能够维系和中国的友谊、传播中国和北理工文化的高端校友人才,同时要使他们在学习成长中,通过亲身感受,实现亲华、爱华、友华。围绕这一目标,学校不仅会给他们提供一流的教育与管理服务，还会积极传递爱华、爱校的正能量，潜移默化地培养留学生对学校、对中国的感情，这是北理工留学生培养的一个长远目标。

伊克拉姆家族留学北理的故事是学校在"争创一流"的道路上，坚持国际化办学战略的真实写照，然而办学的国际化不仅仅体现在留学生数量的不断增加，学校从教学科研到管理服务，都正在经历着一场国际化的变革发展，更为重要的是国际化的办学理念已经在北理工师生的意识中深深植根，不断萌发成长。

建设中国特色世界一流理工大学，为世界培养一流人才，面向世界传播一流文化，这是新时代赋予北理工的使命担当。

文：党委宣传部赵琳、王征
图：留学生中心沈佳培
2017 年 2 月 5 日

王永仲：北理工的光芒照耀我砥砺前行

这是一场不寻常的捐赠仪式，古稀之年依然奋斗不辍的共和国光学专家王永仲教授，用一份倾注31年心血的作品在母校作了一场生动的"报告"。

2017年1月16日，北京理工大学光电学院校友、中国著名的光学工程专家王永仲教授向母校捐赠仪式举行，王永仲将"天宫二号"伴星红外仿生鱼眼相机所拍摄的首批红外图像捐赠母校。作为这台相机的主任设计师，王永仲献给母校自己最满意的作品，献上北理工学子的一份答卷，献上北理工人忠诚国家使命的赤诚之心。

王永仲

一台"神"相机,为中国打造"巡天之眼"

2016年,中国第一个真正意义上的空间实验室"天宫二号"遨游太空,完成了一系列空间试验,并成功释放了一颗伴随卫星,成为中国航天新突破。而就在这颗伴星上,装置着这样一台红外仿生鱼眼相机,在中央电视台的新闻报道中,它被誉为"天""神"保护神。

伴星拍摄的组合体红外图像

由王永仲主持研制的红外仿生鱼眼相机肩负特别使命,在太空自主完成关键性能的在轨验证后,首度在"天宫二号"与"神舟十一号"交会对接及组合飞行中公开亮相,继而传回了多种急需的重要信息和清晰红外图像。

这台"神"相机被誉为中国的"巡天之眼",它创造了航天领域的多个国际"首例""首次":首例长波红外鱼眼镜头(中国发明专利，比美国早 2 年），首例长波红外仿生鱼眼侦测系统（中国发明专利）首登天基平台，首次自主实现关键性能的在轨验证，首次在轨对己方航天器做全状态监测，首次把红外仿生鱼眼技术用于空间侦察，首次实现"单机 180°无盲区凝视"巡天，首次传回急需的包容半球空域的天基侦测信息和清晰的天地一体化长波红外（LWIR）图像。

"虽然外形与普通相机相差无几，但其视角为 180 度（即凝视 2π 立体角），覆盖半球空域，不但能够检测'天宫二号'空间实验室和神舟飞船组合体在轨运行的状况，还能检测组合体上各种设备的工作状态。"载人航天工程空间应用系统专家团队评价说，"这也是我国首次在轨对航天器进行全状态检测，以前都是地对空远程检测，现在给伴星安装了红外鱼眼相机，就能够实现空对空检测，对我国航天器空间安全具有极其重大的作用和意义。"

一腔报国情，矢志军工，北理品格闪光辉

回想当初首次步入工作岗位的情景，王永仲清晰记得，是"北京工业学院（北京理工大学前身）毕业生"的名号作为敲门砖为他敲开了 613 研究所的大门。之后，王永仲曾经到兵器 5618 厂、国防科技大学、军械工程学院工作。他提到，作为一位京工人，他始终铭记学校给予的"为国家国防事业做贡献"的教诲，并始终认真践行。

王永仲常说，"党和人民把我这个无知的农村孩子培养成大学生、研究生，我理所当然应该报效祖国。"秉持这一理念，他满腔报国志，50 年如一日，兢兢业业苦干在生产、教学、科研第一线。

奉献国防科技事业，本身是一项辛苦的工作，但在王永仲身上却看不到年龄的限制。王永仲作为中国光学工程领域的知名专家，虽已进入花甲之年，但面对国家要求和自身使命，他从未停止前进的步伐，勇挑重任。

"天宫二号"红外鱼眼相机巡天的出色表现，使这项中国发明成为"神"相机的事实已被广泛公认，但"造神"之路的艰辛却不为人知。

青年时期的王永仲

单说之前三代样机所经历的坎坷曲折和多次失败，就可谓"好事多磨"。为了"神"相机在2016年9月15日的"一步登天"，王永仲经历了"不堪回首"的辛酸苦涩。他曾为样机试验而两次工伤骨折。为赶上"921工程"的立项，当时年近古稀的他拄拐坚持出差、加班、奔走答辩和做外场试验，饱受两年多的"皮肉之苦"仍乐此不疲。

回想这段艰辛历程，王永仲含笑说了一个字——"值！"

一条科研路，厚植根基，铸就学术大家

这台由我国自主研发设计的世界首台空间大视场鱼眼光学镜头相机获得成功的背后，凝结着王永仲历时31年的科研心血。

王永仲于1944年生于湖南澧县，1967年从北京工业学院本科毕业，1981年获硕士学位，是我国恢复高考后培养的第一批光学工程专业研究生。

直到今日，王永仲依然清晰记得1962年入学的首堂教学课。主讲教

北京工业学院（北京理工大学前身）1981年毕业研究生合影

师登上讲台对他们这些面庞青涩的新生讲："咱院注重强化基础和培养能力，你们的教学课按理科要求安排教学，总课时多且周授课量大。"

"我当时懵懂不解，但毕业后通过工作实践逐渐领悟到母校'强基础'的良苦用心。"王永仲回忆。1981年12月到国防科大报到，当即受命两个月后分别为物理系三年级和二年级同学主讲"激光技术"和"专业英语"。拿到教材就懵了：前者，自己都没读过；后者是英文原版《近代物理》。一个多月要备好两门陌生课谈何容易！"多亏在母校打下较好的数理和光学专业基础，尤其是电动力学、量子力学知识，还有母校自1964年开设俄语快班给我创造的提前选修英语的机会，加之研究生期间的英语学习，最终我按期开课并获一致好评，自此收获国防科大、全军和国家教学奖励，还被授予'全国模范教师'荣誉称号（全军2人）。工作实践中收获的荣誉充分肯定了母校的人才培养理念与方式。"

"回想申报的国家级重点科研项目,无一不倚重新颖的数理方案而获准立项;而我主持完成的国家发明奖和国家科技进步奖等成果,乃至'天宫二号'红外鱼眼相机,都是以与众不同的数学思维为创新亮点——此类亮点的'能量'就是在母校就读本科时持续3年的高密度数学课知识,外加研究生首年5门数学课的'充电'。"王永仲扎根母校国防军工人才培养的沃土,不断汲取营养,成长为一名出色的"红色国防工程师"。

一片赤诚心,忠于使命就是交给母校最好的答卷

2016年9月,北京航天城,在经历了一分一秒漫长而焦急的等待之后,第一幅清晰的天地一体红外图像映入王永仲眼帘。此刻,这位之前从未研制过航天装备、心中充满忐忑的老教授激动之情难以言表。他反复端详着首批来自太空且每幅都涵盖半球空域（$2\pi sr$）的红外鱼眼图像——层次分明、信息丰富、紧缺急需,精心保存起来。

首图珍贵,虽然只是技术验证中的过程资料,并无机密可言,却见证了中国光学工程研究的一次突破。获知王永仲珍藏有首图后,一些科研单位和高校,提出愿意永久珍藏这些堪称"世界第一"的珍贵影像资料。

而在王永仲的心中,早已对他的"得意之作"有了打算,那就是将它们捐赠给自己学习、生活过7年的母校——北京理工大学,以表达自己对于母校辛勤培育的感恩之情,希望这批图片能激励更多的学子投入国防事业,为母校争光,为祖国效力。

捐赠会上,王永仲心怀母校的真挚情感贯穿始终。当常务副校长杨宾把"北京理工大学杰出校友"奖牌颁发给王永仲时,他以一个庄重的军礼回敬全场,全场报以热烈掌声。

50多年前,从他踏进京工校园报到之际,便为自己成为京工人感到自豪。母校的声誉为他创造了从军报国的良机,母校传承的延安精神鼓舞他攻坚克难的斗志,母校的培育给予他主持国家多项重大科研任务的

捐赠现场

底气和能力。"我所获得的国家技术发明奖、国家科技进步奖、国家教学成果奖、光华科技基金奖、国家'863'先进个人奖以及'全国模范教师'荣誉称号、中国人民解放军专业技术重大贡献奖,乃至中央军委主席签署的'褒奖显著功绩'的记功通令等诸多殊荣,无不凝聚着母校师长辛勤的汗水,它们都只因有北理工之'光'辐照的激励才闪烁。"

"北理工的光芒,照耀我砥砺前行!"王永仲的一席话道出了奋战在航天一线的校友浓浓的北理情。他们用对母校的感恩之情倾注在执着追求的航天梦中,续写着北理工人在共和国航天史上的一段段佳话,编织着中国梦中属于北理工人的一份贡献。

文:校友会,党委宣传部王征、马瑶

2017年5月4日

王光义：激发新一代的"北理工力量"

"……5，4，3，2，1，点火！"，2017年4月20日19时41分28秒，"01号"指挥员一声令下，"长征七号"运载火箭腾空而起、刺破苍穹，点火发射分秒不差！这位将中国首艘天舟货运飞船送入太空的"01号"指挥员出身于"红色国防工程师的摇篮"——北京理工大学。

王光义

温暖，铸就梦想起点

1977年，王光义出生于江西吉安的一户普通的农民家庭。孩提时的王光义，憨实坚韧，成绩优异，不服输，也不放弃，虽然成长环境艰苦，但他凭借优异成绩被保送进县里的重点高中。1995年夏天，王光义金榜题名，考入北京理工大学自动控制系，成为1977年恢复高考以来村里的第一个大学生。带着全村人的钦羡和全家人的欣喜,王光义来到首都,走进了北理工的校园。

初到北京,都市与农村的差距,陌生而熙攘的环境,一时间让王光义有些手足无措。"大学曾有段时间,我一度迷失了,甚至因为普通话不标准,而深感自卑,与同学交流也不多。"王光义回忆说。但北理工的温暖在渐渐感染着他,"入校第一个星期,家住北京的室友吴寅男就邀请我去他们家做客,并把自行车借给我用,这一举动第一次让我感受到来自这个陌生城市的温暖。"

虽然对大学逐渐适应,但是如何规划好未来,依然是王光义心中的迷茫,"我的家人无法给我更多的建议,也无力让我豁然。"谈话间,王光义望着窗外,思绪仿佛回到 20 多年前。幸运的是,学校老师们给予这些远离父母的孩子们的真诚关注,慢慢地将那些迷茫一扫而净。"我觉得你普通话挺好的"是王光义最无法忘怀的一句话。这是在一次与学校心理老师的交流中,老师告诉他的。"我还记得韩秀玲老师带我们到山西阳泉去学习,把我们一个个都当成她孩子似的保护着,让我感受到了像母爱一样的温暖。"

王光义所就读的自动控制系,成立于 1960 年,是全国最早成立的自动控制专业院系之一。成立初期,自动控制系主要服务于国防,以火炮和雷达等军工产品为研究对象,形成了指挥仪专业、随动系统专业和大系统专业。在这样的环境中求学成长,王光义的血液中不知不觉融入那份光荣的红色基因。

"京工四年的悉心培养,学校浓厚的军工文化,都一直深深感染和激励着我,让我逐步坚定了投身国防建设的想法。""在这个过程中,我从迷茫走向成长,心中有一份淡定和自信,手上有一份绝活和特长,肩上有一份责任和担当。"王光义这样回首在北理工的成长。

努力,筑牢事业基石

初到西昌,从头学起。1999 年 7 月,22 岁的王光义,从北理工毕业，来到西昌卫星发射中心。王光义回想起自己参加工作之初十分感慨："人与人的较量，关键在于学习能力的较量，我从一名普通大学生到今天，是一步一个脚印走过来的，没有捷径，只有努力，每换一次岗位，都要履行新职责、学习新知识，每一次都强烈地感到恐慌。刚参加工作的时候怕影响母校的名声，后来又恐辜负了领导的信任。"在西昌中心，他每天加班加点，任劳任怨，始终坚持高标准做好每一件工作。在机关工作的七年间，他每天工作到晚上十一二点，坚持学习、学习、再学习。

卫星发射中心工作

2013年，王光义36岁，调任海南文昌发射场副站长。新的岗位，新的挑战，王光义成为测试发射技术总体工作的负责人，与之前的工作相比，可以用"跨界"来形容。"我用了3个月时间只学习了一种型号的液氧煤油发动机，感觉才刚入门。"王光义曾经为了学习推进剂加注系统，几乎天天看图纸，把215个阀门位置及功能背下来，然后去现场核对。从对发动机的一窍不通到熟练掌握原理，从对加注系统的一知半解到熟练掌握加注流程，他带着一股不服输的劲头，逐渐得到各级领导和同事的认可。

"颗颗螺钉连着航天事业,小小按钮维系民族尊严",是王光义始终谨记的工作信条。文昌发射场火箭吊装分队岗位人员从来没有见过火箭,他就把自己的经验毫无保留地教给他们,与他们一起一个一个口令、一个一个动作进行梳理、演练、完善,直到满意为止。在"天舟一号"的发射任务中,王光义与协作单位及各分系统指挥员梳理出70多项状态变化,改进了20余项地面设备,优化了10余项测试流程。

就是这样一步一个脚印地踏实走来,王光义最终被委以文昌发射场第一次发射任务"01号"指挥员的重任。"01号"是发射任务的大管家,不仅要有丰富老练的任务经验,还要有全面过硬的技术功底。发射前15分钟,全航区的口令均由"01号"指挥员下达,决不允许出半点差错。

发射任务获得圆满成功,奋斗青春十七载,王光义迎来了人生自豪的里程碑。"2016年6月的发射是中国文昌航天发射场的第一次发射、也是新一代运载火箭'长征七号'的第一次发射。当晚我非常激动,久久难以入眠,那情那景值得用一辈子去回忆。"

王光义与家人合影

坚守，书写责任担当

王光义说，"我最喜欢的歌是《祖国不会忘记》，我把青春融进祖国的江河，山知道我，江河知道我，那就够了。"

航天事业是万人"一杆枪"的伟业。这其中，既汇聚了千千万万科技工作者的坚守、智慧与辛勤，也饱含着他们每个人背后挚爱亲人无私无悔的奉献。王光义在日记中写道："我的爱人很不容易，孩子出生的时候，领导准了我三天假。这三天里，我的内心无时无刻不是煎熬的，我想陪在她们身边，但是我的岗位又需要我。"纵然万般不舍，但他深知自己肩负的使命和担当的责任。"爱人还没出院我就返回单位，直到孩子满月都没有回去过。女儿满月时，我们还叫她小朋友，因为'爸爸还没时间给你起名字'。"

2013年，调任海南文昌工作后，王光义与家人更是分隔两地。他自责地说："我是一个不称职的丈夫，更是一个不合格的父亲，但我又无比幸运，有一个贤惠明理的爱人支持着我。我的成绩里有她一半。"他感慨妻子不易，又感动妻子的理解和支持。"为不让远在海南的我担心，有一次深夜女儿高烧不止，妻子一个人背着孩子去医院待了好几天，而这一切，在我们每天的通话中她都只字不提，直到孩子出院我才得知此事，当时心里真是充满了歉疚。女儿今年十一岁了，但直到去年'长征七号'首飞发射成功，我才第一次抽空带她出门旅游。"

在文昌发射场，从一栋实验楼到另一栋厂房至少需要驾车五到十分钟，路上想遇到个同事都不容易。爬上近百米的发射塔架最高处，这里可以俯瞰中心的每一寸土地，这里是火箭点火时最耀眼的地方，也是发动机最轰鸣的地方，但这里更是孤寂的，只有丝丝的海风拂过。王光义的工作天天如此。"长征七号""天舟一号"的成功发射，新闻报道、媒体专访关注到了他的工作生活，让他的航天工作走进了大众的视野，但在万众瞩目的背后，更多的是一份默默的坚守，要为这个伟大的时代，坚守这份重要的岗位。

走在海边，王光义颇有感触地说："我们的工作只有两种状态：执行任务状态和准备执行任务状态，有发射任务的时候举国关注，没有任务的时候我们就以大海为伴、以椰林为友。"面向大海，逐梦太空，不为名利，不图史册，山知道他，大海知道他。

文：自动化学院张宏亮、张静文、贺小琴、李曼妮，校友会，党委宣传部王朝阳

2018 年 3 月 12 日

注：本文图片均由校友本人提供。

史晓刚：立足科技创新的潮流引领者

2018年1月9日，全球最大、影响最为广泛的消费类电子技术展——国际消费电子展（CES）在拉斯维加斯召开，来自世界各地的参展商、优秀智能硬件创业者和爱好者齐聚于此。展会上，一款仅重30克、佩戴感极佳的AR（增强现实）眼镜产品，一经展出便"燃爆"现场，得到国内外同行的强烈关注，而它们的研制者——北京枭龙科技有限公司，也荣获本次展会的"2018中美跨界创新奖"。

成立于2015年的枭龙科技，是一家AR领域的中国高科技创业公司，虽然"年龄小"，但却很"资深"，所推出的各项产品都达到世界先进水平。而创建这家公司的掌门人史晓刚，是一位标准的"90后"，2013年毕业于北京理工大学信息与电子学院。

胸怀壮志，带着一份使命去创业

"希望枭龙科技未来可以成为像苹果、微软这样引领时代潮流的科技型企业。"史晓刚说起创业时的梦想，依然觉得自己很敢想。

说起史晓刚的狂热，还要追溯到他在北理工读书的时候。在学校浓厚的学习和创新氛围下，那时的他就成了一个不折不扣的科技狂人。刚入大学，史晓刚就开始利用学校的各种学习资源，提前自学嵌入式软硬件方面的知识，四年大学时光，他倾心投入科技创新项目，还担任了学校科技创新基地的负责人。有时候为了保证创新项目的研发进度，史晓刚甚至吃住在实验室里，勤奋的时光，成为史晓刚大学中最美好的记忆。

奋斗的人生总会收获精彩。史晓刚大二时就凭借自己主导研发的一架可以垂直起降的固定翼无人机,获得了第六届"挑战杯"首都大学生课外学术科技作品竞赛一等奖。毕业时,史晓刚带着科技创新的累累硕果和一身过硬的本领,进入知名企业华为公司,开始从事智能手机硬件的研发。

史晓刚(左二)获第六届"挑战杯"首都大学生课外学术科技作品竞赛一等奖

在华为工作将近两年的时间里,史晓刚学到了很多关于技术、研发流程与人力资源制度方面的知识,带着沉甸甸的收获和一份大学时就志向,史晓刚最终选择了自己创业。

谈到创业方向的选择,还要源于 2012 年美国谷歌公司发布的一款拓展现实眼镜——Google glass,从铺天盖地的报道中,史晓刚领略到了 AR 技术的魅力。尽管当时史晓刚并没有钱去买实物,但他偶然间发现了一张 Google glass 的拆解图,经过仔细的研究后,他发现这款眼镜的主板与手机主板之间就差了一个交互技术,这让史晓刚觉得 AR 技术也没有想象中那么神秘。"有趣且富有挑战性,这是我当时决定要做 AR 的第一原因,况且,人也不能在一个环境里待太久,那样的话意志就会被逐渐地消磨。我希望自己可以做一件事情，小到可以促进这个行业的发展，大到可以为国家的科技、经济做出一定的贡献。"

于是，在2015年的寒冬里，史晓刚从华为离职，开始了自己的创业之路。同年5月，带着改变行业、服务国家的使命感，枭龙科技有限公司正式成立。

枭龙科技

矢志创新，"比第一再高一点"

创业，是一个从0到1的过程，实现从无到有，每个创业者都有着属于自己的心路历程。组建技术团队、寻找资金支持、四处跑资源，压力巨大，创业初期的史晓刚消瘦了一圈，但坚守自己心中的理想，他从来没有叫过苦。史晓刚拿出在北理工从事科技创新研究的那股疯狂劲儿，凭借过硬的技术实力，终于拿到了投资的种子资金，也找到了一群拥有共同价值观和梦想的创业伙伴。

枭龙科技的副总裁徐培培回忆道："2014年冬天，下班以后，史晓刚总会找我和其他几位朋友，聚在一起探讨AR技术。史晓刚住得比我们都远，有一天凌晨风很大，但他仍然坚持先回家里取电路板子，再回来与我们一同进行调试。他的那份痴迷与坚持，深深感染了我们，这也是公司大多人当初决定追随他创业的一个重要因素。"

"史晓刚是典型的摩羯座，对于认定的一件事不达目的誓不罢休，认死理，这种人要再不成功，什么人能成功？晓刚总说，人啊，求上者得中，求中者得下，他的目标永远设得比第一还高一点。"运营总监张威在接受采访时说。

创业初期，史晓刚的想法很简单，就是一门心思研究他痴迷的AR技术，做出跟谷歌一样的AR眼镜。但是，随着研究的深入，研究一款高水平的AR眼镜，并不是那么简单，产品涉及硬件、外观、光学、设计等几大技术领域，所有技术必须全部自主研发，这对当时只有十几个年轻人的创业团队来说，可谓是一项艰巨的挑战。面对技术上的挑战，史晓刚没有退缩，而是与小伙伴们一起潜心技术研发，并将运动领域作为公司市场切入点。2016年，秉持着"要做就做到极致"的理念，史晓刚带领团队，推出了自己的首款产品"Techlens T1"，这是专门为骑行者研发的一款AR智能眼镜。"推出这款产品的时候，团队只有15个人，每个人都能独当一面，几乎是7×12小时在拼命努力。用了不到一年时间，我们就把产品做到了开模程度……"从硬件、驱动到App应用程序，浑身体现十足创造性的"Techlens T1"，一经推出，马上成为业内关注的焦点。

随后，枭龙科技创新的步伐可谓"一发而不可收拾"。2017年，枭龙科技在美国CES展上，发布了"Techlens T2"，这款双目AR智能眼镜拥有双目大视场角显示、OLED微显示屏、手势+语音交互等先进技术，具备"解放双手""虚实融合""信息近眼显示"的特性，开放API接口让这款智能眼镜具备了可扩展功能，可以结合互联网、云计算、AR技术以及行业需求，定制开发专属功能；而那款在2018年国际消费电子展上引人注目的AR智能眼镜产品，便是枭龙科技的"Techlens S1"，不仅重量轻、舒适佩戴，还可广泛应用于安防、巡检、物流等多个领域，实现身份识别、车牌识别、执法记录、远程指挥调度等功能。

发展至今，枭龙科技已经拥有近百人的团队，拥有多项 AR 核心技术及国家专利，成功研发消费级运动 AR 智能眼镜、AR 工业智能眼镜、AR 警务智能眼镜、军用 AR 单兵头盔等重量级产品。同时，公司通过强大的软硬件整合能力，将 AR 技术和传统行业相结合，研发出针对工业、安防、军工等多领域专属解决方案，帮助行业解决长期存在的问题。

一飞冲天，前行路上不忘母校情

在国内，相比于 VR（虚拟现实技术）行业的火热，AR 行业受到的关注还是要略逊一筹，但是始终坚持原始创新的史晓刚带着他的枭龙科技，却在创业市场中一飞冲天，受到各方投资的青睐。

枭龙科技创立仅有短短三年，但已经完成多轮融资，获得京东方、立讯精密、戈壁创投等机构数亿元投资。除此之外，枭龙科技还荣获国家高新技术企业、北京亦庄第三届创新创业大赛一等奖等荣誉。"90 后"创始人史晓刚荣获北京青年五四奖章、中关村"高聚工程"创业领军人才、北京经济技术开发区"新创工程"领军人才、福布斯亚洲杰出人才、中关村 U30 年度人物，当选共青团北京市委委员。

"国内增强现实技术与发达国家相比，确实还有一定的差距，主要体现在：光学显示方案不成熟，缺乏专用的显示屏和处理芯片，应用场景不明确，产品的用户体验不佳等。"但是，对于中国 AR 行业的未来，史晓刚却十分看好。"在可以预见的未来五年，AR 产业将迎来快速爆发，有望颠覆 PC 和智能手机成为下一代个人移动计算平台，其应用将遍及人们的生产和生活，将迎来大智能时代变革。我希望自己能为中国 AR 抓住大变革中的发展机遇贡献一分力量。"

在不断开拓事业的同时，史晓刚心中时常萦绕着一份感恩之情。2016 年，当枭龙科技刚刚获得了京东方集团牵头的 A+轮融资后，企业估值已达数亿人民币，在这个时候，史晓刚决定把一部分企业股权捐赠给母校北京理工大学。"在校期间，我作为科技创新基地负责人，

/ 校友篇 //

史晓刚（右一）荣登福布斯杂志封面

深刻感受到学校对科技创新相关工作的保障力度之大，后来在创业道路上，北理工仍给予我很多帮助，为我提供资源和人脉的支持。"每当回忆母校的支持，史晓刚总是充满感激。

北理工教育基金会理事长杨宾在谈及史晓刚时这样说："北理工这些年来特别重视学生的创新创业的教育，并且给他们提供很多实践的机会，在众多的学生中，史晓刚是我们众多校友中比较优秀和突出的一位青年代表，学校积极地为他提供支持，一方面帮助他尽快成长，另一方面也

股权捐赠签约仪式

希望他尽快做出好的产品,为国家科技创新做出更大贡献。"

史晓刚,这位把虚拟照进现实的"90后"创业者,这位用自己智慧和魄力抒写北理工人"胸怀壮志、明德精工、创新包容、时代担当"优秀品格的校友,正在用自己的行动,展示着新时代科技创新潮流引领者的新作为。

文:党委宣传部王朝阳,学生记者欧洋佳欣、王琛

图:枭龙科技,教育基金会

2018年5月17日

注:部分内容根据北京卫视采访素材整理。

阅读北理

（第二辑）

下（科技篇）

北京理工大学党委宣传部　组织编写
蔺　伟　王　征　韩姗杉　主　编

北京理工大学出版社
BEIJING INSTITUTE OF TECHNOLOGY PRESS

版权专有　侵权必究

图书在版编目（CIP）数据

阅读北理．第二辑．下，科技篇/北京理工大学党委宣传部组织编写；蔺伟，王征，韩姗杉主编．—北京：北京理工大学出版社，2020.9

ISBN 978-7-5682-8673-2

Ⅰ．①阅…　Ⅱ．①北…②蔺…③王…④韩…　Ⅲ．①北京理工大学-概况　Ⅳ．①G649.281

中国版本图书馆 CIP 数据核字（2020）第 169215 号

出版发行 / 北京理工大学出版社有限责任公司
社　　址 / 北京市海淀区中关村南大街 5 号
邮　　编 / 100081
电　　话 / (010) 68914775（总编室）
　　　　　 (010) 82562903（教材售后服务热线）
　　　　　 (010) 68948351（其他图书服务热线）
网　　址 / http：//www.bitpress.com.cn
经　　销 / 全国各地新华书店
印　　刷 / 三河市华骏印务包装有限公司
开　　本 / 710 毫米 × 1000 毫米　1/16
印　　张 / 13.5
字　　数 / 190 千字
版　　次 / 2020 年 9 月第 1 版　2020 年 9 月第 1 次印刷
定　　价 / 169.00 元（全 3 册）

出版人 / 丛　磊
责任编辑 / 申玉琴
文案编辑 / 申玉琴
责任校对 / 周瑞红
责任印制 / 李志强

图书出现印装质量问题，请拨打售后服务热线，本社负责调换

编 委 会

主 审 包丽颖

主 编 蔺 伟　王 征　韩姗杉

副主编 王朝阳　吴 楠　戴晓亚

编 委（按照姓氏笔画排列）

马 瑶　刘晓俏　纪慧文　吴翼飞　辛嘉洋

张雯娟　和霄雯　季伟峰　赵 琳　赵安琪

哈 楠　姜 曼　徐梦姗

前 言
PREFACE

新闻宣传工作是高校宣传思想工作的重要组成部分,是加强高校意识形态阵地建设的重要途径,也是展示高等教育改革发展成就的重要窗口。高校新闻宣传工作对内服务于学校的中心工作,围绕学校的办学理念、人才培养目标定位、校园文化、大学精神等,面向师生宣传党的教育方针和政策,传达学校改革发展的目标、规划、思路和举措,使学校的办学理念成为师生共同的精神文化和价值追求,激发师生凝心聚力、同向同行;对外具有展示、塑造、公关、疏导的功能。对大学校园这所"大课堂"而言,新闻宣传工作是一种无形的课堂和育人渠道的有机延伸,也是促进学生全面发展的有力载体和手段。

在学校党委的坚强领导下,北京理工大学党委宣传部把坚持正确的政治方向放在首位,始终坚持正面宣传、坚持团结稳定鼓劲,紧紧抓住"思想线""舆论线""文化线""育人线"四条工作主线,坚持落实"两个巩固"的根本任务,牢牢掌握新闻舆论的主导权话语权,涵养化育一流大学文化。

"安邦定国,文以载道"。在当今的全媒体时代,高校新闻宣传工作要坚持脚踏实地,贴近师生,把学校形象展示好、把学校故事讲述好、把师生诉求表达好,凝聚师生,汇聚发展正能量。2014年以来,北京理工大学党委宣传部在新闻"采、编、发"联动上下功夫,积极构建舆论引导新格局,组织专业采编力量,整合新闻宣传资源，精心策划报道选题，推出了"阅读北理"深度报道栏目，以"一文+一图"的形式倾情讲述北理工故事，在学校主页最显著位置予以呈现，同时通过学校官方新媒体矩阵、新闻网、校报等多媒体平台同步辐射。这些人物、故事、校园风物犹如满天星斗，闪耀在北理工的各个角落里。在北理工这个博大精深的"实验室"里，采编人员运用手中的笔、桌上的键盘、掌上的照相机，以生动的语言和精美的图片为材料，"烧制"出斑斓华章，"淬炼"出带有深刻"北理工印记"的篇篇故事，为学校新闻宣传插上了网络的翅膀、美文的翅膀、思想的翅膀。

2017年年底，《阅读北理》第一辑出版，受到广泛好评。为延续这一优良的工作传统，党委宣传部对2017年下半年以来"阅读北理"深度报道栏目中的优秀文章进行了挑选编排，推出《阅读北理》第二辑。本书聚焦立德树人根本任务，聚焦人才培养中心工作，聚焦服务国家重大需求，聚焦瞄准世界科技前沿，充分反映了学校在奋力建设中国特色世界一流大学新征程上的新形象。全书涵盖党建思政、人才培养、学科建设、师资队伍、科学研究、国际交流、校园建设、大学文化等多方面内容，分录在"矢志一流""立德树人""岁月风采""人物故事"四个篇章，并将科技类报道单独成册。全书集中展现了北理工人矢志一流的北理工梦想、任重致远的北理工品格、锐意鼎新的北理工创造、潜心育人的北理工故事、可爱可敬的北理工家园。

《阅读北理》，打开她，北理工与你同行。

目 录
CONTENTS

科技成果篇

光刀飞舞微纳间 ·············· 003
你好，星辰大海 ·············· 008
乘"天舟"，北理工生命"小立方"圆满完成空间实验任务，取得
　多项突破 ·············· 016
中美太空合作零的突破　北理工科学载荷登上国际空间站 ········ 024
璀璨星空中的"北理工质量" ·············· 032
北理哪吒（BIT-NAZA） ·············· 039
TEMS："玩转"高端设备的"模仿秀" ·············· 046
把细胞变"积木"，用微纳机器人组装人体器官 ·············· 053
"北理工1号"卫星发射成功 ·············· 060

科研人物篇

王海福：把先进技术书写在祖国尖端武器装备上 ·············· 067
杨军：四两拨千斤的中国"爆破队长" ·············· 076

王涌天团队：在北理工建功立业、幸福成长 …………………………… 082

董宇平团队：我们"在一起"点亮材料之光 ……………………………… 088

林程：23年专注在北理工"造汽车" …………………………………… 095

王越：北理工"大先生" ………………………………………………… 101

虚拟仿真团队："北京8分钟"背后的精彩 …………………………… 108

一代又一代，他们在北理工要做中国最好的雷达！ …………………… 117

周天丰：如燕归来，"北理工，我的梦想之地" ……………………… 125

张加涛：让纳米半导体"1＋1＞2" …………………………………… 134

王国语：在空间法的舞台上，追逐航天强国梦 ………………………… 141

孙逢春：改革开放四十年，我的中国电动汽车梦 ……………………… 149

毛二可：打造中国人自己的"千里眼" ………………………………… 157

周立伟："黑夜之眼"探索者 …………………………………………… 163

孙克宁：让中国"深空之光"璀璨长驻 ………………………………… 173

杨春华：春华秋实，载荷博士成长记 …………………………………… 180

祁载康：国家的需要就是我的选择 ……………………………………… 189

张晓敏：为祖国，在浩瀚宇宙"牧"星 ………………………………… 196

丁刚毅：用仿真技术为国庆盛典打造"科技大脑" …………………… 203

科技成果篇

光刀飞舞微纳间

——北理工超快激光微纳制造研究成果荣获国家自然科学奖二等奖

2017年元旦伊始，在国家科技大会上，北京理工大学"非硅微纳制造"教育部创新团队核心成员的研究成果"超快激光微纳制造机理、方法及新材料制备的基础研究"（完成人：姜澜、曲良体、李欣、王素梅、李晓炜）荣获国家自然科学奖二等奖。

国家科学技术奖励大会

超快激光微纳制造——探究超快激光与材料相互作用机理

超快激光在能量密度和作用时间等方面都可分别趋于极端，因此其制造过程所利用的物理化学效应、作用机理不同于传统制造，如非线性（多光子等）非平衡（电子与晶格间非平衡、电子间非平衡等）的吸收和非热相变（库仑爆炸、静电烧蚀等）。超快激光微纳制造蕴含了制造的前沿基础热点，由于制造要素的极端性，超快激光制造过程的观测、分析和认识都还存在诸多亟待揭示的问题，特别是将这些具有特殊功能的制造原理应用于更多的领域时，必须更深刻地掌握其制造机理和规律。

本次获奖项目是在基金委重大研究计划重点项目、国家重大科技专项课题、国家杰出青年科学基金等项目支持下完成的，侧重于超快激光与材料相互作用建模。

项目建立了"改进双温度方程"，揭示了超快激光加工金属机理。针对十余年未能突破的难题——微纳热传导基石之一的经典双温度方程仅适用于峰值电子温度远低于费米温度的情况（如超快激光低能量加热），不能正确描述高能量密度情况下的超短脉冲与金属相互作用（如超快激光加工），建立了改进双温度方程，成功解决了这一难题，极大地扩展了双温度方程的适用范围。

项目建立了量子等离子体模型，揭示了超快激光加工绝缘体机理。当加工作用时间短到飞秒和尺寸小到纳米时，材料局部瞬时特性变化极为关键，许多经典的理论不再适用，建立了量子等离子体模型，首次能够预测飞秒激光加工形状，并预测了一系列重要反常效应，后被多个国家实验确认。

项目根据理论预测，提出了超快激光微纳制造新方法。新方法可使加工重铸层高度降低约60%，效率提高5~56倍，深径比极限提高30余倍。新方法被选定为某国家重大工程核心构件深孔的加工工艺，设计并加工了新型光纤微传感器及不同维度石墨烯器件，正在市场推广。

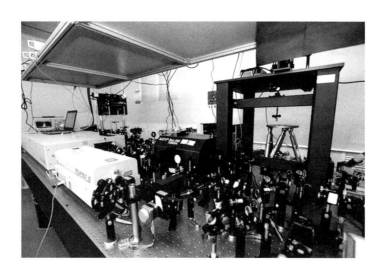

激光微纳制造研究所

突破研究瓶颈——推动机械与其他相关学科的交叉融合

本次获奖的研究项目产生 8 篇最具代表性论文，SCI 他引次数达到 1 011 次，另外 20 篇主要论文的 SCI 他引次数达到 1 641 次，被 45 个国家和地区的学者引用，其中包括 1 位诺贝尔奖得主、27 位各国院士、72 位国际学会会士；包括 Science，Nature Nanotechnology 在内的 19 个影响因子超过 10 的国际主流期刊引用了该项成果；在主流国际学术会议上做主题/特邀报告 55 次，其中 Keynote/Plenary 报告 12 次，反映了项目研究成果得到国际同行的广泛认可。

本项研究成果突破了长期制约国际微纳热传导和超快科技发展的瓶颈理论挑战，解决了核心科学问题，推动了机械与其他相关学科的交叉融合。对本项成果的重要科学意义，不同领域的国际专家都做出积极评价。在材料领域，美国前国家科学院院长 F. Seitz 创立的 UIUC 材料研究室以实验逐一验证了量子等离子体模型主要假设和预测："该现象在本质上与姜和蔡的预测吻合……弹坑形状与姜和蔡的预测十分接近。"在纳米领域，ASME/AAAS/SPIE/ISNM/AIMBE 五会会士、加州大学 S. C. Chen 教授应用该模型成功解释了"飞秒激光辅助纳米加工"的原理:"姜和蔡提出了一个模型,本计算所用模型,除个别解释的地方外,大都从参考文献而来。"在化工领域,日本京都大学 T. Maruyama 教授专门发文验证该模型并拓展其应用:"本文目的是基于已有实验对比,讨论该等离子体模型在其他宽禁带材料中的应用。"在物理领域,丹麦奥尔胡斯大学 P. Balling 教授用半页篇幅评述:"……通过姜等人所提模型,可以计算电子密度和温度随时间、空间的演化规律……预测结果高度一致。"在化学领域,诺贝尔化学奖得主、加州理工学院 A. H. Zewail 教授在论文中评价:"这样的模型对澄清激光诱导熔化和烧蚀具有重要意义。"在电子领域,OSA 会士、多伦多大学 P. R. Herman 教授在论文中将本项目所提方法列为"报道的飞秒激光最好的加工结果之一"。在光学领域,意大利萨尼奥大学 A. Cusano 教授重点评述本项目所提的新型光纤传感器:"目前最高纪录是利用飞秒激光加工双空气孔马赫-曾德尔干涉仪……"在生物领域,美国医学与生物工程院院士 C. M. Li 教授评述本项目的工作:"两个主要的特征峰……表明其具有高品质。"

本次获奖项目的完成人群体是我校"非硅微纳制造"教育部创新团队的核心成员,获奖人群体充分体现了学科交叉融合的研究优势。

团队带头人姜澜教授作为第一完成人,是国家首批科技创新领军人才、长江学者特聘教授、"杰青"、教育部科技委学部委员、"973"项目首席科学家、"863"主题专家、科技部/国家自然科学基金/中科院"十二五""十三五"规划激光制造或高能束制造领域负责人、"增材制造与激光制造"国家重点研发计划总体专家组组长。

而作为第二完成人的曲良体教授是国家科技创新领军人才、长江学者特聘教授、"杰青"、新世纪优秀人才和霍英东基金获得者。

第三完成人李欣教授是教育部新世纪优秀人才,作为项目负责人主持基金委自然科学基金、教育部博士点基金、科技部"863"子课题各 1 项,发表 SCI 论文 30 多篇。第四完成人王素梅老师作为项目负责人主持自然基金 2 项和科技部"863"子课题 1 项,发表 SCI 论文 30

多篇。第五完成人李晓炜老师作为项目负责人主持基金委面上/青年基金各 1 项、教育部博士点基金 1 项,发表 SCI 论文 28 篇。

文:机械与车辆学院,党委宣传部杨晶、王征
图:党委宣传部郭强
2017 年 1 月 10 日

你好,星辰大海

——北京理工大学拓天小记

1958年9月8日下午两点,河北宣化,"点火"令下,伴随轰鸣巨响,代号为"东方–1号"、载荷25千克的二级固体高空探测火箭喷射着长长尾焰,直达天际。在那100公里高空的起点,北京理工大学吹响了飞向宇宙深空的号角:"你好,星辰大海!"

北京工业学院研制中国首枚二级固体高空探测火箭
"东方–1号"发射瞬间

同年,望眼苍茫宇宙,北理工师生豪情满怀地打出"踏破千重山、闯过万道关、立下青云志、造出人造天"的标语,研制出中国首台大型天象仪,将璀璨星空带回地面,并发出了"我们要在宇宙空间占一个位置"的雄音伟志。

/ 科技成果篇 //

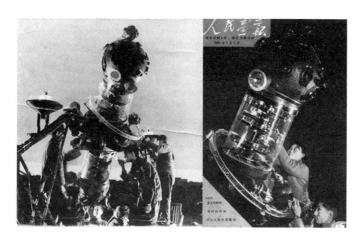

北京工业学院研制大型天象仪,并登上 1959 年首期《人民画报》封面

服务国家,优势学科为国家战略提供坚强支持

1970 年 4 月 24 日,"东方红一号"卫星成功发射,中国叩响航天事业大门。几经风雨,在改革开放时期,终于将载人航天工程起点镌刻在录,航天事业成为中国最重要的国家战略之一。

北京理工大学自 1940 年创校至今,始终将服务国家、复兴民族作为不变的追求和使命。在中国向深空奋进的伟大征程中,又怎能缺少北理工的身影呢?

发挥优势学科作用,服务中国航天事业,北理工做出了重要贡献。

2011 年 11 月 3 日,中国载人航天工程首次空间交会对接,"神舟八号"与"天宫一号"在 217 公里高空精准"一吻",北理工信息与电子学院雷达技术研究所研制的微波雷达信号处理机与微波应答机信号处理机为其提供了有力保障。在这其中发挥核心作用的是多普勒频率——相位差测量技术,北理工将无线电矢量脱靶量测量领域的研究成果成功应用于空间合作目标的高精度相对定位测量新领域,为中国航天事业提供了关键的技术支持。从"神舟八号"开始的交会对接,直至"天舟"三吻"天宫",北理工空间交会对接微波雷达技术已经成为中国航天器交会对接的标配。

　　当一枚枚火箭腾空而起，北理工编织的火焰尾翼是那么绚丽夺目。2016年11月3日，我国研制的起飞规模最大、技术跨度最大、运载能力最大的新一代大型运载火箭——"长征五号"在海南文昌航天发射场成功首飞，标志着我国航天总体技术跻身世界一流行列。在此次火箭发射任务中，北理工宇航学院发射气体动力学课题组用"火中浇水"的大胆创新，圆满完成导流槽研制保障任务，为我国新一代航天发射场建设做出重要贡献，为新一代运载火箭导流槽理论研究和试验验证项目关键技术攻关书写了漂亮的答卷，成为我国火箭发射场导流槽研制最权威的技术团队。

海南文昌发射场发射塔及底部导流槽

　　当火箭冲出地球，离开我们的视线，那双北理工"天眼"便发挥了它重要的作用。由北理工机电学院航天测控实验室研发的箭上可见光图像压缩处理器和箭上红外图像采编压缩处理器，实现了对助推器分离、整流罩分离、发动机温度监测等运载火箭飞行状态视频图像的实时采编、压缩和处理,将一幕幕震撼人心的太空画面记录在案,传回地面,为航天工程提供了最为直观的信息支持。

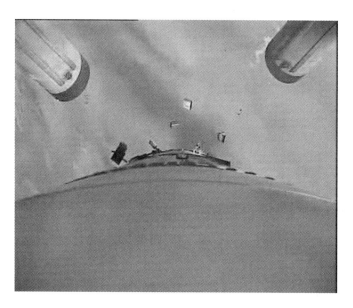

可见光图片压缩处理器和红外图像采编压缩
处理器 – 助推火箭分离后图像

除此之外,学校力学学科在 2012 年就获得了我国航天器力学领域第一个国家自然科学基金重大项目,形成了相关的国家自然科学基金创新研究群体,并汇聚了研究优势。其开展的大型空间结构展开动力学建模与分析、高温环境下热防护结构设计、航天器空间碎片防护技术、火箭储液箱液面晃动分析与测试技术等研究迅速提升了我国新型航天器和未来航天器的结构设计水平,解决了航天工程中若干重要技术难题,在国内外学术界产生了重要影响。

在固体推进领域,学校研制的含能材料 CL – 20,作为我国在研的能量最高的固体推进剂的主氧化剂,直接实现了我国固体火箭推进能力大幅提升,成为对航天动力研究领域的耀眼贡献。

创新发展，搭乘航天之翼发展新兴交叉学科

发挥优势，保障国家战略，北理工使命必达。而参与中国航天工程，也为学校新兴学科的发展、推动学科交叉融合插上了飞天的翅膀。

2011年，北京理工大学宇航学院深空探测技术研究所经过多年的研究，成功为探月工程的第二颗卫星"嫦娥二号"探测器规划轨迹，使之成功飞跃了名为"战神"的图塔蒂斯小行星，从而完成中国对小天体的首次近距离探测，实现我国深空探测领域多个零的突破。由此，"北理工轨迹"成为中国深空探测中的重要品牌，并在浩瀚宇宙中继续书写更为精彩的"中国轨迹"。

然而，壮阔星辰中那一道闪亮的"北理工轨迹"，并非一蹴而就。学校瞄准国家航天发展战略，结合传统优势，将拓天作为学科特色发展战略之一，从而凭借国家飞天之翼，培养出一批极具活力和良好前景的新兴学科，为学校未来发展打下坚实的基础。

生命学院空间生命科学研究，充分利用重大项目对学科交叉融合的牵引带动作用，不断发挥传统学科优势，创新融合，在全新的学科领域中形成特色优势，在国内外获得广泛影响。2011年11月，由北京理工大学作为总体牵头单位设计制造的"微流控芯片基因扩增装置"，伴随"神舟八号"飞船遨游太空，同时实现了北理工实验装置载荷登入太空、中国微流控芯片太空应用技术、中国在空间环境下开展基因实验等三项零的突破，并实现在轨检测。自此，北理工发挥理工融合优势，在空间生命科学研究领域大踏步坚定前行。

2016年6月，伴随"长征七号"大推力运载火箭首飞，北京理工大学聚焦空间环境对微生物生长代谢的科学载荷再次飞天。此项载荷源自国家重大科学仪器设备开发专项，相比于四年半前的自主探索，此时北理工空间生命科学研究已经得到了国家和业界的普遍肯定。2017年4月20日，在发射成功的中国首艘货运飞船"天舟一号"上，北理工载荷再次飞跃太空。这项完全由北理工团队自主研发，高度集

"神舟八号"搭载北理工微流控芯片基因扩增装置

成化、自动化的创新载荷装置将在地面飞控干预下自主完成多细胞多腔室细胞共培养和在轨在线分析检测任务。该装置形成多项原始创新成果,有关专家对于这个代表空间生命科学载荷最新水平的仪器装置的创新性以及研制工作给予了高度认可和评价。科研路上,北理工的空间生命科学研究,真正实现了生命、信息、机械和控制等学科的高度融合。

2016 年 11 月,中国航天员完成了历时 33 天的太空之旅,实现了首次中期在轨驻留。在这项载人航天工程中,一副"北理工眼镜"把地球上已经火热的 VR(虚拟现实)带入太空,开拓中国空间 VR 时代。这套学名为"心理舒缓组件"的空间载荷,由中国航天员科研训练中心与北京理工大学携手研发。生命学院和光电学院组建的科研团队,根据航天员在轨心理舒缓方案,按照航天载荷标准打造出中国首套登陆太空的 VR 设备,为航天员在轨驻留舒缓心理压力,以保障航天科研探索任务的顺利完成。

2016 年 10 月,北理工智能机器人与系统高精尖创新中心历经三年研制的机器人双目视觉精确引导系统,在"天宫二号"与"神舟十一号"对接任务中,为人机协同在轨维修机器人系统提供了精准运动引

北理工研制在轨维修机械臂操作终端系统

导,顺利和准确地完成了各项科学试验。

值得一提的是,当我们聚焦理工学科在航天事业中高歌猛进之际,北理工空间法所聚焦空间法研究,经过多年的勤奋耕耘,在国际舞台频频亮相,成为中国乃至国际空间法研究中一支重要的力量,在北理工逐梦飞天的历程中,成果不断,影响渐成。

在学校整体战略设计和积极推动下,北京理工大学在积极参与中国航天伟大发展战略过程中,理工深度融合,工理管文协调发展,新兴交叉学科在传统学科优势的土壤上,孕育累累硕果。

不忘使命,在浩瀚宇宙拱卫国家安全

发展中国的航天事业,探索未知的宇宙空间,不仅是人类科学发展极其重要的领域,也同样关乎国防安全的重大使命。在未来发展中,占据宇宙空间的有利位置,就能够占据未来几个世纪的战略制高点。而人类航天事业发展的每个关键突破背后,都蕴含着极强的国防力量。航天科技水平是衡量一个国家国防实力和军工水平的重要指标,在强大国家、复兴民族的伟大征程中,决不能落后。

自诞生之日起,北理工便抱有救亡民族、挽救国家的初心;新中国成立以来,北理工始终以强大国家、复兴民族为使命;"延安根、军工魂"始终是北理工的精神文化的内核。在浩瀚星海中,怎能缺少北理工矢志军工的高远志向?

北理工的拓天小记,就如同面对璀璨星空,壮美扑面而来,却又无法一一道来。在中国走向深空的历程中,北理工始终不忘初心、牢记使命,把保卫国家的誓言写在宇宙苍穹,研制了第一部星载空间目标测量雷达、我国第一个光学星上实时处理器等一大批"中国第一",在北斗卫星导航领域,有效开展一系列关键技术攻关……当然,还有许多无法言说的科技成果,正在宇宙深空为捍卫国家利益,在拓天之路上发挥着重要的作用。

"我们要在宇宙空间占一个位置",这既是北理工人在中国航天事业中建功立业的伟大志向,更是要把强大国家、复兴民族的伟大使命书写在宇宙星空的实际行动。

加油,北理航天;你好,星辰大海!

文:宣传部王征、辛嘉洋
2017年4月23日

乘"天舟",北理工生命"小立方"圆满完成空间实验任务,取得多项突破

——"微流控芯片空间多细胞共培养与分析"在轨实验侧记

搭乘"天舟一号"货运飞船的北理工生命"小立方"回传实验图像成功解析

日前,已经在轨运行月余的"天舟一号"货运飞船项目,又传来好消息。跟随"天舟一号"货运飞船搭载的北京理工大学生命科学载荷在5月初顺利完成预定任务,回传全部实验数据后,首个在轨微流控芯片多细胞共培养实验图像成功解析,使得我们能够直接观察到多种细胞在太空共同培养生存的实时图像,与回传的分析测试数据相结合,具有较高的科学研究价值。

北京理工大学研制的微流控芯片空间生物培养与分析载荷,搭乘"天舟一号"在轨期间的主要任务是自动化实施多细胞共培养和分析,这是一次对中国空间生命科学研究意义深远的探索实践。生命"小立方"4月21日凌晨5点按计划启动了第一组实验,其间共进行了两组实验,在飞控干预下实现全程实验过程可控可监测,至5月3日完成全部实验任务,实现了全部实验数据的下行传输,达到了预定的任务目标,圆满完成了飞行搭载任务。

这个由北京理工大学生命学院邓玉林教授团队完全自主创新研制的生命"小立方",创造了"使用微流控芯片开展多细胞在轨长时间共培养""自动化分层调焦、高分辨大视野细胞影像分析""微流控芯

/ 科技成果篇 //

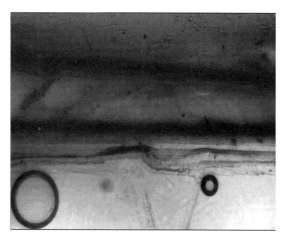

中国首次获得在轨多细胞共培养实时图像

片蛋白质在轨高灵敏分析检测"并且对蛋白质分析达到纳克级,这几项技术达到目前国际空间生命科学载荷的领先水平,也是继2011年"神舟八号"和2016年"长征七号"搭载之后,又一项遨游太空的北理工牵头研制的生命科学载荷。

生命"小立方"

以人为本,聚焦"人在太空"的健康问题

"天舟一号"货运飞船是中国研制的第一艘货运飞船,与"天宫二

号"空间实验室交会对接，实现空间补给，并完成相关空间科学实验等任务，为中国2022年前后建成空间站搭好了桥、铺好了路。而在此次任务中，北理工研制的空间微流控芯片生物培养与分析载荷由"天舟一号"搭载，并开展了为期两周的在轨实验。

作为新中国第一所国防院校的北京理工大学，在空间生命科学领域，始终将服务国家的使命感延伸向太空，始终聚焦于人在太空的生命健康问题，体现了服务载人航天工程和深空探测等国家重大科技工程整体战略的发展思路。

随着中国空间站计划的逐步实施，中国航天员长期在轨飞行将成为常态。面对空间微重力、辐射、噪声和幽闭环境等，关注航天员的生命健康，成为我国载人航天领域中十分迫切的研究课题。经国内外研究表明，长期的太空飞行，会导致航天员产生焦虑、抑郁、失眠及大面积溃疡、免疫力低下等神经和免疫系统问题。另外，神经与免疫系统问题相互作用的机理研究也是当下国际生命科学研究的前沿热点问题。北理工的研究人员立足多年的神经与免疫系统方面的研究积累，经过反复论证，在本次飞行搭载任务设计时将科学问题聚焦于空间环境下的神经与免疫系统相互作用。

"针对复杂空间环境影响下神经和免疫系统相互作用，在这次飞行搭载任务中我们通过精巧设计，让神经细胞、胶质细胞和免疫细胞在微流控细胞培养芯片上进行在轨共培养，并进行自动在线分析。通过观察各种细胞在空间环境下的形态变化和迁移情况，并检测培养基中与细胞相互作用相关的神秘物质，以期了解神经与免疫系统之间的相互作用规律和机制，在研究中还希望获得一系列能够表征航天人员身体健康状况的标志物。当然，通过单次搭载不可能一下子把这些问题都解决，还需要开展更加全面的地面研究，并与地面研究进行对照。空间搭载在整个研究环节中是最重要也是最关键的，这项研究对今后长期在轨飞行的航天员健康保障意义重大。"项目总负责人邓玉林教授这样介绍了项目总体情况。

围绕这一设计思路，北理工生命科学载荷将在空间环境下，同时完成对神经细胞（含胶质细胞）、免疫细胞的在轨共培养，这种培养必须做到神经和免疫细胞"共生不碰面"，而"生长环境"却又要相互联系贯通，这实际上是在一定程度上模拟人体中"脑与外周免疫系统"。研究团队利用先进的微流控芯片实验室技术，通过创新设计成功地实现了多细胞相互作用研究。

而在培养之后实施的在线检测与分析，不仅要检测两种细胞各自变化的不同，还要检测其共同生长环境中的相同，也就是所谓的神秘物质。所获得的第一手数据将是研究空间环境对航天员的健康损伤的宝贵资料，并服务于建立空间环境损伤的预警研究，为长期载人飞行健康保障以及深空生命信息探测提供理论和技术基础。

值得一提的是，这种巧妙的多细胞共培养和检测实验设计，也可以用于开展其他不同细胞的相互作用研究，为空间生命科学研究提供新的、先进的研究工具和平台。

方寸空间，精造微型生命科学实验室

"最先进最复杂的空间生命科学实验载荷"，在年初召开的"天舟一号"搭载项目研制总结评审会上，专家组给予北理工载荷高度评价。载人航天办公室也批准该项目作为"天舟一号"任务飞船系统搭载项目。

对神经细胞和免疫细胞进行共培养，并自动在线开展相应的检测分析，即使是在地面实验室中，实现起来都很困难，且目前也没有集成化的仪器。作为要泛舟太空的科学载荷，面临严苛的航天要求，不仅要严格体积、重量以及功耗，还要在空间飞行的严峻环境下，完全自主实施培养、检测、数据采集和处理传输等任务，可谓难度极大。例如，载荷中两个用于观测的小镜头，就因为"天舟"提供的有限功耗，一再减少并修改。类似这样因搭载条件而带来的技术困难和挑战可谓屡见不鲜。

北理工生命学院在空间生命科学仪器研制方面，早已具有多年的研究积累。本次载荷项目就是来源于学院所承担的 2012 年科技部国家重大科学仪器设备开发专项"空间多指标生物分析仪器开发及应用"的研究成果。

据负责细胞培养技术和设备研制的马宏副研究员介绍："由于对载荷的功耗和荷重都有着严格的控制，这就要求在轨研究的生物试剂和耗材必须尽可能减少用量。同时，团队自主研发设计了自动化的样品制备技术，以保证实验细胞样品能够进行生化分析。除此之外，为了能够有效检测细胞因子和免疫因子作用的分子机制，团队又自主创新了基于胶体金的高灵敏快速检测技术（1ng），在国际上也属于领先水平。"

针对空间生命科学研究的需求，北理工科研人员着实在"方寸之间"下了苦功，使之成为集生物培养、在轨在线分析、数据处理于一体的空间多指标生物分析集成化仪器平台，拥有至少五项原始创新成果。"无论是载荷的集成与自动控制技术、细胞的在线观测、在线监测以及在线分析，还是实时数据传输等各项技术，都是由团队成员通过自主创新完成的。"空间生物与医学工程研究所副所长、生命学院李晓琼副教授在介绍时充满自豪。

北理工的国防品质，就是善于攻坚克难。作为一项可以达到国际先进水平的空间生命科学载荷装置，从提出设想到组建模型，再到工程应用，竟是由一支十余人的团队独立完成各项技术创新和设计。"团队内的每一位成员在最后攻坚阶段都是连续作战的工作模式，吃住基本都在实验室。因为要考虑的地方太多，时间很紧张，我们必须顶下来。载荷最大的特点就是由我们完全自主设计完成，从硬件到软件，复杂度在目前报道的所有空间生命科学载荷里都是首屈一指。"李晓琼如此介绍自己的团队。

邓玉林教授在总结这次飞行搭载任务时表示："这次任务，青年教师和研究生们担当大任，博士生杨春华表现极为突出，受到飞船系统高度好评，博士和硕士研究生韩杰、于世永、李永瑞、陈钰、褚平平、樊云龙、张朋艺、李堃杰、冷坤等各尽其责。我们团队成员在这次任务中锐意进取、刻苦工作,发扬了延安精神和军工精神,大家共同努力才使本次任务在遭遇极大困难的情况下成功完成。我们的研制工作得到了科技部重大科学仪器开发专项的支持,得到了载人航天办公室的指导和支持,得到了航天科技集团宇航部和航天五院载人总体部的大力支持和帮助。此外,还要感谢航天五院513所和哈工程等两个合作单位的精诚合作,感谢学校学院对团队以及项目实施过程中的大力支持。"

科研团体

交叉融合,"我们要在宇宙空间占一个位置!"

1957年,北京工业学院(北京理工大学前身)师生,在"勇攀尖端"的过程中,曾发出"我们要在宇宙空间占一个位置!"的雄音伟志。而一个甲子之后,北理工的生命"小立方"闪耀着学科高度交叉融合的光芒，正在一步一个脚印地迈向宇宙空间的"北理工位置"。

"只有我们几位不同学科方向的老师坐在一起研究这件事，才能完全实现目标，否则是不可能完成的！"马宏最大的感慨就是项目团队的交叉融合。在空间完全自动化实现复杂的生命科学实验，并且还要满足一系列严苛的搭载要求，这不仅要求项目团队具备较高的生命科学研究能力和深厚的学术积累，还要具备极高的研制载荷装置的工程实现能力，更为重要的是两者之间要实现真正的深度交融合作。高度的学科交叉融合使这项超高技术难度载荷实验成为可能，它集中反映了近年来北京理工大学在学科交叉融合方面的工作成果。

近年来，学校大力推动新兴交叉学科的成长，这其中空间生命科学研究及其所在的生物医学工程领域颇具代表性，能够抓住机会，形成学科发展牵引力，充分推动北理工传统优势学科与新兴学科交叉融合，不仅成为国内空间生命科学研究的先行者，还逐步在国际舞台上崭露头角，培育形成学校全新的学科增长点，优势渐成。

据李晓琼介绍，"对于学校而言，完成这样的项目非常不简单，这项空间载荷涉及光、激、电、热、磁、力学等多个学科，团队里的成员包含各个专业"。李晓琼坦言，项目的成功实施，与学校重点培养交叉融合学科是分不开的，"这也验证了生物医学工程学科作为学校多专业交叉融合性学科，经过多年的积淀后，开始出现爆发的集中体现"。

高度的学科交叉融合，让我校在国防科研中硬朗的"型号品质"和工作作风，在新兴学科的拓展上得以传承和发扬。从理论到实践，从方案到产品，再到"不容一次失败"的高标准、严要求，都彰显着北理工肩负国家使命的深刻内涵。

浩瀚天际，广袤无垠，在中国航天事业大发展的背景下，北理工不断前行，"主动瞄准国家重大战略和国防重大战略需求，紧密围绕我国航天事业发展主题，潜心研究，重点攻关，大力推进航天领域科技工作"成为学校的战略发展规划。

"我们要在宇宙空间占一个位置"，正在成为现实。今天，一代代北理工人默默奉献，北京理工大学在"拓天"的道路上踏实前行。我们坚信，广袤星空之中必将留下北理工前进的轨迹，向着更加浩瀚的宇宙飞翔！

文：党宣传部王征、辛嘉洋
2017 年 5 月 21 日

中美太空合作零的突破　北理工科学载荷登上国际空间站

北京时间 2017 年 6 月 4 日凌晨 5 时 7 分，由北京理工大学邓玉林教授团队研制的"空间环境下在 PCR 反应中 DNA 错配规律研究的科学载荷"在美国佛罗里达州肯尼迪空间中心由负责运营国际空间站科学研究平台的 NanoRacks 公司通过 SpaceX 公司"猎鹰 9 号"火箭乘坐龙飞船送往国际空间站。该载荷将在空间辐射及微重力环境下，在轨开展抗体编码基因的突变规律研究。

按照既定计划，龙飞船将于美国时间 6 月 6 日与国际空间站进行对接。本次搭载项目的顺利实施，将是中国空间科学项目首次登入国际空间站，标志着中美空间科学合作实现了零的突破。根据双方协议，美方将把北理工校旗带到国际空间站，未来宇航员将在空间站内展开，这是中国高校校旗首次出现在国际空间站内，意义深远。

本次升空的北理工空间生命科学载荷，是在科技部重大科学仪器开发专项和国防科工局民用航天专项支持下，由北京理工大学生命学院教授、国际宇航科学院院士邓玉林团队自主创新研制的，是继该团队所研制的载荷在 2011 年"神舟八号"搭载、2016 年"长征七号"首飞搭载以及 2017 年"天舟一号"搭载之后的又一次太空之旅。此次北理工载荷将被带入国际空间站美国实验舱，实验数据将传回给北理工研究人员进行后续的科学研究。

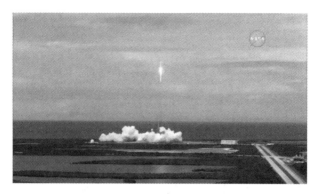

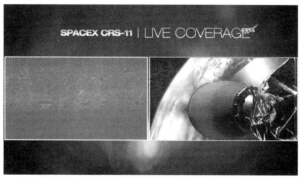

北京时间 2017 年 6 月 4 日凌晨 5 时 7 分
美国 SpaceX 公司龙飞船发射成功

中国首个登上国际空间站的生命科学实验载荷

进入空间站的校旗

"小实验"破冰中美太空"大合作"

能够由美方搭载，并进入国际空间站，除了北理工在空间生命科学研究领域取得的成绩得到国际充分认可外，也得益于我校团队对相关法律的认真研究，并形成突破。2011年，美国国会曾出台"沃尔夫法案"，禁止美国国家航空航天局（NASA）及与其有合同关系的美国航天企业与中国航天领域进行任何接触和合作。该法案成为阻止中美太空合作的壁垒。北理工生命学院邓玉林教授团队带着北理工人特有的敢为天下先创新精神，大胆尝试商业合作模式，在2015年8月与美国 NanoRacks 公司签署协议，并通过各项审查，为国际空间站带去首个中国项目，受到各方广泛关注。

此次搭载是中美两国30年来在空间领域的首次合作，具有破冰之意义。商业合作模式实现了中美空间站领域合作，也为中美太空合作开辟了新的途径，开创了中美空间领域合作的新局面。

/ 科技成果篇 //

太空中的美国"龙"货运飞船

"小小"载荷开展"大量"研究

本次北理工的空间载荷从关注航天员生命健康切入,延展到空间环境影响微(分子)进化的探索。空间飞行过程中,航天员面临多种健康威胁,其中空间辐射和微重力是导致航天员生理功能失调的重要因素。团队负责人邓玉林介绍说:"在'神舟八号'载荷实验的研究中,我们发现在空间环境中DNA变异的一些新现象,从而推断空间环境中的基因突变可能与生物分子进化有着重要的联系。鉴于抗体是人体中较为保守的重要生物学元素,我们提出大胆的创新设想,将抗体编码基因片段作为研究空间环境对分子进化影响的模型,开展了此次空间实验。"

据团队主要成员北京理工大学生命学院副教授李晓琼介绍,此次载荷是采用微型微流控PCR仪,对抗体DNA片段进行在轨飞行状态下的基因扩增,以模拟人类生命的延续与发展,在空间飞行结束后,分析基因突变规律,进而探讨空间辐射及微重力环境下的基因诱变机理。

最终测试和安全性评价前实验团队紧张配液、加样、封胶、测试等

"这是一项基础性生命科学研究，具有重大的科学意义。团队在国际上首次利用空间环境开展'微进化'研究，一方面有助于我们认识空间环境对于生物进化规律的影响，另一方面有助于我们掌握基因突变规律，对其做出相应改变和修饰，以更好地适应环境，对预防和控制疾病有着重要意义，对人类发展具有重要的影响。"团队成员生命学院王睿博士介绍说。

此次空间实验不仅具有理论上的创新，在技术上也做出了多种新的探索。据介绍，团队利用微流控芯片模拟人体发育过程，利用扩增技术模拟细胞中基因复制，实现对生命扩增与发展的动态过程模拟，从而掌握环境对基因扩增的影响；同时，团队突破了在太空变温条件下实现基因扩增的技术难题。"温度过高会给芯片带来巨大的压力，容易产生破裂。2011年'神舟八号'搭载时，我们就攻克了这项难关——用微流控芯片来实现变温PCR扩增技术，在'狭小'的载荷仪器中，开展'大量'的科学研究。"李晓琼说。本次搭载共有两组、12块芯片、60个通道，将对20个基因在空间环境下进行突变规律的研究。"能在体积如此严苛的载荷条件下，实现20种基因的突变规律研究，这一技术在国际上也是领先的。"王睿说。

"我们的招牌产品是人才"

"神舟八号"、"长征七号"、"天舟一号"、国际空间站……每一次搭载都彰显着北理工国防新型交叉学科空间生物与医学工程在仪表、自动控制、信息电子与生命科学、医学的交叉融合方面的特色，展现出雄厚的技术实力，同时也显示了人才培养和团队建设方面取得的可喜成绩。李晓琼、王睿等青年骨干教师和杨春华、任浩、张朋艺、金晨、冷坤、韩杰、樊云龙等优秀研究生和高年级本科生担当大任，张亚玺、柯红梅和周迪在实验技术和后勤保障上给予了极大支持，年届76岁高龄的庄逢源教授不辞劳苦担任顾问参与国际合作。这次任务由十余人的队伍完成，分为科学和载荷两个部分，每个部分都由青年教师和学生构成。邓玉林用"敢想、敢干、敢创新"来形容团队中的师生。他说："无论是科学还是载荷，我们都做到了多项创新，面对空间辐射、复杂机制、规律难以把握、整体实验设计、核心芯片研制等一个又一个难题，我们从老师到博士生，每个人都非常刻苦努力，严格按照时间节点完成，团队开辟了一种有效的模式，'青年教师+学生'，并密切与企业对接，可以说是非常成功的模式范例。这次任务得到了长沙湘计海盾科技有限公司的大力支持。"

团队成员

博士生任浩是做本科毕业设计的时候进入课题组的，在仅仅一年多的时间后，就跟随项目组开始了博士生课题研究。"从前我每天都要做PCR，觉得枯燥乏味，但是老师告诉我们，科研不是每天都要做出新成果，而是在重复中摸索规律，在规律中找出新发现。"任浩坦言自己是跟着项目一起成长。为了完成科研任务，她还与老师一起学习制作微流控芯片。"每天连轴做也只能做十几片，虽然路途艰难，但坚持下来，成就感真的无法言语。"

邓玉林坦言，一项项科研项目的开展不仅仅收获了丰富的科研成果，更锻炼了学生们攻坚克难的科研态度，加强了师生们的国际交往能力，历练了他们的大局意识、全局精神，对于未来独立科研和技术开发提供了难得的机遇。

李晓琼认为，每一次攻坚克难是科研的突破，更是人才的培养。学科交叉大融合，希望有更多的优秀学子加入团队当中，为国家、为生命科学载荷研究做出更大的贡献。他说："我们的产品不仅仅是载荷，我们最招牌的产品是人才。希望通过国际、国内对于北京理工大学空间生命科学的认可，能够为学校的发展、生命科学领域的发展提供更多的成果和更优秀的人才。"

近年来，北京理工大学瞄准世界科技前沿，立足服务国家重大战略，充分发挥自身多年来在国防科技领域研究中积累的工程技术优势，加强生物医学工程学科建设，着力学科深度交叉融合，实现了在空间生命科

学领域的快速发展。在国家重大项目的资助下，在上级和兄弟单位的大力支持下，抓住机会，实现北理工空间生命载荷的多次搭载，为我国深空探测研究做出贡献，在国际空间研究领域形成影响。下一阶段，北理工与欧洲太空局（ESA）在国际空间站的合作已经启动，相信在未来，北理工将在人类探索宇宙空间的伟大征程中，写下属于自己的精彩笔触。

文：党委宣传部辛嘉洋

图：生命学院

2017年6月4日

璀璨星空中的"北理工质量"

——成果丰硕的北京理工大学空间载荷研究

"主动瞄准国家重大战略和国防重大战略需求，紧密围绕我国航天事业发展主题，潜心研究，重点攻关，大力推进航天领域科技工作。"2009年，学校党委在第十三次党代会上首次提出实施"6+1"发展战略，并将"强地、扬信、拓天"作为学科特色发展路径，经过多年的孕育，在这条"拓天"之路上，空间载荷研究硕果累累。

载荷决定平台，载荷促进整星。在空间科技领域中，有效载荷作为航天系统中能直接实现某种特定任务的仪器、设备、人员、试验生物及试件等，是航天器在轨发挥最终航天使命的最重要的一个分系统，决定着飞行器规模、轨道需求、所形成的能力，是空间科技领域的关键核心技术之一。《国家中长期科学和技术发展规划纲要》《国家民用空间基础设施中长期发展规划（2015—2025年）》《中国：至2050年空间科技发展路线图》等都对空间有效载荷等技术给出了规划和需求。

浩瀚天际，广袤无垠，北京理工大学着力在拓天中加强顶层设计和谋篇布局，依托传统优势学科，大力发展新兴交叉学科，注重理工融合，推动空间有效载荷技术的创新与发展，形成了一批高水平的空间有效载荷研究成果，更加可贵的是，这些成果大都经过了实际在轨运行的严苛考验。在璀璨星空中，一份份坚实的"北理工质量"，印证了我校在空间载荷科学研究领域中的研究优势和技术水平。

高起点，用传统优势剑指太空

作为中国共产党创建的第一所理工科大学和新中国第一所国防工

业院校，北京理工大学始终将服务国家、复兴民族作为不变的追求和使命，为国防科技研究做出了大量的贡献，也形成了自身在多领域的研究优势。

在参与中国航天事业中，如何发挥既有优势，推动其参与到空间载荷等领域的研究中，始终是学校战略发展的重点。在正确的战略谋划下，经过多年持之以恒的推动，可以说优势学科已经成为学校空间载荷研究中的骨干力量，成绩显著。

北京时间2016年10月19日凌晨3点31分，"神舟十一号"飞船与"天宫二号"成功实施自动交会对接，标志着北理工研制的交会对接雷达圆满完成任务。从"神舟八号"开始的"天神"对接，直至"天舟"三吻"天宫"，北理工空间交会对接微波雷达发射装置和微波雷达接收装置，已经成为中国航天器交会对接的标配。

为中国航天器太空对接研制的功能性载荷，正是北理工充分发挥在信息科学领域优势而研制的空间载荷。近年来，第一部星载空间目标测量雷达、第一部星载威胁告警雷达、第一颗天基SAR雷达快视图像、第一幅在轨可见光实时处理图像、首个遥感卫星星上实时处理设备、首台和目前唯一在轨的5通道非相干扩频测控应答机等一大批"中国第一"不断在空间载荷领域涌现，充分说明了学校推动优势学科面向空间载荷研究的战略谋划取得了成效。

"北理工多年来形成的科学研究优势，就是要应用于服务国家的重大战略需求。面向航天，在空间载荷研究领域写下新的篇章，不仅有利于新成果探索，还积极拓展了学科的发展空间。"毛二可院士如是说。固守不是优势，发展才是保持优势的关键，抓住空间载荷研究的新领域，不断拓向太空，将通信、雷达、光学等传统优势学科延展到空间载荷研究中，北理工剑指太空。

重基础，理论研究孕育优质载荷

开展空间载荷研究，将先进的技术汇聚成一个个飞入太空的载荷

吴嗣亮教授团队荣获国家技术发明奖一等奖

装置，这其中需要凭借先进的工程技术能力，解决大量的实际问题，克服诸多意想不到的现实困难。但是，空间载荷研究绝不仅仅是"就事论事"的工程应用，要形成高水平、高价值的空间载荷成果，解决航天领域中实际需求和重大问题，必须要注重基础研究和理论研究。

基础愈深，大厦愈高，北理工是这样想的，也是这样做的。在空间载荷研究中，学校始终将解决问题作为研究方向最好的指挥棒，有针对性地加强引导，集中力量对重大工程的关键技术问题进行攻关。

在北京理工大学宇航学院，有这样一项被誉为"天网"的研究项目：从电脑演示图像来看，"别致"的造型，规模不小，一根根连杆形成好似钢架结构的大网，而这张巨大的网，却又能自如屈伸。这张"天网"叫作缩比天线反射器，是由北理工胡海岩院士团队和航天504研究所联合开展的研究。

"天网"项目酝酿之初，学校充分聚焦大型结构在太空展开并长期服役的关键技术问题，发挥学校在力学研究方面的基础研究优势，集

/ 科技成果篇 //

天线反射器地面实验平台（400 m²）

中力量，攻坚克难。学校整体谋划下，依托力学学科，在 2012 年就获得了我国航天器力学领域第一个国家自然科学基金重大项目并形成了相关的国家自然科学基金创新研究群体。在项目的支持下，所开展的大型空间结构展开动力学建模与分析等研究迅速提升了我国新型航天器和未来航天器的结构设计水平，解决了航天工程中若干重要技术难题，在国内外学术界产生了重要影响。

目前，北理工已经研制成功拥有了自主知识产权的大型空间结构展开动力学仿真软件和地面模拟实验系统，为我国大型星载天线设计提供了最为关键的动力学展开数值模拟和地面实验模拟手段，并获批国家自然科学基金重大项目。2015 年 9 月，我国首颗携带 15.6 m 口径环形桁架天线的通信技术试验卫星一号发射入轨，天线成功展开并工作状态良好，成为我国空间结构技术发展的一个新的里程碑。

北理工在发展战略中明确提出"以突出基础研究为重点、高水平科技成果为标志、引领国防科技发展为方向"的科技工作基本思路，通过对基础研究的创新突破，从本质上提升学校的科研实力，带动人才培养，面对空间载荷研究，夯实基础，实现服务国家重大战略和学校发展的双赢。

谋创新，交叉融合拓展宇宙深蓝

开展宇宙的探索，面向充满无限未知的空间，其本质就是一条人类的探索创新之路。着力空间载荷研究，必须坚持创新驱动发展。在近年来的工作实践中，北理工逐渐找到了自己的良性循环模式，即以空间载荷研究为牵引，大力推动学科交叉融合，以新兴交叉学科发展的蓬勃动力，推动空间载荷领域的创新发展。

2017年6月4日，一只来自北京理工大学的绿匣子，搭乘备受瞩目的美国太空探索技术公司的可回收式火箭"猎鹰9号"飞向太空，通过"龙"货运飞船登入国际空间站。这只中国绿匣子的太空之旅可谓不同凡响，不仅成为首个登入国际空间站的中国空间科学项目，还标志着中美空间科学合作实现了零的突破。这个由北京理工大学生命学院邓玉林教授团队独立设计的空间科学载荷，旨在研究空间辐射及微重力环境对抗体编码基因的突变影响。登陆太空，对这个团队而言已经并不陌生，早在2011年起该团队的空间生命科学载荷就搭乘"神舟八号"首飞太空，之后又陆续实现了"长征七号"和"天舟一号"载荷搭载。空间载荷成果的一次次遨游太空，也给了创新研究最好的发展驱动，可以说在世界空间生命科学研究领域中，北理工已经打下了一个坚实支点，正不断向着世界最先进的水平冲击。

北理工空间生命科学载荷能一飞冲天，得益于学校将理工融合发展落在了实处。学科的深度交叉融合，释放出了惊人的创新力，并在空间载荷研究领域得到了充分的释放，这样的成果并不是个例。伴随中国航天员完成了历时33天的太空之旅，中国第一副闯入太空的VR眼镜，也是北理工瞄准空间载荷研究，发挥学科交叉融合创新的例证。

/ 科技成果篇 //

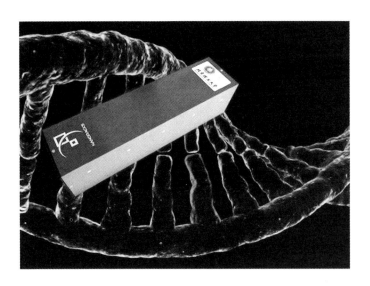

中国首个登上国际空间站的生命科学实验载荷

中国首套登陆太空的 VR（虚拟现实）设备

依托中国航天事业良好的发展前景，学校整体布局，深入推动信息、机械、控制、光电和生命等学科交叉融合，并成为北理工空间载荷研究创新发展的不竭动力。

拓天之路，志上九天揽月，愿赴星辰大海。2017年9月，北理工空间载荷研究院正式成立。这一跨学院、跨学科的科研平台，将进一步统合科研力量，加强空间载荷技术的理论基础和关键技术攻关，聚焦研发具有北理特色的载荷及应用，促进学校空间载荷资源的整合与共同发展，同时通过与国内外"政、产、学、研、用"空间科学技术各领域的合作，进一步提升学校在我国空间科技发展中的研究地位。

并拢五指，聚力于拳。空间载荷研究院的成立必将成为带动我校学科发展，实现服务国家重大战略需求，建设中国特色世界一流理工大学的又一有力之举。

文：党委宣传部韩姗杉

2017年9月5日

北理哪吒（BIT – NAZA）

——记北理工电动并联式轮足机器人

"脚踏'风火轮'，步履矫健，或滑动自如，或迈步前行，驮载四个成年人，不费吹灰之力，上下起伏，始终平稳自如……"这神话般的描写，可不是说神话传说中的哪吒，而是刚刚在全国第15届大学生科技创新"挑战杯"竞赛中获得一等奖的一款我校学生的科技创新项目，名为"北理哪吒（BIT – NAZA）"的轮足机器人。

这款标准名称为"电动并联式轮足机器人"的装置，拥有极强的科技感，四只造型奇特的"腿"，配合着"轮足"，真可谓是"能跑能走"，跨越障碍精确平稳。

电动并联式轮足机器人

"北理哪吒（BIT – NAZA）"的项目最早诞生于2014年12月。数位来自北理工自动化学院运动驱动与控制研究团队的研究生，在一体化高精度电动缸驱动与控制研究的基础上，瞄准科技前沿，经过老师指导，创新性地提出具有六自由度运动平台"倒置为足"方案，之后经过两年的建模、仿真、设计与改进，最终将创新的思想变为一款可实现轮式、足式和轮足复合式运动的电动并联式轮足机器人——"北理哪吒（BIT-NAZA）"。

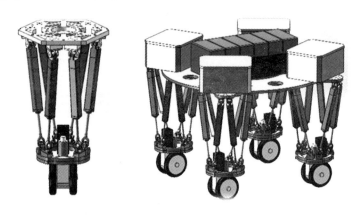

"北理哪吒"仿真模型

"上下颠倒"跳出华丽舞步

当前，移动机器人应用领域的迅猛扩展对其运动性能要求日益提高，要求机器人具有很好的运动速度、稳定性、负载能力和地形适应性，而单纯的足式运动、履带或轮式运动均难以同时满足上述要求。

自动化学院运动驱动与控制研究团队曾在2010年参与国家"863"计划项目——液压四足机器人协同驱动控制研究。课题组的研究生们正是通过对四足机器人的研究，在指导教师的鼓励和指导下，大胆提出了一个"颠覆"性的技术方案，即将通常使用的并联式六自由度平台"上下颠倒"，化"台"为"腿"，并在"腿上"加装轮足机构。这一填补了国内外四足机器人研究空白的方案，极具创新性，堪称北理工首创。

然而，创新从来都不是空中楼阁，之所以能够产生"上下颠倒"

的创新想法，离不开团队在并联式多自由度平台方面多年积累的研究优势。深厚的学术土壤，使同学们的创新种子得以开花结果。

多自由度平台就是一种完全再现物体在空间六个自由度运动的可控机械装置，而这种再现还必须实现高精度、高频响和高稳定性等要求。另外，由于装置中杆件之间还有相互影响，所以研究难度远远大于我们熟悉的机械手臂等串联式平台。而"北理哪吒"的每条单腿都是一个由6根电动缸组成的六自由度平台，不仅要确保每条腿本身的运动协调，还要考虑4条腿一起运动时的控制协调。24根电动缸的"和谐共处"，给项目带来巨大挑战。

"我们需要解决单腿的控制，4条腿的协调控制、减震设计以及环境感知等一系列问题，这样才能真正实现机器人的自主判断及自主控制，这也是为什么我们从提出思路到做出样品中间做了那么长时间仿真模拟的原因，需要考虑的检测量和控制量实在是太多了。"说起设计过程，团队中的刘冬琛同学不无感慨。

除了做好运动协调，在腿上加装轮足装置，又是一个新的技术难点。加装轮足装置，可以让机器人的通过性、灵活度等变得更强，但在走路的时候，却需要有体积足够小、质量足够轻的锁死装置将所有轮子锁死，这是一个不小的难题，经过长时间的精确计算和多次仿真模拟，同学们终于攻克了这个难题。

正是这种创新的倒置设计，再穿上"风火轮"，"北理哪吒"实现了轮式、足式和轮足复合式运动，综合起来能够实现轮式运动、原地转动、变轮距运动、变高度运动等10种"华丽舞步"，不仅能自由"走跑"，还能根据障碍情况，或"劈腿矮身"，或"旋转滑步"，可谓灵活非凡。

威风"哪吒"，功夫出在腿上

"这个机器人最大的特点是在腿上，就像脚踏风火轮的哪吒一样，风风火火，各种困难险阻都能跨越。"说起"哪吒"这一名字的由来，指导教师王军政教授笑称道。谈笑之间，却点明了这款机器人最关键的环节就是出色的运动驱动系统。

"北理哪吒"由运动驱动系统和控制系统、环境感知系统、组合导航系统、能源动力系统等组成。运动驱动系统是"腿脚"，由一组组杆状机构组成，造型酷帅。外行看热闹，内行看门道。殊不知，这一根根杆件正是"北理哪吒"的核心技术——一体化电动缸。机器人实现灵活丰富的运动、大承载力和良好的主动隔振效果，高功率密度一体化电动缸是其中的关键。

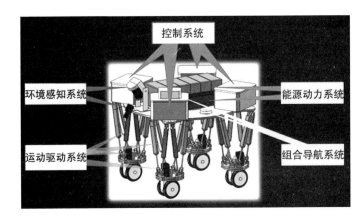

"北理哪吒"机器人基本组成

不同于液压缸和气动缸是依靠液、气的压力作为驱动力，电动缸依靠电机和丝杠等机械装置，将伺服电机的旋转运动转换成直线运动，具有高强度、高速度、高精度定位，运动平稳，低噪声等优势。自动化学院运动驱动与控制研究团队长期以来依托军工研究优势，不仅成为国内最早开展多自由度运动平台的研究力量，并逐渐在一体化电动缸方面形成研究优势，孕育一批重要的研究成果。

在此基础上，团队学生大胆创新，将这个颠覆性方案从设想变作现实：采用新型高功率密度一体化电动缸，将电机轴与丝杠杆结构合一，不仅外形更为紧凑，在驱动能力方面也实现较大提升。

"北理哪吒"，轮式滑行最大速度可达每小时30公里，轮距可在0.5米到1米之间调整，机身高度可在1.2米到1.5米之间调整，最大爬坡角度为25°。四个轮子可独立驱动,顺、逆时针原地可旋转;在遇到障碍物时,可自动调整轮距和底盘高度实现越障。同时,也可通过环境感知系统探测路径,自动实现直线、90度转弯,以及S形弯道等循迹运动。

参加"挑战杯"比赛期间吸引众多观众

足式运动"行走"时,"北理哪吒"的最大速度为每小时4公里,最大步幅0.3米,最大抬腿高度0.2米。由于结构中心对称,机器人能够"纵横"漫步,自由向任何方向直接移动。如果地形复杂,机器人凭借脚上的触觉传感器,还可以在不平地面上漫步行走。

"平坦路面时,采用轮式运动,速度快、能源效率高,而复杂路面时,采用足式运动,环境适应性强、越障能力好。轮足复合运动时,机器人可以实现主动隔震并实时调整,保证水平稳定。""北理哪吒"能自主切换运动模式,适应不同的环境,这样的"腿功"离不开团队在复杂运动控制理论方面的深厚积累。

一碗水能端平的大力士

"北理哪吒"并不是一台"为走而走"的机器,这在同学们策划项目之初,就在老师的指导下,有所考虑。创新方案设计,也赋予了其在承载力和隔震效果方面惊人的潜力。

"北理哪吒",总功率为15千瓦,最大承载力达到300公斤,四个成年人直接乘坐,运动自如,如此负重续航可分别达到足式运动1小时、轮式运动2小时和轮足复合式运动45分钟。从负载重量与功率比来看,表现出色,潜力巨大。

除了出色的负重能力之外,要想成为有效的工作平台,还必须要确保平稳,否则其应用也将大打折扣,但在目前机器人研究中,要实现兼顾通过性、负重能力和隔振性能,可谓挑战巨大。

"北理哪吒"由于使用倒置并联多自由度平台和轮足相结合作为支撑,特别是性能出色的一体化电动缸作为基本驱动装置,充分发挥了其控制准确、精度高的特点,使得动作过程平稳到位。而在最能考验隔振效果的轮足复合运动过程中,对振动可实现快速响应,"瞬间"化解冲击,确保平台的整体平稳。因此,"北理哪吒"是一位能将一碗水端平的大力士,名副其实。

除了以上的"神力"之外,团队还为"北理哪吒"安装了GPS、激光雷达和双目视觉功能的组合导航系统。由于运动方式灵活、能源效率高、地形适应性强和负载能力大等优势,"北理哪吒"应用前景广泛。例如,在军用领域,既可以作为移动式无人武器平台,加装侦察、火力装备等,也可以作为战地后勤保障机器人或步兵班组支援系统,实现在平整道路上的快速突进和复杂地形下的稳定行进,大负载能力,可满足包括步兵班组装备携带等战地后勤需求。而在民用领域,可以在复杂地形下,实施抢险救灾和资源勘探,还可以为残障人士提供服务保障等。

"北理哪吒"并不似神仙腾云驾雾,也没有花哨的三头六臂,原始

/ 科技成果篇 //

运动驱动与控制研究团队

创新的背后,并无太多传奇。北理工学子们脚踏实地创新研究的基础,来自多年服务军工国防中积淀的学科优势,科学严谨、鼓励创新的学术氛围和指导教师的循循善诱。而参与创新项目的同学们,更深深懂得不仅要埋头于实践中扎实钻研,把研究踏实做透,也要抬起头关注前沿,瞄准一流。

文:党委宣传部王征、韩姗杉

图:自动化学院

2017年12月18日

TEMS：“玩转”高端设备的“模仿秀”

——记第 15 届全国"挑战杯"一等奖获奖作品 TEMS

2018 年 6 月 14 日，在 2017 年度工信创新创业特等奖学金颁奖典礼展会上，"透射电子显微镜模拟器"（以下简称 TEMS）作为北京理工大学参展的唯一跨学科团队作品，获得了工业和信息化部部长苗圩的关注和赞赏。苗圩说："使用高端、精密的仪器培训学生非常关键，学科交叉对于科研非常重要。"

北理工李斌斌同学为工业和信息化部部长苗圩讲解 TEMS

这款极具创造性的教辅仪器由岳峻逸、姜威宇、李斌斌、张思蒙等 8 位学生组成的团队研制而成，材料学院苏铁健与谭成文担任指导教师。TEMS 能够有效模拟透射电子显微镜成像原理及功能，实现对高

/ 科技成果篇 //

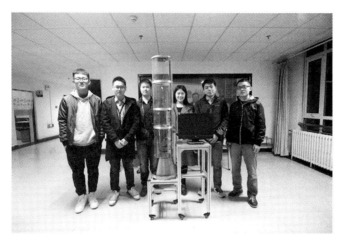

第十五届"挑战杯"全国大学生课外学术科技作品竞赛
"TEMS"参赛队员合影

端科研设备原理讲授、学习使用的便利化,为更广泛地开展透射电子显微镜理论学习和上机实训需求创造了条件。这款教辅工具填补了对透射电子显微镜操作流程可视化展示的国内空白。凭借出色的创新设计,2017年11月,TEMS荣获第十五届"挑战杯"全国大学生课外学术科技作品竞赛一等奖。

从 TEM 到 TEMS,"一样也不一样"的"模仿秀"

伴随着科学技术的发展,探索物质的微观世界,成为当今世界前沿科技的研究热点。但这离不开各种先进性观察设备,而透射电子显微镜(TEM)就是目前最为常见的一种高水平观察设备,广泛应用于生物、化学和材料等科学领域。TEM虽然常用,但复杂的操作和昂贵的价格,让它并不"亲民"。如何让大学生便利地学习掌握TEM一直让从事相关研究的苏铁健耿耿于怀。

创新的灵感总是在长期思考中爆发。苏铁健的这件心事,也成为学生们一项思考的命题。某日,岳峻逸等几位同学看到苏老师在课堂上用手中的激光笔照射光栅时,很多亮点在墙上形成阵列,青年人的创造性在此刻迸发。"我们觉得这种现象与 TEM 的电子衍射非常相像，于是马上将这一灵感记录下来。"岳峻逸回忆说。

而面对学生的"灵光一现"，老师们没有丝毫懈怠。"学生的创新思维，有时候不可小觑。"长期从事科研工作和指导学生的丰富经验，让苏铁健和谭成文两位老师敏锐地意识到，学生的想法大有可为。他们随即与岳峻逸等学生一起深入探讨。伴随着思路的逐渐打开，师生们一拍即合，不久一份由学生们执笔完成的 TEM 模拟器的设计方案就形成了。

从一纸方案到一方实物，还需要一番心路历程。两位老师与学生们经过精心构思和反复推敲设计，不断解决研制中的问题，终于用了 2 年时间，制作出这款造价仅有 5 万元左右的 TEMS。

TEMS 的外貌设计图

"真正的 TEM 在工作时，由于发射的是电子束，相当于射线，所以其光路是不可见的，操作是'暗箱'的。但将 TEMS 作为教学仪器时，运用激光，你就可以对其工作原理一目了然，这让我们能够更好地理解 TEM 的抽象概念和工作原理。"岳峻逸边说边演示，"你看，激光束模拟的是电子束，而我们放置的光栅就是在模拟被检测的材料样品，光栅的条文疏密还有方向相当于材料样品的微观结构，激光照射后，光发生偏转，然后用透镜把光汇聚到成像平面上，我们就得到了一列列周期排列的亮点。通过测量亮点的间距，就可以算出光栅的结构数据，这一过程和电子束检测材料样品过程和原理是一致的。"

正是通过这样巧妙的模拟，这款 TEMS 不仅一览无余地展示了 TEM 的工作原理，还依托控制系统、图像采集与处理系统的创新设计，开发出能精准控制设备运行、直观输出结果的计算机程序，建构了友好的人机交互界面。

另外，TEMS 作为高水平的"模仿者"，努力向"本尊"看齐，经过实验效果测试，TEMS 完全能够生成 TEM 在不同模式下的各种演示效果，还能呈现图像模式与衍射模式的转换关系。当然，作为一款教学仪器，TEMS 在分析精度方面稍显逊色。"显微镜分辨率跟波长有关，激光束光源的波长是 0.5 微米，而电子可以达到原子级别，也就是说 TEM 可以看到纳米尺度的材料结构细节，但 TEMS 只能展现到微米级细节，'本尊'毕竟是'本尊'嘛！"计算机学院李斌斌介绍说。

从 TEM 到 TEMS，让更多的学生"玩转"高端设备

材料的微观结构决定了材料的各种宏观性能，如强度、韧性、塑性等，而我们的肉眼只能看到材料的外在表象特征，若想探究其内部的微观结构，当前最为通行的手段，就是使用透射电子显微镜等显微分析仪器。

"TEM 的工作原理涉及量子力学、物理光学等看不见摸不着的并且十分抽象的现代物理理论，初学者如果没有经过大量的实践训练，是很难深入理解 TEM 的理论和熟练掌握其操作技能的。"苏铁健介绍说，"我在法国留学时，就常对着厚厚的一本 TEM 使用说明书操作仪器，直到现在我做实验时，仍有很多不懂的地方需要翻书。"

除了操作难度大外，透射电子显微镜还是一款体积庞大、价格不菲的大设备，每台 500 多万元的价格，也使得它并不能大量采购和普遍装备。"科研上都用不过来，教学使用更是排不上、用不起。北理工目前拥有的 TEM，工作量十分饱满，使用需要提前预约，而且为了保障设备运行和实验结果，大多数情况下老师会亲自操作或者现场指导。因此，学生们针对 TEM 开展学习实践的机会就非常有限。"谭成文对此深有体会。

"使用可见的 532 纳米激光束代替了 TEM 中不可见的高能电子束，以傅里叶光学玻璃透镜代替电磁透镜控制光路、以光栅样品代替薄膜晶体样品建构 TEMS 的光学系统……"这款创新研制的 TEMS 设备，凭借创新的原理、完备的功能和"低端"的价格，目前已经在昆明理

TEMS 的可视化光路

工大学、华北理工大学、中南大学和我校的相关专业课程中使用,同时,还在海淀区中学生科学实践活动中得到应用,受到师生们的一致好评,取得良好的教学效果,实现了让更多的学生和初学者可以"玩转"TEM 这样的高端设备。

从 TEM 到 TEMS,为教学仪器领域创新写下精彩一笔

"我们的作品不仅专家评价高,更关键的是受到在场高校同行老师和学生的高度关注与评价,市民开放日当天,吸引了记者、中小学生、广大市民的关注,结束时仍然有很多观众与我们进行交流,我们用自身行动践行了'大众创业、万众创新'!"姜威宇回忆起"挑战杯"竞赛场景时说。

"该作品是一个涵盖材料、光电及软件等学科的系统工程,由不同专业本科生合作完成,开发的软件能够直接对结果进行处理,使设备原理更为清晰可视。该作品对相关学科的高校本科教学很重要,有很大的发展空间和前景。该设备成本低,可以推向国际市场,特别是科研经费不足的发展中国家,作品产业化可操作性强;建议申报国家教

/ 科技成果篇 //

苏铁健老师在全国"挑战杯"现场给参观的小学生讲解 TEMS

学成果奖,用高端教学仪器开发带动教学改革。"这是在获评 2017 年全国"挑战杯"一等奖评选过程中,评审专家们的一段评语。

"教学实验仪器设计得当,会对学生培养和科学研究起到事半功倍的作用,但是目前国内的大学课堂对教学实验仪器的使用重视不够,当然这也和这类仪器设备的设计构思具有一定难度有关系,不仅要熟知所模拟对象,还要抽象出基本原理,还要去寻找实现的技术手段,考虑展示效果和成本,可谓是难上加难。在我看来,教学仪器的研制,是教学改革中的重要组成部分。"苏铁健向我们阐释了他对于教学仪器的理解。

TEMS 是为 TEM 而专门设计的一种教学培训和科普展示仪器,目的是帮助初学者通过 TEMS 的操作快速认识和掌握 TEM。与 TEM 相比,其价格和维护成本低、易于维护、使用简单、生成的现象直观,降低了各高校在开展 TEM 教学时的设备门槛,适用于高等院校电子显微分析类课程的学生实践训练,以及实验室人员培训等,也适合面向中小学生开展科普教育。在评委及高校老师们的眼中,学生创新的火花很可能带来一场不小的教学改革。

"让更多的学生受益，就是这个科技创新的主要目的。能为师生的教学科研提供些许帮助，让学生们学有所获，是我们最大的自豪和成就！"

文：党委宣传部 王朝阳

图：材料学院

2018 年 7 月 20 日

把细胞变"积木",用微纳机器人组装人体器官

——北理工福田敏男教授运用微纳操作机器人实现人体微组织重构专题报道

说起乐高积木,大概很多人都有知道,这款世界经典的玩具,利用许许多多的积木单元可以组装出各种各样的造型。

可你是否想过,人体是否也能用"积木"组装复制呢?把一个个最基本的细胞单元变作"积木",组装起来去复制人类的组织和器官。现在这项技术已经不是天方夜谭,而是真实发生在北京理工大学的校园中,而开辟这个领域研究的正是 IEEE 第十领域(系统与控制)主席、中国科学院外籍院士、北京理工大学教授福田敏男,他带领着自己的微纳机器人们,在造福人类健康的道路上成绩斐然,并不断探索前行。

科学理想从"抓住水滴世界中的微生物"起步

1984 年的某日午后,还是一位青年学者的福田敏男在河中划船,发现水中有一些活动的微小生物,出于好奇,他将河水带回了实验室,用显微镜仔细观察,小水滴中竟然有如此多的微生物!福田敏男不由自主地想用手去抓住它们,然而如此微小的生物,手根本不可能抓得住。从此,在好奇心的驱使下,福田敏男一直在思索如何抓住如此微小的生物,这也成为启发他从事微纳操作机器人研究的灵感来源。

从 1984 年起,福田敏男针对显微镜下操作微生物开展了大量的理论研究,并逐渐形成了自己长远的研究规划,即参照在显微镜下操纵

微生物的模式，构建操作细胞的工作方式，进而挑选优质细胞，并将其作为原材料搭建成人工的组织和器官，让人体组织器官的复制，如同显微尺度下的房屋搭建，并最终建立工业生产线，规模化地生产人工组织器官。带着这个梦想，福田敏男开辟了面向人体器官再造的微纳机器人生物医学操作研究新领域。

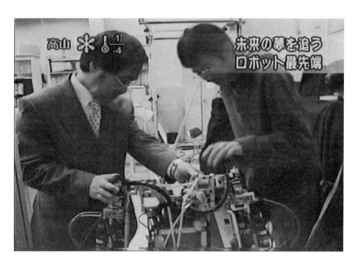

早期，福田敏男教授与同事共同研发压电陶瓷驱动器技术，为制造高集成度的微纳操作机器人做技术储备

科学的理想，离不开现实的基础。福田敏男的计划必须要依托微纳米级的先进设备来实现，不仅要"看"到微纳尺度，还要能在微纳尺度上"做"，挑战不小。要实现"看"，高精度的电子显微镜自然是首选，传统光学显微镜只能看到一根头发直径大小，电子显微镜则能看到头发直径的十万分之一，但是要观察只有头发直径十分之一尺寸的普通人体细胞，还要实现对单个细胞的操作，甚至是局部进行切割、注射，电子显微镜不可或缺。而实现"做"的能力，则要将微纳操作系统安装到电子显微镜中，但在20世纪末，电子显微镜作为高端设备，价格昂贵，数量不多，这是没有人敢想敢做的事情，更谈不上开发纳米级别的手术刀、钳子、注射针等能够在微纳尺度下对细胞做手术的装置。虽然面对许多困难与挑战，但是福田敏男并未放弃自己的

梦想，一直在研究蓄力。

"凿开"昂贵的SEM，把机器人装进显微镜

时光来到 2000 年，随着机器人技术、精密制造、控制科学的快速发展，福田敏男实现梦想的技术条件逐渐成熟。2002 年，福田敏男顶住压力，大胆对昂贵的扫描电子显微镜（SEM）实施大型改造。他首先将基于压电陶瓷驱动的高精密驱动器制造成集成度极高的操作机器人，同时使用先进的等离子刻蚀技术制备纳米级别的末端执行器，也就是纳米手术刀、纳米钳子等，然后将这两个部分整合为微纳操作机器人，最后"凿开"SEM 高真空密封的腔室，将机器人系统装入其中，成功实现了微纳尺度下"看"与"做"的完美结合。

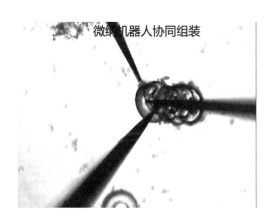

光学显微镜下，对微血管的协同组装过程

由此，福田敏男首创了环境扫描电子显微镜（ESEM）下生物目标的机器人化操作系统与方法，从而结束了人类对单细胞等微纳尺度活体目标只能看得到却摸不到的状态。基于该系统，福田教授相继提出了基于"纳米压痕"操作理论的活体细胞切割、参数提取和筛选的方法，这也成为世界上首个电子显微镜下生物细胞的机器人化操作理论体系。该研究受到世界各国的高度关注。在美国桑迪亚国家实验室向

美国能源部呈送的纳米机器人研究年鉴中，不仅大篇幅报道了福田敏男的研究，还称其为"在纳米操作机器人中全世界最具代表性的研究者"。福田敏男的研究也被各国媒体多次报道为"世界上最小的手术刀"。

在北理工，他用机器人组装人体微血管

实现检测挑选单细胞，仅仅是福田敏男科学梦想的开端，而如何用挑选出来的优质细胞按照人体组织器官的构成规律进行三维拼装，从而以人为干预的形式构建人工组织与器官，最终应用于人体组织替换，这一造福人类的壮举才是他的终极追求，这条科研之路不仅漫长且充满挑战。

21世纪的第二个十年，带着对科学梦想的执着追求，福田敏男来到了中国，来到了北京理工大学。面向世界一流大学建设，北理工长期关注世界科技前沿，对福田敏男的研究给予充分肯定，对他的梦想充满信心。北理工用诚意和尊重，诚邀福田敏男到中国继续完成研究工作。经过深思熟虑，北理工的办学特色和实力以及求贤若渴的诚意打动了他。2013年6月，福田敏男作为全职教授入职北京理工大学。

引进人才，是为了让人才能够在北理工的沃土上实现梦想、结出硕果。为了帮助福田敏男迅速将科研工作开展起来，北理工整合办学资源，克服困难，在人员、场地、设备和经费等方面为福田敏男提供了有力保障。在科研场地紧张的情况下，学校迅速为福田敏男配备了150平方米的实验用房，并为实验室建设提供了500万元的启动经费。之后，学校还为福田敏男团队的5名博士生赴海外世界一流大学交流学习一年提供支持。种种有力举措，在短时间内，帮助福田敏男在北理工组建起一支高水平、具有国际化视野的科研团队，福田敏男"细胞组装、再造器官"的梦想在北理工落地生根。

就像使用乐高积木建房子，首先需要的是有一块块可以用来组装的积木单元。因此，组装组织器官的第一步也需要将筛选获得的细胞

封装成微型的"细胞积木",俗称细胞支架。对于单个细胞来说,支架就是包裹承载细胞的基础,可以调节局部生物化学、生物力学和质量输运微环境,以促进细胞活力和功能。而在更大尺度上,要想组装出厘米规模的活性组织,甚至是完整的人体器官,必须通过对支架进行几何装配来实现,而支架不仅可以使得细胞效仿天然组织结构进行组装,还将服务细胞以最优的组织形式进行大量的增殖,是体外器官再造的关键基础。

细胞组装的道理虽然不难理解,但是力的变化却让微观与宏观呈现出两个截然不同的世界。重力在微观世界将失去效能,而各种微观力,比如范德华力、静电力和黏附力等却登台亮相,这就使得在宏观世界看起来非常简单的抓举、释放、排列等动作,在对细胞支架进行微纳尺度操作时,变得非常困难。因此,如何在微观液体环境中实现对微小细胞的灵巧操作,是微纳尺度机器人操作与组织医学工程领域面临的共同挑战。

福田敏男到北理工任职后,搭建的首台基于宏微混合驱动与高速显微视觉的微纳机器人协同操作系统

为攻克这一难题,福田敏男在北理工提出了微纳操作机器人在人体微组织重构中的应用理论,以细胞化微装配体为组装单元,通过跨尺度多机器人的协同微组装,实现功能化人体组织与器官的体外仿制,并搭建了一套基于宏微混合驱动与高速显微视觉的微纳机器人协同操作系统，通过跨尺度运动与组装策略数据库集成，实现了二维细胞微装配单元的自动操作与高效三维组装，操作精度高达 30 纳米。凭借这一先进的系统，该团队在世界上首次实现了基于微纳机器人生物操作的 200 微米直径人工微血管的体外构建。福田敏男为面向生物医疗与极端制造的先进机器人技术和再生医疗精密人工器官构建提供了全新方法，其研发的机器人系统也作为我国先进医疗诊治机器人的代表被中央电视台等媒体予以报道，团队先后在 IEEE Trans. 系列汇刊、ACS Applied Materials & Interfaces 等国际知名期刊发表 SCI 论文 22 篇，在 IEEE ICRA 等机器人领域著名国际会议中获优秀论文/提名奖 7 项。福田敏男因为在北理工开展的卓越工作，获得了 2014 年中国政府友谊奖，并于 2017 年当选中国科学院外籍院士。

实现组织再造，科学梦还在延续

延长人类寿命，让人永葆青春，是人类的终极梦想之一，这也是福田敏男的科学梦。在他的计划中，完成对细胞的分离和筛选后，就要去实现用机器人生物制造方法组装人体组织。

然而，人体组织的组装在原理上看似简单，但在实践中可是困难重重，充满许许多多未知的挑战，其中人体组织生长过程中的营养吸收就是一道难关。真实的人体组织中遍布了不同尺寸的血管网络，微血管作为人体组织的基本单元，是为细胞输送营养物质的唯一通道。但是受分子扩散原理的约束，细胞仅能从其周围 200 微米范围内吸收营养物质，因此，人体的微血管网络间距及血管直径大多在这个尺度。目前，因为无法制备供给营养的微血管网络，所以在人体组织器官的重构领域，简单的二维层状人工皮肤组织和非活性的人工骨骼替代材料的研发较为多见。

人工微血管是构建复杂三维人工组织，并使其具有生物功能的必要条件，福田敏男突破了对微血管的机器人化构建，这为他继续研究

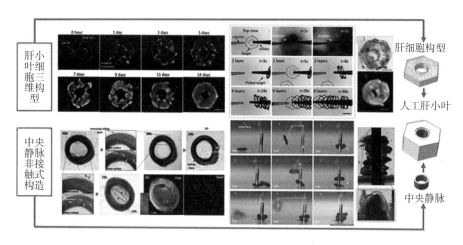

通过微纳机器人技术实现包括肝小叶等具有特定生物功能的
人工组织制造的研究方法

包括肌腱、神经等更为复杂的人体组织重构奠定了坚实的基础。目前,福田敏男在北理工的研究已经逐步延伸到对神经组织、肝组织等具有特殊生物功能的人工组织的机器人化构建中。在不久的将来,功能化人工组织的构建如果得以实现,并能从医学、生物学角度对其进行量化评估,那么人体器官的再生将近在咫尺。

鉴于福田敏男在机器人、纳米技术、生物医学工程融合领域的突出成就,他已于2015年当选为国际电气与电子工程师协会IEEE第十领域(系统与控制)主席。IEEE是全球最大的非营利专业技术学会和全球最具影响力的国际学术组织之一,当选其分领域的主席,意味着被学术科技界认定为世界范围内该领域最具权威的科学家。值得一提的是,福田敏男这位北理工教授也是下一届IEEE总主席(IEEE President)最热门人选之一。

文:机电学院王化平,党委宣传部吴楠、王征

图:机电学院

2018年9月22日

"北理工1号"卫星发射成功

2019年7月25日13:00,"北理工1号"卫星搭乘星际荣耀公司的"双曲线一号"火箭在中国酒泉卫星发射中心成功发射,进入距地面300千米的地球轨道,一个半小时后,卫星成功传回信号,标志着由北京理工大学研制的第一颗卫星发射成功,在浩瀚宇宙中自此有了一颗来自北理工的科学之星。

"北理工1号"卫星发射

"北理工1号"卫星,代号为BP-1B,是由北京理工大学作为总体研制单位,与兰州空间技术物理研究所联合研制。作为北理工新技术验证系列卫星的第一颗,该卫星直径为500 mm,质量为3 kg,发射轨道高度300 km,倾角为42.7°(与载人飞船轨道倾角一致)。

作为一颗科学技术验证微型卫星,在稀薄大气作用下,这颗卫星的轨道寿命约为7~10天。在本次发射任务中,"北理工1号"卫星将

"北理工1号"卫星

北京理工大学校长张军院士、副校长龙腾
在北京飞控指挥中心观看卫星发射

完成两项具有创新性的科研验证任务——帆球技术和新型空间电台技术。

值得一提的是,这是国内第一次在太空发射任务中使用和验证空间帆球技术。帆球技术及基于帆球的柔性轻型航天器技术,是将柔性材质的航天材料以折叠方式存放于卫星舱内,当卫星正常入轨之后,释放柔性材料并展开膨胀成为球状,球状结构的体积大于卫星数倍,如同为卫星展开一面风帆。

展开帆球的"北理工1号"在轨飞行效果图

在空间中展开的帆球，可以作为卫星的太阳能电池板，未来也可以作为卫星通信的大型天线。相较于传统卫星的太阳能电池板和天线，帆球技术具有质量轻、体积小的优势，也将有效减轻航天器电池阵质量，是未来卫星技术的发展趋势。

帆球概念由长期开展深空探测研究的北京理工大学首先提出，并进行了大量设计和分析工作，同时积极探索与其他柔性技术的结合设计，与航天五院510所联合研制。北理工及其合作伙伴目前已经在柔性薄膜球体展开技术、柔性电池片技术、柔性电缆技术等帆球技术和空间应用领域取得突破，这些都将在本次发射任务中进行验证。未来，帆球技术将直接服务于小天体探测等深空探测任务。

除此之外，在本次发射任务中，"北理工1号"卫星还将验证帆球镀铝表面和非镀铝表面的太阳光压反射特性，以用于低轨空间碎片减缓研究和大气密度模型反演等。国家天文台和北京天文馆作为项目合作单位，将开展空间碎片减缓研究和天文摄星活动。

"北理工1号"卫星上搭载的新型空间电台也将向全世界业余无线电爱好者提供卫星信标和通联平台，无线电频率为UV频段，上行145 MHz，下行435 MHz，北理工等高校大学生将参与发射后的无线电通信实践。

在"北理工1号"卫星研制和发射成功的背后,离不开一支常年在我国深空探测领域深耕的优秀团队,这就是北京理工大学深空探测技术研究所。该研究所于2009年成立,是北理工面向深空探测领域的研究机构,建设有工信部深空自主导航与控制重点实验室。主要研究方向有深空探测自主任务规划技术、深空探测自主导航与控制技术、深空探测轨道设计与优化技术、深空探测分布式仿真与演示验证技术。

深空探测技术研究所

北京理工大学深空探测技术研究所参与了我国月球、火星及小行星探测等重大深空探测工程,承担国家"973"、"863"、国家自然科学基金、民用航天预研和国防基础科研等课题,并负责组织国际宇航科学院(IAA)"小天体防御策略与可行性分析"国际合作项目的研究工作。

在学校面向"双一流"建设的背景下,研究所也处于快速发展时期,已获得国家科技进步二等奖1项以及多项省部级奖项,拥有工信部深空自主导航与控制重点实验室、小行星探测技术联合实验室、小天体探测与防御实验室。在小卫星自主管理技术成功在轨飞行试验的基础上,正在积极推进首个小卫星搭载探测小行星任务。

在喜迎70周年国庆和80周年校庆的背景下,北京理工大学第一颗卫星"北理工1号"的成功发射,是在学校"双一流"建设的大背景下,坚持"强地、扬信、拓天"的学科特色发展路径,取得的重要科技成果。它充分体现了北理工师生传承红色基因，坚持服务国家重大战略需求，瞄准世界科技前沿，攻坚克难、团结协作、精益求精、勇攀高峰的卓越精神。

文：党委宣传部王征

图：宇航学院

2019年7月25日

科研人物篇

王海福：把先进技术书写在祖国尖端武器装备上

2017年1月9日，中共中央、国务院在人民大会堂隆重举行2016年度国家科学技术奖励大会，对一批贡献卓著的科技成果进行表彰。在国家最高科技的领奖台上，有这样一项低调而隐秘的技术发明成果，书写了从"奇思妙想"到引领武器终端毁伤技术变革的不凡故事。

获奖团队

这个不凡故事的主人公，就是北京理工大学机电学院王海福教授，2016年度国家技术发明奖二等奖项目"活性毁伤材料"的第一完成人。

王海福，男，教授，博士生导师。1989年毕业于北京理工大学火工与烟火技术专业，1992年取得兵器安全技术学科硕士学位，1996年获得兵器科学与技术弹药战斗部工程学科博士学位。现任北京理工大学机电学院毁伤与弹药工程系主任、爆炸科学与技术国家重点实验室毁伤理论及应用研究部主任。他和他的团队凭借在活性毁伤材料技术方面的研究成果，荣获 2016 年度国家技术发明奖二等奖。

王海福

威力是武器终端毁伤目标之本，也是武器价值的核心体现。提高武器威力，使其具备命中即摧毁目标的能力，既是武器研发不懈追求的目标，更是弹药工程领域公认的重大瓶颈性难题。

"我们发明一种既能穿又能爆的新型爆炸材料，先击穿目标防护层，进入目标内，再发生爆炸，利用材料独特的动能与冲击引发爆炸两种毁伤机理的时序联合作用优势，实现毁伤材料的后效毁伤能力和武器摧毁目标威力的大幅度提升。"王海福介绍说。项目解决了公认的重大瓶颈性技术难题，颠覆了现有武器常规战斗部的传统技术理念，打开了全新的核心技术通道，引领终端毁伤技术发展，推动武器升级换代，被国内外誉为毁伤与弹药工程技术领域的一场变革。

从"奇思妙想"到创新成就要走过积累与坚韧

当赞誉簇拥而来，特别是当这项国防科技成果的应用使武器威力获得大幅提升之际，又有多少人知道，这项具有完全自主知识产权的北理工国防科技成果，从奇思妙想般的技术概念的提出，到关键技术的突破，再到推广应用于各军兵种武器平台，凝聚了王海福教授及其研究团队跨越近三个"五年计划"的艰辛探索研究、技术创新和攻关。

早在20世纪90年代中期，作为北理工弹药战斗部工程学科自己培养的博士中第一个留校工作的青年教师，王海福在导师的支持下，开始探索高效毁伤技术的创新思路。他广泛查阅国内外有关毁伤与弹药工程方面的文献和最新研究动态，希望能从中找到"蛛丝马迹"，探索新突破。

经过几年的分析和梳理，他敏锐地洞察到了活性毁伤材料这一创新研究方向。探索无有坦途，面对"超越十年"的纯概念，王海福既要不断明晰概念，还要摸索研究的基础条件，有时一些"异想天开"之类的善意评价也让这个年轻的军工专家压力不小，但是机会只给有准备的人。

2003年，王海福的"奇思妙想"终于首次获得国家某基金项目的支持，虽然三年为期经费不多，但为概念和可行性验证提供了宝贵机会和有力支持。在此基础上，王海福又获批2006年某创新计划的支持，使该项研究全面进入技术创新和关键技术攻关阶段。

王海福十分珍惜这次机会，凭借前期积累，经过深入思考，他并没有把研究目标定位在验证技术概念是否正确、技术途径是否可行上，而是直接瞄准关键技术攻关和工程化应用技术突破。2008年，项目顺利通过验收，并获得该创新计划项目验收专家组的高度评价。

2009年，专家组评价该项成果应用转化时认为："该项技术是高效毁伤领域具有自主知识产权的原始创新成果，开展成果转化应用很有必要，将大幅度提升常规弹药战斗部的综合威力，具有十分重要的推广应用价值。"得益于对整体研究工作的前瞻思考，以及在关键技术上的重要突破，"十二五"期间，该项研究又先后获得10多个项目的支持。

"宝剑锋从磨砺出，梅花香自苦寒来。"经过十年探索，这项"奇思妙想"终成国防大器。2012年，在这项武器装备前沿创新计划实施十周年总结大会上,该项研究入选"武器装备前沿创新研究十年原始创新典范项目",王海福不仅为推动该项研究做出了开创性和引领性的贡献,也为我国武器装备开创了大幅度提升常规弹药战斗部威力的新途径,真正为国家砥砺出最锋利的"刀刃"。

"我们的每一项任务,都是为了国家,为了国防,为了我所热爱的兵器科学,这一切,都值得!"王海福说。

引领,才能磨砺中国"军刃"

从技术创新的角度看,这项成果突破了两大技术难题:一是材料技术挑战,成功研制出了新型爆炸毁伤材料;二是武器化应用技术挑战,成功解决了在不同类型战斗部上的应用难题。

从技术先进性和水平看,2011年8月,国内《参考消息》同步报道英国BBC援引美国国防部发布新闻称:"美国海军成功研制出了一种密度与钢相当、强度与铝相当的大威力爆炸材料,可使战斗部能量提高5倍。"而王海福教授的研究工作早在2009年通过国防技术成果鉴定,活性毁伤材料的主要性能和战斗部威力提升都优于国外。

王海福介绍说:"近二十年来,如果把我国武器装备研制发展看作是一个从全面跟踪追赶,到部分并跑甚至有限领跑的过程,那么,这一项技术发明成果无疑属于并跑或引领。"

不同于一般创新成果,国防科技成果只有在武器装备上实际得到推广应用,才能体现其真正的意义和价值。然而,对于一项具有高度原创性的国防科技成果,从脑中的概念到真刀真枪的保卫国家,且不说要面对战争这一人类最严苛的检验标准,其中从理论到工程,就有太多需要解决的技术难题。而王海福带着军工人的信念、北理工人的品格,十年不辍,终成大器。"随着这项创新技术的工程化应用研究进一步深化和推进,可以预见,会有更多配置活性毁伤材料的新型武器装备部队,为国防增加硬度,为国家磨锋砺刃。"

试验现场

他的初心与坚守

"这项国防技术发明成果，历经十多年的技术创新和攻关，过程艰辛，可以用'十年磨一剑'来诠释。但对于一名国防科技工作者来说，能使研究成果在武器装备研发中得到应用，对国防建设产生重要推动，为国防增加几分硬度，为人民增加几分安稳，既是一种职业的追求，更是一份莫大的欣慰。"王海福这样说。

1985年，王海福考入北京工业学院（北京理工大学前身）力学工程系（机电学院前身），学习具有浓厚军工特色的火工与烟火技术专业。刚刚进入大学时，面对略带神秘色彩的专业，王海福并不了解北理工的军工特色，更不了解火工与烟火技术专业到底是什么。"我通过接触兵器学科的教授、老师和国内外顶尖的专家和研究群体，逐渐认识到了兵器学科对国家的重要意义，并开始了对兵器学科的坚守，这一坚守转眼已过去31年。"王海福感叹道。

作为中国共产党创办的第一所理工科大学和新中国第一所国防工业院校，北理工始终面向国家重大战略需求，服务军工、矢志国防，形成了光荣的传统和鲜明的特色。北理工人已将这份矢志军工的精神气质内化于心,外化于行。"延安根、军工魂",写就了王海福的初心。

初心不辍,王海福在从事国防科技研究过程中,面对困难和失败,从不气馁,即使有质疑,也能从容面对。一份坚守,脚踏实地,支撑他走出了一条武器装备前沿技术创新研究之路。

二十年来,王海福教授先后主持重大、重点国防科技项目20多项,培养博士、硕士50余人。他在从事国防科技研究和教学过程中,始终将国防科技传承放在首位。在他看来,一流的学科之所以成为一流,往往需要几代人的传承和沉淀才能形成,没有良好的传承,创新也就无从谈起。

"兵器科学与技术学科有众多贡献卓著的老先生和著名教授都非常值得学习,如丁敬先生、陈福梅先生、徐更光院士、朵英贤院士、马宝华先生、冯长根教授、崔占忠教授、冯顺山教授、黄风雷教授等,正是有了他们的这种积淀与传承,才成就了我校今天的兵器学科。"王海福谈起北理工的兵器学科总是这样的自豪。而他自己,也正是带着对兵器科学与技术学科的这份初心和坚守,在国防科技创新之路上,用耕耘和汗水践行着北理工人的品格。

指导学生

他和他的学生们

这次获得国家科技奖励，北京理工大学是唯一的获奖单位，获奖人中有三位王海福的博士生，年龄最大的36岁，年龄最小的才31岁。王海福始终认为："正是因为有了学生们的参与和协助，才使研究工作得到更快的推进，他们的贡献应该得到肯定。"

王海福特别注重团队建设和学生的培养。他经常对学生们说："你们一定要坐得住，定得下心来，宁静而志远。既然选择了攻读硕士、博士学位，就要好好珍惜和把握机会，不虚度求学的年华。"

而在学生眼中，王老师便是身体力行的榜样。

余庆波副教授是获奖项目的第二完成人，他坦言获得这个国家奖特别不容易："在项目攻关过程中，遇到了很多难题，甚至是世界性难题，每逢这时，王老师总是表现出极强的沉着和睿智，带领我们突破、攻关。有一次出差，在火车上王老师紧闭双眼，我们都以为他睡着了，结果一下火车他就跟我们分享他的想法，原来一路上他都在想怎么解决这些难题。"

获奖的第四完成人郑元枫老师这样说："王老师在科研中特别钻研，有很多的突发奇想，嗅觉也很敏锐，他对科研的执着和热情似乎已经成为一种习惯。"

王老师在培养研究生方面，尽心尽职，以身作则。在他办公室里，常年摆设投影设备，专门用来为研究生批改论文和讨论研究方案。"他会现场逐字逐句修改论文，指出不足，指导如何完善，经常是最晚离开教学楼的，"博士生耿宝群说。

团队中的何锁老师毕业于部队院校，曾经是王老师的硕士研究生。他说："王老师学者风范并非标榜，而是实实在在做出来的。王老师每周都要召集大家开组会，和我们一起讨论研究方案，鼓励大家畅所欲言，但要言之有据、有道。在团队中，我们能时时感受到自己的价值和重要性。"博士生林诗彬说："王老师经常告诫我们，做研究就像扛着工具上山挖井找水，要学会如何应用各种工具和方法，突破重重岩层后，泉水才会涌出，如果一遇到岩层就更换地点，结果只能是日复一日，年复一年，即便挖遍整座山，到头来只能是临山羡泉，无水可喝，难以成事。"

研究团队中的每一位学生，从王海福教授身上看到的，无一不是对科研的那份初心与坚守，也无一不是在身体力行为国防事业努力创新和奉献。

王海福和学生们合影

这是一个没有讲透的故事！

驻笔而思，王海福老师的故事是一个人、一个成果的不平凡故事，但也是北理工这所从延安走来、矢志军工的国防院校的普通故事。这样成百上千普通而不凡的北理工故事，也许永远无法讲透，但北理工故事的小遗憾，是每一个北理工人心中的大自豪！

时光可以荏苒，烽火不曾熄灭，自1940年起，北京理工大学为保家卫国、民族复兴的战斗准备从未停止。无论平凡与寂寞，北理工人都将牢记使命与担当,用一点一滴铸就国防力量,他、他、他还有他,都在努力将最先进的科学技术,书写在捍卫和平的历史上!

文:党委宣传部辛嘉洋、王征
图:党委宣传部郭强、王征
2017年2月27日

杨军：四两拨千斤的中国"爆破队长"

"现在准备起爆，一分钟前准备！"

"清点人数，所有人和车撤到外面去！"

"5、4、3、2、1，起爆！"

一丝一毫决定成败，一分一秒分崩离析，让普通人震撼畏惧的爆破现场，却是爆破人的日常。在书声琅琅的北理工校园里，就有这样一批不平凡的师生，精深学术，潜心研究，为的是电光火石间的优雅，他们就是北理工的爆破人。

北京理工大学机电学院教授、爆炸科学与技术国家重点实验室爆破工程及安全技术学科组学科带头人杨军，就是一位北理工爆破人的杰出代表。10月3日，中央电视台推出的系列纪录片《中国队长》第三集《爆破专家》中，就讲述了中国"爆破队长"杨军的故事。

日夜拼搏在工作一线上的他，带领团队不断攻坚克难，开创一个又一个"高难度动作"，写就中国爆破的精彩篇章。

爆破是一门科学

2016年6月29日，唐山西郊热电厂爆破现场，气氛有些紧张。

面对即将被爆破拆除的一座210米的超高烟囱，杨军团队提出了"同向折叠"爆破新方案，精确计算上下爆破切口延时，虽然方案经过多次论证和模拟，但在一切没有尘埃落定之前，谁都不敢有丝毫懈怠。若有不测，厂房内价值数千万元的设备将遭遇损毁。

折叠爆破法，是针对超高建筑最常用的爆破拆除方式，但是对于地面的空间有着严格的要求。这次要拆除的超高烟囱，距离旁边的厂

杨军为学生讲解唐山西郊热电厂爆破细节

房仅有 10 米，如此复杂严苛的环境条件，让拆烟囱似乎成为一个不可能完成的任务。

点燃爆破导火索，必须经科学的论证。经过现场的反复勘探，凭借多年在爆破领域深厚的学术功底和丰富的实践经验，杨军深思熟虑后提出了"同向折叠"这一大胆的爆破方案。"专家意见很大，几乎都不同意我们这个方案，质疑集中在上下两个爆炸切口的延迟时间怎么确定。烟囱爆破的同向倒塌在之前没有过工程实例，只是在教科书上有，因此大家认为我们没有多大把握。"但杨军的方案并不是异想天开，根据科学的模拟计算得到延迟时间为 2.5 秒到 3 秒，足以保证烟囱爆破后，按着预定的方向同向折叠，这种信心来自科学。"当时在场的都是中国爆破行业协会邀请的爆破行业专家，我们顶住了很大压力，在反复论证的前提下，才坚持了这个方案。"

爆破是一门科学，需要胆量与细致并存，任何疏忽都可能造成灾难性的后果。除了要经历科学的论证，也还要面对无法控制的各种因素。杨军是这样理解的："爆破经常会出现一些意想不到的事情，作为专业人员，你必须能顶得住，准备不充分的时候，坚决不能起爆，如果你做不到这一点，那么就很可能造成灾难性的损失。"

这次超高烟囱的爆破，爆破日就遭遇到雷雨天气，给爆破带来安全隐患。杨军带领团队沉着应战,等待3个小时后,抓住雨停的时间窗口,沉稳起爆。在隆隆巨响过后,这座高达 210 米,具有超强抗震能力的大烟囱,按照既定设计,折叠倒下,爆破圆满成功。现场的行业专家对此次爆破赞不绝口:"烟囱下段 110 米处的爆破,保持正北方向和原设计准确无误,非常好!"

作为新中国第一所国防工业院校,北理工在中国爆炸领域始终保持着明显的研究优势,深厚的学术基础为学校在爆破工程领域的科研实践提供了有力的支撑。正是在杨军等专家学者的不懈努力下,北理工在爆破学科领域的研究不断深入,工程应用成果不断涌现,在中国爆破行业和世界爆破学界享有较高声誉。

爆破是一门瞬间的艺术

与爆破的结缘,杨军表示也算机缘巧合,"我那时候作为一个高中生都不知道有这个行当,考大学时想自己应该去学个美术,但我们那时候专业都是属于分配的,超过了分数线之后分到哪个专业就是哪个专业。"

杨军在查阅资料

作为一名 1977 年的大学生,虽然杨军并没有走上他向往的艺术之路，但如今的他却把爆破看成是一项四两拨千斤的瞬间艺术。

杨军对爆破科学的不断登攀和与时俱进的钻研精神，深深感染了他的学生们。"杨老师一定会要求我们做好周密的模拟计算，反反复复论证，不合适的就推倒重来，总之不能出一点差错。"另外，杨军在学生们的眼中也是一位"潮人"，他把爆破"玩"向了流行的手机 App。"爆破有很多手册规范，有些场合我们没有办法把书带回去，所以碰到有些争论的地方，大家就凭借着自己的记忆，这个经常就会造成失误。"正是基于这样的思考，杨军组织开发了一款针对爆破提供知识技术参考和辅助计算的手机应用程序。"我们觉得现在手机每个人都有，而且手机的功能很强大，人家别的行业已经有了这样的东西，所以我们也应该做一个！"

"除了研究拆除爆破，我的研究方向还有岩石爆破理论模拟计算和爆破安全技术，在我看来，科学的爆破设计和先进的数字仿真技术，可以让看似惊险的爆破尽在掌握之中。"杨军说，"然而，这都只是我工作的一部分。"他内心深深地知道，只有抓好人才培养和学科建设，才是爆破这门瞬间艺术不断辉煌的底蕴。

如今，杨军主持的岩石爆破损伤理论模型及模拟技术研究在国内领先，有关建构筑物爆破拆除过程数值模拟在国际上受到关注并成功应用于多项爆破拆除工程设计中。他先后指导了博士生 20 名、硕士生 23 名，发表相关学术论文 180 余篇、出版《建筑结构爆破拆除数值模拟》等专著 6 册，曾获教育部和兵器工业部科技进步二等奖、北京理工大学和中国爆破协会科技进步一等奖等荣誉。

对于杨军而言，爆破的魅力早已超出了"有意思"和"超刺激"，在面对一项项挑战中攻坚克难，让科学的理论和缜密的设计，在瞬间完美爆发，这种美堪比艺术。

爆破意味着新的开始

一座 80 万千瓦的发电厂，连接着兰州、河西走廊、青海的三大用

杨军参加在澳大利亚举办的爆破顶级会议 Fragblast11

电系统的负荷中心,是西北主力电网上重要的一环,正常运行的发电厂机组和电厂内需要拆除的旧厂房之间的距离只有 24 米;北京周边地区的一处废弃金矿,由于盗采屡禁不止而且事故频发,从根本上杜绝盗采需要彻底炸毁金矿,但金矿内部巨大的空洞,潜伏着塌方的危险;承钢黑山铁矿爆破和元宝山露天煤矿采场爆炸产生的地震效应有可能对周边居民的生活生产造成影响……杨军要解决的问题,就是这样一项项棘手的任务。"杨老师喜欢做一些有点技术难度的任务,当出现新的工程实际问题时,杨老师认为正是我们发挥作用的时候。"京工博创(北京)科技有限公司经理李顺波博士说。

"爆破绝不仅仅是炸掉某个废弃建筑,国家和社会的发展需要新旧更替,正是在循环之间,才有了国家的建设和社会的发展,因此,爆破应该理解为是发展中的一种重要的建设手段,具有特殊的作用和意义。"杨军从国家社会发展的角度来理解爆破的意义。爆破并不意味着毁灭,而是一个新的开始,发展的新陈代谢,少不了爆破的催化。一

/ 科研人物篇 //

爆破现场团队合影

声巨响过后,废墟之上将重塑新的建筑,土地也将拥有新的可能。

今年 57 岁的杨军,从事爆破研究已经 30 多个年头了,他把自己比喻为一个橡皮擦,用才智和辛勤不断地擦除旧的,开创一个又一个新的可能。在北理工,还有一大批像杨军一样的北理工人,在自己的领域内,严谨治学、踏实钻研、攻坚克难,创造出一个个脚踏实地、作用实在的成果,践行着北理工服务国家重大需求,瞄准世界科技前沿的发展理念,为建设中国特色世界一流理工大学添砖加瓦,奋力谱写建设社会主义现代化强国的壮丽篇章!

文:党委宣传部韩姗杉、王朝阳、赵梓辰

图:党委宣传部郭强

2017 年 11 月 8 日

王涌天团队：在北理工建功立业、幸福成长

"北理工的光学工程，在国内建立比较早，多年来的发展积累了扎实的基础，所以我选择了从这里延续我的科学梦想。"1988年，留学英国的王涌天，在北理工光学工程学科的诚挚邀请下欣然回国，成为国内首批海归人才。此后，他长期致力于技术光学和虚拟现实领域的教学科研工作，并带出了一支朝气蓬勃、成果频出的科研队伍。日前，在人民大会堂举行的国家科学技术奖励大会上，王涌天团队喜获2017年度国家技术发明奖二等奖。这支登上中国科技界最高盛会颁奖台的科研团队再次引发师生关注。

团队获奖教师合影

聚焦科学研究的"方向盘"和"发动机"

早在2006年,王涌天团队便入选教育部创新团队发展计划,近年来,在相关技术领域不断取得研究突破。在王涌天看来,自己的科研团队好比一辆汽车,得以加足马力驶向目标,主要原因在于把好"方向盘",装好"发动机"。

团队教师合影

王涌天以这次荣获大奖的交互式显示技术为例介绍说:"交互式显示技术本质上是人与机器的交流互动,最常见的就是使用电脑阅读和处理信息。伴随着信息技术的迅猛发展,数字空间的信息量远远超出了人类的认知能力,提升人机交互效率就成为研究的关键。"瞄准这个时代命题和科技前沿,王涌天校准了"方向盘","如果能突破这个瓶颈,就能改变人类生活,意义深远"。事实证明了他的判断。瞄准方向后,团队潜心20余年研究的相关成果已经成功应用于医疗卫生、军事仿真、文物保护、展览展示、教育科普、文化娱乐等领域,覆盖我国27个省市自治区,并打入欧洲市场,极大地改变了人们的生活。

如果说,瞄准科技前沿是为科研航轮把好"方向盘",那么要抵达成功的彼岸,取得重大科技成果,则必须安装强劲有力的"发动机"。王涌天团队的"发动机"又在哪里?

"在我们团队,把握前沿科技和基础理论研究可谓相生相长。随着研究的不断深入,我们正在从工程应用创新积极转向基础理论创新,大家都认识到瓶颈问题必须用理论创新来解决。"团队的青年骨干翁冬冬教授讲。在长期的科研攻关中,"向理论要突破,向基础要飞跃,建强科研发动机",已经成为团队的一种共识。

为此,王涌天广开大门,以学科交叉的眼光大力引进基础理论研究人才。团队有从事虚拟现实技术研究的,有从事医学领域应用研究的,有从事全息技术研究的,有从事纳米技术和微结构研究的。除了引进人才,团队还积极把博士招生名额等资源向基础理论研究倾斜,设计推动基础研究与工程应用研究并重的具体举措,为支持基础理论研究下了实实在在的功夫。

经过精心布局和建设,团队形成了包括院士、"长江学者"、"杰青"、"优青"、"万人计划青拔人才"、专门工程技术人员等多层次的研究队伍,老中青三代优势互补、接续传承,精准把握科技前沿方向,强化基础研究能力,为团队一次次攻克重大技术难关奠定了扎实基础。

肩负科技创新的初心和使命

北京理工大学既是党创建的第一所理工科大学,也是新中国第一所国防工业院校。20世纪50年代,学校的光学工程学科诞生于这一建设新中国、保卫新中国的时代背景之中。王涌天团队也在接续传承着当年的北理工人科技报国的初心和使命。

"现在交互显示技术是社会上最热的行业之一,是各种投资的热点,企业对我们的毕业生需求强烈,薪酬高,待遇好。所以,团队老师和拥有的技术成果价值就更可想而知了。"因为长期接触产业领域，团队教师刘越比较了解情况。然而，始终不曾忘记归国志向的王涌天一直在以科研工作者的实际行动，彰显他们的科技成果的应用实力。

团队长期主动承担国家重大科技任务，不断探索将行业前沿技术应用于国家和国防重大战略需求，主动占领国防技术领域的高精尖阵地。与此同时，还一直致力于以先进技术推动行业发展，支撑国家经济社会发展需要。交互显示技术成果有力支撑了北京奥运会、上海世博会，以及2022年冬奥会申办等诸多国家重大活动，并且直接推动了国内相关产业的发展。2010年上海世博会，团队使用4套投影实现拼接融合显示，配以4套地面交互系统，为世博会中国黑龙江馆开发了一组长12米的地面互动显示区，帮助全世界观众能够在中国的"林海雪原"上"踩裂冰面""留下脚印"，技术效果之精妙令人叹为观止。

红色基因、初心使命塑造着团队的时代精神，也磨砺出一代北理工人的时代品格。"5·12"汶川地震发生后第二年，团队参与了汉旺地震遗址展馆建设。展馆是在震中汉旺的遗址上修建，建设区大片受震建筑已是危房，团队的工作生活条件十分简陋，有时还要深入险境完成任务。"汉旺受灾最严重的是东方汽轮机厂，里面到处都是断壁残垣。但为了呈现最好的展示效果，我们坚持深入厂区，寻找残留的有代表性的设备零件。现在想想，赶上余震还是挺危险的。"团队成员陈锋回忆起当时的工作既自豪又感慨。王涌天团队攻坚克难，按时完成任务，保障了汉旺地震遗址展馆如期开放。

"每当看到我们的成果能在博物馆、科技馆这种公益场所中发挥作用，我们就特别欣慰。虽然在大多数情况下，这种项目并没有什么经济收益，但是我们仍然会积极参与。为国家和社会做贡献，是北理工人的一种使命，也是我们引以为豪的光荣传统。"团队骨干刘越讲出了大家的心声。

构筑科技工作者的事业平台和幸福家园

"要重视青年人才的引进、培养和使用,提升青年教师幸福感、获得感和安全感,激发更大的创新活力。"不久前,北京理工大学校长张军院士在调研中谈及自己对青年人才引育的观点。而王涌天正是这样一位传递着北理工温暖,让青年人幸福成长的团队带头人。

团队教师指导学生科研工作

采访中,王涌天深情回忆起了初来北理工的日子。"回国时,我正在从事光学 CAD 软件的设计研发,得到了系里的全力支持。当时袁旭沧教授就用自己的科研经费为我购置了一台计算机,要知道一台计算机在当时可是一笔不小的费用,老一辈教师对青年人的关怀,不仅让我难以忘怀,也为我做出了榜样。"得益于这种鼎力支持,王涌天研发的光学设计软件很快被当时国内光学界所广泛使用,王涌天也迅速成为国内光学研究领域小有名气的青年学者。在此后的教学科研生涯中,王涌天把前辈们爱才、惜才、育才、用才的优良传统身体力行地传承了下来。

对青年人才,王涌天大胆使用,悉心栽培。刘越介绍说:"我博士后时便加入了团队,王老师非常信任我,委以重任,从学生到教师,从执行者到团队重大项目的策划、主导者之一，我很快完成了身份的转变，学会从全局考虑问题，积累了丰富的经验，自身能力也得到提高。""王涌天老师对青年人总是十分尊重与爱护，对于我们的科研兴趣积极鼓励和支持。比如，我现在研究的虚拟现实交互技术，是我一直以来的兴趣，上大学期间，王老师不仅指导我把兴趣发展成了研究方向，工作后还培养我独当一面，有所建树。"谈到这些，翁冬冬由衷地感谢恩师。对团队科研能力建设，王涌天眼界开阔，兼收并蓄，团队在展览展示、教育培训、主题娱乐、医学等众多方向的研究齐头并进，相互支撑，构建了宽阔而扎实的研究基础。

近年来，随着学校对青年人才引育力度的不断加大，也让王涌天有机会为青年人干事创业创造更好的条件。"学校在人才引进、科研用房和设备方面给予大力支持，特别是光学加工实验平台的建设，改变了科研受制于人的局面，极大地提升了工作效率。在没有光学加工平台前，我们必须到其他高校预约仪器设备，经常排队就要三个月。"北理工光电学院副院长杨健介绍说。

"希望年轻人能和我一样在北理工幸福成长！"王涌天动情地说。如今，风靡北理工的"传帮带"不仅让青年人在团队中幸福成长，也培养出一批批优秀人才，他们从团队走向社会，成长为各行各业的坚强骨干和栋梁。

文：党委宣传部马瑶、王征、韩陌
图：党委宣传部段炼
2018 年 3 月 4 日

董宇平团队：我们"在一起"点亮材料之光

2018年1月8日，在人民大会堂举行的2017年度国家科学技术奖励大会上，"聚集诱导发光（AIE）"项目荣获国家自然科学奖一等奖，这个分量十足的奖项，由香港科技大学、浙江大学和北京理工大学合作完成。

国家自然科学奖一等奖获奖项目北理工团队师生合影

"聚集诱导发光（AIE）"概念由中国科学院院士、香港科技大学讲座教授唐本忠在国际上首次提出，这一开创性的创新成果，为国际材料学研究打开了全新的领域。作为该项目的第三获奖人，来自北京理工大学材料学院的董宇平教授，凭借自己的勤勉与创新，为这一中国人的原创性科技成就做出了一份北理工人的贡献。

1994年参加工作至今,董宇平在北理工的科研生涯已有24年,作为有机功能材料课题组学术带头人,面对获奖,他谦虚而言:"我和课题组的同事们,在北理工,一起找到共同的科研志趣,一起培养优秀的学生,一起创新奋斗,'在一起'的感觉让我们很幸福,获奖的荣誉属于我们每个人。"

志趣相投,点亮世界前沿的材料之光

发光材料是材料科学的重要研究领域,但传统有机发光材料存在"聚集导致发光猝灭(ACQ)"效应,也就是分子在聚集状态下,会出现发光强度减弱甚至完全消失的现象。这一瓶颈的存在,极大地限制了传统有机发光材料的应用。然而,香港科技大学唐本忠院士关于"聚集诱导发光(AIE)"材料体系的原创性研究则打破了这一阿喀琉斯之踵。"聚集诱导发光(AIE)"材料实现了分子越聚集,材料发光越强。"AIE材料是中国科学家为世界材料科学研究开辟的一片全新领域,这也意味着有大量的研究需要去开展,只有瞄准世界科技前沿,才能大有作为。我

聚集诱导发光(AIE)材料

和我的伙伴们,在这个前沿领域上志趣相投。"董宇平微笑着介绍。

"志趣相投,让我们走到一起",这个观点在北理工有机功能材料课题组中高度统一。董宇平和佟斌两位"60后"教授、石建兵和支俊格两位"70后"副教授与蔡政旭这位"80后"特别研究员,在北理工浓厚的科研氛围里,带着不同的研究背景和相同的研究兴趣,他们走到一起。瞄准世界材料科学前沿,在北理工"矢志一流",他们理念

一致。

说起团队聚焦 AIE 研究，离不开董宇平在学校支持下，赴香港科技大学唐本忠院士团队的访学收获。在香港科技大学，董宇平对 AIE 的理解不断加深，结合自身研究基础，打开了一个生机勃勃的全新研究领域。之后，有机功能材料课题组的成员们，也在董宇平的带领下，投入其中，成果丰硕。

"在开展 AIE 研究之前，我们课题组的研究方向是染料敏化太阳能电池。在唐本忠教授发现具有 AIE 性质的六苯基噻咯衍生物以后，我们就一直思考能否替换其中的硅原子，所产生的新衍生物是否还具有 AIE 性质，能否不断丰富具有 AIE 特性化合物的种类等问题。深化这一中国的原创性科学发现，北理工的科研工作者应该有一种使命感。"董宇平这样分享。

在研究中，北理工团队基于对叁键化学的研究基础，利用炔－炔耦联反应和改进的 Schulte－Reisch 反应，合成出了具有 AIE 性质的多芳基吡咯衍生物，伴随着更为深入系统的研究，团队成员的兴趣愈发浓烈，也逐渐将工作重点调整到原创性 AIE 材料研究上。

在发展新材料的基础上，董宇平还带领团队积极探索 AIE 材料潜在的应用价值。对此，博士生陈笛笛深有感触。2015 年，陈笛笛正在利用具有聚集诱导荧光增强特性的荧光分子从事细胞新陈代谢过程研究。"当时，董老师要求我一定要用 AIE 材料进行癌细胞和正常细胞共培养检测，并强调这对癌症诊断治疗具有积极意义。"正是在导师的指导下，利用 AIE 材料特性，陈笛笛发现了癌细胞与正常细胞共培养状态下存在双向通路，她的系列研究成果对癌症的早期诊断和设计新的药物靶向分子具有重要意义。

凭借着共同的科研志趣和倾心投入，近几年，董宇平和团队师生们围绕 AIE 新材料研究及应用取得一系列成果，并积极探索研究成果在爆炸物点亮型检测、生理环境中特定蛋白质定量分析等方面的转化应用。

培养人才,让学生"在圈中独舞"

课题组研究生在开展实验操作

"徐特立奖学金是北理工最高奖学金,第一位获得特等奖的本科生韩婷就是我们课题组的学生!"佟斌教授自豪地介绍着团队中的得意弟子。韩婷大一时就进入团队参与科研,本科毕业后,又在董宇平教授的引荐下,前往香港科技大学攻读博士学位。

"高校的核心使命是立德树人,人才培养是中心工作……,而把握核心使命归根到底是提高人才培养质量和提高科技创新能力水平。"北理工党委书记赵长禄一次接受新华社记者采访时曾这样阐述。可以说,董宇平所带领的团队,始终把培养优秀人才作为共识和要务,用实际行动诠释了北理工对立德树人核心使命的把握,不仅理念明确,也逐渐探索出了一套具有团队特色的科研育人好方法——"画圈跳舞",将培养学生自主创新意识和独立思考能力作为重点。

团队教师支俊格把为学生确定基本研究方向比喻为画一个大圈,而学生的自主研究则是在圈中独舞。另一位团队教师蔡政旭这样解释:"画一个圈,留点白,既保持了主要研究方向,也鼓励了学生结合兴趣,发挥主观能动性,这样不仅有利于释放学生的创新潜力,还能教学相长，更有利于团队拓展研究的深度与广度，不断实现自主创新的突破。"

2004年，董宇平从香港科技大学访学归来后，就借鉴香港科技大学化学系培养本科生的教学理念，为刚升入大三的本科生在小学期开设了一门名为"材料科学研究技能培养"的课程。利用四周时间，董宇平邀请材料物理与化学系的每位老师为学生列出一批研究题目，学生根据兴趣自主选择题目，并加入不同的研究团队中。在课程结束后，要求学生仍要利用课余时间继续参与科研，鼓励将研究坚持到毕业设计阶段，这个过程旨在推动学生理论与实践结合，加深对基础知识的理解，有效提升研究能力和实验技能。

带着这样的理念，多年来，董宇平带领团队在引导本科生进入实验室方面不遗余力。对进入课题组的本科生，董宇平不仅与学生积极讨论研究思路，还非常强调研究生对本科生的指导带领作用。团队中的本科生许卫权说："我们刚进组时，就会有研究生师兄、师姐一对一'传帮带'，他们非常尽心，董老师的这门课程和课题组的学习研究经历，让我获益匪浅。在掌握基本的方法后，我们就会慢慢独立开展研究。去年，我就自己独立合成了一种新结构化合物，并对其做了性能研究。通过这一过程，我不仅学到了太多课本以外的知识，更是直观感受了如何能更好地从事科学研究。"

已经是一枚北理工"青椒"的冯霄更是体现着导师董宇平人才培养观。冯霄从本科起就参与到团队的研究中，博士期间，在导师董宇平的推荐下，他赴日本分子科学研究所学习。毕业后，董宇平又推荐他留校，加入化学化工学院青年学者王博教授团队。

"培养人才，就要爱护和尊重人才的成长。"佟斌是这样评价的。没有一流的本科，就没有一流的大学。在董宇平看来，本科生的思维非常活跃，需要投入精力培养他们，鼓励他们做前人没有做过的研究，帮助他们产出创新研究成果，并打牢基础。

"在一起",对我们来说很重要

课题组教师合影

"我们的教师办公室不大,由于紧邻实验室,经常有各种化学气味直接从楼道或窗户里钻进来。"但是当被问到是否愿意把办公室搬至别处时,董宇平的回答却是否定的。"自然科学离不开做实验,而化学实验更是其中的典型代表,不仅安全要求高,而且结合实验过程随时讨论指导更是必不可少,因此我们教师就是要和学生、和实验平台、和实验结果在一起。"对于董宇平和他的团队来说,"在一起"很重要,科研工作需要有组织开展,科研团队实力和竞争力的提升必须要团结协作。

"在一起"既是相互帮助,更是为青年人成长搭桥铺路。谈起团队里对青年教师的帮助,教师石建兵表示"没有什么特别之处,功夫都在平时,大家都在一起嘛"。他接着说:"我是 2009 年入职,作为新人,科研条件还很薄弱,但是董老师和组里其他老师慷慨为我提供资金和设备支持。刚入职时,我还不太会申请项目基金,每当遇到问题,就会向邻桌的佟老师、董老师请教,他们也总是不厌其烦地为我答疑解惑。"教师"在一起"、师生"在一起"、办公室与实验室"在一起",这已经成为团队的一种共识,也成为一种文化。

董宇平团队每周都会举行一次大组会,团队所有师生都要参加,组会不仅是总结工作、交流学术和碰撞思想的会议,更是团队集体导师制的重要工作制度。佟斌说:"我们课题组不分是你的学生,还是我的学生,只要是在有机功能材料课题组的学生,那就是大家的学生,每位老师都会倾心指导的。"

讲凝聚、讲协作,在董宇平的团队中,不是口号,而是行动,更是制度——研究课题统筹安排,研究任务统一布置,研究资源统一调配,研究生统一指导。正是在这样团结协作的氛围下,传承学校"延安根、军工魂"的红色基因,团队形成合力,精神状态饱满,孜孜不倦,砥砺前行,攻坚克难,在材料科学研究领域,成绩斐然,成果不断。

一个个优秀的科研团队,正是学校奋力前进的一个个基本动力单元。在其中,人才得以培育,成果得以孕育,文化得以传承创新。建设中国特色世界一流大学,为北理工的优秀科研团队点赞!

文:党委宣传部王朝阳
图:材料学院
2018 年 3 月 12 日

林程：23年专注在北理工"造汽车"

2018年2月平昌之后，冬奥会正式进入"北京时间"。从道路施工到场馆建设，许多人都在为迎接这场盛会日夜兼程，努力让每个细节达到"奥运标准"。北京理工大学电动车辆国家工程实验室副主任林程也是其中一员。他的任务是和团队一道打造北京冬奥会公交系统的主角——清洁环保的新能源公交车。

提起林程，大家可能有点陌生，但提起林程在北理工研制过的车，却赫赫有名。"我来北理工20多年了，所有的时间和精力都专注在一件事上，那就是造汽车。"

林程

研制我国首辆伞兵突击车

1995年，27岁的林程毕业后来到北京理工大学机械与车辆学院工作。作为学校老牌实力学院的代表，机械与车辆学院在这个时期已经积累了雄厚的学科实力和研究基础。风华正茂的林程如鱼得水，平台高、起点高，挑战也高。他接手的第一份工作便是研制我国首辆伞兵突击车，负责整车总体布置和车身设计工作。

20世纪90年代，我国空降兵装备还较为薄弱。伞兵跳伞落地以后，没有重型装备可携带，只能扛着枪上战场。海湾战争时期，美军使用了一款机载突击车，可将车辆空投到地面，伞兵找到车辆后能迅速开车参与作战。于是，空军方面找到北理工，问能不能研制一款伞兵突击车，为空降兵提供机动装备。

军队需要的这辆车不仅要适合空中运载，还要在空投落地、承受较大冲击力的情况下，不能有任何损害，即使被投在泥泞的稻田里，也要能"爬"出来。在缺少可参考样本和资料的情况下，要凭空研制一辆以实战为目标的伞兵突击车，难度可想而知。

"我从不把任务当压力，只要敢于尝试，总有办法解决问题。"林程这样说，"既然国家需要，我们就要上！"怎样克服空投地貌的不确定性，怎样满足车辆的机动性要求，怎样确保突击作战的安全和杀伤力……他们一个一个的问题解、一个一个的难题破。咬紧牙关、铆足劲头，林程和同事们一头钻进伞兵突击车的研制任务，一干就是7年。

当年生产这款军用汽车的厂家原本是家飞机修理厂，没有汽车制造经验。但林程背后依靠的北理工团队，在车辆技术领域有多年的积累，工程化能力很强。他们和厂家一道悉心打磨，一次又一次实验，最终将研究成果做成了理想中的产品。

功夫不负苦心人。他所在团队研制的我国首辆伞兵突击车最终获得了军方的认可，被列入军队装备序列。该项目还获得了国防科技进步奖。"电视剧《垂直打击》里，就多次出现了我们研制的这款伞兵突击车。"林程自豪地说。

转战新能源领域打造"奥运首秀"

伞兵突击车研制成功后，林程加入了我国电动汽车技术领军者北理工孙逢春院士的团队，主持科技部新能源汽车重大专项中电动客车的整车研发工作，研究方向从传统汽车转向新能源汽车。

北京理工大学是国内较早涉足新能源汽车研制的高校之一。当年，

/ 科研人物篇 /

我国首辆伞兵突击车

在林程加入新能源汽车研究团队的时候,学校虽然在电力驱动系统、电池控制管理方面已经形成了较为深入的研究,但在整车方面还较为薄弱,研发出的车辆距离产品级和批量化生产要求都有一定的距离。

"我到电动车实验室后,主要任务就是做整车集成和控制技术研发,研究整车网络系统控制和优化理论。"林程介绍。他带领团队和客车制造厂商连续研发了低地板电动公交车、准低地板电动公交车、电动豪华旅游大巴等三款电动客车,极大地提升了北理工在电动汽车整车设计制造方面的实力。正是在突破整车技术的过程中,北理工研制的低地板电动公交车,被北京奥组委相中,希望将这款车用在北京夏季奥运会上。

用于奥运会的公交车,安全是第一位。"将大量的锂电池放在公交车上,是否会出现起火等安全事故,在当时是有争议的。为此奥组委特意组织了多场专家研讨会,最终我们的方案得到认可。将锂电池安装在公交车上,北理工是第一个吃螃蟹的人。"回忆起当时面对的质疑,林程记忆犹新。

在奥运电动客车研发过程中,北理工团队应用了很多新技术。林程现在回想起来，不禁为当年的"冒进"捏把汗。"冒进"的结果就是时常会蹦出些突发状况：车灯乱闪、车门不听使唤、电池拔不下来或安不上……为了解决这些问题，林程和同事吃住在车厂，夜以继日地论证、调试，力争把一切问题解决在奥运会之前。

所幸，一切的付出都是值得的。2008年北京夏季奥运会上，北理工研发的50辆纯电动客车穿梭在奥运场馆核心区，全奥运周期运行实现零故障，以实际表现向世界展示了中国新能源汽车的研发实力。"现在看来，50辆数目并不大，但在当时可是世界上最大批量的电动车应用项目。"林程自豪地说。

2008年夏季奥运会上，北理工研发的纯电动客车

"奥运首秀"只是开始。北理工电动客车的研究成果为我国纯电动商用车研制奠定了技术基础，并成套应用于福田、中通、宇通、金龙、青岛一汽、中联重科等多家商用车企业。这些企业累计生产各类纯电动商用车超过数万辆，可靠运行达数亿公里。2017年搭载北理工系统的电动大客车和充换电站顺利通过欧盟论证出口到波兰，并成功运行，标志着我国的新能源汽车技术和产品首次向欧盟国家授权成套输出，引发了广泛的关注。

在行业竞争中抢占新制高点

当前,发展新能源是中国及全球汽车行业的大势所趋。新能源汽车技术研发能不能占领制高点,已经成为当今世界汽车行业竞争的焦点。建成我国第一个电动车辆国家工程实验室的北理工团队对此责无旁贷。

在 2022 年北京—张家口冬奥会期间,电动汽车将大规模投入使用。林程所在的团队开始了新的任务、新的征程。要应对冬奥会现场或低至零下 30 摄氏度的酷寒,满足低温环境下电动汽车的启动、续航和有效使用;要充分考虑冬奥会河北赛区以山区为主的地形地貌,解决山路、冰雪路面汽车的安全行驶问题;要充分解决以电动为主的新能源车辆智能化程度普遍较低的问题……目前,面向冬奥会环境的新能源汽车与低温电池技术已经有了突破,团队在低温环境下整车系统集成技术攻关取得了大量成果,为冬奥会期间的应用奠定了坚实的基础。

科研团队进行面向冬奥会环境的全气候动力电池极寒环境试验

不单单为了满足冬奥会需要,在林程看来,要想让电动汽车走进千家万户，就必须要使电动汽车达到与燃油汽车相当的动力性和环境适应性，研发高性能、全气候纯电动汽车。

"北京理工大学和多家公司合作开发的锂离子动力电池系统产品，能量突破了175瓦时/千克，彻底解决了电动汽车在冬季续驶里程急剧下降、无法起动等诸多难题，实现了纯电动汽车全气候运行模式。"林程说。

此外，该技术团队还在冷暖空调、网联整车控制、自动变速系统等方面取得一系列突破，全面提升了电动汽车的技术性能。预计到2020年，这款具备高性能和全天候工作模式的电动汽车将问世，并有望成为北京—张家口冬奥会上的一道靓丽风景。"这也意味着，由我国自主研发的纯电动汽车将不再有禁区。"林程成竹在胸。

23年专注一件事，心无旁骛、矢志不渝，林程从一位青年教师一步步成长为汽车领域的知名专家，在北理工这片沃土上，凭借科技工作者对事业的一份钟情、勤奋与无悔，孜孜不倦地书写着"学术报国""科技报国"的人生精彩。

"科技之光，创造未来！"向广大科技工作者们致敬！

文：《科技日报》唐婷，党委宣传部

图：机械与车辆学院

2018年3月18日

王越：北理工"大先生"

——记两院院士王越

每周四晚上六点半，在北京理工大学中关村校区信息楼 1004 教室，总有这样一位老教授准时出现在课堂上，为 62 名本科生讲授信息系统与安全对抗课，这位老人敏捷的思维、精彩的讲授，深深地吸引着每一位同学。

1993 年，他离开研究所来到北理工，从站上大学讲台那一刻起，25 载寒暑易节，他始终不曾离开。

他曾领导我国军用信息技术从白手起家到蓬勃发展，他曾研制中国第一台火控雷达 301 系统等多项中国乃至世界第一，他曾多次荣获国家科学技术进步奖一等奖、全国科学大会奖等科技殊荣……这位 86 岁高龄仍坚持为本科生上课的先生，就是中国科学院、中国工程院院士，原北京理工大学校长，杰出的战略科学家、工程教育家、雷达与通信系统专家——王越。

家国情怀　大志无疆

"我的名字与那悲惨的年代有关。"1932 年，王越出生于江苏丹阳，那是"九一八事变"后的第二年。王越的父亲是位进步、开明的知识分子，由于痛恨日本侵略者，有感于苦难年代的漫长，就给儿子取名王越，希望儿子早日越过这段灾难的年代，同时也是激励儿子超越自我，多做利国利民之事。王越此后的人生之路，一直不曾偏离父亲的期望。

1937 年，"七七事变"爆发，5 岁的王越正在天津读书，目睹了日寇飞机的狂轰滥炸。"当时我们的校长赵天麟主动收容因轰炸而被迫停课停业的其他学校的师生,每天早上亲自在校门口迎接,风雨无阻。"王越谈起了那段痛彻心扉的记忆。天津沦陷后,这位校长面对威逼利诱都始终拒绝日寇开展奴化教育,最终被暗杀在家门口。"他以生命为代价教会我什么是国家。"

抗战后期,别人家偷偷保留的短波功能的收音机常为一家人带来振奋的消息,这也让王越在心中悄悄选定了无线电报国的志向。人生的大志向,在强烈的家国情怀中开始萌芽。

1950年夏天,王越高中毕业,义无反顾地选择了无线电专业大学。毕业后,王越长期从事火控雷达系统、信息系统及其安全对抗领域的研究工作,直接推动了相关国防科技领域的发展。纵然经历无数次坎坷与困难,他都没有放弃对雷达事业的初心与坚守。

在科研现场工作中的王越

1993年,中国教育体制改革拉开大幕,在炮瞄雷达研究所担任所长的王越受命担任北京理工大学校长。此时的王越科研事业正如日中天,科研成果屡获大奖,当面对这一重大人生的转折点,他没有半分犹豫,坚决服从组织安排。"为国家培养人才是我义不容辞的责任,不应犹豫,更不能推脱!"王越这样说。

来到北理工,王越不是单单做起管理工作,更多的是站在国家立场,从北理工特点出发,将如何培养好国防科技事业急需的领军人才,作为自己报国志向的新追求。一边当校长、一边搞科研、一边上讲台……这一干,就到了而今的耄耋之年!

看着这位讲台上依然精神矍铄、书桌前不停奋笔疾书、课堂上悉心传道授业解惑的老先生,师生们常常为王越身上那一份为国家培育英才呕心沥血的忠诚而感动!

深厚学养　善育英才

王越1991年当选中国科学院院士,1994年当选中国工程院院士,成为中国仅有的34位两院院士之一。如何把自己的学识和在科技领域深耕半个多世纪的成果,直接转化为国家培养人才的优势?这是王越来到北理工后,最先思考的一个问题。

着眼当时国家信息安全的迫切需要,经过反复论证,王越率先申请在学校武器类专业中增设信息对抗技术专业。1998年得到教育部批准,北理工成为国家首批成立该专业的四所院校之一,为中国信息安全专业培养人才打下良好基础。

"2000年,专业开始正式招收本科生,专业建起来了,任务也重起来了。白手起家,没有团队,王老师就自己组团队、没有教材,就自己写教材,他还担任着校长,工作十分繁忙,但从不会有半点松懈。"信息安全与对抗技术实验室主任、专业责任教授罗森林回忆说。

专业不能只是建,还要建出水平、建出成效,建到育人的"刀刃"上。王越认为:"要培养领军人才,就要学习最前沿的知识,但这是有难度的,我相信'上不封顶、因材施教',基础课程能听得懂的人越多越好,而对于拔尖的学生,必须经过磨炼、因材施教、发挥所长。"带着这样的理念,在这个新兴专业方向上,王越亲力亲为,论证教学方

王越与部分团队成员合影

案、研究教学方法、培育师资队伍……不仅把信息对抗技术专业建成省部级特色专业,还带出了一支学术水平和教学水平双高的教学团队,打造了"信息系统与安全对抗理论"国家精品视频公开课,荣获国家级教学成果特等奖;王越与罗森林共同著作的《信息系统与安全对抗理论教材》被评为国防特色优秀教材,教学成果"信息对抗技术专业创新人才培养方案与实践"获高等教育国家级教学成果奖二等奖,王越也被评为国家级教学名师和国家级教学团队带头人。

值得一提的是,王越培养学生,不仅是将高深的学识倾囊相授,更注重结合自己喜爱的中国传统文化,向学生传授一种治学为人的思想。2017级研究生韩晓鑫曾在结课报告中写道:"'反者道之动,弱者道之用'是王老师在课上最常提到的观点,他用这个观点完美诠释了信息对抗的本质、对立统一的自然规律……这不但是一门专业课,更是一场人生讲座。"

"我的心愿是培育出超越自己的学生,青出于蓝而胜于蓝。"20多年来,信息对抗技术专业共培养了1 500余名毕业生,他们在各自的工作岗位上，为国防事业发展做出了重要贡献。王越的学生中，有教育部长江学者奖励计划特聘教授，有国家杰出青年科学基金获得者，有北京市教学名师，还有一大批工作在国防科技工业的总设计师、研究所所长等科技英才和国家栋梁。同时，王越组织推动的全国大学生电子设计竞赛，也坚持开展了20余年，成为国内有关领域颇具影响力的重要赛事，对电子信息类拔尖创新人才培养起到了积极推动作用。

2017年年底，王越作为带头人的信息系统及安全对抗理论与实践教学团队，被评为国家首批黄大年式教学团队。

为人师表　大德无言

"来到高校，我告诉自己，首先要成为一名好老师。"担任北理工校长后，无论公务多忙，王越始终坚持上讲台讲课，同时承担本科生、硕士生和博士生的教学工作，时至今日，王越从未间断过。不仅如此，穿西装、打领带，成为他上课的标配；即使已是耄耋之年，仍然全程站立授课——课比天大。为人师表，大德无言。

2017年，王越受邀到海南参加一个研究生教学研讨会，为了不耽误晚上6点半的课程，他特意乘坐飞机计划于下午4点半抵京，由于天气原因，飞机降落时已晚点许久。尽管已经安排了共同开课的罗森林教授代课，王越仍然不顾旅途劳顿，坚持让司机从机场直接把车开到教学楼下。王越的联络秘书史建伟回忆说："那次让我印象特别深刻，王老师到达教室时正好6点29分，没有丝毫休息，便一口气连讲三节课。下课回到家，吃上晚饭已经是9点半了。"没有学生知道，一堂课的背后，这位年过八旬的老院士付出了怎样的奔波和劳碌。

教育是一门仁而爱人的事业，王越作为一名德高望重的先生，几十年如一日地在坚守这份事业。然而，王越对教育事业的热爱，也有人不理解："这么大年纪了，即使上课也不用这么拼啊！"王越却说，教书育人是他的第一使命，教学是他最看重的任务。作为一名科学家、教育家，王越认为教书的目的是育人。"如果说教书要靠学识，那么育人要靠人格魅力,要做学生的良师益友。"

北理工数学学院李炳照曾是王越的博士生。李炳照在职读博期间,还承担着学校的数学教学工作,繁忙的工作使他曾对待学业不够积极,对课题研究并不十分上心。王越发现后,就严肃地为他指出:"科学研究应该以问题为导向,而并非以学位为导向。"在王越的教导下,李炳照自觉提高站位,学习和研究越来越严谨起来,最终获得全国优秀博士学位论文提名奖。"我的博士论文撰写过程中,王老师对整个论文进行了详细的修改,给他讨论的一些稿件,他都是用铅笔一笔一画给出修改建议与意见。"李炳照说。

除了学业上的严格要求,王越还春风化雨般把温暖和情感倾注到学生们身上。"几年前我突然患上了腰痛,行动不便,王老师得知后随即托人从美国给我带回了束腰的器械,使我的腰疼得到了缓解。直到现在,王老师还经常关心我的腰怎么样了。"王越的学生罗森林这样回忆。

日复一日,那些王越始终认为"应该做的、不值得宣扬的事情",深深地感动着身边的师生们。

在课堂授课的王越

"所谓大学者,非谓有大楼之谓也,有大师之谓也。"这样的大师,是学问之师、品行之师、人生之师。王越先生便是这样一位大师,一位北理工的大先生!

王越先生见证了国家和民族从站起来、富起来到强起来的伟大转变,并在这伟大的历史进程中,坚守爱国之情与报国之志,牢记教书育人之使命天职,甘当播种机和铺路石,用深厚的学术造诣和独特的人格魅力培育了一批又一批科技先锋、国之栋梁!他坚持教书和育人相统一,坚持言传和身教相统一,坚持潜心问道和关注社会相统一,坚持学术自由和学术规范相统一,立己正身、率先垂范,是北理工老一辈教育工作者的杰出代表,也是新时代全体北理工人身边的榜样和楷模,是令人景仰当之无愧的"大先生"!

文:党委宣传部辛嘉洋
图:党委宣传部郭强
2018 年 4 月 1 日

注:部分内容参考《没有盲区的天空——王越传》,部分图片由校图书馆老科学家学术成长资料采集工程馆藏基地提供。

虚拟仿真团队:"北京8分钟"背后的精彩

2018年2月25日晚,第23届冬季奥林匹克运动会在韩国平昌落下帷幕。按照惯例,奥运会闭幕式上会为下一届奥运会主办城市预留出8分钟的表演展示时间。

作为2022年冬奥会的主办城市,北京此次带来了一场名为"2022,相约北京"的视觉盛宴:不仅综合运用了轮滑演员、地面投影、动态视频和玩偶等表演元素,还首次使用了24个隐形机器人参与表演,以此展现出冰雪运动和中国文化的特点,完美地诠释了2022年北京冬奥会的"人文奥运"和"科技奥运"精神。

2022,相约北京

人们为"北京8分钟"的精彩绝伦拍手叫好,但却不知道,这8分钟的成功,是一群人努力的结果。其中,有一支来自北京理工大学的科技团队,他们凭借源于军工品质的过硬技术,推动学科深度交叉融合,用数不清的8分钟攻坚克难、自主创新,最终成功为"北京8

分钟"保驾护航。他们就是北京理工大学虚拟仿真团队。

8 分钟的背后

2017 年 6 月,基于北京理工大学多年来服务国家重大活动的经验和技术优势,结合表演任务的特点,北京冬奥组委会找到了北京理工大学丁刚毅教授领衔的虚拟仿真团队,希望其能够联合北京电影学院,为北京在 2018 年冬奥会闭幕式上的表演提供技术支持与保障。

丁刚毅团队与总导演张艺谋合影

这次表演任务的意义可谓深远而重大:它既是向世人展示无与伦比的新时代中国风采,又代表着北京正式发出相约 2022 年的邀请函,标志着冬奥会进入北京周期。

因此,接到任务后的虚拟仿真团队不敢有丝毫懈怠,认真准备,在半年时间内不断细化预演系统的功能需求,力求完美演绎总导演及其团队的作品创意。尤其是自 2017 年 12 月以来,技术团队更是克服严寒困难,连续 2 个多月坚持在室外低温作业,协助导演组完成排演训练方案设计与实施工作。

针对"北京 8 分钟"参演要素多、创意过程复杂、排练关联度高等特点,虚拟仿真团队利用影视虚拟制作技术和数字表演与仿真技术,自主研发了两套全新的系统:文艺表演预演系统以及训练彩排与数字验证系统。

"其中,文艺表演预演系统以可视化的界面和图纸、视频等多种数据输出载体,将各种待选表演方案的真实效果进行呈现,帮助导演把控、决策及完善表演方案,从而确定最终方案。"丁刚毅教授介绍说。

张艺谋总导演使用北理工研发的文艺表演预演系统进行讲解

而训练彩排与数字验证系统则可将创意数据转化为执行数据,指导表演要素进行排练,并保证数据在时间、空间上的一致性与准确性。同时,它还能将执行中修改的执行数据在表演要素中同步,帮助导演实时观察演员和道具的队形状态以及演员的姿态,以便指导后续节目的编排;演员也能迅速直观地了解自身与理想运动轨迹之间的偏差并及时纠正,得以实时、快速地熟悉表演方案。

由于这两套系统能够根据表演创意方案,将整场文艺表演的过程全部仿真,较好地保证了前期创意设计与现场排练工作的顺利进行,因而得到了导演组和参演团队的一致好评。

从观众的角度而言,在此次"北京8分钟"的表演中,最让人印象深刻的还要数两只萌萌的大熊猫了。事实上,它们的背后同样有这

"北京8分钟"的演员运用训练彩排与数字验证系统学习滑行路线

支全能团队的技术支持。

虚拟仿真团队以北京理工大学自主研发的双目增强现实智能眼镜为基础,创新性地对此次表演中的大熊猫道具进行了视觉改造:为大熊猫道具的外挂摄像头加装云台,并将其与内部演员的智能眼镜相结合,从而使演员在道具内部也能无差别地观测到外部环境。

虚拟仿真团队还承担了整个表演的数秒倒计时任务,确保排练过程中各项设备的时间统一;同时,团队还"略施小计",开发了赴平昌倒计时专用小工具,以此鼓励整个表演团队,并营造一个积极向上的排练氛围。值得一提的是,这个小程序还设置了"每日之星"功能——系统通过数据研判,可自动提取前一天表现最佳的演员予以展示。

8分钟,从2008走来

"数字表演仿真技术其实是由北京奥运会带动起来的。"团队成员李鹏老师介绍说。

2006年,当北京奥运会开闭幕式筹备工作全面启动之际,导演组

排演现场的倒计时小程序

便找到了丁刚毅,希望北理工能够发挥科研优势,为奥运会辅助编排工作进行技术上的准备。能得到这份信任,丁刚毅非常自豪,但他也清楚地认识到当时研发团队的不足:"那时我们的原型系统只能勉强满足奥运会表演需求的30%,万人级别的人群渲染还不成熟。"

面向剧场和"十运会"的几十人、几百人的动态模拟系统,在北京奥运会导演团队千人、万人级别的宏大艺术构想下,显得有些捉襟见肘。"这意味着模拟仿真系统需要大规模的升级,这在当时无疑是非常艰巨的任务。"为了在技术上尽快达标,他们升级了系统引擎和硬件系统,弥补原始大型仿真系统在大规模人群渲染上的不足。除此之外,他们还与导演组一起,让仿真系统在奥运会的排演设计中唱主角。在往届奥运会中,由于场面相对简单,多采用动画手段进行模拟处理,还原现实场景,仿真编排往往是处于一个辅助的地位,而北京奥运会"要满足万人级别的人群动态模拟,必须借助数字模拟仿真系统"。摆在丁刚毅面前的难题又多了一个——技术和操作上往届奥运会并没有可循之道,"等于是在摸着石头过河"。

除了技术上需要尽快实现突破,让丁刚毅感到压力的还有业内的竞争，"在人群仿真领域，国内还有五六家单位拥有自己独立的系统，他们也在为奥运会做技术上的准备"。这些潜在的竞争对手让北理工团队的担子又重了一些。

2007年4月，一些已经确定下来的开幕式节目在北京周边开始封闭式训练，丁刚毅带领团队随行提供技术支持。随着训练的逐步深入，一些排演中的实际问题也渐渐暴露出来。"当时导演团队分为高台导演和现场导演，高台导演总揽全局，负责整体上的指挥，现场导演则分插到演员中间，进行细节上的指导。现场导演由于置身于人群之中，缺乏整体感，无法准确地理解高台导演的意图，排练效率不高。"团队成员张龙飞老师介绍说。

此时，北理工的技术优势和军工作风显露出来，团队结合排演中的实际问题，迅速研发了一套智能监控系统，通过组建无线局域网系统和监控摄像系统的全角度拍摄，完成导演们的同步交互指挥。现场导演们通过平板电脑，直接接收来自高台的全景图，并可以对地图的任意一点进行实时缩放、拉伸，"如此一来，现场导演有了全局概念，更容易贯彻高台导演的指令"。正是这个看似不起眼，但却很实用的监控摄像系统，让团队得到了导演组的初步认可，获得了一个不错的印象分。

2007年8月24日，北京理工大学组织技术项目的汇报与研讨，为了验证这套系统的精确性与实用性，团队特意对雅典奥运会的开幕式进行了模拟仿真，用数字模型还原雅典现场。"当时开闭幕式工作部张和平部长、张艺谋总导演、陈维亚副总导演、张继钢副总导演听取了报告。没想到会如此顺利，我们演示了30分钟，汇报了10分钟，导演组便一致通过了，9月18日奥组委便下达了任务书。"从此，北理工团队正式担负起了奥运会开闭幕式仿真模拟工作的重任。

2008年北京奥运会开幕式上，"文字""太极""星光"和人体"鸟巢"等亮点节目成功的背后，都有北理工团队的努力与汗水。正是以北京奥运会为起点，从2008年到2018年，丁刚毅带着最初用于军事战场仿真的"黑科技"，走向国家重大活动，走向国际化，在更加宽广的舞台上，演绎款款精彩。

2008年北京夏季奥运会开幕式

8年聚力，锤炼硬功

  一场完美演出的背后，一定有一支杰出的导演及技术团队的默默付出；而一支优秀技术团队的身后，也一定有自己不同凡响的故事。

  台上8分钟，台下8年功。2010年，北京市教育委员会联合北京市科学技术委员会，联合下发了《关于增补北京地区普通高等学校北京市重点实验室的通知》，数字表演与仿真技术北京市重点实验室获批立项，这对团队来说是一座发展建设史上的里程碑。

  提到数字表演与仿真技术，很多人依旧感到陌生。这项技术是软件工程、光学工程、计算机科学等工程科学和艺术学、心理学、社会学等人文学科的交汇点，可谓是一个发展中的全新交叉学科。

  "近年来，国家格外重视发展文化产业和科技产业，学校也高度重视推动新型学科交叉发展，我们积累的技术和经验大有可为。"丁刚毅带领实验室以数字表演与仿真技术为主要研究方向，以面向未来文化创意产业的重要科学问题为牵引，针对数字表演与仿真交叉学科方向自身特点，瞄准国际发展前沿，探索数字表演、智能创意的新概念、新理论、新方法和新技术，广泛开展国际学术交流，加强交叉学科建设，培养创新性人才，构建一流学术队伍，致力于为北京社会经济发展和文化创意产业建设做出更多突出贡献。

在8年的发展过程中，实验室可谓硕果累累：拥有完整的数字表演理论体系与先进的技术支撑平台，在数字媒体、演艺科技、人群仿真等领域特色优势显著；取得了包括论文、专利、奖励等多项成果，培养了大批新型复合型人才；成立了与中央电视台、中央歌剧院的协同创新实验室，对我国文化创意产业的发展起到重要的支撑促进作用。

正是有了重点实验室平台的支持，虚拟仿真团队厚积薄发，技术实力不断增长，陆续承担了多项国家大型活动的数字仿真系统的研发，用北理工人扎实的技术实力为国家盛典保驾护航。

北京奥运会后，团队承担了包括"国庆60周年群众游行仿真设计、训练与指挥系统""国庆60周年联欢晚会数字仿真系统""国家科技支撑计划——舞美设计与布景彩排关键技术研究与系统""抗战70周年纪念大会观礼人员服务管理系统研发和服务""抗战70周年纪念大会气球施放设计和控制仿真系统"等在内的一系列重大项目和任务，并连续9年科技助力春晚。

这其中，让团队记忆犹新的一场硬仗，当属2015年为抗战胜利70周年阅兵活动提供技术保障，团队成员李立杰把它比喻成"一场速度与智力的比拼"。此次阅兵活动中，由于观礼人群规模较大，如何使人群安全有序地集结与疏散，是影响阅兵活动成败的关键因素之一。因此，团队要开发出一套全新的观众人员信息管理和座席安排分配系统，实现对观礼人群的科学合理布局。但是，前所未有的挑战也摆在了团队面前，由于保密要求，留给团队4名师生的开发时间仅有1个月，并且要进行无网化封闭式开发，这意味着代码要从0字符写起，北理工人的硬功夫，经受住了考验。

"我们每天都会熬夜，通宵也成了工作的常态。原来的工作模式是

北理工为抗战胜利70周年阅兵活动提供技术保障

各部委用近一个月的时间碰头,把人员进行上报、筛查、归档直至确认,我们的系统试运行后,仅用1天时间就完成了对4万观礼人员信息的去重和座席分配,极大节约了时间和人力成本。"李立杰回忆起当时的情景,感慨而自豪。经此一战,北理工团队的高效和水平,获得了各方认可,"特别能吃苦、特别能战斗"也成为北理工人闪亮的标签。

2022年,北京将举行冬奥会,北京也将成为历史上第一个既举办夏奥会又举办冬奥会的城市,北理工将接续奋进,瞄准世界科技前沿、服务国家重大战略,书写"奥运有我"的辉煌。在新时代,北理工人将把初心和使命,化作频传的捷报,成为建设中国特色世界一流大学最坚实的基石。

文:《科学新闻》唐琳,党委宣传部王朝阳、王征

图:计算机学院

2018年4月30日

注:本文素材来源于《科学新闻》杂志、人民日报、光明日报、电脑报等,由党委宣传部整理、补充采访而成。

/ 科研人物篇 //

一代又一代,他们在北理工要做中国最好的雷达!

每天清早时分,北京理工大学校园里,一位80多岁白发苍苍的老人都会骑着自行车从北到南绕半个校园来到实验室,开始一天的工作。

老人名叫毛二可,是雷达、信息处理技术专家,中国工程院院士,也是北京理工大学雷达技术研究所创始人。

毛二可

日前,北京理工大学副校长、雷达技术研究所所长龙腾在接受记者采访时表示:"毛二可院士在耄耋之年仍然奋斗在科研教学的第一线,如今我们团队的中青年也传承了毛院士的精神,奉行理论加实践的学风,将雷达事业延续下去。"

投身创业

在毛二可的办公室里,他如数家珍地向《中国科学报》记者讲述了雷达发展史上的关键事件。

雷达作为全时空传感器,最早就是应用于军事,是情报侦察必不可少的手段之一,能在很恶劣的情况下了解敌情。丘吉尔曾说过:"雷达是第二次世界大战时期战胜法西斯的一件法宝。"

20世纪60年代,北理工研制的582超低空雷达

毛二可以不列颠之战为例,指出英国在英伦海峡部署了雷达,能够及早发现来袭的德国飞机,也帮助英国空军以少胜多。另外,为防御德国U型潜艇在大西洋战场袭击英国商船,英国多数飞机和水面舰艇都装备了雷达,能搜索到晚上浮出水面充电的德国潜艇,使得盟国飞机可以在很大范围内打击德国潜艇。

"第二次世界大战初期,美国在太平洋战场上并不占优势,但是凭借先进的雷达技术,先敌发现,先敌采取措施,在很多战役中占据上风,如航母之间的对抗。"毛二可表示,同盟国的雷达技术高于德国、日本,雷达对同盟国赢得战争功不可没。

1951年,毛二可考入北京理工大学(当时叫作华北大学工学院,后改名为北京工业学院)电子工程系,并在毕业后留校任教。1964年,毛二可等人一起参与组建了北京理工大学雷达研究所,为电子工业第十四研究所提供论证支持,他们协助该所在河北宣化地区修建了中国第一个相控阵雷达,也使中国成为世界上少数能够研制大型先进雷达的国家之一。

1989 年,五系雷达技术研究室被评为
机电部教育系统先进集体

随后的几十年,毛二可团队致力于雷达新技术的研究,并将学术研究与实际应用紧密相结合。在此基础上,2009 年,北京理工大学批准毛二可团队成立北京理工雷科电子信息技术有限公司。那一年,75岁的毛二可投身创业。

获评北京高校先进党支部标兵

文化熏陶

龙腾是毛二可的学生,也是雷达技术研究所嵌入式高性能并行实时信息处理研究方向的学术带头人。

龙腾在 2004 年成为雷达技术研究所的所长。他告诉记者:"北京理工大学从事雷达研究的技术团队可以追溯到 1953 年,作为中国地方高校成立的第一个雷达中心,经过三代人的建设发展,雷达技术研究在北京理工大学得到较好的传承与发展。"

其中,龙腾团队从事的嵌入式实时信息处理技术是雷达研究所的特色技术。团队将嵌入式实时信息处理技术内嵌于通信、导航、传感、测控等系统,用于实时完成信息的调制/解调、编码/解码、相关、变换、提取、识别等信号与信息处理任务。

龙腾表示,团队致力于提升我国嵌入式实时信息处理技术的基础研究和自主创新能力,研究解决嵌入式实时信息处理技术领域的关键基础问题，为相关领域技术和产业发展提供核心技术、创新人才和研发平台支撑。

龙腾

采访中，龙腾多次提及雷达技术研究所的学风和文化建设，"培养人、宽容人、凝聚人是毛二可院士传给我们的，如今也是我们的团队文化。"正是在这样的文化熏陶下，本着事业留人、政策留人、待遇留人、感情留人的原则，雷达技术研究所形成了以院士、长江学者为代表的国内一流研究团队。

攻坚克难

龙腾指出，在当今世界以研发各种新体制雷达为主导的科技前沿中，可以说已经有了中国雷达科技工作者的一席之地。

毛二可也介绍了当代雷达的一些有趣应用，比如汽车雷达、边坡雷达、探虫雷达等。日前，由龙腾团队牵头申报的"面向动物迁飞机理分析的高分辨多维协同雷达测量仪"国家重大科研仪器设备研制专项获批。

据悉，该项目着眼于人类生境中的动物迁飞重大生物学现象，着力解决其中的"空中生态系统结构与功能""动物迁飞动力学行为机

2017年度生命科学部国家重大科研仪器设备研制专项现场考察

制""迁飞生物量及轨迹预测"等重大科学问题。

其中,雷达技术研究所副所长胡程主要负责"基于雷达的迁飞昆虫种类识别与轨迹分析探索研究",简称"探虫雷达"。"迁飞动物中,昆虫体形最小、密度最高,监测最难。"胡程告诉记者,"如能突破迁飞昆虫的生物学与行为学参数提取,即可准确获知迁飞动物种类、生物通量和迁飞轨迹。"

胡程

2017年8月28日，贵州毕节纳雍发生山体崩塌。应贵州省国土资源厅邀请，雷达技术研究所产业化公司——雷科防务公司的勇士救援队，携带虎眼AB21型地质形变监测雷达系统（又称边坡雷达），于29日第一时间到达滑坡现场，协助开展抢险工作。龙腾团队成员姚迪参与了毕节纳雍救灾现场抢险。

参与毕节现场抢险

记者在雷达技术研究所的实验室看到了边坡雷达产品。姚迪介绍说，边坡雷达发挥的相关作用主要是针对高速公路和公路两侧的山体滑坡、泥石流和崩塌等一系列地质灾害，帮助对公路、边坡和桥梁进行监测、保证安全。

"目前主要采用人工监测和设点监测等办法，这些方法效率低、精度低，只能进行点状监测，无法全天候和实时监测。"姚迪说，"我们团队拥有自主产权的干涉雷达成像技术，能够获得道路两侧存在滑坡危险区域的3D形变图以及亚毫米形变测量的结果。我们的边坡雷达产品可以把设备架设在被检测范围，实现7×24小时亚毫米监测，进行滑坡预警。"

未来，雷达技术研究所还将在嵌入式高性能并行实时信息处理体系结构、处理模块设计方法、软件设计方法，低成本、航天抗辐照专用实时信息处理芯片，雷达、导航、图像信息处理算法研究等领域继续攻坚克难，并将技术变成更多的产品。

雷达技术研究所合影

文：《中国科学报》沈春蕾

图：党委宣传部

2018年7月6日

/ 科研人物篇 //

周天丰：如燕归来，
"北理工，我的梦想之地"

"19年前，带着梦想，带着期待，也带着青春年少的迷茫，我从湖北黄梅来到北京求学，北京理工大学是我梦想开始的地方。是北理工老师们倾心的爱护与培养，为我播下科技强国志向的种子；是与北理工同学们的结伴同行，让我在知识与思想的沃土中茁壮成长。时光荏苒，我有幸再回到母校，学子变人师，在这筑梦之地，带领新一代学子接续奋进。愿做北理工'家风'的传承者，为培养新时代的北理工人贡献绵薄之力。我有一种自豪感，更有一种发自内心的动力。"这是北京理工大学机械与车辆学院教授、博士生导师周天丰发自内心的表达。

2012年，周天丰结束了在日本6年多的学习、工作，如燕归来，回到阔别近十载的母校，作为一名"80后"的青年学者，他开始在梦想起飞之地，用自己筑梦人生的奋斗，点燃更多的青春梦想！

起航，"好苗子"在实验班茁壮成长

1999年，周天丰考入北京理工大学机械工程及自动化系。回忆起自己的入学之初，周天丰总感到有几分幸运。"我上大一的时候，恰逢赶上学校实行本科教学改革，选取一批高考分数不错的学生参加校内考试，选拔进入小班制的实验班。"

20世纪90年代，北理工立足社会对高等教育的要求，从高等教育改革出发，积极探索本科人才培养的多模式改革，其中影响最大的当属本科教学实验班。从1994年起，学校每年从入学新生中选拔一批品

北京理工大学机械与车辆学院教授、博士生导师周天丰

学兼优、高考成绩优秀的学生,单独组成本科教学实验班。这种专门培养,旨在贯彻因材施教原则,加强基本理论教育,培养基础扎实、知识面广、实践能力强、理工结合的创造性研究型拔尖人才。周天丰就是在世纪交替之际,学校这种创新性的本科教学改革的受益者。

当时,本科教学实验班采取两段式培养模式,前两年为基础教育,培养计划由学校组织专家单独制订,数理核心课程按照高标准、严要求讲授,大量增加实践教学,不仅为学生打下扎实的理论基础,还注重方法论教育和综合素质能力培养,充分发掘学生的智能潜力,开拓思维视野。大学后两年,重点进行学生专业能力培养,为每个学生配备导师。

让周天丰最记忆犹新的是,在课堂上,老师们因材施教,细致耐心地批改作业,亦师亦友地讨论沟通,同学们的学习热情被充分点燃。夜幕降临,实验班的小伙伴便不约而同地结伴自习,讨论功课,分享见解。"当时老师会布置很多作业,班里同学还利用业余时间'充

73991 班本科毕业合影（四排左三为周天丰）

电'，学习氛围非常好，我也从中受益匪浅。"周天丰说。

除了扎实学习之外，周天丰还与同学们积极参加大学生科技竞赛，在解决实际问题的过程中，对数理基础知识的理解不断深化，思考能力、动手能力得到充分的锻炼。在实践锻炼中，周天丰也培养出遇事不慌、善于解决问题的性格特点，这些都成为周天丰在今后的科研之路上开拓进取的坚实基础。

大学的时光，白驹过隙，四年飞驰而过。"我有幸跟随孙厚芳老师做毕业设计，对我来说，真是收获太大了。"回忆起自己的毕业设计，周天丰充满了感慨。周天丰的毕业设计导师是孙厚芳教授，这是一位在机械制造及其自动化、工业工程等领域有着深厚造诣的老专家。第一次到实验室，孙厚芳便把她多年积攒的工学方面独门资料传授给周天丰，拿着资料细致地讲解实验室如何开展科研工作，怎么解决工程中的问题，如何规范地编程软件、做实验、写报告……，并交给他一项装备预研任务。面对孙老师的悉心传授，周天丰带着尊敬和感动，如饥似渴地学习起来，最终出色地完成了发动机缸体铣削加工过程加工变形的建模研究。

"北理工的学习成长，为我走向科研之路，打开了一扇门，良好的学习氛围，高水平的学习资源，老师精心呵护、耐心启发，点点滴滴，让一个懵懂少年心中的科研梦想逐渐清晰而坚定起来。"周天丰说。

归来，学有所成报母校

无论走到哪里，北理工赋予学子勤奋、认真、坚毅的品质，都如影随形，成为他们人生宝贵的精神财富。

2003年，周天丰考入清华大学精密仪器与机械学系，攻读硕士学位，师从王先逵教授和刘成颖副教授。适逢王先逵教授牵头"十五"重大专项"永磁同步伺服直线电机的设计、控制和测试系统的研究开发"，周天丰便负责起直线电机伺服控制系统设计、开发和测试，提高其控制精度和系统稳定性。凭借在北理工打下的坚实基础和勤奋刻苦的作风，周天丰在直线电机的关键部件设计制造与研发中发挥了重要作用。

2006年，周天丰以优异成绩获得硕士学位，并顺利申请到日本政府奖学金，前往日本东北大学工学研究科纳米机械学系攻读博士学位，加入了超精密机械加工领域著名专家厨川常元教授团队。

厨川常元实验室以磨削和切削加工研究为主，从事难加工材料的超精密加工研究。周天丰在攻读博士期间，为实验室拓展了"高效模压成形技术开发"这一全新的方向，也成为世界上最早在玻璃上做微纳结构的学者。周天丰在玻璃非球面光学透镜模压成形加工技术、微细结构加工技术、微透镜阵列加工、菲涅尔透镜加工技术，以及切削、磨削、抛光、放电加工、粉末喷射等加工技术方面取得了突出进展，并在国际期刊发表论文15篇，7篇被SCI收录。周天丰的研究成果实现了光学镜头高感度成像，可以不需要辅助光线便可实现清晰成像，

/ 科研人物篇 //

周天丰与厨川常元合影

这在光学成像领域有着重要作用。

不仅在科研上成果卓著,周天丰凭借导师厨川常元搭建的"产学研"平台,以青年学者的身份,频繁参加汇聚世界一流学者的国际会议,还与世界一流的加工制造企业合作,在学术视野、校企合作等方面全面提升了个人能力。也就是在这个阶段,让周天丰始终心怀感念的母校北理工,又一次出现在了他的视野中,照亮返航之路的灯塔被点燃了。

2008年,北理工王西彬教授与日本东北大学厨川常元教授联合发起和主办第一届微细/纳米机械加工与制造国际研讨会,从资金申请、制定会议议程、组织参会人员等,王西彬与周天丰作为两校两院代表,紧密配合,共同做好研讨会的各项筹备工作。早在北理工读书期间,周天丰便久仰王西彬大名,共同筹办会议,让他与王西彬有了更多深入的接触。会议间歇,这两位北理人共话学科前沿热点,共叙母校情怀,让周天丰深深感受到了来自母校的温暖。

2010年12月,中央人才工作协调小组批准通过了《青年海外高层次人才引进工作细则》，从 2011 年开始，每年引进 400 名左右海外优秀青年人才。2011 年，在学校"以才引才"政策的支持下，怀着求贤若渴之心，王西彬主动与远在日本仙台的周天丰通了电话，代表北京理工大学向周天丰发出诚挚的邀请。

"电话中，王老师给我详细讲解了人才引进细则以及回国后的待遇和发展前景，让我深刻感受到了祖国的召唤、母校的诚意，我认为回国后将大有可为！除此之外，能回到母校，回到我梦想开始的地方，我心中还有一种激动，这更让我回到北理工义无反顾！"十几分钟的通话，成为周天丰职业生涯的转折点。

2012 年 9 月，怀着科研报国之心，带着建设母校的责任感与科技强国的使命，周天丰回到北京理工大学。

扎根，让梦想在北理工飞得更高

周天丰回国入职，学校为帮助优秀青年人才尽早尽快落地生根，集中力量在一个月内，帮助周天丰解决了办公室、实验室等资源保障问题。"当时我刚回国，急需采购实验设备，但是在审批手续上遇到困难，导致设备无法及时就位，当时担任院长的项昌乐教授亲自出面帮我协调，学校许多部门积极帮助。终于，我比较快地落实了研究生招生指标、实验设备采购等。这保障了我的工作顺利开展。"周天丰说。

实验、办公用房、仪器设备等物资快速保障，硕士、博士生指标迅速落实……除了在人力、物力方面支持青年教师，北理工良好的科研学术氛围，也为周天丰提供了潜心学术、专注科研的优良环境。周天丰所在的先进加工研究所共有 8 名专职教师，大家不仅共同分担所里的行政工作，还积极主动在实验平台、实验数据等方面合作共享。

在学校"爱才、惜才、容才"的环境中，在理工融合的大氛围中，周天丰扎根这片学术沃土，与光电学院、材料学院、物理学院、生命学院等进行交叉合作，共享资源。"交叉研究能够打开双方的思路，实

周天丰在实验室开展实验研究

现优势互补。在完成'青年973'项目'玻璃微纳阵列高效超精密模压制造基础研究'中,升级系统需要设计与加工共同发力,光电学院在设计上给予支持,我在加工方面给予保障,将双方优势相结合,产品设计、制造质量得以全面保障。"周天丰对学院、学科之间的合作给予高度评价。

在学校的资源保障下,周天丰把自己在日本期间的研究方向落地到北理工,不仅把玻璃透镜研究做到极致,还积极拓宽该研究的应用范围。目前,周天丰的研究成果已经在航空航天、兵器领域、安防监控等领域进行推广应用,可以说一条"产学研"相结合的道路已经在周天丰脚下形成。

"回国后,母校全面支持着我,给予我很高的起点、坚实的支持和一切可能的帮助,使我能够在自己擅长的制造前沿技术方向上顺利过渡、前行与开拓。"周天丰怀揣着感恩的心前行。

点燃,让梦想在北理工接续起航

从 2012 年入职,在不到 6 年的时间里,"80 后"的周天丰不仅重任在肩,更是挑起了大梁。周天丰不仅担任"青年 973"首席科学家,还主持了国防基础科研、国家自然科学基金等重大项目,并荣获霍英东教育基金,取得一批学术研究成果。虽然取得了斐然的成果,但是教书育人始终是周天丰最看重的。

周天丰指导学生开展科研工作

"学生培养得好不好,是考核我作为教师最重要的一项指标。"虽然科研、行政工作不断增多,但周天丰在人才培养方面也给自己立下了"军令状"。

"育才造士,为国之本。"为国家培养人才,传承北理工精神品格,周天丰就是带着这样的初心回国,亦是对母校的感恩回报。正是基于此,时刻关注与陪伴,充分激发了学生的内生成长动力,成为周天丰培养学生的特色。课题组每周一次的例会,周天丰从不耽搁,他总是认真倾听学生们的汇报,并给予中肯的反馈和指点。"汇报中,周老师不是在安排任务,而是充分调动我们的学习积极性,和大家自由研讨,听取建议,还经常分享自己的经验,这种交流也让我们在快乐中成长进步。"这是机械学院 2015 级博士生董晓彬发自内心的分享。

2014 年，解加庆从中北大学考入北京理工大学跟随周天丰攻读博士学位。在四年的时间里，他不仅拿到了国家奖学金、博士育苗基金、四次学业奖学金一等奖及两次优秀研究生等荣誉，还参加近十次国际、国内学术会议并作口头报告。解加庆的快速成长，有目共睹，这都源于导师周天丰的悉心培养。"在周老师看来，没有培养不好的学生，周老师非常擅长挖掘学生的优点。而且他言传身教，为我树立学习的榜样。不管周末、假期，还是半夜，只要有事找他，他必然回复。在他心里，学生的事情都是大事，我们能切身感受到老师用心的陪伴。"解加庆说。

如今，"80 后"的周天丰也已培养硕士生 12 名、博士生 4 名，他们在先进加工领域的科研单位、一流企业崭露头角。学生们的出色表现，是对导师辛苦付出的最好回报。

青春年华，在北理工起航成长；而立之年，如燕归来，落地生根。在北理工的热土上，传承红色基因，建功立业，服务国家，瞄准前沿，点燃更多的青春梦想，将人生理想书写在建设中国特色世界一流大学的宏伟篇章之上，是周天丰不懈的追求。

文：党委宣传部马瑶
图：党委宣传部徐思军，机械与车辆学院
2018 年 7 月 20 日

张加涛:让纳米半导体"1+1>2"

2017年8月,一篇题为"胶体纳米晶的异价掺杂:阳离子交换提供掺杂发光和掺杂能级调控新途径"(Heterovalent doping in Colloidal Semiconductor Nanocrystals: Cation Exchange – Enabled New Accesses to Tuning Dopant Luminescence and Electronic Impurities)的论文,以封面文章的形式,在国际知名物理化学学术期刊《美国物理化学快报》(Journal of Physical Chemistry Letters)发表,并受邀以视频形式在美国化学会网站进行专题报道。该杂志主动约稿的封面文章,来自北京理工大学材料学院张加涛教授团队,它代表了国际业界对我校在纳米级半导体研究领域成果的积极评价。

2016年12月22日,《美国物理化学快报》向北理工张加涛团队发来一封邀请邮件,邀请为其撰写一篇展望论文(perspective),以介

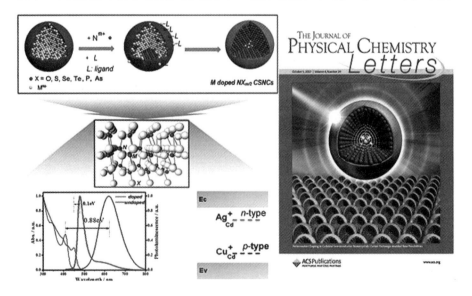

所发表文章

绍北理工在半导体（II-VI族，III-V族）纳米结构中异价掺杂领域的研究成果。

"perspective 一般由编辑部邀请撰写，而非自己投稿，我们的团队之所以能够为业界所了解，受到该刊物的邀请，主要是因为我们一直在纳米材料与能源化学领域专注半导体纳米晶的掺杂问题，并进行了原创性研究。能够受邀撰写 perspective，并在杂志的封面发表，我想这是对北理工在该领域的研究成果及其在业内的引领作用最好的肯定。"作为北京理工大学的首位徐特立特聘教授，张加涛这样认为。2018 年 3 月，因在无机纳米材料化学领域做出的突出贡献，张加涛受聘为英国皇家化学会会士（Fellowship of the Royal Society of Chemistry）。

用新原理、新方法，在纳米间为半导体"摆弄"杂质

半导体之所以能被广泛应用在光电领域中，核心原理就是在其微观的晶格结构中植入杂质，以改变其电性，实现对光、电、磁等性质的调控，使其能够应用在高效率发光器件、太阳能电池、自旋电子器件等新型光电、新能源器件中。纳米技术的兴起和蓬勃发展，给予了人们通过直接操纵原子和分子的排布，创造具有全新功能性新物质的可能性。因此，当半导体材料遇到了纳米技术，就形成了一个前景广阔的新研究领域——半导体纳米材料。半导体纳米材料凭借优良的光化学稳定性和诸多未知的材料特性，引发国际科学界的广泛关注与兴趣，迅速成为最为前沿的科学研究方向。半导体纳米晶材料，或者称为半导体量子点材料，是最具代表性的半导体纳米材料之一。

"我们熟知的硅谷就是各国半导体工业聚集区的代名词，硅就是一种半导体，之所以能够加工成为电子器材，就是因为在纯半导体硅里加入了杂质，使其纯度下降，并产生发光、发电等其他性质。"张加涛笑称自己做的是"1+1＞2"的事，"但我做的不是诸如硅这种传统半导体，而是更有难度的 II-VI，III-V 族半导体纳米晶材料"。

在半导体纳米晶材料的研究中，要实现材料的广泛应用，关键就

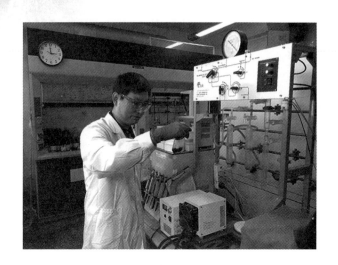

在实验室工作

是要解决纳米级的精准掺杂问题。但是，由于半导体纳米晶材料尺寸小，自清洁（或者说自排斥）效应使杂质在其中很不稳定，因此，实现精准掺杂难度很大。如何使杂质在半导体纳米材料中稳定地发挥作用，就成为该领域面临的一道国际性难题。

张加涛带领研究团队通过近三年的研究，利用纳米化学方法，通过选择不同膦配体引发的被掺杂离子的非晶半导体纳米颗粒与主体半导体阳离子之间的离子交换反应，调控其反应的热力学和动力学过程，实现被掺杂离子在半导体纳米晶（II-VI族等）中的深度位置的异价取代性掺杂，实现了Ag^+、Cu^+离子等在II-VI族半导体纳米结构（量子点、纳米片、2D薄膜）中的深度取代性掺杂，并且掺杂浓度可控。该研究方法被国际量子点物理等研究领域知名专家所引用，并给予了高度评价。

正是基于这样的研究突破，张加涛团队实现了II-VI半导体量子点中稳定、高效的掺杂发光（绝对量子产率可达50%以上，稳定1年以上），有效避免了"自清洁"引起的掺杂发光不稳定性；另外，利用Ag^+、Cu^+的异价取代性掺杂，实现了p型、n型II-VI族量子点的制备及掺杂能级调控。此外，他们还利用原位甲基丙烯酸甲酯配体交换，实现了这些掺杂纳米晶在有机玻璃里的宏观尺寸的均匀分散，进一步增大了斯托克斯位移（Stokes 位移），达到 0.85 eV 以上，实现了优良的荧光聚集性能。

"我们的研究通俗点说，就是让杂质可控地固定在纳米晶内部的精准位置，这对纳米半导体材料的意义重大，可以让杂质参与半导体的能量传导过程，并且成为不消耗能量的真正'杂质'，从而实现为半导体纳米材料加入杂质的'1+1>2'的效果。"张加涛教授通俗地概括了这一成果的最终成效。

北理工在纳米晶材料研究领域取得的研究成果，也得到了国际同行的肯定，相关研究成果陆续发表在顶级 SCI 期刊《德国应用化学》《先进材料》《NPG 亚洲材料》《物理化学 C》杂志上，值得一提的是 Nature 杂志网站还以"量子点：取向连接成纳米片"为题对团队的研究做了专题报道。

之后，张加涛团队在异价掺杂纳米晶研究的基础上，又聚焦贵金属形成金属/半导体异质纳米晶的研究，实现了这一复合结构的进一步能带工程调控，即在纳米尺寸上实现了金属与掺杂半导体的结合。在取得研究突破的同时，团队还积极从该半导体材料的特性出发，积极探索其在新能源领域的应用，所形成的研究成果也相继发表在《先进材料》杂志上。

"半导体纳米材料形成更多种类的异价掺杂后，组装成膜可以形成 PN 结器件，也就是由不同种基材组成的半导体基片，进而可以制作成场效应晶体管、发光二极管、太阳能电池等，这是我在 perspective 里提到的展望。新原理、新方法，之后才会产生新材料。我们做的就是探索最前沿的原理和方法，为日后学界和业界新材料的制造、应用提供指导性意见，说不定还能引发一场材料界的工业革命呢！"说起自己的研究，张加涛非常自豪，"做别人没有的，才是有趣的！"

敢攻关、敢坚持,做一流教师,建一流学科

张加涛对科研工作有着异乎寻常的执着,他常对学生讲:"世上无难事,只要肯登攀。攀登科学技术高峰,只要敢想敢做、坚持去做、努力去做,一定会有所收获。"在国外求学期间,张加涛每天早晨9点进入实验室,晚上11点才离开,这位被称作"911"先生的张博士每天中午只在实验室隔壁的小屋子里用半个小时吃饭,之后便又一头扎进实验室中。正是多年来在纳米材料化学方面的钻研不辍,他带着丰富的学术研究经验、卓越的研究成果和执着的科学精神,回国后受邀成为北京理工大学首位徐特立特聘教授。

张加涛所在的研究团队目前有 5 名教师,均具有海外留学背景,团队研究生保持在 40 人左右,其中包括 2 名留学生。近年来,张加涛以第一作者、通讯作者在《自然》《科学》《德国应用化学》《先进材料》《纳米快报》等学术期刊发表了 40 余篇论文,ESI 高被引 3 篇。2013 年获"国家优青"资助以来,发表通讯作者论文 40 余篇,他引 3 000 余次,单篇他引最高 710 余次,授权专利 5 件,受邀英文专著 4 部/章。团队培养博士生曾 2 次获得北理工优秀博士论文,其中纪穆为博士的博士论文获得了第二届中国材料研究学会优秀博士论文奖。

除了做好一名青年学者,张加涛把成为一名好老师作为自己的目标。张加涛非常关注学生们的兴趣所在,帮助学生选择与前沿领域相关并符合个人兴趣、特点的课题。他鼓励优秀的本科生进入实验室,提高动手能力和实验水平。多阅读国内外著名学术期刊的高水平文章,在学习他人经验的同时逐渐培养自己的独立思考能力,也是他时常的建议。

张加涛鼓励学生在科研方面培养创新精神,不错过灵感闪现的瞬间。"刘健和赵倩都是我的硕士生,他们都相继获得了北理工优秀毕业论文,在用离子交换法制备 CdS 量子点的实验时,他们发现本该发黄色荧光的量子点发出了红色荧光,还非常稳定。学生以为实验操作过

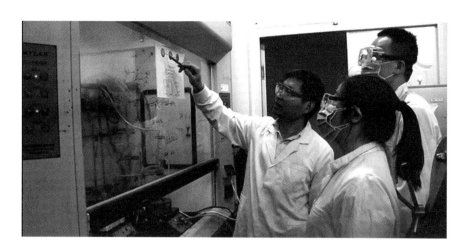

指导学生

程中犯了错误,当时找我说明情况时还满带愧疚之情。但经过仔细地分析表征后,我发现这并不是实验操作过程中的错误导致,而是一个新的现象,于是我和学生一起深入研究该现象,得出了异价掺杂所产生的掺杂性能新发现,并最终将这一研究成果发表在了《先进材料》杂志上。"

在张加涛看来,始终瞄准世界科技前沿,加强基础研究,在原始创新领域取得世界一流的原创性成果一直是团队努力和坚守的方向。2017年12月18日,张加涛与意大利米兰比可卡大学Sergio Brovelli教授合作,在国际纳米科技权威杂志《自然·纳米技术》(Nature Nanotech. 2018, 13, 145)发表了最新研究成果。研究结果表明通过非磁性杂质掺杂而诱导的激发过程可以获得光学可转换的磁性纳米半导体材料,实现其光、电、磁学性能有效调控,促进其在光电自旋器件的应用。值得注意的是,该工作的主要实验工作由意大利米兰比可卡大学在读博士研究生Valerio Pinchetti及北京理工大学材料学院在读博士研究生邱秋梅完成,美国洛斯阿拉莫斯国家实验室Scott A. Crooker教授进行了磁光性能测试,张加涛及北理工材料学院分别为共同通讯作者及第二通讯单位。这项成果得益于北理工外国专家引智计划的支持,也成为学校推进新材料科学与技术一流学科群建设国际化的典型范例。

正是因为有一批像张加涛这样的优秀教师，北理工沿着"5+3"的一流学科群建设之路，步伐坚实地迈向世界一流。在建设中国特色世界一流大学的宏伟事业中，"张加涛们"将在北理工的发展蓝图上，在自己的人生画卷上，写下一笔笔精彩的篇章。

文：党委宣传部 王朝阳

图：材料学院

2018年7月30日

/ 科研人物篇 //

王国语：在空间法的舞台上，追逐航天强国梦

外层空间是指空气空间以外的整个空间，任何国家不能对外空主张权利。外层空间法，简称空间法或外空法，是国际法的一个新分支，是指调整各国探索和利用外层空间活动的原则、规则和制度的总和。

空间法学科是北理工的特色学科之一，经过多年来的悉心建设，不仅水平在国内处于前列，也具有了较强的国际影响力，特别是在外空国际规则谈判、航天立法研究和实践领域，形成明显优势。在空间法学科建设的背后，有众多航天法律人的默默奉献、耕耘奋斗，王国语，就是其中的优秀代表。

王国语

初识空间法，结缘联合国

一个人和三段经历，改变了王国语的科研轨迹，与空间法的不解之缘从北理工开始。

"2006年，学校依托法学院成立了北京理工大学空间法研究所，北理工也成为全国第三家成立专门空间法研究机构的高校。研究所成立的初衷是希望依托学校理工特色和国防科工系统资源，发展与国防科技工业紧密联系的特色法学学科。"时任研究所所长的李寿平教授回忆说。而作为北理工空间法学科带头人，李寿平教授也是王国语走进空间法领域的引路人。

2008年9月，王国语入校之时，不断加强空间法学科建设是李寿平教授心中的大事，组织学生参加国际空间法模拟法庭竞赛成为加强空间法人才培养和扩大国际影响力的重要工作。因此，李寿平教授希望王国语能够担任国际空间法模拟法庭全英文竞赛的教练。

虽然王国语毫不犹豫地接受了这个任务，但对于主要以国际私法和法经济学为研究背景的王国语来说，空间法是个崭新的领域，心中不免忐忑。"信心都是在实践中积累起来的，年轻人不要怕！"李寿平教授的话给了王国语莫大的鼓励，至今让他记忆犹新。此后，王国语从最基础的理论开始，夜以继日地学习补充空间法领域的知识。在李寿平教授的悉心指导下，经过半年多的准备和国内赛的历练，李寿平教授完成了对王国语的"传帮带"，随之大胆放手，让王国语独自带队准备和参加了在澳大利亚举行的亚太赛。

2009年，王国语带队前往澳大利亚悉尼参加国际空间法模拟法庭亚太区竞赛，首次出国的王国语带领队员们面对的挑战着实不小。例如，由于漏听或误听了比赛规则，队员在赛前领取的对手书状上进行了标注，而按照比赛规则，这是要被扣分的。为了让队员们安心备赛，王国语独自在夜晚的悉尼街头寻找打印社，走了十几条街，终于重新制作装订好了书状。如此突发状况，在接下来的几天中不时出现，一周下来，王国语竟然瘦了十斤。不过，在大家的团结奋斗下，北理工荣获本次亚太赛"最佳团队"奖。在随后两年时间里，王国语连续带队参加国际空间法模拟法庭竞赛的国内赛和亚太赛，几乎每年都付出近半年的时间用于备赛辅导，正是在高强度的工作状态中，王国语不仅提升了专业英语水平，也完成了在空间法领域的知识积累。2011年，王国语赴美国密西西比大学国家遥感法及航空航天法中心进行为期一年的访学。其间，他通过给美国学生授课、在国际论坛作报告等历练，再次提升了英语和专业水平，并且在国际空间法的世界顶级刊物《空间法期刊》发表了研究成果。带着对空间法研究的兴趣与自信，王国语决定将空间法作为自己今后的研究方向。

王国语于 2018 年 6 月参加在维也纳举行的联合国外空委大会外空活动长期可持续性工作组最后一次谈判

访学同时，王国语还承担了中国空间法学会"外空活动长期可持续性问题"的课题研究。在 2012 年 5 月的结题答辩会上，王国语的研究成果得到了外交部和国防科工局相关负责人的充分肯定。随后，王国语积极申请加入中国代表团，赴联合国外空委参加外空活动长期可持续性工作组的一线谈判，从而成为中方谈判专家队伍中唯一来自高校的代表，亲自参与联合国外空国际规则制定的谈判。七年间，王国语 17 次参加联合国外空委会议和谈判工作，这为他的空间法研究提供了学以致用的最佳舞台，极大开阔了学术视野。鉴于王国语的出色表现，外交部条法司和国防科工局系统一司（中国国家航天局）还先后向学校发来了表扬信和感谢信。

谈及与联合国结缘，王国语颇为感慨："空间法研究，是理论和实践相互促进的过程，不仅需要自身潜心研究，更需要打开视野，熟稔各国的关切，紧密追踪和预判外空规则制定的热点以及各国动向。与联合国的结缘，不仅让我从国际空间政治和空间外交的角度对国际法和空间法有了全新的认识，更为重要的是也让我深刻体会了国际规则谈判对于捍卫和争取国家利益的重要性。"

发出中国声音，捍卫中国立场，做出中国贡献

习近平总书记指出"探索浩瀚宇宙，发展航天事业，建设航天强国，是我们不懈追求的航天梦"。

做航天大国强国，不仅要靠硬实力，而且也需要软实力、巧实力和锐实力。加强空间法研究，符合国家航天事业发展对于软实力建设的迫切需求。"虽然空间法只是国际法中的小领域，但背后蕴含巨大潜能的航天产业和不断壮大的航天事业，为空间法的发展提供了广阔的舞台。"王国语对空间法学科有着自己的理解。

在参与联合国外空国际规则制定谈判中，王国语注意到，在谈判桌上，世界航天大国的谈判专家大多具有技术工程与空间法律的交叉背景，而中方则需要技术专家和法律专家在现场同时配合开展谈判，谈判效率和效果则大打折扣。因为深感空间科技工程背景对于空间法

谈判的重要性，王国语更加重视对航天技术、航天工程和中国航天情况的学习了解，并广泛和深入地与国内航天管理部门、企事业单位和科研院所建立了合作关系。

2014年，王国语受聘为英国皇家国际事务所（Chatham House）高级研究员，在这个世界排名第二、欧洲排名第一的智库从事了半年空间政治和国际关系研究。"有人称我为懂航天的法律专家，其实要做好空间法研究，仅仅了解航天是不够的。政治学和法学的交叉融合、空间科技与法律政策的交叉融合是中国的外空、航天智库建设的必由之路。"王国语这样分享有关空间法学科发展的心得体会。2012年开始，王国语又深度参与了《中华人民共和国航天法》的论证和起草工作，并受国防科工局委派，担任多个中方参与的航天国际组织或国际会议的中方法律顾问或政策专家。2016年受聘于国家航天局探月与航天工程中心，任外空法律顾问。

伴随着中国发力建设航天强国，中国的空间外交也大有可为，而外空国际法建设也成为空间外交合作与斗争的焦点，参与其中的王国语将爱国情怀倾注于对国家利益的亲身捍卫。"在2014年2月一次谈判中，我是中方的主谈专家，某些国家与我们就某个条文持有不同意见，他们趁着我去和担任主席国的南非代表磋商的时候，竟然在中国代表未在代表席的情况下，'挟持'主席通过了对我们中国不利的案文。发现这个情况后，在中国代表团的支持下，我怒斥了某些代表团的行为，并向其他代表团澄清了误会。最后，当事人以及工作组主席纷纷向中国致歉。"在最后一天的谈判中，关于工作组报告的措辞，各国立场不一，并形成两种对立的观点，谈判即将陷入僵局。按照先例，如果各国无法达成一致，谈判将一直持续至深夜直至会期结束。此时，王国语提出的折中建议得到了各方的一致同意，谈判由此提前结束，之后多个国家的代表来到中国代表团席表示感谢。

对王国语来说，他用在空间法领域的奋斗诠释自己的家国情怀，他凭借多年谈判的经验积累和专业素养，捍卫了国家利益，为国际空间规则制定和研究做出了中国贡献。"有些东西是在书本上永远体会不

王国语于2018年在日内瓦举行的联合国裁军研究所外空安全会议上做特邀报告

到的。"作为一名北理工人，王国语为自己能够用所学报效国家而深感荣幸和自豪。

十年间，王国语不仅多次参与联合国外空国际规则谈判，以及其他高级别的国际论坛和项目，还积极与国际政府间组织、国外知名空间法律政策高校、智库和科研院所开展广泛而深入的合作，主动参与组织国际高水平学术会议、开展学术互访和翻译权威专著……。功夫不负有心人，锐意进取的王国语逐渐成长为我校空间法团队中的优秀青年学者，成为北理工空间法学科的学术骨干。

教书育人，师道之本

"胸怀壮志是培养学生的灵魂所在，无情怀、无理想，再优秀的专业人才、复合型人才也只是精英利己主义者的池中一物而已。"

"人才是中国空间法事业发展的前提和核心。"长期从事空间法教学，王国语的感受颇深。王国语曾为法学院的本科生和研究生讲授"国际私法"，并承担本科生"法律经济分析"的授课工作。随着科研重心的调整，王国语逐渐将授课课程集中在空间法领域，本科生课程"航空与航天法"、双语课程"外层空间法"和留学生及研究生的全英文课程"国际空间法"成为他近几年教学的重点。

王国语特别注重对授课内容进行及时更新，经常结合当下发生的

王国语于 2017 年参加在哈尔滨举行的
亚太空间合作组织成员空间法律政策培训

航天热点问题或案例，调整教学内容，力求生动，受到了学生的喜爱和认可。"老师知识渊博，授课风趣幽默，注重课堂互动，收益颇丰。"这是学生们对王国语的教学评价，"上课时王老师经常把最新发展的热点问题信手拈来，外空旅游、大型空间物体再入、空间碎片主动移除、外空采矿和外空战争等，他总是能以最形象生动的方式将这些看似遥不可及的问题讲透，让我们记忆深刻。"

"教书育人，师道之本"，除了讲授专业知识之外，王国语还是一位注重培养学生理想和情怀的老师。"古往今来，志当存高远，以天下为己任，素为中国知识分子之精神圭臬。"在王国语看来"教书育人，师道之本"，就是应该教育学生在飞速发展的时代中，面对物质的诱惑，始终保持中国知识分子的高远志向，只有拥有家国情怀，才能在奋斗中建功立业。

"民族大任、家国情怀，需要强调，更需要培育、呵护、引导和支持。"在采访中，王国语对学校提出的人才大类培养改革"要紧密围绕

王国语参加 2018 年 6 月北理工国际法空间法方向研究生毕业答辩

'招''培''管',在'大、改、质、实'上下功夫"感触颇深:"梅贻琦先生谓之'大学之大,不在于大楼,在于大师',但大师又从何而来呢?国外引进?深山练就?大师都曾是学生。因此,大学的关键是学生。"对于同学们,王国语总是提出这样的希望:"力求温饱,则可追求独立思考,情怀赤诚,正直周到,敏锐顽强。我和大家共同努力。"

"大道不失,蹊径不辍","十年磨一剑"的王国语,矢志不移,驰而不息。在建功立业的新时代,追逐航天强国梦和建设世界一流大学,北理工空间法学科大有可为!

文:党委宣传部赵琳、王征、王朝阳
图:党委宣传部郭强,法学院
2018 年 10 月 5 日

/ 科研人物篇 //

孙逢春：改革开放四十年，我的中国电动汽车梦

"我做了近40年的汽车研究，主要是新能源汽车。"

从一片虚无到如今的生机勃勃，我国新能源汽车产业今非昔比。自20世纪80年代，认准电动汽车是汽车未来发展方向的孙逢春，几十年坚守在这个领域，心无旁骛、锲而不舍，创造了中国新能源汽车行业的诸多第一：制造出我国第一辆电动大型豪华客车、第一辆电动公交客车、第一辆低地板电动客车、第一辆燃料电池电动轿车，建成了我国第一个电动车辆国家工程实验室及技术成果转化基地、第一个2011协同创新中心、第一个国家大数据监测平台……

孙逢春

孙逢春，1958年生，湖南临澧县人，中国工程院院士、北京理工大学机械与车辆学院教授。伴随着改革开放的40年，我国新能源汽车从起步到繁荣。回溯过往，我国新能源汽车从起步、高速发展到黄金时代，孙逢春都参与其中，带着对中国汽车事业的热爱，奋斗不辍，建功立业，成为中国新能源汽车行业的领军人物。

"改革的春风,让我走出大山,结缘电动车"

"我出生在湖南临澧县的一个偏远山区。1966 年上小学,到高中毕业,总共上了 8 年学,16 岁回乡下干农活儿,修过拖拉机和抽水机、当过民办教师、做过砖瓦工等很多事情。后来研究电动汽车得益于早年修理拖拉机锻炼出的动手实践能力。"

求学时代

1977 年 10 月下旬,国家宣布恢复高考,正在湘西北临澧县九里乡山脚下的一座砖瓦厂当砖瓦工的孙逢春,几经波折,成为公社十届高中生、近 800 名高考报名者的最后一位,此时距离高考只有 3 个星期。凭借中学打下的好底子,1978 年,孙逢春如愿走入大学的校门。作为恢复高考后的第一批大学生,四年后,孙逢春又考取了北京工业学院(现北京理工大学)车辆工程学院硕士研究生,两年后又考上博士研究生,从此展开了自己的汽车梦。改革开放,长期以服务国防为主的北京工业学院,瞄准国家战略需求,迎来了自己的"五个历史性转变",由封闭到开放,为京工学子们打开了国际视野,提供了更好的学习深造机会。1987年，作为首批中德联合培养的博士生，孙逢春又赴德国柏林工业大学深造。

德国汽车工业的深厚积淀，让孙逢春如饥似渴地吸收知识养分，用了不到两年的时间就完成了通常需要四五年才能完成的博士论文。在德国学习期间，孙逢春的导师魏鲁麦特教授提出要留他在德国工作，并表示："再留下干一年，博士学位由我们柏林工大给。"

"可我为什么看不起自己国家的学位呢？"孙逢春想到当年在黄土地耕作的父母亲，想到了北理工导师陈肖南教授的殷切嘱托，"作为中国人，走出国门才更深地体会到国家强盛是多么重要。尽管那时候中国已经打开了改革开放的大门，桑塔纳轿车也在中国投产，但当时中外汽车工业差距之大，让我们这些留学生都有点抬不起头。中国虽穷，我们总不能让中国一直穷下去吧！我们中国的事还是要中国人自己干！"1989年，孙逢春在德国完成博士学位论文，在每月6 000马克（约28 800元人民币）与每月92块人民币的悬殊中，年轻的孙逢春意气风发、毅然回国。

读博期间，孙逢春逐渐认识到电动汽车是汽车行业未来的发展方向之一，但并不了解详情。由于跟导师做了很多项目，加之他非常聪明，导师魏鲁麦特两名助教做了5年都没有做出来的项目，孙逢春半年多就做出来了，因此导师非常喜欢孙逢春。"在回国前，我跟教授说想复印些资料带回去，他就把复印室钥匙给我，让我随便用。就这样，我在图书馆找了很多电动汽车相关资料，复印下来，装了一小集装箱。当时就有预感电动车一定是未来的发展方向，想好好研究。"

这是孙逢春和电动汽车的第一次结缘。他说："从中学回乡修拖拉机开始，我就与汽车结下了缘分，是国家的改革开放让我有幸结缘电动车，有机会为国家、为中国的汽车事业建功立业。"

"我们造出了'远望号'"

从零起步，白手起家。改革开放初期，中国汽车行业自主发展机会不多,汽车业人才更是寥寥无几。凭借仅有的 3 万元回国人员基金,孙逢春面对电动汽车高新技术含量高、制造难度大、投资风险高的困难,扎根北理工土壤,发扬奋斗精神,艰苦攻关,步步为营。

"我真正接触电动汽车是在 1992 年。"

1992 年,美国政府和中国政府联合开发,把军用电驱动技术转为民用大客车技术,中方当时是国防科工委牵头支持,美方是国防部主导。当时在国内找了很多院校和企业参与,比如国防科技大学、北京理工大学、西北工业大学、胜利客车厂、长安汽车等。项目调研时,北京理工大学机械学院的一位副院长找到了孙逢春,因为他外语好、懂业务,可以作为技术翻译。

项目谈判历时两年,在第一次谈判结束回来的路上,原国防科工委将军沈荣骏对孙逢春说:"小孙,中方合作委员会的技术负责人就是你了。"1994 年,年仅 36 岁的孙逢春当上了军转民电动客车的总工程师。

机、光、电、化,每一项技术的开发与创新都融入了孙逢春的心血与汗水。经过前期几年的积累、研制与不断完善,1994 年,我国首部纯电动公交车"远望号"试车成功,得到国防科工委、北京市政府的高度肯定,年轻的孙逢春崭露头角。

孙逢春与"远望号"

电动客车项目做完之后，两国政府提供的项目经费也用完了。1996年，香港的中华电力公司想购买这款电动客车，付款200万港币的定金。"我们打算先做两辆车，然后再批量生产。当时说得好好的，美国的西屋公司、格鲁门公司和休斯公司提供动力系统、电机控制器、变速器，再加上充电机，一套价格是4万美元。结果他们突然涨价到每套10万美元。光是动力系统就已经达到这个价格，入不敷出根本没法做，只得把香港公司的定金退回去。"这算是对孙逢春打击最大的一件事，他也再次坚定了要掌握核心技术的信念，决定自己研发电机和控制器。

在1992年加入中美电动车项目之前，孙逢春已是北京理工大学振动与噪声实验室主任。当时这个实验室是全校科研和经济效益最好的实验室，同时他也是汽车、摩托车减振器检测中心主任。

"但是，我从1994年正式进入电动车项目后就辞职了。我认为找到了正式项目，实验室主任不当也罢。""净身出户"的孙逢春跟自动控制学院一位老师带着两个学生，从学校借了一间储物间做办公室。"刚开始起步，一切从零开始，我们买了四套桌椅、一台计算机和一台打印机，工作就这样开始了。"

经历了一年多的时间，成果终于做出来了，1997年，北京市正式立项，这是我国第一套完全自主知识产权的电机电控系统、自动变速传动系统，而且原理上比国外要先进，能效比也比国外高。之后，该项成果还获得国家科技发明奖二等奖。

与奥运结缘，让中国电动车闪亮世界舞台

1998年到2000年期间，孙逢春是北京市申奥交通领域的技术成员。"如果申奥成功，要在奥运中心区实现公交系统零排放"，这是1999年申奥时北京对世界做出的承诺。奥运申办成功之后，新能源汽车因此成为"科技奥运"的12个重点专项之一，孙逢春也自然而然地成为此项目的首席专家。

"我清楚记得，时任国家副主席的习近平同志在考察时对我说，车不能出问题，因为 24 小时在运行。为了奥运项目，我们做了很多技术攻关。要实现电动汽车在两个多月内 24 小时不间断地运行，挑战是很大的，而且技术人员进不去鸟巢那些场地，只能在场馆外监控。"2003年，当孙逢春得知技术人员无法进入奥运核心区的时候，就马上做起了新能源汽车的远程监控，并在北京市道路上进行可靠性运行测试。"回想起来，其实这就是今天我们所做的车联网的前身。"

2008 年奥运会期间，孙逢春带领北理工团队研发的 55 辆中国自主创新的纯电动大客车行驶上路，为奥运官员、媒体记者和运动员提供 24 小时服务。在世界奥运史上首次大规模使用电动汽车，实现了奥运中心区零排放，兑现了北京奥组委"科技奥运、绿色奥运"的承诺。

然而，在绿色、科技、舒适的电动车背后，是北理工团队数不尽的辛劳。为了这份责任，孙逢春的作息时间表里，数年来看不到一个周末和节假日，上班时，他的全部时间都用在了实验室里，推进课题研究；下班后，他便马不停蹄地奔赴密云、通州和丰台三家生产企业，指挥生产电动客车，一个月驾车行驶近万公里。"当时我们每天都要开车到通州调车，无论是深夜还是严冬，都在不断地攻关、调试，一定要把车搞得万无一失！我们培养的很大一批硕、博士生，都是那时锻炼出来的，现在已经成长为行业的栋梁。"团队骨干、北理工机械与车辆学院林程教授回忆。

"对于我们来说，北京奥运会绝对不是一场'汽车秀'，而是一个展现中国标准的机会。我们要告诉全世界，电动汽车应该这样运行。"孙逢春说。

此后，上海世博会、广州亚运会、APEC 会议都采纳了这套纯电动公交运营体系。目前，孙逢春团队已解决了电池高寒问题，目标是让北京冬奥会能够用上新能源汽车，并将其在我国的东北地区推广使用。这场新能源汽车的爱国奋斗、建功立业的故事仍然在不断谱写新篇章。

"中国新能源汽车战略决策和技术路线引领全球!"

从当初的 4 人研发小组,发展到今天有几十人的研究团队,孙逢春团队在电动车辆科研、产业化和示范运行方面积累了丰富的经验,也获得了不少奖项。2010 年 1 月,北京理工大学正式成立电动车辆国家工程实验室,后续又陆续建立了北京电动车辆协同创新中心、新能源汽车国家监测与管理中心等。

电动车辆国家工程实验室

谈及改革开放,孙逢春激动地说:"改革开放 40 年中,我印象最深的,就是 2010 年国家把节能与新能源汽车列入七大战略性新兴产业之一,2015 年又被列入中国制造业转型升级的重点领域。政策层面的重视对我触动最大,对于我个人来说,电动汽车是自己的专业方向,没选错;对中国汽车产业来说,面对环保和节能的双重压力,发展新能源汽车是大势所趋,即便是在全球范围内,我国的投入和支持力度也是最大的。客观来看,中国在战略决策和技术路线上起到了引领世界的作用。相对传统燃油车来说,在新能源汽车上运用智能网联技术更容易快速地实现,这为后期产业化奠定了基础,同时还把交通智能化做起来。我想这是我国汽车业发展的一条基本路线，即以新能源汽车为基础的智能化和网联化，将来也是世界汽车产业的发展趋势。"

改革开放40年，从一辆整车的制造，到一项关键技术的突破，到一个标准化平台的打造，再到一个产业链的形成；从单枪匹马到团队作战，孙逢春肩负起了时代赋予北理工人的使命，将北理工品质、北理工基因注入了中国新能源汽车行业，为此打造了北理工团队、北理工体系、北理工标准。

改革开放为中国腾飞注入强劲动力，以孙逢春为代表的北理工人，用爱国奋斗的精神，在建设国家的道路上，刻印下道道闪亮的车辙，继续在新时代建功立业、沐风飞驰！

文：媒体，党委宣传部
2018年10月25日

内容来源：由党委宣传部根据《潇湘晨报》《中国汽车报》《中国科学报》、人民网等新闻报道撰写而成；图片来源于本人及网络。

/ 科研人物篇 //

毛二可：打造中国人自己的"千里眼"

雷达，是一种利用电磁波探测目标的电子设备。它通过发射电磁波对目标进行照射并接收其回波，由此获得目标至电磁波发射点的距离、位移速度、方位、高度等信息。相比其他观测手段，雷达能探测更远距离的目标，而且不受雾、云和雨的阻挡，因此有"千里眼"之称。如今雷达已经是军事上必不可少的电子装备，而且广泛应用于气象预报、环境监测等领域。

在北京理工大学，师生们经常可以看到这样一道风景：一位白发苍苍的老人，骑着一辆老旧的自行车穿梭于校园，无论春夏秋冬，从不间断。初入北理工的人不会想到，这位朴素的老爷子就是新中国雷达研究领域的泰斗——中国工程院院士毛二可。工作半个多世纪，他为我国雷达系统及其信号处理做出了创造性贡献，培养了无数雷达应用人才。在古稀之年，他推动创业，让科学造福生产科研。

毛二可

从无线电"玩"到了雷达

1934年,毛二可出生在北京,当时他的父亲正在清华大学机械系教书。此后的几年时间,随着父亲的工作变动,毛二可一家辗转于广州、重庆等地。作为家中第二个儿子,年少时的毛二可性格腼腆,凡事不争不抢,有时甚至让人感觉有些懦弱。这与性格活泼、胆大张扬的哥哥毛大可形成了鲜明的对比。

在重庆,毛二可度过了他人生中大部分的童年时光。这里也是他梦想的起航之地。因为抗日战争爆发,重庆成为陪都,很多兵工厂、维修厂因此也搬到重庆。在哥哥的带领下,毛二可和小伙伴们到处搜寻各种零件、配件,从美军、日军的电子废品中,从各种小地摊中捣腾出能用上的东西。他们一起用废旧漆包线做"土电话",用电子管做收音机,还在学校里面做起广播……这个从小玩起来的无线电,毛二可从重庆带到北平,直到再次回到重庆读高中都没有放弃。

因为对无线电的爱好,毛二可报考了当时的华北大学工学院。"因为当时听说学校设有电机系,可以继续学习与电有关的知识。我就毫不犹豫报名了。"毛二可对记者说。

初入华北大学工学院,毛二可所学专业为电机制造专业,学习发电机、电动机等方面的设计。1951年,华北大学工学院更名为北京工业学院。1953年,当时的重工业部决定在已经更名的北京工业学院设立雷达专业,为国防工业培养人才。于是毛二可所在班级从电机制造专业转到雷达专业,他的无线电兴趣和天分得到充分释放。也正是从那时起,他与雷达专业结下了一生的缘分。

茫茫天空锁定"绣花针"

1956年,毛二可大学毕业,并留校任教。他带领着团队坚持用最新技术解决实际问题,研发出的一批技术成果为国防建设做出了重要贡献。这其中以"矢量脱靶量测量系统"最具代表。

什么是脱靶量？毛二可通俗地给记者打了一个比喻：导弹在打靶的时候，它可能打到靶心上，也可能擦着边儿打飞了。如果打飞了，我们需要知道它偏了多少角度，偏离时的速度是多少，以便在后续设计中予以改进，提高命中率。"打靶时，人肯定不能待在靶弹、靶机或者靶船上实测，所以必须得要有一套测量手段，雷达就是很好的方式。"毛二可对记者说。

时速几千公里的导弹，相对于目标靶，几乎就是一闪而逝。要追踪它的踪影，谈何容易。西方曾对脱靶量检测做过一个形象的评论，形容它是"从干草堆上找一根针"，或者说就是在茫茫天空中锁定一根"绣花针"，由此可见，要做这样的雷达，难度非常巨大，相关技术资料也是一些国家的最高机密，极难获取。

实验测量

1992年，海军试验基地提出研究矢量脱靶量测量系统的需求，要求做一个空间上几乎全方位的测量雷达，能测量导弹与靶标交会的方向和距离。面对这样一个世界级的难题，毛二可并没有被吓倒，带领团队全力投入攻坚。很多实验要求去外场。已经60多岁的毛二可不顾海上风浪的颠簸，坚持跟着靶船到海上航行，就像一名普通的技术人员，经常亲自爬到船上的悬梯上查看每一个细节。经过八年的不懈努力，课题组突破了层层乌云，终于完成了雷达定型。这些新式雷达装备部队之后，使导弹能够更精确地命中目标，为赢得战争胜利提供了最可靠的保证。

"下海"建公司，推动科研走入民间

1964年，毛二可带领团队创立了雷达技术研究所。经过四十多年的奋斗和发展，北理工雷达技术研究所在航空、航天、导航、制导等诸多领域取得了一系列科研成果，成员先后获得国家技术发明奖7项、国家科技进步奖1项、省部级科技进步奖30余项、国家/国防发明专利300余项。在当今世界雷达科技前沿中，已经有了中国雷达科技工作者的一席之地。

2009年12月，搞了一辈子科研的毛二可带领北京理工大学雷达所近一半的研究成员组建起学科性公司——理工雷科，在以创新闻名于世的中关村，掀起了一阵波澜。这是北理工依据《中关村国家自主创新示范区企业股权和分红激励实施办法》等新政策成立的第一个学科性公司。

如今已经过去近10年，对于当时为何成立公司，毛二可记忆犹新。"随着任务型号增多，雷达所规模越来越大，需要的人力物力越来越多，我们的团队需要搞科研，也需要耗费大量精力面对人、财、物等并不擅长的东西。更为重要的是，我们的许多成果其实完全可以服务社会生产生活，但我们不懂如何转化，只能束之高阁，太可惜。因此需要有一支专业的力量。"他对记者说。新公司组建后，雷达所负责基础研究、原理性试验和样机制造，后续工程化试制、推出正式产品、市场营销等，都交给理工雷科，"产学研"真正实现了一条龙。

创新链和产业链的精准对接带来的转化效率令人惊叹。雷达所的嵌入式实时信息处理等技术迅速转化为产品，在市场上热销。2013年，成立仅4年的理工雷科就实现营收破亿元。

如今，公司的不少产品都已经在民用领域得到广泛领域。毛二可说，比如公司研发的一种边坡雷达，可以实时监测山体、矿山堆料的位移情况，及时发现坍塌、滑坡风险的苗头，提高安全保障。此外，利用小型雷达还可以深度观测动物迁徙，对于掌握动物习性发挥重要作用。

年过八旬骑车上班成为校园风景线

记者最近见到毛二可是一个冬日的下午，在北理工校园内一幢不起眼的科研楼里。他正在办公室写字桌前研读最新的科研材料。毕竟已经85岁高龄，很多时候他需要借助放大镜的帮助。即使如此，他也看得很慢，逐字逐句。时不时停下来，用笔在旁边的本子上记下几句要点，"现在的年轻人创新精神非常不错，很多观点对我来说也是一种学习。"他说。

采访中，毛二可一直是轻声细语，态度总是谦和有礼。谁能想象他羸弱的外表下隐藏的澎湃激情。他告诉记者，只要不出差，他几乎天天都会来到实验室里，没有寒暑假和周末的概念。"有一年，学校为了强迫我和我的团队骨干休息，专门立了个规矩，大年三十至初五，教学楼拉闸限电。可他们不知道，每当我成功地解决了一个科技难题，我就会获得一种巨大的满足感。"他说。从家到实验室，毛二可一直坚持骑自行车，这也成了北理工校园内一道亮丽的风景线。经常有学生掏出手机，记录下一位如年轻人般充满激情穿梭校园的老人的身影。

毛二可从20世纪80年代开始带学生，现在他培养出的博士生、硕士生已达60多位。不少人已经走上重要岗位，为国家做贡献。这些年来，毛二可有了新的目标，多和年轻人在一起。2016年北理工开学典礼，毛二可作为教师代表上台发言。他告诉台下的3 000多名"95后"大学新生自己从教60年的经历，鼓励他们梦想要与家国情怀相伴。在清华大学附属中学举行"北理讲堂——院士进中学"系列学科讲座活动中，毛二可为超过500位师生作了专题学科讲座。"年轻人是国家的未来,民族的希望。我希望以我的经历去告诉他们,民族振兴就在他们肩上,要敢于挑起这个担子。"

耄耋之年的毛二可院士仍然会指导学生开展实验

文:《北京晚报》张航

图:党委宣传部,信息与电子学院

2019 年 2 月 18 日

周立伟:"黑夜之眼"探索者

"我能做出一点成绩,是自己一直有这样的信念,要在宽束电子光学上走出自己的一条路来。这个目标始终鼓舞着我,锲而不舍地努力去实现,并且把个人的理想、志愿和兴趣与祖国的需要结合起来。"

——周立伟

艰难岁月,奋斗成长

1932年9月17日,周立伟出生于上海市一个普通家庭,父亲是一名

周立伟

制药工人,母亲是家庭妇女,他还有一个姐姐和一个弟弟。周立伟的家庭非常和睦,父母教育孩子们的方式是鼓励他们认真学习、踏实做人,家庭的影响使周立伟终身受益。后来成为院士的周立伟经常感叹,自己受到父母、老师和前辈们的影响很深。他的父母总是不求回报地帮助别人,他的老师和前辈们为了学问和育人终生奋斗,这些人都是他的榜样,教导他踏实做人、热心助人。

年幼时期的周立伟,经历过日本侵略者侵占上海。幼年逃难和亲见民众被侵略者欺凌的经历,令他对侵略者倍感痛恨,也使他尤其向往和平。周立伟的启蒙生涯是在上海培正小学度过的,《满江红》《苏武牧羊》是小学经常教唱的歌曲,在潜移默化的爱国主义教育中,周立伟从小便深明民族和国家大义。他佩服老师们的气节,对教师这个

职业产生了向往，对身为教师的责任有了初步的认识。

小学毕业以后，周立伟辗转在上海杨树浦教会学校、湘姚中学、恒茂中学和高桥中学学习。在高桥中学读了两年后，他放弃了在高中毕业后升入大学的打算，报考了免除学费和膳食费的上海高级机械职业学校（简称上海高机）的机械制造科，打算在毕业后尽快就业，以减轻家庭的负担。

1951年7月，从上海高机毕业后，周立伟如愿被分配到上海公私合营华通电机厂工作，参加实际生产、制图绘图等工作，业务能力有了很大提高。1952年，周立伟在工作中利用螺杆转动使漆包线进动绕线的原理，发明了一种绕扁平线圈的绕线车，提高工效7.5倍，上海《劳动报》还专门报道了这项发明。

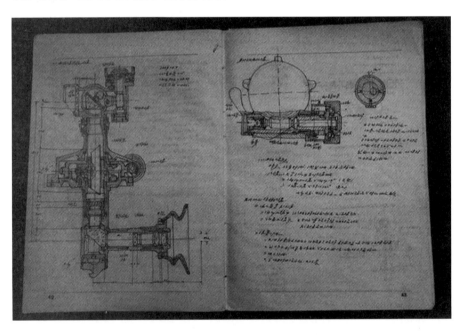

周立伟在北京工业学院（现北京理工大学）求学时期书写的实验笔记

1953年，在上海复旦大学干部预习班学习了3个月以后，周立伟考上了北京工业学院（现北京理工大学），被编入仪器系军用光学仪器专业8531班学习，实现了自己上大学和保家卫国的理想。在当时的中国,光学仪器专业是国家急缺的专业,而军用光学仪器更是国家重点发展的专业之一。周立伟非常珍惜这来之不易的学习机会,学习刻苦努力,学习成绩一直十分优异,并在 1956 年加入了中国共产党。大学期间,他还曾在昆明海口国营 298 工厂实习,并将"坦克炮瞄准镜的设计"作为自己的毕业设计题目。顺利通过毕业答辩之后,周立伟结束了大学生活,留校任教,从此以教师为终身职业,并为学校筹建、开拓夜视专业。

留学苏联,孤独探索

20 世纪 60 年代,
周立伟留苏时拍摄照片

20 世纪五六十年代,百废待兴的新中国开始向苏联派遣留学生,学习国内的紧缺专业。1962 年,周立伟被选为留苏学生,赴苏联列宁格勒①乌里扬诺夫(列宁)电工学院电物理系,学习夜视器件的电子光学理论与设计,以期回国后为学校发展相应专业储备力量。然而此时,中苏关系已经破裂,两国不复 50 年代的蜜月时期,这也注定了周立伟为期三年半的留苏经历不会一帆风顺。

1962 年 11 月,周立伟登上了去苏联的列车。在七天七夜的火车上,他牢记着教研室前辈马士修教授对他的嘱托,立下了一定要攻克成像电子光学系统设计难关的志愿。

没想到,刚到苏联不久,学术导师的一番话给他的梦想蒙上了一层阴影。导师看中了周立伟的大学专业和良好的数理基础,竭力劝说他协助自己搞超高频电子光学这一在当时看来十分时髦的课题。

---

① 现为彼得格勒。

面临如此局面，周立伟陷入两难：跟着老师做，拿个学位不成问题；不跟着老师做，就没有人指导，一切靠自己，学位不保险。他更陷入深思：作为个人前途来说，跟着导师干自然是好的，但这又和自己出国留学、学成报效祖国的初衷相违背；学习导师指定的专业，回国以后无法应用到实际中，这有负出国前学校领导的期望，更有负国家对学子的嘱托！

思索再三，周立伟决定：无论有多难，还是要坚持原先的方向！他决心自力更生闯出一条道路来，实现自己出国前的诺言。这样的决定，果然导致苏联导师拒绝对他提供帮助。从此，直到周立伟写出学位论文，他们之间再没有进行过学术交流。

没有了导师的辅导，周立伟只能孤独地在科学的阵地里探索。在苏联的3年多时光里，他去得最多的地方就是列宁格勒谢德林图书馆和苏联科学院图书馆，每天在图书馆里查资料、做笔记、阅读思考，从早到晚，周立伟一分钟也不愿意浪费。通过大量阅读，他广泛汲取了苏联各学派在电子光学领域的研究思想和成就。

学术之路尽管寂寞而枯燥，但周立伟坚信有志者事竟成。在不断地努力探索下，他终于在静电聚焦同心球系统的电子光学和阴极透镜的像差理论上有了突破，并于1966年年初如期完成了苏联物理数学副博士学位论文。

尽管留苏岁月有所波折，周立伟在完成学业的同时，也从身边一批正直的苏联专家身上获益匪浅。列宁格勒电工学院电子医疗器件教研室主任茹里叶教授就是令他难忘的一位教师。茹里叶教授不仅为人非常正直，而且对中国人民十分友好，不仅关心周立伟的学习和工作，还雪中送炭，帮助周立伟顺利通过了学位论文答辩。从茹里叶教授身上，周立伟不但学到了知识，更切身体会到：作为一名教师，不但要为学生传道授业解惑，还要设身处地为学生着想，帮助学生排忧解难，这才是一名教师应尽的责任和义务。

1990 年 6 月，周立伟（居中）随北理工访苏代表团参观古比雪夫航空学院实验室

在宽束电子光学中创造辉煌

周立伟大学毕业后留校工作，是为了开拓新的专业——夜视技术。这门学科在我国当时是为了夜战的需要而新设置的，关键器件是变像管和像增强器，核心问题是如何制作高灵敏度的光阴极和如何设计出高质量的电子光学成像系统。

当时国内在这方面的研究几乎是一片空白，周立伟形容那时候的自己，不但没有夜视技术的基本概念，而且连许多专业名词如电子光学、光阴极、荧光屏等都从未听说过，一切只能从头学起。因此，他如饥似渴地阅读相应专著和教材，还曾前往北京大学和长春光机所短期进修。不到 3 年时间，周立伟写出了《电子光学理论与设计》上、下册教材，并在其中讨论了解决电子光学设计与计算的研究出路等问题，这是周立伟对这门学科的初步思考，也意味着他在这个领域打下了较为坚实的基础。

在苏联期间，周立伟的思考更加深入，主要聚焦宽束电子光学研究。这一时期，周立伟对静电同心球系统电子光学产生了浓厚的兴趣，他以此为切入点，展开了宽束电子光学研究工作，完成了苏联物理数学副博士学位论文。

1977年，周立伟出版了教材《夜视器件电子光学》，开始研究同心球电磁聚焦系统的电子光学问题。他把在苏联的工作由静电聚焦扩展到电磁聚焦领域的新探索。他认为，如果能找到两电极同心球静电和电磁聚焦系统模型的成像位置的精确解，并把它表达成类似级数的展开式，便不难解决理想成像等概念和定义电子光学像差的问题。而且，正因为这一理想模型中矛盾的特殊性中包含了宽电子束成像矛盾的普遍性，它不但对于研究普遍性问题提供理论基础，还可以检验所提出的新理论的正确性，对宽束电子光学的深入研究具有指导意义。

周立伟潜心研究，终于在该领域取得了一系列成果。1978年，他在《工程光学》上发表了"两电极同心球系统的电子光学"一文。同年，他率团出国参加由伦敦帝国理工学院召开的光电子成像器件国际学术会议和由兰克集团召开的电子成像国际会议，并在会上宣读了"同心球电磁聚焦系统的电子光学"的学术论文。该论文随后被收入 Advances in Electronics and Electron Physics（《电子学与电子物理学的进展》）。也是在这一年，他和方二伦、冯炽焘二位学者合作的变像管和像增强器的电子光学系统计算与设计的研究成果，荣获了全国科学大会奖。

1993年，在多年思考的基础上，周立伟出版了学术专著《宽束电子光学》，在国内外学术界引起很大反响，国内和美、英、法、荷、俄、德、日等国相关领域的许多专家、教授，均给予此书很高的评价。该书被学界公认为是一部具有科学性、创新性与系统性的著作，并荣获1994年第八届中国图书奖、1995年第七届全国优秀科技图书奖一等奖和第二届国家图书奖提名奖。该书的出版标志着周立伟的宽束电子光学学派体系开始建立。

1999年，周立伟当选中国工程院院士。2000年10月，俄罗斯联

周立伟与他的专著

邦工程科学院授予周立伟外籍院士的称号。诺贝尔奖获得者、俄罗斯联邦工程科学院院长普罗霍洛夫院士发来贺信,并在信中热情赞扬道:"您创立了您自己的科学学派!"这是国外顶尖科学家对周立伟学术成就的盛赞,也代表了学界对他的认可。

在创立宽束电子光学学派的道路上,周立伟志向坚定,他的所思所想时刻与国家的需求相结合。他曾如是总结自己的科学生涯:"一是自己还是有点志气的,一定要攻下宽束电子光学这个碉堡来,建立我们自己的理论体系。二是我研究的正是国家迫切需要的,具有较大的科学价值和实际意义。今天总结起来,我能做出一点成绩,是自己一直有这样的信念,要在宽束电子光学上走出自己的一条路来。这个目标始终鼓舞着我,锲而不舍地努力去实现,并且把个人的理想、志愿和兴趣与祖国的需要结合起来。"

在育人岗位上呕心沥血

自1958年周立伟大学毕业留校任教开始,他已经在教师岗位上连续工作了一个甲子的岁月,而且,他还打算在这个位置上继续呕心沥血。

备课

教师,是周立伟在科研工作之外的另一个身份,也是令他引以为豪的职业。

在周立伟的执教生涯中,他深受许多德高望重的长辈们的影响,如苏联列宁格勒电工学院的茹里叶教授、清华大学的孟昭英院士、中国科学院长春光机所的王大珩院士,以及本校的马士修教授和连铜淑教授等。在周立伟眼里,他们都是忠厚的长者,为人正直,一心一意埋头做学问,热心帮助青年人。这样的品质,令周立伟深感折服,并深受影响。

因此,在自己的教学生涯中,周立伟也力求和前辈一样,一边提高自己的学问,一边全心全意教学,认真助人,把育人成才作为自己的主要任务。他的想法很简单:希望年轻人的智慧和才能超过老一辈,成为国家的栋梁!

1980年春节,国务院公布了我国的学位条例。得知此事,周立伟欣喜万分,他立即写了一份《关于研究生学习与学位论文工作的札记》提交给学校学术委员会,谈自己培养研究生的亲身体会,供学校研究生指导教师参考。他在其中写道,作为一名合格的研究生学术导师,"要发挥研究生的主动性和进取心,促使他成长为一个真正的科技工作

/ 科研人物篇 //

20 世纪 80 年代，周立伟指导博士生进行科学研究

者"。事实上，周立伟多年来也一直以这样的规范来要求自己。

1980 年，周立伟晋升为副教授，3 年后被国务院学位委员会批准为博士生导师，1984 年被国家教委特批为教授。周立伟常常向学生们强调的一句话是："做学问中学做人，做人中学做学问。"他要求自己的研究生们不但要做出学问，还要在为人方面有所进步，希望他们成为从精神结构到科学素质全面发展的一代新人。他认为这既是老师对学生的期望，也是国家和社会对人才的需求标准。

周立伟还希望青年学子在做学问之前一定要立志，并为之不断奋斗。他喜欢把在苏联留学期间的座右铭"志气 + 耐心 + 方法 = 成功"，以及自己的亲身体会和人生经验分享给青年人，希望他们在求知道路上都立下远大志向，并能坚持为自己的理想而奋斗！

"一个人如果把'付出'和'奉献'作为自己的人生坐标，以这样的心态来理解人生，无论面对多大的困难，也不会畏缩，也不会在荣誉面前沾沾自喜。"这是周立伟当选为中国工程院院士之后，学校为他举办的座谈会上的一段发言。"有一个正确的动力支持着自己的人生，将会使自己的聪明才智得到充分的发挥，做出更大的贡献来。"实际上，周立伟不但这样想，也确确实实这么践行——付出不求回报，奉献无关金钱！

多年来，周立伟的家庭生活始终平凡而朴实，但在几年前，他和妻子却捐出了 50 万元，在学校里设立了立伟奖学金和吉民助学金，以鼓励和帮助光电学院的学子们。他以一颗真心，真诚对待家人、朋友，对待学生、学校。

1986 年，根据自己长久以来的教学经验，周立伟在《北京高教研究》第一期上发表了题为"谈谈研究生指导教师的作用"的文章，详细阐述了他育人的思路和观点。他认为一名指导教师的作用主要体现在 4 个方面：选题、引路、治学、把关。一方面，教师应帮助学生选择有时代感、符合学生志趣，又有现实意义和科学价值的题目；另一方面，教师还应该以自己的学问和学风影响学生，有技巧地引导学生去探索本学科的前沿。不仅如此，对于学生的论文，教师还应做严格的审查，以确保参加答辩、取得学位的学生是完全符合标准的。周立伟正是如此严格地遵守教师规范，要求自己的每一位学生都要成为有品德、有学问、真材实料的人才！

一个甲子，做正直的人，当指路的师。周立伟院士在学术上频出成果，在教学上精心育人，赢得了光学界同仁们的敬重，赢得了师生们的喜爱。一步一个脚印的人生路上，留下的是爱国、奋斗、追梦的闪亮足迹。

文：《中国科学报》胡晓菁、马丽
图：光电学院
2019 年 3 月 4 日

注：本文根据《周立伟："黑夜之眼"探索者》《做正直的人　当指路的师》素材整理。

/ 科研人物篇 //

孙克宁：让中国"深空之光"璀璨长驻

空间电源系统，顾名思义就是应用于航天器上的电池组件，被称为航天器的心脏，对保障航天器正常工作起着决定性作用。空间电源系统一旦出现问题，航天器将会彻底失去工作能力。

空间电源系统如此关键，却也是航天器上最容易出现问题的部分。在空间特殊环境下，高强度的工作以及更换困难是最大挑战。对于低轨道运行的航天器来说，电池组件需要满足 8 年的使用寿命；而对于在地球同步轨道运行的航天器而言，需要拥有 18 年以上的使用寿命。

目前，在全世界范围内，电池技术依然是制约航天器总体水平的短板，我国同样缺乏自主研发、稳定可靠的空间电源系统。

2019 年 1 月 8 日，北京理工大学化学与化工学院孙克宁教授团队的"高比能量锂离子电池关键技术及应用"项目，在人民大会堂被授予国家科学技术发明奖二等奖。获奖的背后，是团队历经 20 年的奋斗不辍，这个北理工团队用具有完全自主知识产权的创新成果，实现了中国空间电源系统在比能量和轻量化方面的突破，使中国空间电源系统的技术水平实现了跨越性提升。

把"一张白纸"写满精彩

"电源系统绝对不允许出任何问题！"2004 年 4 月，西昌卫星中心发射现场，"两弹一星"元勋、时任中国探月工程总设计师的孙家栋院士这样坚定地说。这让当时还是一名青年教师的孙克宁深受触动，他

获奖团队

暗自立志要为中国的空间电源系统研究做出自己的贡献。

1999年，孙克宁开始涉猎空间电源系统研究领域，他深知国家的需要就是科学家的使命，这也是他专心投身该领域的初衷。"世界范围内专业做航天电源的公司很少，我国在航天电源技术方面还远远落后于国外。"孙克宁回忆说。

同年，孙克宁开始了航天电源的研究，而此时在他面前可谓是"一张白纸"。毫无借鉴和积累的探索，注定是坎坷的，很快孙克宁就意识到镍氢电池存在比能量低、可靠性差等问题，无法满足航天器对高性能电源系统的需求。孙克宁并不气馁，又将目光投向性能更为优异的锂离子电池。2005年，孙克宁提出的空间电源系统研究获得立项，但仍然面对无成熟设备、无商业化材料和无工艺技术的种种困难。

2009年，孙克宁来到北京理工大学，成为学校化学工程与技术学科能源电化学工程方向的带头人。"北理工在化学化工领域研究底蕴深厚，发展至今研究基础非常好，而且学校对新兴产业研究领域非常重视,所以来到北理工后,我感到如鱼得水。"孙克宁这样评价说。之后,在北京理工大学的沃土上,孙克宁带领团队聚焦锂离子电池,针对电极材料、隔膜材料、制造工艺等方面深入研究,不断突破,形成研究优势。

经过20年的潜心研究,孙克宁团队在空间电源系统领域已拥有完全自主产权的专利23项,发表了50多篇具有国际影响力的论文,推动我国制造出"高比能、高可靠、轻量化"的空间电源系统,孙克宁也连续五年成为爱思唯尔发布的中国高被引学者(能源类)。

孙克宁主持中英青年学者城市交通可持续能源先进技术研讨会

拼搏奋斗的"青年军"

"我们团队有个特点就是年轻,九名教师,平均年龄37岁,整体氛围非常开放包容。"孙克宁谈到自己的团队,充满自豪。在"点亮"中国航天器电源系统的攻坚中,孙克宁带领的这支"青年军"不仅充满干劲,也充满了创新思维。"仰望星空,要永葆好奇心。"这是孙克宁经常与团队分享的理念。

"我觉得北理工务实的品质非常吸引我,所以毕业之后我就来了,并且在团队里找到了志同道合的伙伴,让我觉得很有施展空间。"团队中的青年教师王振华,2009年博士毕业于哈尔滨工业大学电化学专业,来到团队从事航天电池研究已经有十个年头了。

作为最早的团队成员,王振华亲历了团队拿下化学电源与绿色催化北京市重点实验室、电化学关键技术与化学电源教育部创新团队、教育部奖、国家奖等一个个成绩。但成绩斐然的背后,却是一路的拼搏与奋斗。

"测试电池和测试别的东西不太一样,为了及时测量出电池的性能,初期有些研究只能靠人工随时跟进检测。人要跟着机器走,机器运转到什么时候停止我们就要跟进测试到什么时候。吃住在企业,凌晨三点去测电池参数,早上七点钟继续工作也是常有的事。"王振华这样介绍。

做出中国人自己的航天电源,孙克宁的研究绝不仅仅只是理论上的突破,他心中要的是实实在在的产品。带着这样的理念,团队从理论基础、技术路线到产品研发,每一步都考虑工程化需要,但这也对团队提出更高的要求。

空间电源系统的组装必须在固定空间内完成,一旦上天,就"绝不能出错",这严苛的标准就是对空间电源系统的基本要求。面对严苛的标准,电源工程化却又只能面对尺寸、能量、重量等最宏观的要求,这始终是对团队极大的考验。

"不实验不相信,不验证不科学",这是孙克宁团队中师生们常常挂在嘴边的话,正是凭借这股钻劲,团队从零基础开始,自己搭建设备、合成材料,开始探索航天器电源的"中国制造"。"既然我们研究的是国家的技术短板,那就一定要克服困难、一定要做好!"

培养学生有"两把刷子"

"知全局,明亮点;知需求,明方向;知难点,明细节;知能力,明途径。"这是孙克宁对学生们的要求。在科研上不断取得突破的孙克宁,始终将培养出优秀的学生作为团队成绩的重要组成。他还要求学生们必须具有"两把刷子":一是瞄准国际前沿,创新基础研究;二是对接国家需求,注重工程应用。

孙克宁为学生讲授"电源工艺学"课程

"我是 2014 年进入团队读的博士,2015 年开始选择将锂离子电池高容量正极材料作为自己的研究方向。"提及为何选择来到孙克宁团队,博士生卢丞一坦言,"标签清晰,方向明确,孙老师一直致力于电池研究,一直深耕能源领域。只有长久不移的研究才能把科研做深做大,而盲目跟风则没有前途,孙老师给我们树立了学习的榜样。"

卢丞一的研究主要是高性能锂离子电池正极材料的开发,旨在提高锂离子单体电池放电比容量和循环倍率性。正是得益于导师孙克宁的悉心指导,卢丞一收获不小。

"磷酸铁锂电极材料因其相对较高的安全性被广泛应用于锂离子电池中,但它的缺陷是比容量不太高。在一次实验中,我偶然发现了磷酸铁锂的放电容量有了较大幅度的提升。孙老师没有放过这一偶然发生的实验结果,而是鼓励和指导我进一步观察思考其中的机理。最终,

卢丞一完成博士学位论文答辩后与导师孙克宁合影

我们反复试验,通过构造氮氧自由基对其进行复合能量的提升,实现磷酸铁锂比容量的'超容'。而当时全世界只有少数几篇论文谈到如何实现磷酸铁锂的'超容',我们的结果可以说是开辟了一个新的方向。"卢丞一通过"无机+有机"工艺复合,使得磷酸铁锂的比容量达到了 190 mAh/g,这不仅超过当时业内可实现的最高实际比容量 160 mAh/g 的水平,更是突破了 170 mAh/g 的理论比容量水平。

从普通的制备中发现问题,从而证明猜想,然后主动优化,最后验证结果,这样一条完整的科学研究闭环,孙克宁要求自己和学生们,不仅做到完整不可缺失,还必须每一步都要走得非常扎实。

"我觉得最有意思的是每学期一次的实验技能比拼大赛。我们每人会有 5 次机会,通过 5 次制备,拿出其中最好的数据进行比拼,所有人中谁的数据最好,谁就是冠军。通过这种方式,我们不仅提高了动手能力,有时候还能获得很多灵感。"团队学生徐春明谈到这个内部竞赛总是津津乐道。而这样的比拼,只是孙克宁启发式培养人才的一个缩影。不论是指导团队里的青年教师,还是课题组的研究生们,孙克宁都十分注重启发思维。"孙老师喜欢思想交流,乐于分享自己的研究

/ 科研人物篇 //

实验室指导

经验,但他从不一股脑地灌输给我们。无论是平常备课还是申请项目,孙老师会和大家一起讨论出框架,然后非常细致地帮我们修改,一稿、二稿……终稿,草稿上满满当当地都是他的笔迹,这个过程中,也让我们有常学常新的感觉。"团队教师孙旺这样介绍。

不忘初心,让中国"深空之光"璀璨长驻,牢记使命,用奋斗建功立业新时代。"这是我们科研人员应该做的,也是每一个北理工人需要做的,所以我们就做了。"在荣获国家奖励之际,孙克宁如是说。

文:党委宣传部王朝阳,学生记者赵卢楷
图:党委宣传部郭强,化学与化工学院
2019年4月3日

杨春华：春华秋实，载荷博士成长记

实验室、食堂、宿舍，晨出晚归，三点一线；操作实验、整理数据，发现问题、解决问题，周而复始，循序渐进……"神八"搭载、"长七"搭载、"天舟"搭载、"SpaceX"龙飞船搭载登陆国际空间站，亲手研制载荷，四次登入太空，亲历中美太空合作零的突破，参与中国空间生命科学研究的多项第一……这是北理工博士杨春华的生活，平而不凡，充实满满。

杨春华，北京理工大学生命学院2007级本科生、2014级生物医学工程博士生，12年的北理生涯，使他从良乡校区的首届本科生，成长为我国空间生命科学研究一线的青年人才，勤奋拼搏，春华秋实。

杨春华

"小本"扛大任

"今天，我们召开的是'神舟八号'飞船搭载微流控芯片基因扩增装置空间载荷项目的每周例行会议，欢迎新来的同学加入项目组！"回想起本科时自己第一次得知即将参与重大科研项目的场景时，项目负责人生命学院邓玉林教授的话语让杨春华记忆犹新。"当时的心情很忐忑，觉得不可思议，但是又非常向往！"

空间载荷，一般指的是航天器上装载的为直接实现航天器在轨运行要完成的特定任务的仪器、设备、人员、试验生物及试件等，是航天器在轨发挥最终航天使命的一个重要分系统。

2010年10月，距离中国"神舟八号"飞船发射仅有一年的时间，北理工争取到在此次发射任务中搭载科学载荷的机会——将自主研制的基因扩增装置送入太空，以实现中国首次太空基因扩增实验。虽然，那时的北理工在空间生命科学研究领域上还是一名新兵，但在学校深入推进新兴交叉学科建设的背景下，北理工深厚的工程基础和医工融合的深度交叉，形成了鲜明的特色与优势。

"神舟八号"飞船搭载微流控芯片基因扩增装置

机会总是垂青有准备的人，彼时还是大三学生的杨春华因为参加北京市大学生电子设计大赛，结识了自己之后的导师李晓琼。虽然是本科生，但杨春华生物医学工程的专业背景，以及在硬件设计、软件开发方面的兴趣和基础，特别是细致缜密的性格，引起了李晓琼的特别关注。

"有一段时间，李老师总会给我布置一些小课题，但是和当时的研究关联并不大。"加入课题组之初，杨春华带着一股北理工人的执着精神，认真完成老师布置的每个"超纲题"，一步一步拓展知识面、提升能力，也一步一步走进了国家大项目。"后来才发现，那些小课题其实都是之后空间载荷项目会遇到的技术问题，老师可能也是在借此考察和培养我，但我当时完全不知情。"

基因扩增，原理类似于 DNA 的天然复制过程，分为 94 ℃ 的高温变性、50 ℃ 到 60 ℃ 的低温退火和 72 ℃ 的中温延伸三个阶段，若想在太空中实现，可谓困难重重。首先，实验必须在载荷装置内自动完成，由于受到发射要求和航天器空间条件限制，载荷装置必须满足严苛的搭载条件，其大小限制在 15.0 cm 长、14.4 cm 宽、16.0 cm 高之内，重量须小于 3 kg，还要经受住发射冲击和太空辐射，实现在微重力条件下的正常工作。在如此狭小的空间内，要将基因扩增芯片、供电电池及控制系统等所有部件置于其中，真可谓是"螺蛳壳里做道场"。

对于杨春华这个"小本"来说，如何在有限的资源条件下实现快速精准的温度控制是一项不小的挑战。"刚开始扩增芯片的升降温过程就有问题，常规的加热膜等材料效果都不理想，后来我们发现一种半导体热电组件，既可以加热又可以制冷，是个不错的选择。"但是，科研的道路从没有一帆风顺，为了节约研发成本和加快研发进度，载荷前期测试使用的都是普通直流电源，当换上定制的航天专用电池时，载荷的升温装置失效了。此时，已经进入载荷正样件环境测试的关键阶段，如果无法快速解决问题，载荷上天势必受到影响。

时间紧迫，已容不得任何试错，年轻的杨春华作为该环节的主要负责人，顶住压力，迎难而上。在冷静思考后，杨春华经过多次测试

/ 科研人物篇 //

杨春华与项目组部分师生在"神舟八号"酒泉卫星发射中心现场

后发现,升温能力不足的原因是载荷各金属材质部件的良导热性以及定制的化学电池自身负载能力有限。在虚心求教一番之后,杨春华对症下药,为载荷温控组件与承载结构之间增加了特定材质隔热片,最终成功解决了问题,并实现了升温与降温性能的良好平衡。"那段时间就跟魔怔了一样,吃饭时想、睡觉时想,白天与工人师傅一起在车间搞加工,晚上再和团队花长时间测试,还好最终圆满解决了问题,没有延误项目进度。"每当回想起自己第一次参与载荷项目就碰上严峻挑战,杨春华还是唏嘘不已。

2011年11月1日清晨,伴随着"神舟八号"飞船成功发射,由北京理工大学作为总体牵头单位设计制造的"微流控芯片基因扩增装置"终于遨游太空,实现了北理工实验装置载荷登入太空、中国微流控芯片技术太空应用、中国在空间环境下开展基因实验三项零的突破。

"在北理工,重大科研任务向来是培养人才的沃土,是培养一流人才的坚实基础。"生命学院党委书记周连景这样认为。如果说有机会参与"神舟"搭载是人生给予杨春华的馈赠,那抓住机会、奋进而行,则离不开一份态度、一份拼搏。

医工融合显优势

科研无疑是一条艰辛有余、追求无涯的道路,鲜花与掌声的背后是辛勤研究与日夜思索。在第一次参与空间载荷任务之后,杨春华便将空间生命科学载荷研究作为自己执着追求的方向。2011年,杨春华凭借出色的学习成绩,保研本校继续学习。2014年,杨春华又成为一名生物医学工程专业的博士生,师从国际宇航科学院院士邓玉林教授。

在读研期间,杨春华相继参与了2016年6月"长征七号"运载火箭首飞搭载"空间细胞和微生物培养实验装置"、2017年4月"天舟一号"货运飞船搭载"空间微流控芯片生物培养与分析载荷"的研制任务。难得的实战锻炼,杨春华不仅迅速成长成熟,并且充分发挥自己扎实的医工融合专业背景,成为团队优秀的青年骨干。

"天舟一号"空间微流控芯片生物培养与分析载荷交付前加样操作

在"天舟"搭载任务中,北理工的载荷实现了在同一种营养基里同时培养两类细胞,以模拟太空环境中人体的脑血屏障,这对航天员生命健康研究具有重要意义。"由于'天舟一号'货运飞船最终要坠入大气层烧毁,并不返回地面,这就要求载荷装置必须做到在轨监测和数据回传,也就是要实现真正的太空全自动化实验与检测,挑战不小。"李晓琼介绍说。

在生命学院邓玉林教授的带领下,北理工团队从零开始设计研制高度集成和自动化的全新空间实验载荷装置。此时,经历过两次发射任务的杨春华,作为团队中的绝对主力,不仅参与方案设计,完成模型验证,还担纲完成了载荷装置所有的生产测试任务。

"在'天舟一号'项目中,我确实感觉自己生物医学工程专业的交叉融合背景优势明显,给了我很大帮助。"杨春华回忆。在那次项目中,微流控芯片中培养的多种细胞,一类处于悬浮状态,而另一类则处于贴壁状态,要想观察各种细胞在空间环境下的形态变化和迁移情况,并研究其相互作用效应,就必须要同时观测清楚所有细胞不同阶段的生长状态。"在这个项目中,需要由团队生物技术组的研究人员提出在轨试验的详细需求,再由载荷技术组的人员逐一完成支持相关功能的硬件及软件设计,这个时候,交叉学科的背景发挥了很好的作用。"杨春华既具备生物学科知识背景,又掌握了工程化实现方法,他创新思路,经过不断优化改进,最终与团队设计出了一套集温度控制的可自动化分层调焦的在轨显微观测系统,很好地解决了这一难题。

"坚持面向医工融合的新兴交叉方向培养人才,杨春华就是学院人才培养的优秀成果。"生命学院院长罗爱芹介绍说。功夫不负有心人,在"天舟一号"搭载项目研制总结评审会上,北理工载荷被给予"最先进最复杂的空间生命科学实验载荷"的高度评价。高科技含量、高实施难度、完全自主研制的背后,北理工团队却只有十几个人,这样的成绩令业界同行侧目。

完成"天舟一号"载荷任务后不到半个月,杨春华和伙伴们又跨越太平洋,连续作战,交上了另一份满意的答卷。2017年6月6日,

国际空间站载荷交付前测试

由北京理工大学研制的"空间环境下在 PCR 反应中 DNA 错配规律研究的科学载荷"搭乘 SpaceX 公司龙飞船，成为首个登入国际空间站的中国空间科学项目，标志着中美空间科学合作取得了零的突破，引发国际关注。

小载荷的大坚持

"杨春华已经熟知了国内和国际常规科学实验载荷项目的实施流程及相关航天产品的质量管理办法，他是我们团队的一个宝！"作为北理工空间生命科学研究带头人的邓玉林教授对杨春华的称赞毫不吝惜。这不仅仅源于杨春华在科研学术上过硬的实力，更是对他在工作上认真的坚守、"舍我其谁"的责任心最为直接的赞美。

"过师兄这关，从来都是我们各阶段工作的最后一道工序。"与杨春华同一个实验室的博士生樊云龙这样形容，"无论是写文档还是出图纸，只有他审核通过，我们才会心里有底。而他也从不会计较我们拿给他看的东西是否与他有关，只是尽可能地为我们提供帮助。"

杨春华在空间模拟舱为课题组同学讲解生物实验平台关键技术

"上天的事不能出半点差错!"这是杨春华经常挂在嘴边的话。无论参与载荷哪个部分的研究工作,杨春华都会严格按照时间节点,对整个工作过程的不同阶段,撰写详尽的设计报告和分析报告,将出现的问题彻彻底底探讨清楚,同时为其他同伴阐明整个装置的详细状态。面对科研任务,杨春华始终铭记自己代表的是北京理工大学,一丝不苟、精益求精。"从本科时候开始,认真负责就是杨春华的突出优点。"学院党委副书记、杨春华本科时的辅导员郭惠芝这样评价。

除了科研上的严谨细致,杨春华做起组织管理工作来,也是运筹帷幄。2017年2月到5月,正是"天舟一号"货运飞船搭载试验项目最后的冲刺阶段,也是国际空间站搭载试验项目的关键实施阶段。同时作为两个载荷任务团队的骨干力量,杨春华当时面临着一系列完全陌生的挑战。那段时间杨春华的主要任务是在海南文昌发射场确保"天舟一号"试验载荷顺利通过整船系列综合测试任务,带领北理工发射场试验队完成生物样品加注操作、验收交付及装船工作,以及最后的测试发射任务,并协助北理工北京飞控中心试验队完成后续飞控任务。与此同时,杨春华还需要与国际空间站搭载试验项目团队一同推进载荷正样产品的测试工作、实验物资跨国运输以及发射场前期测试工作等，并负责与美方技术团队的沟通工作。说起那段时间的经历，杨春华笑称再没有比这更紧张刺激的了。

"如果杨春华愿意，完全可以过上不一样的生活，向他伸出橄榄枝的单位不在少数，高薪高待遇也不是问题。"李晓琼这样评价。在空间生命科学研究领域，拥有良好的专业背景，并历经多次发射实战磨砺，杨春华的履历背景可谓难得。然而，"北理工烙印"鲜明的杨春华，不受外界干扰，谦虚谨慎搞研究，踏踏实实投身服务国家重大战略需要的事业中，一步一个脚印地朝着梦想前进。这份坚持为身边师生所欣赏佩服。

"如何更好地进行资源分配，让后来的人不像我们这样艰难，让后续的工作更加高效，更好地服务国家重大战略，是我除研究外经常会想的事情。"面向未来，在研究中不断学习积累、经受住层层考验的杨春华，多了一份沉稳与大气。"每一个北理工人都有一颗报国心！"

"所有的工作成果都是整个团队共同努力的结果，而我只是刚好都参与其中。"谈起自己的载荷经历，杨春华谦逊腼腆。

朝气蓬勃，于喧嚣中安定地前行，不骄、不躁、不慌、不忙，杨春华这位普通的北理工博士生，用一串扎实的奋斗脚印、一道亮丽的成长轨迹，写就自己的精彩青春。

文：党委宣传部韩姗杉、王征，学生记者靳睿钰
图：新闻中心斯君，生命学院
2019年5月27日

/ 科研人物篇 //

祁载康：国家的需要就是我的选择

有人说，除了出生和死亡，人生就是不断选择的过程。狮子选择了无边的旷野，肆意奔腾；鲸鱼选择了辽阔的海洋，遨游无际；雄鹰选择了蔚蓝的天空，展翅翱翔……不一样的选择带来不一样的成就和不一样的快乐与幸福。

有这样一个人，他从青年时代开始，就把国家的需要作为自己的选择，他在人生不同阶段的每一次转身，都始终朝向中国国防科学技术的发展前沿，为了这个目标，他奉献了自己毕生的聪明才智，他就是著名飞行器专家、北京理工大学教授祁载康。

祁载康

选择之一，投身光荣国防，主动修改高考志愿

1955年，18岁的祁载康即将高中毕业，人生中的第一次重要选择也摆在了他的面前。中学成绩优秀的祁载康最初的大学志愿是清华大学的汽车系，这个选择既源于个人兴趣，也有对中国汽车制造业起步之初对专业人才需求的思考。然而，填报完志愿的祁载康，却因与一位大学老师的交谈，不仅改变了自己的选择，更改变了自己的人生道路。

这位影响祁载康的人是北京工业学院（北京理工大学前身）当年

在河北省的招生老师，这位老师向他介绍了国家为加强军事工业建设，制订了兵工提前建设的方针，迫切需要大批国防兵工类工程技术人员，特别是高级工程技术人员。北京工业学院作为新中国第一所国防工业院校，担负着为国防工业建设培养"红色工程师"的重任，而学校的特殊性决定了只有经过挑选的优秀学生才能够报考。这位老师希望学习成绩优秀、个人表现突出的祁载康能够改变原来的志愿，改为报考北京工业学院，今后投身国家国防科技事业。

老师的话深深触动了立志报国的祁载康，经过慎重考虑，祁载康决定更改报考志愿，选择投身国防科技事业。"组织上和我谈，希望我把志愿改一改，报考京工，当然要是坚持不改，也不会强迫。但是当时这是一种荣誉，国防愿意要，是挑的你，别人想报还不能报。我的思想状态就是我虽然想学汽车，但是一看组织上信任，又是一种荣誉，所以就把志愿改到京工了。"回忆当年的选择，祁载康依然自豪地这样表示。

祁载康（中）参加运动会中长跑比赛

带着为国家国防事业做贡献的理想，祁载康以优异成绩考入北京工业学院。进入大学后，祁载康勤奋学习，努力汲取专业知识，刻苦钻研专业技术，大学五年成绩全优，成为响当当的尖子生。

选择之二,第三志愿,服从分配留校读研

1960年,成绩优异的祁载康即将大学毕业,人生的第二次重要选择又摆在了他的面前。当时,大学毕业生由学校负责分配工作,学习成绩优秀的学生更是各单位争抢的对象。而对于祁载康来说,未来目标明确,那就是要学以致用,他想到生产一线去发挥所学,因此毕业第一和第二志愿他都填报了大型工厂,仅仅是象征性地把留校上研究生作为第三志愿。但是,分配结果却出人意料,祁载康被留校读研。"现在回想起来,研究生不是我真正想干的,我当时满脑子就是想到工厂好好发挥自己的专业知识。因为我好几个实习都是到专业大厂,我第一志愿就是沈阳724,第二志愿是生产实习时在的西安秦川厂,第三志愿才是研究生,就没想留北京。"对这个结果,起初祁载康是不理解、也不太情愿的。

之所以有这样的结果,主要是因为学校根据国家的战略需求和自身发展需要,要对几个重点国防专业加强建设,特别选拔部分成绩优秀的学生继续深造,以作为科学研究和教学工作的人才储备。当祁载康知道原因后,毫无怨言地再次接受了组织安排,认真投入研究生的深造学习中,成为学校的第一批研究生。

1961年2月,中央批准北京工业学院划归国防科学技术委员会领导,5月,副总理聂荣臻元帅在关于国防工业高校工作问题向中央军委的报告中就提出"北京工业学院以导弹为主,同时设置与尖端密切联系的常规专业"。7月,学校按照上级要求,全面调整办学专业,在50年代火箭导弹系基础上,全校42个专业调整为以火箭导弹等尖端科技为主的24个专业,学校成为"导弹学院"。此时,刚刚读研半年的祁载康,也伴随着国家和学校的调整,从所在的弹丸专业统一转入火箭导弹专业。

在大时代背景下的转变,也让祁载康步入了全新的学科领域,找到了他为之终生奋斗的事业。这次转变,使青年学生祁载康与科学巨

匠钱学森产生了交集。

选择之三，严谨治学，一封写给钱学森的信

转入火箭导弹专业后，祁载康更加努力学习，努力把之前没有学过的专业课补上。一次他在学习钱学森早期发表的一篇关于弹道导弹摄动控制方面的论文时，发现文中的一个结论不太正确，而这篇论文当时已被收入钱学森的经典著作《工程控制论》中。通过仔细阅读，祁载康还发现钱学森在该篇论文中也提到一位数学家所推导的结论与其不同，并认为其结论是错误的。

一贯治学严谨的祁载康，并没有放过这个疑问，为彻底搞明白，他查阅了大量资料，找到了那位数学家的推导，并决定按照钱学森的方法自己推导。经过反复推导验证，他最终发现钱学森在推导过程中疏漏了一个变分项，导致漏掉了一个推力的变分，当把那个推力的变分加上去以后，结果就跟数学家推导的一致了。得出这个验证结果，祁载康既兴奋又忐忑。

作为"中国导弹之父"的钱学森在 28 岁时就成为世界知名的空气动力学家，回国后，他领导新中国国防防空事业取得巨大成就。当时，钱学森不仅身兼国防部第五研究院的院长等多个职务，也是中国最著名的科学家之一，而《工程控制论》一书也被奉为业界经典。而年仅 24 岁的研究生祁载康，作为一个刚刚进入火箭导弹科学领域青年学生，与大师泰斗之间可谓相差甚远。

对这个学术错误，应该如何处理？作为一名传承延安精神的京工学子，祁载康的回答是：实事求是。带着对自己结论的自信，祁载康凭着一股坚持真理的韧劲和初生牛犊的冲劲，直接给钱学森写了一封信，说明自己发现的问题，并向钱学森虚心请教。

之后的结果，既令他意想不到，更让他备受鼓舞。信寄出没过几天，钱学森的秘书就找到了祁载康，诚恳转达了反馈意见：第一，钱学森承认自己的论文确实有误，并表示这个错误会在《工程控制论》

1963 年祁载康就学术问题与钱学森的信件交流

再版时一定改过来；其次，钱学森还请祁载康把信的内容整理为一篇论文；最后，这封信及回信发表在由钱学森亲自创办的国防部五院的内部学术刊物《研究与学习》1963 年第 8 期上，以此鼓励更多年轻人向他们学习。在之后的科研生涯中，每每谈起钱学森的回信祁载康总是感慨万千："谁都有可能出错。这么大的科学家，要说他哪错了，认错就很不容易了，能告诉你也就到此为止，我觉得就很满意了，但他还要暴露这个错误，这才是一个真正科学家的态度。"

选择坚守科学精神，并得到学术大师的肯定和鼓励，对于初出茅庐的祁载康来说，深深影响着他的治学态度和科研生涯。完成了研究生的学习后，祁载康留校任教，毕生投身飞行力学与控制领域的研究，成为我校飞行器设计学科的带头人，为我国国防尖端科技做出重要贡献，没有辜负钱学森的殷切期望。

选择之四，放弃优厚待遇，回到母校报效祖国

1978 年年底，十一届三中全会召开，当改革开放的春风吹遍神州大地，全国科技工作者也迎来了科学的春天。1979 年年底，学校飞行器工程系首次派出两名教师赴美学习，一直坚持科研工作和英语学习的祁载康有幸入选，并以访问学者的身份来到美国威斯康星大学从事

最优控制理论应用研究。1986 年,他被聘为比利时空间研究公司高级研究员及三级运载火箭"Big Bird"控制系统主任设计师。

当历史的车轮来到 20 世纪 90 年代,世界格局迎来剧烈变化,伴随着苏联解体和冷战结束,中国的改革开放和国防建设也迎来前所未有的挑战。正是在这样的背景下,1991 年,流淌着红色基因的祁载康,毅然放弃国外的优厚待遇,回到中国、回到母校再度投身自己一生钟爱的国防科技事业,报效祖国。

回到学校工作的祁载康,除了面临与国外工作、生活的巨大落差,更肩负着振兴学科专业的使命与责任。20 世纪 90 年代初期,学校的飞行器工程系不少老教师相继退休,而青年教师群体也受到社会经济大潮的冲击,系里的队伍建设、教学质量、教材编写和平台建设均受到不小的影响。

1995 年"211"工程验收期间,祁载康(右一)向专家介绍实验室建设情况

面对困难,带着矢志报国的坚定信念,祁载康迎难而上。凭着在专业领域出色的学术成就,他被聘为自动控制理论及应用专业的教授,

兵器制导系统技术学科群首席专家，引领学科建设。1993年12月，他被国务院学位委员会批准为博士生指导教师。在他的领导下，学校导弹设计和火箭导弹发射技术两个专业成功通过国务院学位委员会学科评议组博士学位授予点审核，其中导弹设计专业更是成为国防院校中第一个被批准设立的博士学位授予点。在祁载康的带领下，飞行器工程系建成了包含本、硕、博三个层次在内的导弹设计人才培养体系，为学科专业水平的快速提升奠定了坚实的基础，对学校在航空航天领域的发展有着重要意义。

此后，北理工的飞行器工程系也进入了学科建设和科学研究的大发展时期，不仅在2003年获得"航空宇航科学与技术"一级学科博士学位授权点，飞行器设计专业也成为国家重点培养学科，北京理工大学也在中国的航空航天领域占有一席之地。

回首祁载康先生的一生，他从未后悔自己在不同时代所做出的选择，每一次选择之中，矢志报国始终是他作为一名北理工人不变的追求。

祁载康先生以高尚的科学品德、崇高的思想境界、深厚的学术造诣与非凡的人格魅力，为国家的教育事业和国防科技事业倾注了毕生心血，做出了突出的贡献，他的精神将永存于我们的心中，他的精神也将融入北京理工大学的品格气质中。

文：图书馆姚文莉
2019年9月24日

张晓敏：为祖国，在浩瀚宇宙"牧"星

在北理工有这样一位教师，他从 18 岁上大学起，就开始和飞行器打交道，如今，48 岁的他满脑子想的还是"大气层外的那些事"。30 年来，为祖国，他在宇宙深空点亮一颗颗"中国星"，他就是"北理工 1 号"研发团队领头人——北京理工大学宇航学院教授张晓敏。

张晓敏

过去 30 年间，他牵头研制出我国第一颗专门为青少年研制的卫星"希望一号"，小巧实用、应用广泛的 CAST100 卫星平台；仅用 9 个月便将一枚承载多项新技术的"北理工 1 号"小卫星送入太空……

2019 年夏天，虽然天气炎热，依然能看到他一如既往地坚持天天到校"打卡"的身影，即便他牵头的"北理工 1 号"卫星项目刚刚圆满收官。

不断突破自己才最重要

2003年,博士后出站的张晓敏,进入现中国航天科技集团下属的航天东方红卫星有限公司(以下简称东方红)。"之所以选择进入公司而非其他科研机构,是因为我想做点更实用的技术,企业会给我更大的舞台去实现这个目标。"凭此初心,他在这家公司埋头苦干了15年。15年间,张晓敏从一名普通的技术员干到了总设计师,其间参与了"希望1号"、CAST100微小卫星平台等多项科研任务。

参加学术会议

2007年,也是张晓敏在东方红工作的第4年,他承接了研制"希望1号"的任务。"这是我第一次承担型号项目,那时有十余家单位、近百人参与到该项目中。由于工期紧、任务重,到后期大家几乎天天'腻'在一起,男人们在一起的时间比跟自己老婆孩子在一起的时间都长。"耗时两年,这颗承载着新型计算机芯片、新型锂离子电池等多项创新技术的卫星腾空而起,它也被列入2009年度中国十大科普事件。

对过去的成绩,张晓敏不愿多谈,他说的最多的一句话就是"多聊聊现在"。"过去的成就是光环,也可能是枷锁,甚至可能会成为让人不愿离开的温室。"在张晓敏看来,过去的就过去了,面向未来、活在当下、不断突破自我,才是最重要的。

张晓敏这样的表态,不是喊口号、说说而已。2018年,他做了令所有人都意外的决定——离开东方红、入职北京理工大学。

"虽然已近知命之年,但我觉得自己还有很多潜力可挖。选择去北京理工大学,我的想法很简单,就是想在另一条轨道上拓展人生,尝试其他的可能性。"张晓敏说。

想做点和别人不一样的

张晓敏加入北京理工大学时,学校的宇航学科建设处在飞速发展阶段。学校正尝试将宇航工程实践和技术创新相结合,探索工科人才培养的新模式。这也为张晓敏提供了大展拳脚的机会。

2018年11月,并入"新轨"的张晓敏接到了第一个任务——牵头研制"北理工1号"。

作为北理工新技术验证卫星系列的第一颗卫星,"北理工1号"究竟要验证哪些新技术,以什么形式验证?这是张晓敏和他的团队需要解决的首个难题。

在宇航学院的会议室里,张晓敏曾和团队成员多次探讨过"北理工1号"的技术清单。"我们的终极目标是,想让卫星在保留功能的同时,尽可能轻一点。"张晓敏解释道,"传统的卫星大多使用金属材料,如果能尽可能多地使用复合材料、柔性材料,便可将质量大幅降低。"

顺着这个思路,张晓敏提出了把卫星外观设计成为帆球的创意。"不用传统的金属外壳,多用柔性材料,进而实现给卫星减重的目的。"他说,"我就想做点和别人不一样的。"

按照张晓敏的想法,发射前,卫星的主体薄膜球体将被折进一个小匣子内;当星箭分离后,卫星会自动充气变成直径为500毫米的球体。这看似天马行空的创意,是否能成真?

如今回想起来,团队成员之一、北理工宇航学院副教授翟光还很

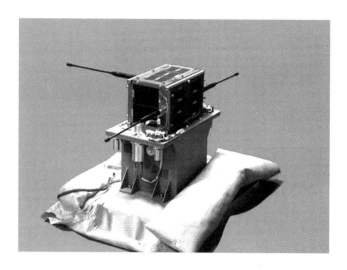

"北理工 1 号"

为张晓敏捏一把汗。"张晓敏老师对技术研发很执着,也很有自己的想法。不过当帆球创意刚刚被提出时,团队里很多人还是很担心,毕竟太新了,大家怕实现有难度。"翟光说。

有了好想法,接下来需要的就是实践。从 2018 年 11 月到 2019 年 7 月,这 9 个月,"北理工 1 号"成了张晓敏工作的主要内容之一。他时常奔走于学校、合作单位和发射场之间。他带领团队先后设计出 10 种方案,而这些方案很多要在卫星出厂地兰州空间技术物理研究所进行测试,于是他几乎每周都往返于兰州、北京两地。

其间,他们还常遇到意想不到的困难。比如,怎样证明帆球能在太空中顺利展开?

"其实验证也很简单,装个照相机就成,很多人都提出这么干,但我不想这样。"在给自己找难题上,张晓敏从不手软,找难题再拆解,这种类似"左右手互搏"的科研方式让他乐此不疲。经过多次论证,他提出了 3 种技术方案可以佐证帆球能否顺利展开。

2019 年 7 月 26 日,"北理工 1 号"升空的第 2 天,帆球能否顺利展开的答案将于当日揭晓。

当时,相关工作人员特意在酒泉卫星发射中心架设了临时电台,张晓敏就守在电台旁。"说不紧张是假的,感觉帆球充气的那5分钟比5小时还慢。"他说。

突然,电台传来信号,帆球顺利展开!后续,其余两种技术方案也证实帆球充气成近乎完美的球形。守在电台旁的团队成员相拥欢呼,张晓敏也难掩激动,和成员击掌庆祝这一阶段性胜利。

"北理工1号"在轨飞行效果图

从动漫影片汲取创作营养

有趣的是,位于低轨道的"北理工1号",由于易受轨道上稀薄大气的扰动阻力,因此相比迎风面积小的"硬"卫星,这颗膨胀得更大的"柔"卫星的轨道下降速度较快。而这一现象,引起了美国、欧洲和国内研究机构以及业余爱好者极大的关注。

一"星"激起千层浪,张晓敏怎么也没想到,一时间团队的科研项目成为全球卫星、航天爱好者们讨论的热门话题。不过,这个意外之喜,也恰好与他多年来坚持的航天科普理念不谋而合。"我国作为航天大国,不仅要在技术上力争做到世界一流,还要在航天科普上做出应有的贡献。"他说。

讲解"北理工 1 号"卫星

在张晓敏的推动下,"北理工 1 号"项目团队还吸纳了很多本科生、研究生,部分人甚至参与到核心的技术任务。"张晓敏老师很注重人的培养,为学生尽量提供创新实践、学以致用的机会和平台。"翟光说。

在学生眼里,张晓敏是一位博学又平易近人的导师。"40 多岁的张老师会看年轻人喜欢看的电影,还能从中发现科学问题。"参与"北理工 1 号"项目的博士生郑鹤鸣告诉记者。在项目例会上,张晓敏常旁征博引,他能从工程问题谈到基础科学,也能从学习方法谈到《碟中谍》《天地大冲撞》等影片,从而启发学生从多个角度思考问题。

不工作时,张晓敏喜欢通过看动漫来放松。"看动漫能让我身心放松,同时我能从中汲取到创新的营养。每部动漫影片都能展现创作者的想象力,而对于科研工作者来说,想象力就是创新的源泉。"《龙猫》《你的名字》《大圣归来》……这些电影热映时,张晓敏会拽上读中学的儿子,一起坐在电影院,享受难得的休闲时光。

也许正是这份"童真",让张晓敏一直走在技术创新的路上。

"我的下一个目标是把帆球卫星做大,将其直径做到 100 米甚至

500 米；同时也希望带领团队将这种轻型、柔性技术应用到更多的航天器上，为减少空间碎片、深空探测等提供更好的解决方案。"张晓敏说。

文：党委宣传部

图：党委宣传部郭强，部分图片来源于本人

2019 年 9 月 24 日

注：本文内容根据《科技日报》报道《帮"北理工 1 号"减肥，他给卫星穿上"帆布服"》整理。

丁刚毅：用仿真技术为国庆盛典打造"科技大脑"

2019年10月1日，当最后一个群众游行方阵通过天安门广场，北京理工大学计算机学院教授、数字表演与仿真技术北京市重点实验室主任丁刚毅悬了一年的心，终于落了地。

丁刚毅

坐在广场东侧观礼台指挥部，53岁的丁刚毅无暇观看庆典，他紧盯着电脑，上面同步上演着由他带领团队编排的三维数字版群众游行。现场方阵行进速度和虚拟仿真版本一致与否，是他要向一线指挥实时反馈的。

自2018年11月起，历时近一年，丁刚毅带领120人团队，发挥北理工在数字表演和仿真领域的国内领先技术优势，研发出一套仿真系统,以秒级和厘米级的精度,对群众游行、联欢晚会等活动进行了全要素、全方位、全流程的三维还原,该系统在策划、训练及现场指挥方面都给予了数据支持。

精度校准到厘米级的天安门广场

"这套仿真系统好比游行队伍、联欢活动的指挥棒,它能把游行、晚会涉及的要素,如广场建筑、人员服装,甚至广场上的鸽子,模拟出来。有了这个系统,现场指挥人员就能掌握某方阵该何时通过、行进速度如何调配、演员怎么走位,等等。"丁刚毅说。

因为联欢活动总导演张艺谋的表扬,这支身居幕后的团队,最近走到了台前。"其实,我们做的只是辅助,庆典幕后还有很多默默无闻的科技工作者。能参与此次活动,我们深感荣幸。"丁刚毅说。

"老仿真"不敢有丝毫放松

国庆长假最后一天,丁刚毅依旧8点到校,指导学生对仿真系统进行复盘。"庆典结束后,我们没有时间休假,国庆指挥中心马上要组织总结,结合10月1日的现场情况,我必须对仿真系统再进行一次修正。"全年几乎无休,对他来说,已是寻常。

这次修正,是仿真系统的第28次大调,国庆前夕,丁刚毅团队共完成了 27 个修订版本，制作了各类模型 10 万余件。

国旗方队

丁刚毅介绍说，这些模型包括游行人员、彩车、观礼群众等，除城楼、金水桥、华表等元素是原先储备的，其他诸如临时观礼台、音乐、解说词等元素，是在近一年的时间里慢慢累积出来的。

原有储备源自 10 年前。这已不是丁刚毅首次率队参与国庆庆典，这套仿真技术在北京奥运会、庆祝 60 周年国庆群众游行等大型活动中，都曾派上用场。丁刚毅自 1993 年毕业留校任教至今，也已研究了 20 余年仿真，2007 年开始将应用研究领域从军事转向表演。

但已有的积累，并未让这位"老国庆""老仿真"松口气。"10 年过去了，技术迭代了，需要也更多了，我们不敢有丝毫松懈，得让大家切实感到仿真技术的效用，而不是看上去很'高科技'。"丁刚毅说。

其中一个技术亮点，就是对游行人员的动作进行厘米级仿真。"游行群众，有的是整齐地走着，有的是跑着、跳着，有的甚至在骑车，他们的行进速度不一样，这会影响方阵通过广场的时间以及方阵的排布。"丁刚毅说。为把这种差异体现出来，团队根据不同的动作幅度，

仿真系统里的各类人群模型

设计了4种自由度,每种自由度对行进状态、人员间隔都进行了细致的设定。

"像这种技术亮点,在这套仿真系统中还有很多。其实,大部分的技术迭代工作,都不是别人要求的,而是他自己要求的。"数字表演与仿真技术北京市重点实验室副主任、仿真团队核心成员李鹏说。

常惹团队成员"众怒"

在技术问题上,很多时候,团队成员都觉得"可以了,没必要再抠了",但丁刚毅不管,为此李鹏没少跟他吵。

二人吵得最凶的一次,是关于游行人员的手部动作。当时任务进度很紧,上级等着审核最新修订版本,而且团队中多人已连轴转了数日,大家都想赶快提交。"但丁老师偏揪着人员挥手幅度不放,他觉得

丁刚毅教授与张艺谋导演合影

挥手幅度大了,也会影响行进速度,延长整个游行完成时间。为此,他要求技术人员重新设计算法,但其实后期验收时,基本没人会注意这一点。"李鹏回忆道。

"做这些不为别的,就为自己心里踏实。"丁刚毅说,"不这么干真不成,承担这项任务,责任重大,容不得半点马虎。"采访中,"任务重大"是他反复说的话。

这种"惹众怒"的事,丁刚毅还干了很多:解说词就错了一个字,他让助手重新纠音、录制;明明设计100个动作就可以,他却让大家做出300多个备选……

但团队上下,没人真生过这位"倔老师"的气。"团队里,丁老师

团队研讨

年龄最大,但他付出最多。参加联合演练,一般夜里两三点出发,他常早早准备就绪。"李鹏说。这一年里,丁刚毅保持着"早8晚12"的作息,每天实验室的灯基本都是他关的。

被子、冰箱、牙刷……除办公用品外,丁刚毅的办公室多了几分家的味道。虽然他的家就在校内,但最忙的那两个月他就住在办公室,有时一干就是通宵。

"接下来,团队要参与明年央视春晚的制作,未来希望仿真技术能有更广阔的应用空间。"丁刚毅说。

文:《科技日报》

图:计算机学院

2019年10月17日